RENCONTRES
483

Série *Histoire*
9

Faire de l'histoire moderne

Faire de l'histoire moderne

Sous la direction de Nicolas Le Roux

PARIS
CLASSIQUES GARNIER
2020

Nicolas Le Roux est professeur d'histoire moderne à l'université Paris 13 et président de l'Association des historiens modernistes des universités françaises. Ses travaux portent sur la culture nobiliaire, la société de cour et la guerre au début de l'époque moderne. Il a notamment publié *Un régicide au nom de Dieu. L'assassinat d'Henri III* ; *Le Roi, la Cour, l'État* et *Les Guerres de Religion*.

ISBN 978-2-406-10691-3 (livre broché)
ISBN 978-2-406-10692-0 (livre relié)
ISSN 2103-5636

INTRODUCTION

Si l'histoire moderne n'est pas à proprement parler une « discipline », définie par des objets et des dispositifs de production particuliers[1], elle n'en constitue pas moins un champ académique assez bien circonscrit et au dynamisme incontestable. Ce volume propose des synthèses sur quelques grandes thématiques ayant sous-tendu les travaux des historiens modernistes au cours des dernières années[2]. Son titre est un hommage à la trilogie dirigée par Jacques Le Goff et Pierre Nora, qui présentait les nouveaux problèmes, les nouvelles approches et les nouveaux objets s'imposant dans les années 1970[3]. Les méthodes issues des autres sciences humaines et sociales, à commencer par l'anthropologie et la sociologie – et spécialement la sociologie pragmatique –, sont désormais bien connues, et les questions posées par la « nouvelle histoire[4] », qui ne sont plus aujourd'hui de nouvelles questions, se réinventent sans cesse. Ainsi, si les mentalités – *horresco referens* –, ont disparu[5], elles se sont réincarnées pendant un temps sous la forme des cultures[6]. Désormais, ce sont les émotions, saisies à hauteur d'individu, qui suscitent l'intérêt, et les intuitions de Lucien Febvre peuvent être de nouveau discutées ou approfondies[7].

---

1   Jean Boutier, Jean-Claude Passeron et Jacques Revel (dir.), *Qu'est-ce qu'une discipline ?*, Paris, Éd. de l'EHESS, 2006.

2   Cet ouvrage trouve son origine dans deux colloques organisés en Sorbonne par l'Association des historiens modernistes des universités françaises, sous la présidence de Lucien Bély (janvier 2015 ; janvier 2016). Toutes les communications n'ont malheureusement pu donner lieu à un article dans ce volume.

3   Jacques Le Goff et Pierre Nora (dir.), *Faire de l'histoire*, Paris, Gallimard, 1974, 3 vol.

4   Jacques Le Goff (dir.), *La Nouvelle Histoire*, Paris, Retz CEPL, 1978 ; rééd. Bruxelles, Éd. Complexe, 1988.

5   Jean Wirth, « La fin des mentalités », *Les Dossiers du Grihl*, http://journals.openedition.org/dossiersgrihl/284 (consulté le 02/04/2020) ; *Id., Sainte Anne est une sorcière*, Genève, Droz, 2003.

6   Alain Croix et Jean Quéniart, *Histoire culturelle de la France, 2. De la Renaissance à l'aube des Lumières*, Paris, Éd. du Seuil, 1997 ; Philippe Poirrier, *Les enjeux de l'histoire culturelle*, Paris, Éd. du Seuil, 2004.

7   Jan Plamper, *The History of Emotions : An Introduction* [2012], trad. angl., Oxford, Oxford University Press, 2015 ; Georges Vigarello (dir.), *Histoire des émotions, 1. De l'Antiquité aux*

Plusieurs ouvrages ont brossé le panorama de la production historiographique récente, toutes périodes confondues, et des transformations ou des inquiétudes qui la touchent[8]. Il existe par ailleurs des mises au point concernant certains champs spécifiques – l'histoire économique[9], l'histoire littéraire[10], l'histoire culturelle[11], l'histoire environnementale[12], le tournant biographique[13] etc. –, ou certaines périodes, notamment le Moyen Âge[14]. L'histoire moderne attendait le sien, même si certaines synthèses, brèves et limitées dans leurs prétentions, ont déjà été proposées[15]. Il s'agit moins de publier une profession de foi que de présenter un bilan, tout en offrant de nouvelles pistes ou orientations. On ne cherchera pas à balayer l'ensemble du spectre historique, mais à réfléchir aux évolutions de quelques domaines particuliers. On ne consacrera pas de développements spécifiques à l'histoire globale ou connectée, car

---

Lumières, Paris, Éd. du Seuil, 2016 ; Susan Broomhall et Sarah Finn (dir.), Violence and Emotions in Early Modern Europe, Londres – New York Routledge, 2016 ; Susan Broomhall (dir.), Early Modern Emotions : An Introduction, Londres – New York, Routledge, 2017 ; Andrew Lynch et Susan Broomhall (dir.), The Routledge History of Emotions in Europe, 1100-1700, Londres – New York, Routledge, 2020.

8   Jean Boutier et Dominique Julia (dir.), Passés recomposés. Champs et chantiers de l'Histoire, Paris, Autrement, 1995 ; François Bédarida (dir.), L'histoire et le métier d'historien en France, 1945-1995, Paris, Éd. de la MSH, 1995 ; Jean-François Sirinelli, Pascal Cauchy et Claude Gauvard (dir.), Les Historiens français à l'œuvre, 1995-2010, Paris, PUF, 2010 ; Christophe Granger (dir.), À quoi pensent les historiens ? Faire de l'histoire au XXI e siècle, Paris, Autrement, 2013 ; Jean-François Sirinelli, Pascal Cauchy, Claude Gauvard et Bernard Legras (dir.), Les Historiens en mouvement, Paris, PUF, 2015 ; Yann Potin et Jean-François Sirinelli (dir.), Générations historiennes, Paris, CNRS éd., 2019.

9   Jean-Claude Daumas (dir.), Faire de l'histoire économique aujourd'hui, Dijon, ÉUD, 2013.

10   Luc Fraisse (dir.), L'Histoire littéraire à l'aube du XXI e siècle. Controverses et consensus, Paris, PUF, 2005.

11   Pascal Ory, L'Histoire culturelle, Paris, PUF, « Que sais-je ? », 2015 (4e éd.) ; Peter Burke, What is Cultural History ?, Cambridge, Polity, 2019 (3e éd.).

12   Grégory Quenet, Qu'est-ce que l'histoire environnementale ?, Seyssel, Champ Vallon, 2014 ; J. Donald Hugues, What is Environmental History ?, Cambridge, Polity, 2015 (2e éd.) ; L'Environnement à l'époque moderne (Bulletin de l'Association des historiens modernistes des universités françaises, n° 39), Paris, PUPS, 2018.

13   Hans Renders, Binne de Haan et Jonne Harmsma (dir.), The Biographical Turn : Lives in History, Abingdon, Routledge, 2017.

14   Être historien du Moyen Âge au XXI e siècle (Actes des congrès de la Société des historiens médiévistes de l'enseignement public, n° 38), Paris, Publications de la Sorbonne, 2008.

15   Yves-Marie Bercé, « L'histoire moderne », dans F. Bédarida, L'histoire et le métier d'historien, op. cit., p. 241-245 ; Roger Chartier, « L'histoire moderne », dans J.-F. Sirinelli et al., Les Historiens français à l'œuvre, op. cit., p. 61-72 ; Nicolas Le Roux, « Histoire moderne », dans Y. Potin et J.-F. Sirinelli, Générations historiennes, op. cit., p. 545-555.

la littérature est désormais très abondante[16]. Il existe par ailleurs des essais prenant en compte les travaux les plus récents sur la dilatation des espaces et le décentrement des regards, comme sur la construction de temporalités multiples ou profondes[17].

Ce livre tient à réaffirmer que les structures démographiques et familiales constituent le fondement des sociétés modernes, et il accorde une large place à la situation des femmes. Il montre ensuite que la tripartition fonctionnelle (clergé, noblesse, tiers état) apparaît non seulement comme un cadre très prégnant, mais aussi comme un système capable d'ajustements. On évite désormais d'essentialiser les catégories sociales et les statuts pour leur rendre leur dynamisme et comprendre comment les individus, tirant parti des rapports de force ou des tensions internes à la société, réussissent à conquérir une forme d'autonomie. Les hommes et les femmes de l'époque moderne ne sont plus des fourmis sans identité s'agitant sous la loupe de l'historien, mais de véritables acteurs, faisant preuve de compétences et manifestant une réelle agentivité dans les rapports interpersonnels. S'il faut soutenir que les conduites humaines sont toujours marquées par une forme d'indétermination relative, on n'oublie pas cependant que les contraintes imposées par les formes collectives de l'existence et par l'appartenance à des groupes de référence multiples et enchâssés, étaient autrefois particulièrement fortes.

Les expressions culturelles de la vie sociale sont appréhendées dans leurs dimensions savantes et populaires. La vie politique, comme l'ensemble des expériences sociales, donne lieu à des analyses multiscalaires[18], et les pouvoirs sont vus comme des constructions, non comme des cadres naturels de la société. La qualité interactionnelle de l'exercice de l'autorité apparaît essentielle, et c'est pourquoi l'on s'intéresse non seulement aux institutions et à leurs évolutions, mais aussi aux agents qui les font fonctionner, les transforment et parfois les contestent. Un chapitre entier

---

16 Pamela Kyle Crossley, *What is Global History ?*, Cambridge, Polity, 2008 ; Romain Bertrand, « Histoire globale, histoire connectée », dans C. Delacroix *et al.*, *Historiographies, op. cit.*, t. I, p. 366-377 ; Serge Gruzinski, « La péninsule Ibérique et le monde. Questions pour aujourd'hui », dans *La péninsule Ibérique et le monde, années 1470-années 1640* (*Bulletin de l'Association des historiens modernistes des universités françaises*, n° 37), Paris, PUPS, 2014, p. 9-25.

17 Marek Tamm et Peter Burke (dir.), *Debating New Approaches to History*, Londres, Bloomsbury Academic, 2019.

18 Jacques Revel (dir.), *Jeux d'échelles. La micro-analyse à l'expérience*, Paris, Gallimard / Le Seuil, 1996.

est consacré à l'ère révolutionnaire pour affirmer son identité moderne, autrement dit pour la présenter, d'une part, dans un continuum temporel et, d'autre part, dans un système de causalité complexe.

La réflexion sur les limites chronologiques de l'histoire moderne mériterait un approfondissement. Est-elle amenée à se dissoudre dans le long Moyen Âge, cher à Jacques Le Goff[19], ou finira-t-elle par se réfugier au XIXe siècle, intégrant l'ensemble du temps des révolutions, jusqu'en 1830 ou 1848[20], voire plus loin. À moins que ne s'institutionnalise un jour une sorte de longue Renaissance, et l'on a déjà pu défendre l'idée d'un séquençage allant de 1350 à 1750, soit la longue durée de la peste en Europe[21].

Nous sommes en bonne compagnie au bord de la falaise[22]. Pour autant, nous ne proposons en aucune manière un panthéon historiographique ou une légende dorée des grands modernistes[23], et encore moins un recueil d'épanchements sur l'interminable crise du métier d'historien. Les figures de Lucien Febvre (1878-1956)[24] et de Fernand Braudel (1902-1985)[25], notamment, ont déjà donné lieu à de nombreuses études, parfois

19 Jacques Le Goff, *Faut-il vraiment découper l'histoire en tranches ?*, Paris, Éd. du Seuil, 2014. On osera rappeler qu'à partir de la fin du XVe siècle, le monde a connu un développement sans précédent des échanges et des circulations humaines.

20 Francesco Benigno, *L'età moderna. Dalla scoperta dell'America alla Restaurazione*, Rome-Bari, Laterza, 2005 ; Carlo Capra, *Storia moderna, 1492-1848*, Milan, Mondadori, 2016 (3e éd.).

21 Hamish Scott (dir.), *The Oxford Handbook of Early Modern European History, 1350-1750*, Oxford, Oxford University Press, 2015, 2 vol.

22 Roger Chartier, *Au bord de la falaise. L'histoire entre certitudes et inquiétude*, Paris, A. Michel, 2009 [1998].

23 Modernistes et révolutionnaires figurent en très bonne place dans la galerie de portraits établie dans Philip Daileader et Philip Whalen (dir.), *French Historians, 1900-2000 : New Historical Writing in Twentieth-Century France*, Chichester, Wiley-Blackwell, 2010 (P. Ariès, F. Braudel, M. de Certeau, R. Chartier, P. Chaunu, J. Delumeau, L. Febvre, F. Furet, J. Godechot, P. Goubert, P. Hazard, E. Labrousse, E. Le Roy Ladurie, G. Lefebvre, A. Mathiez, R. Mousnier, M. Ozouf, D. Roche, P. de Saint-Jacob, A. Soboul, M. Vovelle…).

24 Denis Crouzet, « Lucien Febvre », dans *Les Historiens*, Paris, A. Colin, 2003, p. 58-84 ; *Id.*, « Postface », dans Lucien Febvre, *Le Problème de l'incroyance au XVIe siècle. La religion de Rabelais*, Paris, A. Michel, 2003 [1942], p. 479-517 ; Bertrand Müller, *Lucien Febvre, lecteur et critique*, Paris, A. Michel, 2003 ; *Id.*, « Lucien Febvre, l'Europe, l'histoire », dans Denis Crouzet (dir.), *Historiens d'Europe, historiens de l'Europe. Défense et illustration de l'histoire de l'Europe*, Ceyzérieu, Champ Vallon, 2017, p. 279-300 ; Marie Barral-Baron et Philippe Joutard (dir.), *Lucien Febvre face à l'Histoire*, Rennes, PUR, 2019.

25 Giuliana Gemelli, *Fernand Braudel* [1990], trad. fr., Paris, O. Jacob, 1995 ; Ruggiero Romano, *Braudel e noi. Riflessioni sulla cultura storica del nostro tempo*, Rome, Donzelli, 1995 ; Pierre Daix, *Braudel*, Paris, Flammarion, 1995 ; Jacques Poloni-Simard, « Fernand Braudel », dans *Les Historiens, op. cit.*, p. 137-160 ; Denis Crouzet, « Fernand Braudel :

très empathiques, parfois moins. Pierre Goubert (1915-2012) s'est fait son propre biographe, avec pudeur et malice[26]. Le mystérieux Alphonse Dupront (1905-1990) a acquis une stature posthume fascinante[27], tout comme Michel de Certeau (1925-1986)[28], et l'œuvre si sensible de Robert Mandrou (1921-1984) a été réévaluée[29]. Il faudra aussi faire la biographie intellectuelle de Jean Delumeau (1923-2020), l'historien de l'alun de Rome et du jardin des délices[30].

Les auteurs de ce volume savent que l'histoire ne s'arrête jamais : les sociétés sont toutes engagées dans des processus, plus ou moins rapides mais toujours complexes, qui les amènent à se transformer sans cesse. Il en est de même pour les travaux des historiennes et des historiens, et ceux-ci ont conscience que l'articulation entre les discours et les pratiques, les représentations et les faits, ou encore, pour reprendre les catégories de Carlo Ginzburg, le fil (du récit) et les traces (du passé), n'a aucun caractère d'évidence et qu'elle doit sans cesse être remise en question[31].

Nicolas LE ROUX

---

de l'Europe "confuse" à l'Europe révélée.... ou les contradictions d'une modélisation », dans *Id.*, *Historiens d'Europe, historiens de l'Europe, op. cit.*, p. 149-177.

26 Pierre Goubert, *Un parcours d'historien. Souvenirs 1915-1995*, Paris, Fayard, 1996.
27 François Crouzet et François Furet (dir.), *L'Europe dans son histoire. La vision d'Alphonse Dupront*, Paris, PUF, 1998 ; Sylvio Hermann De Franceschi, *Les Intermittences du temps. Lire Alphonse Dupront*, Paris, Éd. de l'EHESS, 2014.
28 François Dosse, *Michel de Certeau, le marcheur blessé*, Paris, La Découverte, 2002.
29 Monique Cottret, Philippe Joutard et Jean Lecuir, « Postface », dans Robert Mandrou, *Introduction à la France moderne. Essai de psychologie historique, 1500-1640*, Paris, A. Michel, 1998 [1961], p. 419-638.
30 Voir déjà *Homo religiosus. Autour de Jean Delumeau*, Paris, Fayard, 1997.
31 Carlo Ginzburg, *Le fil et les traces. Vrai faux fictif* [2006], trad. fr., Lagrasse, Verdier, 2010.

L'HISTOIRE DE LA FAMILLE ET LA DÉMOGRAPHIE HISTORIQUE EN FRANCE À L'ÉPOQUE MODERNE

Nouvelles approches

L'objectif de la démographie a longtemps été de retrouver l'équation fondamentale de la dynamique de la population[1]. Fidèle à ses origines, elle place toujours la fécondité, la mortalité, les migrations, l'étude quantitative des populations humaines au centre de ses préoccupations. Mais la démographie sociale s'est ouverte à de nouveaux objets ainsi qu'à de nouvelles méthodes de collecte et d'analyse. Elle a pris en compte d'autres évènements que la naissance ou la mort, et s'est ramifiée en champs ou en problématiques plus ou moins étanches, plus ou moins bien reliés à l'histoire de la famille. Si l'éclatement menace, il est heureusement des questions, telles que la formation du couple, la description de la famille comme espace de liens et de relations, la question de la mort et de la transmission ou bien encore le thème fort en vogue des migrations, qui favorisent les rapprochements[2]. On peut, en définitive, commodément distinguer trois « amas » ou « constellations », pour filer la métaphore stellaire, paraissant davantage soumis à une force d'expansion que de contraction et de fusion.

On évoquera tout d'abord les solidarités nées des différentes conceptions de la famille et de la parenté, la thématique des identités sociales et de la conscience de soi, le sens de l'intime et de la vocation, le rôle des sentiments et des émotions. Cette simple énumération laisse deviner combien il peut être difficile de borner un territoire, qui serait celui de l'histoire de la famille, tant il demeure ouvert aux historiens de la littérature, de la société ou de la culture au sens le plus large. Les échanges,

---

1   Jean Bourgeois-Pichat, *La dynamique des populations. Populations stables, semi-stables et quasi-stables*, Paris, PUF-INED, 1994.
2   Stéphane Minvielle, *La famille en France à l'époque moderne*, Paris, A. Colin, 2010.

avec bonheur, s'intensifient entre spécialistes de telle ou telle formation sociale, noblesse ou bourgeoisie, spécialistes du couple ou de l'enfance, de la culture matérielle ou des idées, sans oublier les historiens du fait religieux. Les démographes et les historiens économistes, en particulier les spécialistes du monde rural, plus sensibles aux contraintes de l'environnement physique et aux limites techniques, aux impératifs alimentaires et aux questions sanitaires, tournent leur attention ailleurs, plutôt en direction de l'histoire de la médecine, du corps ou de l'alimentation. Surtout, ils déploient d'autres techniques : économétrie, modélisation mathématique ou analyse de réseau. On doit enfin évoquer une troisième « nébuleuse ». C'est celle qui envisage le problème de la reproduction familiale et de la régulation sociale sous l'angle de l'exercice du pouvoir, du gouvernement des familles, de la fabrication des normes, en particulier de celles relatives à la transmission des biens et des statuts. À chacune de ces trois nébuleuses, nous allons réserver une partie du présent exposé.

LA FAMILLE DANS L'ESPACE SOCIAL

L'affaiblissement des interprétations structuralistes consécutif aux progrès de l'individualisme donnant un avantage aux études égocentrées, les historiens se sont mis à étudier la façon dont les individus se servaient des possibilités présentes dans leur tissu de relations. Ils sont partis en quête de logiques d'action individuelles, ont montré que les groupes n'avaient pas des propriétés stables, que tout était affaire de conflits, de négociations, de solidarités formelles et informelles, de réseaux à actionner. Avec la prise en compte des relations de voisinage, des liens d'amitié, des liens professionnels, politiques ou spirituels, l'histoire de la famille a cessé d'être celle de la famille étroite, coupée de son environnement social.

LES SOLIDARITÉS FAMILIALES

La pratique de la tutelle, qui a retenu l'attention d'un certain nombre de chercheurs depuis quelques années, plaide-t-elle pour une évidente et forte solidarité familiale ? Un petit nombre seulement de personnes formaient un cercle de parenté réellement active. La participation à une assemblée de parents n'était pas en soi une preuve d'implication. La présence de la parenté à la signature des contrats de mariage a révélé une grande hétérogénéité des réseaux. Les différences observées tenaient à la taille des familles, parfois au parcours résidentiel des époux et à la nécessité de compenser le manque de parents proches par des « amis et voisins ». Elles tenaient encore à l'existence de modèles de sociabilité renvoyant aux conditions sociales. Ces phénomènes sont bien connus dans le domaine de la parenté baptismale. On s'est par exemple demandé si le choix du parrain et de la marraine s'effectuait dans le cercle des parents ou bien à l'extérieur de celui-ci, dans le dessein d'obtenir la protection des élites locales ou bien de demeurer dans un entre soi parentélaire. Les travaux de Vincent Gourdon établissent à la fin de l'Ancien Régime et au XIXᵉ siècle une très révélatrice transformation de la pratique baptismale et un processus de « familialisation[3] ».

En dépit de son évident intérêt et de vraies réussites, l'analyse de réseau reste peu pratiquée par les modernistes[4]. Le défaut d'homogénéité des liens déclarés par les sources en est en partie responsable. Le manque de formation des historiens à ces techniques achève d'en décourager l'emploi. En pratique, la plupart des travaux continuent donc de s'inscrire dans la tradition des études prosopographiques. Ils interrogent la cohésion de tel ou tel groupe, établissent des listes de connexions. Soumises à différents traitements, les données relationnelles pourraient accroître notre capacité d'analyse. Pour certains, l'analyse de réseau constituerait même une alternative à celle des normes, en ce sens que les caractéristiques du réseau suffiraient à déterminer les aspects centraux du comportement des individus et des familles. L'intensité et la diversité des liens, la structure du réseau, détermineraient en certaines circonstances la capacité de mobilisation et le choix de la norme invoquée parmi un ensemble de

---

3   Vincent Gourdon, « Les évolutions du baptême en France au XIXᵉ siècle », dans Marie-France Morel (dir.), *Accueillir le nouveau-né, d'hier à aujourd'hui*, Toulouse, ERES, 2013 ; Camille Berteau, Vincent Gourdon et Isabelle Robin-Romero, « Familles et parrainages : l'exemple d'Aubervilliers entre les XVIᵉ et XVIIᵉ siècles », *Dix-septième siècle*, n° 4, 2010, p. 597-621. Sur la tutelle, faute de pouvoir citer toutes les contributions, on se reportera aux travaux de Jean-Pierre Bardet, Guy Brunet, Vincent Gourdon, Stéphane Minvielle, Axelle Paris-Hardy, Sylvie Perrier, François-Joseph Ruggiu, Marion Trevisi, et Jérôme Luther Viret.

4   Claire Lemercier, « Analyse de réseaux et histoire », *Revue d'histoire moderne et contemporaine*, n° 2, 2005, p. 88-112.

normes supposées pertinentes. Venant en renfort du concept de stratégie, l'étude des réseaux sert déjà à décrire les stratégies collectives de
conquête et de conservation du pouvoir, les logiques clientélaires et les
carrières. On a appliqué la notion de réseau, sinon la méthode d'analyse,
aux capitaines de gendarmerie, au compérage, à la circulation du capital
dans les élites négociantes, à la recherche de l'homogamie sociale dans
le mariage, à l'administration des quartiers de Paris au xvi⁰ siècle⁵. Il
reste toutefois à mesurer précisément la fréquence de tels comportements
« opportunistes » et à éclaircir les motivations de ceux qui se prêtaient
à de telles « instrumentalisations » de la parenté.

Compte tenu de l'état de la documentation, les groupes « dirigeants »
ont jusqu'à présent bénéficié d'un avantage et d'un traitement privilégié.
La masse de travaux qui leur ont été consacrés surpasse de très loin tout
ce qui a pu être écrit par exemple sur les familles d'artisans ou de journa-
liers. Cette focalisation sur les élites, jointe au travers habituel consistant
à montrer les réussites plutôt que les échecs, a pour effet de nous faire
prendre le désir de promotion sociale pour une aspiration universelle,
sans tenir compte du fait que les individus tendaient à s'ajuster à leurs
possibilités. De ce point de vue, une histoire des échecs et des ratés de
la reproduction familiale reste largement à écrire.

LA CONSTRUCTION DES IDENTITÉS PROFESSIONNELLES ET SOCIALES

Quelques professions bénéficient aujourd'hui d'un meilleur éclairage.
Les notaires et les marchands merciers, qu'il est permis de rattacher aux
élites, figurent parmi les corps d'Ancien Régime aujourd'hui les mieux
étudiés. À Aix-en-Provence, Poitiers ou Montluçon, il a été découvert
des notaires dans différents types de réseaux matrimoniaux et professionnels, qui délaissent ou non la promotion sociale, associent ou non
le monde marchand et se servent du notariat comme d'un marchepied
social. Certains visent des états supérieurs, par exemple celui d'officier
moyen dans une cour royale. En suivant le parcours de trois notaires
poitevins au temps de la Ligue, Sébastien Jahan pénètre les stratégies
familiales et les cohésions professionnelles. Si les positions relatives des
individus participent de la construction des identités sociales, cette

---

5   On reconnaîtra, derrière ces sujets, les travaux de Michel Nassiet, Sylvie Mouysset et
     Jack Thomas, Bénédicte Gady, Richard Flamein, Marie-José Laperche-Fournel et Robert
     Descimon.

identité, à Poitiers, apparaît parentélaire plutôt que professionnelle[6]. Mathieu Marraud arrive à une conclusion comparable à propos de la bourgeoisie marchande parisienne[7]. La famille, nous dit-il, est le premier terrain d'appartenance et d'attestation. Cette bourgeoisie marchande parisienne sûre d'elle-même et de ses valeurs, était somme toute peu désireuse de rejoindre l'aristocratie. La méthode généalogique montre qu'au niveau des marchands merciers, les réussites négociantes et robines se combinent, que l'anoblissement, en créant de l'inégalité dans des familles très attachées à l'égalité, dénoue les liens mutuels et provoque finalement l'échec. Les objectifs poursuivis et la manière dont les ressources étaient mobilisées par ces marchands allaient bien au-delà de l'ajustement économique. Les élites nourrissaient un projet collectif de domination politique et sociale, bâtissaient un espace de supériorité sociale et une conscience sociale distincts.

Mais ce sont les corps d'officiers qui ont le plus profité de la vogue des études prosopographiques. La panoplie des investissements possibles, pour un bourgeois, était très large et les choix très diversifiés. La vénalité des offices, en raison de son impact majeur sur les patrimoines et leur transmission, figure au premier rang des préoccupations des historiens de la famille et de la société. On s'est demandé par exemple si la vénalité des offices a pu entraîner tout ou partie de la bourgeoisie vers des conceptions inégalitaires ? Plusieurs ouvrages récents examinent la valeur des offices, l'évolution de leur prix, l'attractivité différentielle des charges, la manière dont les charges étaient transmises[8]. Les offices, même ceux qui n'étaient pas de grande valeur, étaient utiles aux familles qui n'hésitaient pas à en changer rapidement. Ils pouvaient servir à amorcer

---

6   Claire Dolan, *Le notaire, la famille et la ville. Aix-en-Provence à la fin du* XVIe *siècle*, Toulouse, PUM, 1998 ; Sébastien Jahan, *Profession, parenté, identité sociale. Les notaires de Poitiers aux temps modernes (1515-1815)*, Toulouse, PUM, 1999 ; Samuel Gibiat, « Les notaires royaux de Montluçon à l'époque moderne : l'institution, les offices, la pratique et les hommes », *Revue historique*, n° 1, 2004, p. 81-120.

7   Mathieu Marraud, *De la ville à l'État. La bourgeoisie parisienne*, XVIIe-XVIIIe *siècle*. Paris, A. Michel, 2009.

8   Martine Bennini, « Mémoire, implantation et stratégies familiales : les Leclerc de Lesseville (XVIe-XVIIIe siècles) », *Revue d'histoire moderne et contemporaine*, n° 3, 2007, p. 7-39 ; *Ead.*, *Les conseillers à la cour des aides (1604-1697). Étude sociale*, Paris, H. Champion, 2010 ; Nicolas Lyon-Caen et Mathieu Marraud, « Le prix de la robe : coûts et conséquences du passage à l'office dans la marchandise parisienne (v. 1680 – v. 1750) », dans Robert Descimon et Élie Haddad (dir.), *Épreuves de noblesse. Les expériences nobiliaires de la haute robe parisienne (*XVIe-XVIIIe *siècles)*, Paris, Les Belles Lettres, 2010, p. 233-257.

une progression. Tel était le cas de l'office de procureur au Parlement ou d'autres charges auxiliaires de moindre valeur, telles que celles examinées par Robert Descimon dans son étude sur le Châtelet de Paris[9].

LE FOR PRIVÉ ET L'INTIMITÉ

Le thème des solidarités informelles a pris une considérable importance. Force est d'admettre, avec François-Joseph Ruggiu, depuis son double observatoire de Charleville et d'Amiens, que les services rendus entre parents sont difficiles à repérer[10]. Les relations médiatisées par des contrats ne constituent en effet qu'une partie des interactions, la strate intermédiaire des actes sous seing privé, des accords verbaux à valeur solennelle et des simples interactions non formalisées, demeurant ordinairement dans l'ombre. Sur les actes sous seing privé et les accords verbaux, on ne possède que des indications partielles, suggérant de fortes variations selon la nature des actes et l'importance des opérations. On sait moins de choses encore sur les interactions qui n'étaient formalisées d'aucune façon. Si l'on adhère à l'idée qu'il était difficile pour des parents ou des alliés de se soustraire à leurs obligations, il reste à préciser jusqu'où celles-ci pouvaient s'étendre ! Les journaux, les diaires et plus largement, l'ensemble de ce que l'on nomme les « ego-documents », livrent un aperçu de ce que pouvaient être ces obligations.

Le succès présent des recherches fondées sur les écrits du for privé tient à la nature hybride de la source[11]. Texte mémoriel et pluri-générationnel, les livres de raison sont à mi-chemin de la mémoire familiale

---

9   Robert Descimon, « Les auxiliaires de justice du Châtelet de Paris : aperçus sur l'économie du monde des offices ministériels (XVIe-XVIIIe siècles) », dans Claire Dolan (dir.), *Entre justice et justiciables. Les auxiliaires de la justice du Moyen Âge au XXe siècle*, Québec, Presses de l'Université Laval, 2005, p. 301-325.

10   François-Joseph Ruggiu, *L'individu et la famille dans les sociétés urbaines anglaise et française (1720-1780)*, Paris, PUPS, 2007.

11   François-Joseph, Ruggiu et Jean-Pierre Bardet (dir.), *Au plus près du secret des cœurs ? Nouvelles lectures historiques des écrits de for privé*, Paris, PUPS, 2005 ; Martine Barily-Leguy, « *Livre de mes anciens grand pères* ». *Le livre de raison d'une famille mancelle du Grand Siècle (1567-1675)*, Rennes, PUR, 2006 ; Sylvie Mouysset, *Papiers de famille. Introduction à l'étude des livres de raison (France, XVe-XIXe siècles)*, Rennes, PUR, 2007 ; Elizabeth Arnoul, Jean-Pierre Bardet et François-Joseph Ruggiu (dir.), *Les écrits du for privé en Europe du Moyen Âge à l'époque contemporaine. Enquêtes, analyses, publications*, Bordeaux, Presses Universitaires de Bordeaux, 2010 ; Nicole Lemaitre, *Le scribe et le mage. Notaires et société rurale en Bas-Limousin aux XVIe et XVIIe siècles*, Paris, Musée du pays d'Ussel-De Boccard, 2000 ; Olivier Zeller, « Mobilités individuelles, cycles et vieillissement d'une famille. Le

et du journal intime. Ils permettent d'approcher les consciences individuelles, donnent à voir des éléments très concrets de la vie quotidienne
– l'alimentation, les divertissements, le décor de la maison – enrichissent
notre vision des réseaux, parlent de la séparation des couples et du
veuvage, de la solitude et des solidarités, plus largement montrent les
transformations connues par la famille avec ses phases de contraction
et d'élargissement. Le croisement des chroniques familiales, journaux
et livres de raison avec d'autres sources telles que les actes notariés, les
pièces judiciaires ou la correspondance, parfois aussi avec des documents
de nature comptable, procure une masse exceptionnelle d'informations,
inaccessibles par tout autre moyen.

Bien que l'écriture de soi, de la subjectivité et de l'intime, se soit
lentement développée pour ne s'épanouir vraiment que vers la fin du
XVIIIe siècle, nombre d'écrits, pendant toute la durée de l'Ancien Régime,
ont fait affleurer émotions et sentiments. Les historiens, à travers silences
et non-dits, peuvent chercher l'expression du travail de deuil, de la dou-
leur et des consolations offertes par Dieu et la famille, de la solitude des
hommes et des femmes, du sentiment d'abandon, des solidarités fondées
sur l'affect, de la sexualité. Les affects sont explorés au moyen d'études
de cas mettant en lumière, encore une fois, la dimension du genre, mais
également la préférence pour l'aînesse, les sentiments d'affection, de
haine ou de jalousie existant entre germains[12].

LES VOCATIONS RELIGIEUSES

La présence massive de la bourgeoisie de robe mais également de la
noblesse parmi les parents d'enfants entrés en religion, le fait également
que la courbe des entrées en religion épouse assez exactement celle des
fortunes, interroge les vocations religieuses. Le désir de préserver le patrimoine d'une excessive fragmentation a été mis en cause. L'attrait d'une
vie paisible dans le cas des chanoines, explique également pour une part
le caractère élitiste du recrutement clérical. Les historiens recherchent
des motivations complémentaires, moins triviales, susceptibles d'éclairer

---

livre de raison d'un échevin lyonnais au XVIIIe siècle », *Annales de démographie historique*,
n° 2, 2004, p. 119-142.

12   Sylvie Steinberg, « Le droit, les sentiments familiaux et les conceptions de la filiation : à
propos d'une affaire de possession d'état du début du XVIIe siècle », *Annales de démographie
historique*, n° 2, 2009, p. 123-142.

tel ou tel choix. Le haut clergé a retenu principalement l'attention[13]. Pourtant l'entrée des enfants en religion n'intéressait pas uniquement la noblesse ni les familles roturières les plus prolifiques et les plus fortunées. Le monde clérical, finement hiérarchisé, offrait un débouché à presque toutes les familles. Dans de nombreux diocèses de montagne, dans le Massif central et les Pyrénées, ou bien encore dans le Jura, les sociétés de prêtres habitués, consorcistes, communalistes ou portionnaires, touchaient aux franges inférieures du clergé. Elles constituaient, en Auvergne par exemple, un rouage sociodémographique essentiel[14]. Ces prêtres vivaient sur le revenu de la manse commune, composée notamment de parts de dîmes, tout en résidant dans leurs familles respectives. Ailleurs des prêtres pouvaient être des « nourris », des cadets célibataires totalement pris en charge par leur maison d'origine. Le phénomène n'était pas ignoré des villes qui avaient en Bourgogne leurs mépartistes. Si les ouvrages consacrés au clergé séculier réservent généralement un chapitre à l'origine géographique et sociale des prêtres, on possède peu d'études de cas éclairant la façon dont le premier ordre se formait et se renouvelait, peu d'indications sur le rôle de la parenté, en dépit de l'importance des résignations d'oncles à neveux. De ce point de vue, les études relatives aux vocations forcées, peu nombreuses, ou celles moins spécialisées consacrées au recrutement des différents ordres religieux, n'ont encore fait qu'effleurer le sujet[15].

Pour apprécier plus largement le rôle du clergé dans les dynamiques familiales et sociales, il faudrait mesurer le volume de ce que les familles

---

13   Pour ne citer que des travaux récents : Olivier Charles, *Chanoines de Bretagne. Carrières et cultures d'une élite cléricale au siècle des Lumières*, Rennes, PUR, 2004 ; Mathieu Desachy, *Cité des hommes. Le chapitre cathédral de Rodez (1215-1562)*, Rodez, Éd. du Rouergue, 2005 ; Anne Massoni (dir.), *Collégiales et chanoines dans le centre de la France du Moyen Âge à la Révolution*, Limoges, PULIM, 2010 ; Sylvie Granger, « Le chanoine et l'argent à travers trente années du journal d'un chanoine de la cathédrale du Mans (1759-1789) », dans Laurent Bourquin et Philippe Hamon (dir.), *Fortunes urbaines. Élites et richesses dans les villes de l'Ouest à l'époque moderne*, Rennes, PUR, 2011, p. 151-173.

14   Stéphane Gomis, *Les « Enfants prêtres » des paroisses d'Auvergne (XVIe-XVIIIe siècles)*, Clermont-Ferrand, Presses Universitaires Blaise-Pascal, 2006.

15   *Revue d'Auvergne*, n° 544-545, « Vocations d'Ancien Régime. Les gens d'Église en Auvergne aux XVIIe et XVIIIe siècles », 1997 ; Guy Brunet et Alain Bideau, « La vocation sacerdotale : une affaire de famille ? », *Annales de démographie historique*, n° 1, 2004, p. 215-228 ; Jean-Marc Lejuste, « Vocations et famille : l'exemple de la Lorraine aux XVIIe et XVIIIe siècles », *Chrétiens et sociétés*, n° 18, 2011, p. 39-66 ; Alexandra Roger, « Contester l'autorité parentale : les vocations religieuses forcées au XVIIIe siècle en France », *Annales de démographie historique*, n° 1, 2013, p. 43-67.

parvenaient à saisir des revenus de l'Église, par le biais de la « commende » ou du système bénéficial, de la dîme ou des opérations financières du clergé. Il faut se souvenir que certains ordres étaient chichement dotés, mais que les abbayes et prieurés les mieux pourvus étaient soumis au régime de la commende[16].

CONTRAINTES NATURELLES, CYCLE DE VIE
ET REPRODUCTION FAMILIALE

Répondant à une problématique issue de la génétique des populations, Alain Bideau et Guy Brunet, dans leurs travaux sur le Jura méridional, ont écarté l'hypothèse qu'il ait pu exister là un isolat[17]. Pour en faire la démonstration, les registres paroissiaux et d'État civil de cinq communes ont fait l'objet d'un dépouillement systématique sur une durée de presque trois siècles, depuis 1695. L'élaboration des généalogies et leur structuration dans un registre de population a pris huit années. Les auteurs ont ensuite appliqué aux 46 000 individus de la base les habituels calculs de nuptialité, de fécondité et de mortalité[18]. Un module d'analyse génétique a permis de mesurer le coefficient de consanguinité et finalement d'apprécier le degré d'ouverture de la population. Un autre registre, celui de Vallouise en Briançonnais, déroule des généalogies sur 22 générations, étalées sur une durée de six ou sept siècles. De tels registres de population, capables de répondre à des objectifs variés, sont nécessairement rares. La base de données réalisée pour la localité de Pont-L'évêque, en Normandie (90 000 actes, 25 000 couples) a permis de montrer que l'extension du couchage en

---

16 Dominique Dinet, « L'évolution de l'institution de la commende dans l'espace religieux des XVIIe et XVIIIe siècles », dans Gilles Constable et Michel Rouche (dir.), *Auctoritas. Mélanges offerts à Olivier Guillot*, Paris, PUPS, 2006, p. 736-737 ; *Id.*, « Les grands domaines des réguliers en France (1560-1790) : une relative stabilité », *Revue Mabillon*, t. X, 1999, p. 257-269.

17 Alain Bideau et Guy Brunet, *Essai de démographie historique et de génétique des populations. Une population du Jura méridional du XVIIe siècle à nos jours*, Paris, INED, 2007.

18 Les unions, les naissances, les maladies et la mort sont également au centre d'une étude du même auteur, centrée sur la Dombes. Alain Bideau, *La châtellenie de Thoissey. Étude d'une population de la Dombes du XVIe au XIXe siècle*, Paris, INED, 2017.

herbe avait été accompagné de la diffusion de pratiques contraceptives et que la régulation-adaptation de la population s'était opérée par une diminution de la fécondité plutôt que par des migrations. C'est aussi à l'étude de la fécondité et de son déclin, qu'a initialement servi la base de données de Vernon et des villages environnants (40 000 couples). Jean-Pierre Bardet a montré que l'effort d'autorégulation visant à juguler la croissance, avait reposé essentiellement sur le retard de l'âge au mariage et sur le taux de célibat[19].

Dans le sillage des travaux de démographie sociale différentielle initiée il y a déjà longtemps par Pierre Goubert, on continue de s'interroger sur l'adoption de comportements restrictifs liés à l'enrichissement de telle ou telle strate sociale, chez les négociants et les marchands par exemple[20]. Les comportements malthusiens ont-ils été majoritaires parmi eux ? On trouve bien sûr des marchands imitant peu ou prou le modèle nobiliaire des officiers de cours souveraines, insistant sur la primogéniture et cherchant à limiter leur descendance. Mais c'est plutôt une forte et nette préférence pour les familles nombreuses qui se manifeste dans la bourgeoisie ! Même à Bordeaux, l'hyper-fécondité des négociants n'a vraiment commencé à fléchir qu'après 1730[21]. Loin de rechercher le célibat, les négociants regardaient le mariage comme un moteur nécessaire d'expansion. Le caractère familial de la plupart des sociétés commerciales accentuait la tendance, très prononcée, à rechercher des alliances homogamiques[22]. Le travail de régulation démographique, passait donc, pour certains, par la réduction de la fécondité tandis que d'autres n'accomplissaient pas ce travail. La surcharge démographique pouvait trouver une autre issue dans le déplacement d'une partie des populations concernées.

19 Jean-Pierre Bardet, « Fécondité et natalité », dans *Histoire des populations de l'Europe, t. I. Des origines aux prémices de la révolution démographique*, Paris, Fayard, 1997, p. 316-343 ; Jacques Renard, *Pont-L'Évêque et ses campagnes aux XVIIIe et XIXe siècles. Des veaux et des hommes : un exemple d'oliganthropie anticipatrice*, Paris, SPM, 2011.
20 Kevin McQuillan, « Family Composition, Birth Order and Marriage Patterns : Evidence from Rural Alsace, 1750-1885 », *Annales de démographie historique*, n° 1, 2008, p. 57-71.
21 Stéphane Minvielle, « Les comportements démographiques des élites bordelaises au XVIIIe siècle », *Histoire, économie et société*, n° 2, 2004, p. 273-281.
22 Laure Pineau-Defois, *Les grands négociants nantais du dernier tiers du XVIIIe siècle. Capital hérité et esprit d'entreprise (fin XVIIe – début XIXe siècles)*, thèse de doctorat, Université de Nantes, 2008 ; Philippe Gardey, *Négociants et marchands de Bordeaux. De la guerre d'Amérique à la Restauration (1780-1830)*, Paris, PUPS, 2009 ; Brice Martinetti, *Les négociants de La Rochelle au XVIIIe siècle*, Rennes, PUR, 2013.

LE TRAVAIL DE RÉGULATION DÉMOGRAPHIQUE ET LES MIGRATIONS

On sait depuis longtemps quelle fut l'importance des migrations saisonnières et de la mobilité matrimoniale. L'impression de fermeture, d'enracinement et de sédentarité, née de la mesure de l'endogamie a laissé place à un doute, puis à l'affirmation d'une franche mobilité dans les années 1990-2000[23]. Le débat s'est maintenant focalisé sur la nature de cette mobilité. S'agissait-il d'une micro-mobilité, guère différente au fond de la stabilité, ou bien de véritables migrations ? Fallait-il regarder ces déplacements comme impliquant une rupture ou bien en termes de continuité ? Si l'on envisage l'appartenance à un espace, à un « territoire familial », la décision de partir en ville n'est pas nécessairement un arrachement ! La distance parcourue ne suffit pas à définir le type de mobilité dont il s'agit. Si la plupart des scénarios posent la sédentarité comme une évidence et la migration comme un phénomène induit par des déséquilibres économiques et démographiques, la prise en compte des configurations familiales et des projets migratoires a déporté l'interprétation vers la *New Household Economy*, la microéconomie, plutôt que vers la macroéconomie. Ainsi abordée, la migration demeure le produit d'un ajustement venant corriger des déséquilibres économiques.

Des techniques permettant de mesurer et caractériser les bassins matrimoniaux, de visualiser aussi les trajectoires suivies par les migrants, appliquées au XIXe siècle, pourraient être adoptées par les modernistes. L'algorithme CONCOR permet par exemple d'apparier des communes et de découper l'espace en cliques permettant de se rapprocher de la notion de « pays », au sens vidalien du terme[24]. L'examen de l'ancienneté des patronymes et le rythme de leur extinction permettent de dégager le noyau stable d'une population ainsi que sa frange la plus mobile. Une autre façon de questionner les patronymes consiste à faire une mesure de l'isonymie, permise par les registres de population. L'isonymie – le fait que dans une union, les deux conjoints portent le même patronyme

---

23   Au terme de deux décennies de remise en question de la sédentarité, Jeremy Hayhoe rejoint le discours, maintenant dominant, d'une mobilité massive et acceptée. Jeremy Hayhoe, *Strangers and Neighbours. Rural Migration in Eighteenth-Century Northern Burgundy*, Toronto-Buffalo-Londres, University of Toronto Press, 2016.

24   Claire Lemercier et Paul-André Rosental, « "Pays" ruraux et découpage de l'espace : les réseaux migratoires dans la région lilloise au milieu du XIXe siècle », *Population*, vol. 55, n° 4, 2000, p. 691-726. Le mot « pays » désigne ici des petites entités micro-régionales socialement et économiquement cohérentes.

– a été mise en relation avec un critère physique, en l'occurrence l'altitude, pour établir que les gens du haut, dans les montagnes, adoptaient des comportements spécifiques différents de ceux des gens de la plaine[25].

On doit insister sur le degré de technicité très élevé auxquels sont parvenus les modèles mathématiques conçus par les démographes. De fortes critiques ont été adressées à ces modèles, leur reprochant de transformer des lois historiques tendancielles en règles de comportement ou bien encore de faire disparaître le contexte au profit de la fonction[26]. L'approche multiniveau permet toutefois aujourd'hui d'articuler le contexte dans lequel vit l'individu (composition de la famille, milieu physique) avec certaines caractéristiques qui lui sont propres[27]. Il est devenu possible de surmonter les divergences constatées entre modèles individuels et modèles agrégés, en distinguant entre effets de contexte et effets individuels. L'absence de formation à ces techniques et le caractère non homogène et lacunaire de la documentation disponible, expliquent qu'elles soient relativement délaissées, sinon même tout à fait ignorées des modernistes.

LE CYCLE DE VIE

Bernard Derouet a défendu l'idée que les groupes domestiques dans le Midi avaient recherché la stabilité et l'autosuffisance, tandis que dans la moitié septentrionale du pays, un ajustement pouvait ou non se faire de l'exploitation agricole à la force de travail disponible, en relation avec le cycle de vie. À des sociétés rurales figées, inélastiques – les sociétés inégalitaires du Midi – il opposait des sociétés souples, diversifiées, capables d'accepter des partages successoraux égalitaires[28]. C'est le degré d'intensité dans la mise en valeur du sol, permis entre autres par l'outillage et la différenciation

---

25 Michel Prost, « La pratique de l'isonymie matrimoniale dans les populations anciennes du sud-est de la France (1546-1899) », *Histoire & Mesure*, n° 1-2, 2005, p. 5-28. Le manque d'espaces cultivables et d'immigrants désireux de s'installer en montagne contraignait à un mariage dans la proche parenté ou bien à l'émigration. Dans les Hautes-Alpes, les couples isonymes ne sont pas rares, mais il ne s'agit que de liens faibles ou moyens.

26 Jean-Yves Grenier, « Du bon usage du modèle en histoire », dans Jean-Yves Grenier, Claude Grignon et Pierre-Michel Menger (dir.), *Le modèle et son récit*, Paris, Éd. de la MSH, 2001, p. 71-101.

27 Valérie Golaz et Arnaud Bringé, « L'apport et les enjeux de l'analyse multiniveau en démographie », http//jms.insee.fr/files/documents/2009/53_4-JMS2009_S03-CS_GOLAZ-ACTE.PDF (consulté le 02/04/2020).

28 Bernard Derouet, « Pratiques successorales et rapport à la terre : les sociétés paysannes d'Ancien Régime », *Annales ESC*, n° 1, 1989, p. 173-207.

sociale, qui explique en dernier ressort que les régions égalitaires aient privilégié la notion d'exploitation par rapport à celle de propriété. Et en effet, des études récentes montrent que le marché immobilier locatif n'était pas un marché annexe du marché foncier, mais bien un marché possédant ses propres logiques de fonctionnement, avec des formes intermédiaires entre la location et la vente. Mais le marché locatif reste peu étudié, et ce sont surtout les travaux sur le marché foncier qui interrogent le rôle de la parenté. Fabrice Boudjaaba a montré, par l'économétrie, que les ruraux ne privilégiaient pas les achats entre parents et qu'il n'y avait pas en la matière de « stratégies familiales[29] ». Dans les transactions intrafamiliales, il n'y avait ni surévaluation, ni sous-évaluation du prix. Il s'agissait, en dernière analyse, d'un marché « moderne et anonyme », où primaient les critères de localisation et d'adaptation aux besoins des ménages.

Les travaux relatifs au marché foncier aussi bien que ceux privilégiant le remodelage des exploitations par le biais des locations, font une place majeure à la théorie du cycle de vie, sur laquelle il convient de dire quelques mots. Dans le cadre d'une agriculture à main d'œuvre strictement familiale, Chayanov décrivait en Russie un système de redistribution des terres en fonction de la composition et de la taille des familles. Une certaine adéquation des exploitations à la dimension et à la composition des groupes familiaux a aussi été constatée en France, par exemple en Cerdagne, avec toutefois d'importantes variations dans le temps qui donnent à penser que l'adaptation n'était ni instantanée ni automatique. Le lien établi entre la taille des ménages et la superficie des terres est aussi très visible dans les communautés familiales de la France centrale[30]. Aussi la tentation est-elle grande de les regarder d'abord comme des associations de travailleurs[31].

---

29 Gérard Béaur, « Investissement foncier, épargne et cycle de vie dans le pays chartrain au XVIIIe siècle », *Histoire et mesure*, n° 3-4, 1991, p. 275-288 ; *Id.*, « Marchés fonciers et rapports familiaux dans l'Europe du 18e siècle », dans Simonetta Cavaciocchi (dir.), *Il mercato della terra*, Prato, Le Monnier, 2004, p. 985-1001 ; Fabrice Boudjaaba, *Des paysans attachés à la terre ? Familles, marchés et patrimoines dans la région de Vernon (1750-1830)*, Paris, PUPS, 2008 ; Jérôme Luther Viret, « Un marché foncier "impersonnel" ? L'exemple de Tourouvre-au-Perche (1560-1660) », *Histoire & Mesure*, n° 1, 2016, p. 3-41.

30 Marc Conesa, « Maisons, familles, patrimoines. Le système à maison en Cerdagne (XVIIe-XVIIIe siècles) », *Domitia*, n° 2, 2002, p. 395-415 ; *Id.*, *D'herbe, de terre et de sang. La Cerdagne du XIVe au XIXe siècle*, Perpignan, Presses Universitaires de Perpignan, 2012 ; David Glomot, *Héritage de serve condition, une société et son espace. La Haute Marche à la fin du Moyen Age*, Limoges, PULIM, 2013.

31 Bernard Derouet, « La terre, la personne et le contrat : exploitation et associations familiales en Bourbonnais (XVIIe-XVIIIe siècles) », *Revue d'histoire moderne et contemporaine*, n° 2, 2003, p. 27-51.

La théorie du cycle de vie a trouvé un renfort dans la découverte de l'importance du travail domestique accompli avant le mariage. La mise en service des jeunes gens n'ayant pas eu l'importance en France qu'elle a eue ailleurs en Europe, l'historiographie française reste quelque peu à la traine[32]. Dans la plupart des travaux, l'épargne est regardée comme une étape obligée vers le mariage. Mais les modalités de constitution de cette épargne, leur volume et leur emploi restent ignorés. La même observation peut d'ailleurs être faite pour toutes les activités salariées précédant le mariage[33]. Les conditions locales, démographiques, économiques, la place et la conception du couple dans la société, ainsi que la façon d'envisager le travail des enfants et des adultes, rendaient le mariage plus ou moins aisé, plus ou moins précoce ou tardif. Les industries rurales ont également eu un impact sur l'âge au mariage, directement ou indirectement, à travers le sex-ratio, ou bien par l'effet des migrations différentielles des garçons et des filles. C'est d'ailleurs un des motifs qui ont poussé les historiens à mieux étudier les migrations prénuptiales. Les travaux sur les adolescents se rendant à Paris côtoient aujourd'hui ceux qui, à l'autre extrémité du cycle de vie, examinent la mobilité spécifique de la vieillesse[34].

PARCOURS DE VIE, PARCOURS PATRIMONIAUX

Pour réussir, une stratégie devait se développer sur une durée pouvant excéder plusieurs vies. Il a donc fallu que les historiens replacent les

---

32 Plusieurs volumes ont été publiés sur le sujet dans le cadre du *servant project*, où, à l'exception des travaux d'Antoinette Fauve-Chamoux, la France reste peu présente : Antoinette Fauve-Chamoux (dir.), *Domestic Service and the formation of European Identity*, Berne, P. Lang, 2004 ; *Ead.*, « Domesticité et parcours de vie. Servitude, service prémarital ou métier ? », *Annales de démographie historique*, nº 1, 2010, p. 5-34.

33 Jérôme Luther Viret, « Children leaving Home in Europe in the Modern Age : Towards a Typology taking into account Western European Forms of Authority », dans Dionigi Albera et Luigi Lorenzetti (dir.), *A Third Phase in Historical and Anthropological Research on Family ? Towards a Regional and Dynamic Typology*, Berne-Bruxelles, P. Lang, 2016.

34 Marion Trévisi et Vincent Gourdon, « Âge et migrations dans la France rurale traditionnelle : une étude à partir du recensement de l'an VII à la Roche-Guyon », *Histoire, économie et société*, nº 3, 2000, p. 307-330 ; Jean-Pierre Poussou, « Notes sur la mobilité de la vieillesse et des déplacements en pays pré-pyrénéen pendant la Révolution française », *Histoire, économie et société*, nº 3, 2002, p. 291-301 ; Cyril Grange et Jacques Renard, « L'arrivée des adolescents à Paris à la fin du XVIIIᵉ siècle : l'exemple des immigrants normands », dans Jean-Pierre Bardet, Jean-Noël Luc, Isabelle Robin-Romero et Catherine Rollet (dir.), *Lorsque l'enfant grandit. Entre dépendance et autonomie*, Paris, PUPS, 2003, p. 689-704.

trajectoires individuelles dans le cadre le plus apte à les éclairer, dans des contextes emboîtés, sur une durée suffisamment longue, permettant de saisir les dynamiques intergénérationnelles. On a dépeint cette loi des dynasties qui veut qu'à un essor plus ou moins spectaculaire depuis des positions initiales modestes, succède la réussite, les difficultés enfin et – quelquefois – une chute retentissante. L'histoire économique regorge d'exemples, que l'on songe à la draperie sedanaise, à une plus ordinaire manufacture de cires et bougies ou bien encore au teinturier Peugeot[35]. La mobilité est synonyme de réussite lorsque l'abandon du berceau familial permet d'élargir le champ d'action. On a pu suivre une famille dans ses déplacements, depuis l'Agenais jusqu'à Paris, en passant par Bordeaux. Au fil de cet itinéraire, des descendants de notaires se font marchands puis financiers[36]. Dans certaines études, la trajectoire professionnelle cède la place à la trajectoire patrimoniale ou à des trajectoires fiscales[37]. On n'oublie pas que la propriété foncière représentait autrefois l'assise la plus solide de bien des fortunes et que c'était un placement très recherché dans la Robe. À proximité immédiate de Bordeaux par exemple, les magistrats détenaient des seigneuries, des châteaux viticoles ou bien de modestes bourdieux. Il en allait de même autour de Paris et de Nantes, pour des raisons qui n'étaient pas uniquement économiques, car la terre permettait d'acquérir un rang et de se mettre en scène. À une échelle beaucoup plus modeste, la reconstitution de la trajectoire des Hediart, vignerons d'Athis-Mons, montre combien il était difficile d'accroître son bien en régime successoral égalitaire[38].

---

35   Gérard Gayot, *Les draps de Sedan (1646-1870)*, Paris, Éd. de l'EHESS, 1998 ; André Ferrer, « Le moulin des origines : la famille Peugeot au XVIIIe siècle », dans Michel Bertrand (dir.), *Pouvoirs de la famille. Familles de pouvoir*, Toulouse, Méridiennes, 2005, p. 773-783 ; Benoît Hubert, « Un manufacturier manceau au siècle des Lumières : Leprince d'Ardenay et sa fortune », dans L. Bourquin et P. Hamon, *Fortunes urbaines, op. cit.*, p. 191-209.

36   Silvia Marzagalli, « De Grateloup à l'Élysée en passant par Bordeaux : ascension sociale et mobilité de la famille Beaujon aux XVIIe et XVIIIe siècles », dans Silvia Marzagalli et Hubert Bonin (dir.), *Négoce, ports et océans (XVIe-XIXe siècles). Mélanges offerts à Paul Butel*, Bordeaux, Presses Universitaires de Bordeaux, 2000, p. 15-27.

37   Sylvain Vigneron, « Élite urbaine et propriétés au XVIIIe siècle : les Lallier de Cambrai », *Histoire urbaine*, n° 1, 2006, p. 115-136 ; Caroline Le Mao, *Les fortunes de Thémis. Vie des magistrats du Parlement de Bordeaux au Grand Siècle*, Bordeaux, Fédération Historique du Sud-Ouest, 2006 ; Vincent Gallais, « Fortune et style de vie dans la magistrature nantaise au XVIIe siècle », dans L. Bourquin et P. Hamon, *Fortunes urbaines, op. cit.*, p. 91-109.

38   Jean-Marc Moriceau, *Terres mouvantes. Les campagnes françaises du féodalisme à la mondialisation, XIIe-XIXe siècles*, Paris, Fayard, 2002.

La difficulté qu'il y a à établir de façon précise et exhaustive le patrimoine des familles, même les plus notables et les mieux documentées, rend particulièrement ardue l'analyse des dynamiques de transmission et de reproduction[39]. Particulièrement rares sont les études portant sur des trajectoires sociales heurtées ou constamment médiocres, sur des artisans ou des travailleurs échappant au système corporatif[40].

LE GOUVERNEMENT DES FAMILLES

Les conduites violentes, les menaces et les coups, plus timidement les manifestations d'amitié ou d'affection, ont intégré peu à peu l'historiographie et prolongé la tendance déjà évoquée à considérer les logiques d'action individuelles. Avec les sources littéraires et les sources judiciaires, les écrits du for privé offrent, on l'a dit, matière à scruter et disséquer les sentiments qui s'établissent entre les êtres, au sein de la famille étroite et dans la parenté. L'antériorité des recherches sur la conflictualité familiale, pour des raisons documentaires mais également idéologiques, inhérentes au bouillonnement des années 1970, explique qu'il soit aujourd'hui beaucoup plus facile de parler des conflits que des situations d'entente. L'amitié et la tendresse par exemple, l'expression des affects dans la famille, la gestuelle, la vie sexuelle même dans une certaine mesure, quand elle est harmonieuse, restent assez peu étudiés. C'est que la conflictualité familiale offre une matière presque inépuisable aux chercheurs. Les factums, les lettres de cachet, les pièces de procédure criminelle surtout, montrent, à côté de sentiments émergents, la persistance de très anciennes passions. Seul un lent processus d'individuation et de relativisation du sens de l'honneur vint lentement à bout de la violence « parentélaire » née des obligations du sang et de la nécessaire

---

39 Les éléments meubles, et certains immeubles tels que les rentes, soulèvent de nombreuses difficultés : Élie Haddad, « Le crédit nobiliaire en France au xviie siècle. Usages de la rente constituée chez les Belin et les Crevant d'Humières », *Histoire & Mesure*, n° 2, 2010, p. 25-54 ; Katia Beguin, *Financer la guerre au xviie siècle. La dette publique et les rentiers de l'absolutisme*, Seyssel, Champ Vallon, 2012.

40 Sébastien Jahan et Emmanuel Dion, *Le peuple de la forêt. Nomadisme ouvrier et identités dans la France du Centre-Ouest aux temps modernes*, Rennes, PUR, 2002.

défense de l'honneur. La question du genre, formulée ou non en termes d'oppression ou de domination masculine, est devenue la toile de fond d'un grand nombre de travaux. Un des principaux apports des études de genre, à cet égard, est d'avoir montré l'existence de contre-pouvoirs domestiques relayés par les institutions judiciaires.

RÔLES FAMILIAUX ET CONDUITES DÉVIANTES

Les débats doctrinaux, la jurisprudence, les dépositions des témoins et les mémoires des avocats, toute une masse immense d'écrits juridiques et judiciaires, livrent un aperçu des rôles et des conceptions de l'autorité audibles en justice, qu'il s'agisse du père, de la mère, ou bien encore de la marâtre. Plus étudiés que les autres, les abus de l'autorité paternelle éclatent au grand jour dans les affaires de mésalliance, lorsqu'il s'agit de consentir à un mariage ou mieux encore d'imposer un partenaire à ses enfants. Les lettres de cachet et les actions en rapt de séduction livrent en négatif, une image de ce pouvoir et de cette autorité, quand il s'agit d'écarter la menace d'un mariage disproportionné ou déshonorant. La volonté des parents de ne pas céder à un mariage d'inclination n'est que l'une des innombrables figures possibles de déstabilisation familiale, de contestation et finalement de violence... avant que ne survienne une réconciliation[41]. En raison du statut subordonné de la femme, particulièrement manifeste au XVIe siècle, il n'y avait point à proprement parler de « conflits conjugaux ». Il n'existait que des fautes féminines à corriger ou des épreuves à endurcir patiemment. La question de l'adultère et des mauvais traitements devait nécessairement conduire les historiens à l'étude des séparations de corps et de biens, avec cette réserve toutefois que certaines séparations pouvaient avoir dans le commerce un caractère protecteur pour le couple[42]. On voit bien dans ces affaires l'importance

---

41 Benoît Garnot, *On n'est point pendu pour être amoureux... La liberté amoureuse au XVIIIe siècle*, Paris, Belin, 2008. Sur les lettres de cachet et les mesures d'enfermement, quelques travaux récents : Véronique Demars-Sion, « L'enfermement par forme de correction paternelle dans les provinces du Nord au XVIIIe siècle », *Revue historique de droit français et étranger*, n° 3, 2000, p. 429-472 ; M. N. Savornin, *Les lettres de cachet pour affaires de famille à Paris au XVIIIe siècle*, thèse de doctorat, EHESS, 2002 ; Jeanne-Marie Jandaux, *Le roi et le déshonneur des familles. Les lettres de cachet pour affaires de famille en Franche-Comté au XVIIIe siècle*, Paris, École des Chartes, 2017 ; Agnès Walch, *Histoire de l'adultère*, Paris, Perrin, 2011.

42 Jean-Philippe Agresti, « La demande en séparation de biens en Provence à la fin de l'Ancien Régime : une action protectrice pour la femme mariée », dans Patrick Charlot et Éric Gasparini (dir.), *La femme dans l'histoire du droit et des idées politiques*, Dijon, ÉUD,

des transferts patrimoniaux, la puissance des rapports de genre, la précarité finalement du pouvoir des chefs de lignage masculins, dès lors que la justice veut bien obtempérer à la demande de séparation.

Excepté en quelques matières touchant à l'alliance, à la formation et à la dissolution du lien matrimonial, l'État brille surtout par sa discrétion. Dans la prévôté de Vaucouleurs, comme ailleurs, la justice pénètre difficilement dans la vie des couples. Elle vole au secours des filles séduites en accordant des frais de gésine ou bien exige des déclarations de grossesse pour mieux punir les infanticides[43]. La politique criminelle révélée par l'étude des rôles d'écrou, montre une justice réfléchissant l'état des mœurs ou la sensibilité d'une époque. Ainsi, Julie Doyon observe que le parlement de Paris, après avoir protégé les parents battus plutôt que l'enfance maltraitée, se met autour des années 1760 à punir les « pères dénaturés[44] ». L'action de la justice finit par accompagner la transformation des mœurs.

La logique voulant que les archives contentieuses, plus utilisées que les archives non contentieuses, mettent en lumière les conflits, les désordres familiaux et les violences conjugales plutôt que l'harmonie, explique que l'on se soit tardivement penché sur les modalités de règlement des conflits, sur les dynamiques intrafamiliales d'apaisement des tensions. Plusieurs études montrent aujourd'hui le rôle positif des institutions, dans l'ensemble peu intrusives, répétons-le, et le caractère contrôlé et

---

2008, p. 61-93 ; Laurence Croq, « La vie familiale à l'épreuve de la faillite : les séparations de biens dans la bourgeoisie marchande parisienne aux XVIIᵉ-XVIIIᵉ siècles », *Annales de démographie historique*, nº 2, 2009, p. 33-52 ; Claire Chatelain, « Le mari violent et la femme insoumise : entre conflit d'intérêts et théâtralité des genres, le procès Pommereu », dans R. Descimon et É. Haddad, *Épreuves de noblesse, op. cit.*, p. 125-152 ; *Ead.*, « Procédure civile de séparation de biens en haute robe parisienne à la fin du règne de Louis XIV », dans Claude Gauvard et Alessandro Stella (dir.), *Couples en justice, IVᵉ-XIXᵉ siècles*, Paris, Publications de la Sorbonne, 2013, p. 167-185.

43 Hervé Piant, *Une justice ordinaire. Justice civile et criminelle dans la prévôté royale de Vaucouleurs sous l'Ancien Régime*, Rennes, PUR, 2006 ; Fabrice Mauclair, *La justice au village. Justice seigneuriale et société rurale dans le duché-pairie de La Vallière (1667-1790)*, Rennes, PUR, 2008 ; Stéphane Minvielle, « Marie Bonfils. Une veuve accusée d'infanticide dans le Bordelais de la fin du XVIIᵉ siècle », *Dix-septième siècle*, nº 4, 2010, p. 623-643.

44 Julie Doyon, « Le "père dénaturé" au siècle des Lumières », *Annales de démographie historique*, nº 2, 2009, p. 143-165 ; *Ead.*, « Ni clair ni liquide : l'argent dans les conflits familiaux de 1686 à 1745 », dans Benoît Garnot (dir.), *Justice et argent. Les crimes et les peines pécuniaires du XIIIᵉ au XXIᵉ siècle*, Dijon, ÉUD, 2005, p. 65-75 ; *Ead.*, « Frères et sœurs de Caïn. Le lien fraternel à l'épreuve du crime de sang au XVIIIᵉ siècle », dans Fabrice Boudjaaba, Christine Dousset et Sylvie Mouysset (dir.), *Frères et sœurs du Moyen Âge à nos jours*, Berne, P. Lang, 2016, p. 537-560.

limité d'une majorité de conflits. François-Joseph Ruggiu a décrit une litigiosité de basse intensité, Olivier Zeller la volonté de maintenir la cohésion de la famille. Les archives judiciaires peuvent servir à tout autre chose qu'à l'histoire de la criminalité ou des déviances. La famille est aussi un espace de solidarité, d'entraide et de protection[45]. La description de la place des enfants et des devoirs parentaux renforce l'impression d'un territoire refuge, pacifié et protégé. La solidarité s'exprime entre générations, mais aussi au sein du couple dans la répartition des tâches. On voit des épouses prenant des décisions, maniant de l'argent, gérant du personnel ; et dans le couple, de l'affection et de la tendresse. Le modèle conjugal, décrit par Maurice Daumas, n'est plus ici celui de la femme soumise, mais plutôt celui de la bonne entente. Tout cela nous éloigne un peu des haines et des violences qui retinrent d'abord l'attention[46].

POUVOIRS DOMESTIQUES ET INSTITUTIONS

Les historiens du droit, par vocation, ont très tôt prêté attention à la diversité des dispositifs légaux et aux arrangements contractuels. Les conceptions du pouvoir et de la parenté, l'examen des règles d'héritage et des régimes d'autorité, l'analyse des différents modes de régulation sociale, judiciaire ou non judiciaire, montrent l'existence de types familiaux et d'arrangements institutionnels spécifiques, liés à des cultures régionales. Inscrites de préférence dans la longue durée, qui est aussi celle de la construction étatique, plusieurs recherches inscrivent les familles dans leur environnement écologique, technique et économique,

---

45   Michel Heichette, *Société, sociabilité, justice. Sablé et son pays au XVIIIe siècle*, Rennes, PUR, 2005 ; François-Joseph Ruggiu, « Pour préserver la paix des familles… Les querelles successorales et leurs règlements au XVIIIe siècle », dans Anna Bellavitis et Isabelle Chabot (dir.), *La justice des familles. Autour de la transmission des biens, des savoirs et des pouvoirs (Europe, Nouveau Monde, XIIe-XIXe siècles)*, Rome, École française de Rome, 2011, p. 137-163 ; Olivier Zeller, « Le rôle normalisateur de la fratrie dans les conflits familiaux de la France du XVIIIe siècle », *ibid.*, p. 165-190.

46   Maurice Daumas, *La tendresse amoureuse, XVIe-XVIIIe siècles*, Paris, Perrin, 1996 ; *Id.*, *Le mariage amoureux. Histoire du lien conjugal sous l'Ancien Régime*, Paris, A. Colin, 2004 ; *Id.*, *Des trésors d'amitié. De la Renaissance aux Lumières*, Paris, A. Colin, 2011. La violence reste malgré tout un sujet très étudié. Lire en particulier, Michel Nassiet, *La violence, une histoire sociale. France, XVIe-XVIIe siècles*, Seyssel, Champ Vallon, 2011. 129 factums sur les 147 dépouillés par Géraldine Ther présentent des couples alliés (88 % du corpus), soit une proportion très supérieure à celle des couples désunis. Elle les montre agissant de concert. Géraldine Ther, *Jeux de rôles et de pouvoirs. La représentation des femmes dans les factums, 1770-1789*, Dijon, ÉUD, 2017.

mais plus encore axiologique, juridique et politique. Ces travaux, en particulier ceux relatifs aux usages, en pays de droit écrit, et à plus forte raison, en pays coutumiers, invitent à réexaminer l'emploi de la notion de stratégie et à mieux différencier socialement le recours au droit. C'est que dans l'ensemble des pays coutumiers se découvre une certaine unité d'inspiration, caractérisée par un rejet de l'arbitraire et du patriarcat caractéristique – à des degrés variables – des pays de droit écrit. Différentes conceptions du pouvoir domestique et de l'individu coexistaient dans le royaume, le droit écrit travaillant ici à faire un vrai chef de famille muni de vastes pouvoirs, tandis que le droit coutumier s'efforçait ailleurs d'encadrer et limiter l'arbitraire des parents[47].

Dans le Midi, et plus particulièrement dans les Alpes, Dionigi Albera montre que l'environnement juridique et politique, beaucoup plus que le milieu physique, favorise certains comportements, certaines pratiques, engendre différentes « psychologies sociales de la propriété[48] ». Il dégage les traits saillants, isole des variables significatives, trouve finalement trois types d'organisations, soit le type *bauer* inégalitaire centré sur la ferme-domaine, le type *bourgeois* caractérisé par l'égalité bilatérale, enfin le type *agnatique* privilégiant les seuls descendants masculins, solidement installé dans les Alpes françaises. La « stylisation idéal-typique » n'interdit pas que soit évoqué tout un éventail de situations intermédiaires. L'auteur évoque donc une « palette de nuances », des contrastes et des corrélations, ici une « coloration » agnatique, là une « continuité longue de la bilatéralité ». Le recul tardif du principe agnatique en haute Provence et dans d'autres provinces du Midi, suggère que s'est produite une lente dissolution du système agnatique vers la fin de l'Ancien Régime, dans le sens de l'unicité successorale. Cette transformation parait hautement probable. Sous d'autres cieux, à d'autres époques, on voit les populations infléchir leur pratique ou bien abandonner certains usages[49].

L'attention portée, notamment par les médiévistes, aux processus de territorialisation des coutumes, montre combien le contexte politique

---

47 Jérôme Luther Viret, *Le sol et le sang. La famille et la reproduction sociale en France du Moyen Age au XIXᵉ siècle*, Paris, CNRS, 2014 ; *Id., La famille normande. Mobilité et frustrations sociales au siècle des Lumières*, Rennes, PUR, 2013.

48 Dionigi Albera, *Au fil des générations. Terre, pouvoir et parenté dans l'Europe Alpine (XIVᵉ-XXᵉ siècles)*, Grenoble, Presses Universitaires de Grenoble, 2011.

49 Daniel Paul*, Paysans du Bourbonnais. Une société rurale face au changement (1750-1880)*, Clermont-Ferrand, Presses Universitaires Blaise-Pascal, 2006.

fut déterminant. Les usages constatés et fixés localement ont permis des pratiques successorales et matrimoniales fort diverses, avec un plus fort degré d'interventionnisme étatique dans le cas de la noblesse. Quelques cartes ont été dressées de ces normes et de ces pratiques. L'existence d'écarts significatifs entre groupes sociaux, en fonction de la composition et de la dimension des patrimoines, selon que la résidence est urbaine ou rurale, et le caractère statique surtout de ces représentations, n'en font pas le meilleur instrument pour saisir les dynamiques familiales et sociales. Elles conservent malgré tout un réel intérêt. Dans des provinces aux pratiques extraordinairement morcelées, l'élaboration de cartes forcerait au moins à une étude systématique des pratiques au niveau local[50]. À l'échelle du pays tout entier, l'opposition du Nord et du Midi reste largement opératoire. La manière de transmettre les statuts et les biens, la façon d'exercer le pouvoir au sein de la famille et à l'extérieur de celle-ci, favorisaient des pratiques tantôt égalitaires tantôt inégalitaires. Tandis que l'obtention de l'égalité impliquait une certaine dose de rigidité, les populations du Midi d'abord sensibles au maintien de leur rang et de leur pouvoir, s'octroyaient d'importants pouvoirs. L'arbitraire, teinté ou non de bienveillance, était le régime d'autorité normal en pays de droit romain. Il appartenait à chaque chef de famille d'apprécier la situation de sa maison. L'adhésion au droit écrit manifestait dans le Midi une conception puissamment patriarcale de la famille. La situation était bien différente dans les pays coutumiers où prévalait l'intérêt des enfants, qu'il s'agisse seulement de l'aîné, de tous les garçons ou bien plus souvent de tous les enfants sans distinction de sexe. Cette attention portée à la descendance était un effet de « l'affection de sang », évoquée par Claude Joseph de Ferrière.

Peu nombreux à s'intéresser au droit coutumier, dont la matière a au contraire toujours fait les délices des historiens du droit, les historiens

---

50 En dépit du nombre important de monographies ou travaux d'étudiants déjà réalisés, cela serait utile pour l'Auvergne, le groupe picard-wallon, la Lorraine et dans une moindre mesure, pour la Bourgogne. Le Sud-Ouest, grâce aux travaux de Jacques Poumarède et plus récemment ceux d'Anne Zink, jouit à cet égard d'une certaine avance. Anne Zink *L'héritier de la maison. Géographie coutumière du Sud-Ouest de la France sous l'Ancien Régime*, Paris, Éd. de l'EHESS, 1993 ; Laurent Bourquin, « Partage noble et droit d'aînesse dans les coutumes du royaume de France à l'époque moderne », dans *L'identité nobiliaire. Dix siècles de métamorphoses (IXᵉ-XIXᵉ siècles)*, Le Mans, Publications du laboratoire anthropologique du Mans, 1997, p. 136-165 ; Simone Geoffroy-Poisson, Martine Grinberg et Alexandra Laclau, « Rédaction des coutumes et territoires au XVIᵉ siècle : Paris et Montfort-L'Amaury », *Revue d'histoire moderne et contemporaine*, n° 2, 2012, p. 8-54.

de la famille et les démographes font aujourd'hui une place croissante à l'analyse des instruments élaborés par les notaires, validés ou censurés par les tribunaux[51]. En raison de leur particulière importance pour les élites, l'intérêt manifesté aujourd'hui pour les offices, leur statut et leur transmission, tend à rééquilibrer celui, plus ancien, montré pour les fondements seigneuriaux de la puissance nobiliaire[52].

LES NOBLESSES, LA FAMILLE ET L'ÉTAT

Sans parler de rupture, l'historiographie relative à la noblesse, ou plutôt aux noblesses, parait à certains auteurs être récemment sortie du purgatoire[53]. Les modernistes, à la suite des médiévistes – on pense ici en particulier à Joseph Morsel – ont été conduits à réinterroger les pratiques de reproduction sociale, à relativiser l'importance de la

---

51 En toute logique, les apports des historiens du droit demeurent les plus importants quand il s'agit d'évoquer le droit ou l'action de la justice : Armelle Hubert, *Étude des contrats de mariage et de la pratique notariale à Paris au milieu du XVIIIe siècle (1749-1758)*, thèse de doctorat, Université de La Rochelle, 1999 ; Virginie Lemonnier-Lesage, *Le statut de la femme mariée dans la Normandie coutumière. Droit et pratiques dans la généralité de Rouen*, Clermont-Ferrand, Presses Universitaires de la Faculté de droit de Clermont-Ferrand, 2005 ; Etel Le Sergent, *Les contrats de mariage orléanais de 1650 à 1850*, thèse de doctorat, Université Paris-II, 2006 ; Jean-Philippe Agresti, *Les régimes matrimoniaux en Provence, à la fin de l'Ancien Régime. Contribution à l'étude du droit et de la pratique notariale en pays de droit écrit*, Aix-en-Provence, Presses Universitaires d'Aix-Marseille, 2009 ; Anne Dobigny-Reverso, *Le notaire et la transmission du patrimoine à travers les contrats de mariage en Touraine : 1750-1850*, thèse de doctorat, Université Paris-I, 2012. Les historiens généralistes interviennent néanmoins de plus en plus dans ce champ : Fabrice Boudjaaba, « Le régime dotal normand, un moyen de préserver les intérêts du patrilignage ? Une comparaison entre deux régions : Vernon et Pont-l'Évêque (1750-1824) », *Annales de démographie historique*, n° 1, 2001, p. 121-139 ; Gérard Béaur, Mathieu Marraud et Béatrice Marin, « Au cœur des choix familiaux. Conclure ou ne pas conclure un contrat de mariage dans les régions de partage égalitaire au XVIIIe siècle (Chartres et les campagnes beauceronnes) », *Annales de démographie historique*, n° 1, 2011, p. 99-121 ; Élie Haddad, « Les substitutions fidéicommissaires dans la France d'Ancien Régime : droit et historiographie », *MEFRIM*, n° 2, 2012, p. 365-381. La place manque pour citer tous les travaux de Marie-Pierre Arrizabalaga (Pays basque) ou Guy Tassin (Hainaut). Pour une réflexion sur le droit, voir Bernard Derouet, « Les pratiques familiales. Le droit et la construction des différences (15e-19e siècles) », *Annales HSS*, n° 2, 1997, p. 369-391.
52 Samuel Gibiat, *Hiérarchies sociales et ennoblissement. Les commissaires des guerres de la Maison du roi au XVIIIe siècle*, Paris, École des Chartes, 2006 ; Claire Chatelain, *Chronique d'une ascension sociale. Exercice de la parenté chez de grands officiers (XVIe-XVIIe siècles)*, Paris, Éd. de l'EHESS, 2008 ; David Feutry, *Guillaume François Joly de Fleury (1675-1756). Un magistrat entre service du Roi et stratégies familiales*, Paris, École des Chartes, 2011.
53 Michel Figeac, *Les noblesses en France. Du XVIe au milieu du XIXe siècle*, Paris, A. Colin, 2013, p. 379.

naissance parmi les critères d'appartenance à la noblesse, à déconstruire les discours visant à présenter la formation et le renouvellement du groupe comme un processus « naturel ». Au concept de lignage, entité collective faite de personnes liées par le sang, a été opposé le concept de Maison, plus susceptible de mettre en valeur la logique d'enracinement, de continuité territoriale, observée à partir du XIIe siècle. Le lignage a-t-il jamais existé autrement que de manière ponctuelle et sur un mode mineur ? La pratique du pouvoir dans les élites, conduit à l'idée d'une manipulation de la parenté en vue du maintien de la domination d'un groupe bien plus large que celui des seuls parents agnatiques (filiation unilinéaire – patrilinéaire). Le concept de « topolignée » rend compte de l'exercice du pouvoir dans un espace donné.

L'histoire des comtes de Belin retracée par Élie Haddad illustre la difficulté du maintien de l'une d'entre elles appartenant à la noblesse moyenne[54]. L'ouvrage insiste sur l'évolution du rôle et de la place des femmes. Les historiens ont attiré l'attention sur les héritières[55]. Un certain éparpillement des patrimoines a pu résulter du « hasard » des alliances et des héritages qui est allé plutôt en s'aggravant au XVIIIe siècle, non sans susciter des difficultés au moment de régler les successions. On sait donc maintenant l'importance des femmes pour la perpétuation des maisons et de leur patrimoine, le rôle déterminant joué par elles dans l'économie domestique ainsi que leur capacité à diriger les affaires. Mais on a davantage parlé encore de leurs difficultés et de leur vulnérabilité, dues aux conditions de dissolution du régime matrimonial. L'acquittement des dots, dans la noblesse plus encore que dans d'autres groupes sociaux, s'avérait en effet difficile[56]. Dans la noblesse de robe bordelaise par exemple, il arrivait très souvent qu'une partie importante de la dot ne soit acquittée

---

54   Robert Descimon, « La noblesse, essence ou rapport social ? », *Revue d'histoire moderne et contemporaine*, n° 1, 1999, p. 5-21 ; Élie Haddad, *Fondation et ruine d'une maison. Histoire sociale des comtes de Belin (1582-1706)*, Limoges, PULIM, 2009 ; *Id.*, « Qu'est-ce qu'une "maison" ? De Lévi-Strauss aux recherches anthropologiques et historiques récentes », *L'Homme*, n° 212, 2014, p. 109-138.

55   Gérard Delille, « Les filles uniques héritières », dans Jean-Pierre Poussou et Isabelle Robin-Romero (dir.), *Histoire des familles, de la démographie et des comportements, en hommage à Jean-Pierre Bardet*, Paris, PUPS, 2007, p. 405-421.

56   Jérôme Luther Viret, « Les femmes et la circulation du patrimoine dans la noblesse. L'exemple de la seigneurie de Torchamp en Normandie (XVe-XVIIIe siècle) », dans Caroline Le Mao et Corinne Marache (dir.), *Les élites et la terre du XVIe siècle aux années 1930*, Paris, A. Colin, 2010, p. 213-223.

qu'après la mort du dernier parent survivant ! L'absence d'intégration des apports des épouses dans le patrimoine de la maison Belin fut une des raisons majeures qui la conduisirent à la ruine. Celle-ci eut également à souffrir d'un endettement critique. Cela n'était guère original, l'art de dépenser étant un puissant identifiant de la noblesse en même temps que, paradoxalement, un signe de sa vitalité. La nécessité de protéger le bien de l'épouse tout autant que celui de son lignage, jointe à la prodigieuse inflation des offices, finirent par impacter le régime conjugal.

Le destin des cadets continue lui aussi de susciter des recherches qui ne sont pas sans lien avec la question plus générale des vocations déjà évoquée[57]. La vocation militaire impliquant, sinon toujours le célibat, assez souvent un mariage tardif, menaçait la reproduction de la noblesse. Cette épineuse question fut de celles que les premiers démographes abordèrent au siècle des Lumières dans une optique populationniste. Les idées natalistes et les mesures administratives prises en faveur des comportements procréateurs, l'analyse des relations entre population, État et puissance, font l'objet, depuis plusieurs années d'un regain d'intérêt dont témoignent plusieurs ouvrages[58]. On mentionnera pour finir l'intérêt très vif suscité par la question de la bâtardise et celle de l'anoblissement. C'est que le sort fait aux bâtards et le tournant amorcé à la fin du XVIe siècle sur ces deux questions met remarquablement en lumière les conceptions nouvelles (ou pas) de la noblesse ainsi que le rôle décisif de l'État et de l'Église[59].

L'équilibre précaire maintenu autrefois entre populations et ressources, tout au moins dans les strates sociales les plus démunies, exigeait un permanent effort d'adaptation, pouvant prendre la forme d'une compétition,

---

57 Laurent Bourquin, « La noblesse du XVIIe siècle et ses cadets », *Dix-septième siècle*, n° 4, 2010, p. 645-656.

58 Jacqueline Hecht, « Célibat, stratégies familiales et essor du capitalisme au XVIIIe siècle : réalités et représentations », dans *Ménages, familles, parentèles et solidarités dans les populations méditerranéennes*, Paris, PUF, 1996, p. 257-284 ; Leslie Tuttle, *Conceiving the Old Regime : Pronatalism and the Politics of Reproduction in Early Modern France*, Oxford, Oxford University Press, 2010 ; Carol Blum, *Croître ou périr. Population, reproduction et pouvoir en France au XVIIIe siècle*, Paris, INED, 2013.

59 Sylvie Steinberg, « "Au défaut des mâles". Genre, succession féodale et idéologie nobiliaire (France, XVIe-XVIIe siècles) », *Annales HSS*, n° 3, 2012, p. 679-713 ; *Ead., Une tache au front. La bâtardise aux XVIe et XVIIe siècles*, Paris, A. Michel, 2016 ; Carole Avignon (dir.), *Bâtards et bâtardises dans l'Europe médiévale et moderne*, Rennes, PUR, 2016.

non seulement entre familles mais aussi à l'intérieur même des familles. Les démographes et les historiens de la famille rendent compte de cette compétition livrée autour de ressources insuffisantes, mais également dans les familles mieux pourvues, pour des biens symboliques et des biens matériels d'inégale valeur. À cette fin, ils passent en revue les configurations familiales, mesurent les effets de fratrie et de rang de naissance dans la mobilité sociale. Ils cherchent à savoir s'il existait un niveau minimal de ressources, variable selon les lieux, les groupes sociaux et les époques, pour la conclusion d'une union et la création d'un foyer « viable ». Cette approche « économique » est aussi une approche « politique » en ce sens que l'évaluation des situations par les chefs de famille pouvait ou non laisser une large place à l'arbitraire. C'est dans l'avenir à une meilleure articulation des données physiques, environnementales, biologiques et des comportements individuels, des préférences et des refus en matière de reproduction sociale, que l'on devra sans doute un rapprochement de la démographie et de l'histoire de la famille.

Jérôme Luther VIRET

HISTOIRE DU GENRE

Peu de catégories d'analyse ont sans doute, dans les dernières décennies, été plus débattues que celle de genre. Peu de domaines de recherche ont connu d'évolution plus rapide en un temps si court. C'est pourquoi, avant de dresser un bilan historiographique concernant la période moderne, il convient de revenir brièvement sur l'introduction de ce concept dans les études historiques, particulièrement dans les études historiques françaises. Au fil des années, les débats tant théoriques qu'épistémologiques ou méthodologiques ont eu pour effet de définir peu à peu les contours d'un champ de recherche inédit : si l'histoire des femmes s'intéressait depuis les années 1970 (et s'intéresse toujours) à un sujet précis – ou plutôt à des sujets oubliés de l'histoire auxquels il importait de rendre une visibilité et une intelligibilité – l'histoire du genre se définit d'abord par une approche ou une problématique. Or cette problématique a été posée de différentes manières qui ne s'excluent d'ailleurs pas nécessairement les unes les autres même si elles renvoient et empruntent à des univers théoriques différents : soit en mettant l'accent sur la construction des identités sexuées, soit en tentant de reconstituer un système symbolique de représentation englobant féminité(s) et masculinité(s), soit encore en envisageant le genre comme un rapport de pouvoir, décliné sur les plans politiques, sociaux, économiques ou culturels. C'est à partir de ces trois définitions du concept de genre qu'on rendra compte dans un deuxième temps des principaux acquis de la recherche pour la période moderne. Faute de place, il sera essentiellement question de travaux concernant la France, bien qu'aucun bilan historiographique d'un domaine de recherche aussi internationalisé ne puisse ignorer les travaux menés ailleurs et sur des espaces géographiques autres, surtout quand ils sont voisins, comme c'est le cas des autres pays européens. Il est bien évident qu'aucun recensement ne saurait être exhaustif : on ne souhaite ici que donner un aperçu de la richesse des questionnements récents en renvoyant les lectrices et lecteurs à d'autres bilans cités en note pour plus de précisions.

L'HISTOIRE DU GENRE EN FRANCE
DEPUIS LES ANNÉES 2000

En France, ce n'est que dans les années 2000 que la dénomination
« Histoire du genre » s'est développée. Le premier ouvrage historique
français à avoir adopté le terme dans son titre est, semble-t-il, le livre
collectif *Le Genre face aux mutations*, faisant suite à un colloque organisé
à Rennes en septembre 2002 où il s'agissait de s'interroger sur les effets
des mutations historiques sur les rapports de sexes[1]. Le premier numéro
de la revue *Clio* faisant mention du genre dans son titre est le numéro
12, *Le Genre de la Nation*, datant de l'automne 2000. Consacrant cette
évolution, le changement du sous-titre de la revue créée en 1995 inter-
vient finalement en 2013 où la trilogie *Histoire, femmes et sociétés* laisse la
place à une autre : *Femmes, Genre, Histoire*.

ACCLIMATATION ET DÉBATS

L'acclimatation du terme s'est faite au terme de débats souvent
complexes portant sur le mot lui-même et surtout sur le type d'histoire
qui pouvait être proposé à travers ce concept[2]. Le mot a longtemps été
jugé incompréhensible, notamment par les éditeurs, et regardé avec
d'autant plus de méfiance qu'il était importé de l'anglo-américain[3]. D'un
point de vue plus politique et stratégique, à l'intérieur du champ de
l'histoire des femmes, il a été considéré par certaines historiennes comme
neutralisant, en ce sens qu'il aurait pu avoir comme effet d'invisibiliser

---

1   Luc Capdevila, Sophie Cassagnes, Martine Cocaud, Dominique Godineau, François
     Rouquet et Jacqueline Sainclivier (dir.), *Le Genre face aux mutations. Masculin et féminin,
     du Moyen Âge à nos jours*, Rennes, PUR, 2003.
2   Sur l'historiographie de l'histoire des femmes et du genre, l'ouvrage fondamental demeure
     celui de Françoise Thébaud, *Écrire l'histoire des femmes et du genre*, Lyon, ENS éditions, 2007
     (2ᵉ éd. augmentée). Du même auteur, voir également « Sexe et genre », dans Margaret
     Maruani (dir.), *Femmes, genre et sociétés. L'état des savoirs*, Paris, La Découverte, 2005,
     p. 59-66. Également, Michelle Zancarini-Fournel, « Histoire des femmes, histoire du
     genre », dans Christian Delacroix, François Dosse, Patrick Garcia et Nicolas Offenstadt
     (dir.), *Historiographies*, t. I : *Concepts et débats*, Paris, Gallimard, 2010, p. 208-219.
3   Sur toutes ces réticences, voir Sylvie Chaperon, « Un mot, un concept ou un label ? »,
     dans Dominique Fougeyrollas-Schwebel, Christine Planté, Michèle Riot-Sarcey et Claude
     Zaidman (dir.), *Le Genre comme catégorie d'analyse. Sociologie, histoire, littérature*, Paris,
     L'Harmattan, 2003, p. 107-112.

de nouveau les femmes comme sujets du récit historique et/ou de poser une espèce de symétrie entre hommes et femmes, plutôt que d'explorer la domination et les inégalités à l'œuvre dans leurs relations. En outre, il a pu apparaître comme menaçant pour l'histoire des femmes telle qu'elle s'était développée dans l'université française depuis les années 1970 : pouvant être considéré par le milieu académique comme moins lié au militantisme féministe que les historiennes des femmes cherchaient par ailleurs à mettre à bonne distance – rappelons la formule frappante de Michelle Perrot : « ni Jdanov, ni Jdanova » –, il aurait détruit un fragile équilibre en train de s'opérer entre intégration académique et subversion intellectuelle.

Sur un autre plan, plus épistémologique, le fait que ce terme a été introduit de façon théorique dans un contexte qui était celui du développement d'une histoire attachée à l'analyse de discours (linguistique comme on dit aux États-Unis) voire proclamant, dans certains cas, que la seule histoire possible était celle qui s'intéressait à l'analyse de la production et de la réception des discours et aux catégories d'analyse, pour reprendre l'expression déterminante de Joan Scott (« *Gender : A useful category of historical analysis*[4] »), a contribué à animer le débat sur la notion elle-même. Beaucoup plus vif et explicite dans les pays de langue anglaise qu'en France[5], le débat sur le *linguistic turn* est largement superposable à celui sur le genre et porte principalement sur la place de l'expérience dans l'appréhension et la compréhension du passé[6]. Bien que la vivacité de tous ces débats ait faibli ces dernières années, certains

---

4   Titre de sa conférence de 1985 devant l'*American Historical Association*, publiée en 1986 (*American Historical Review*, vol. 91-92, 1986, p. 1053-1075), traduite en français en 1988 (*Cahiers du GRIF*, printemps 1988, p. 125-153), sans doute la référence la plus citée en histoire comme dans les autres disciplines.

5   Christian Delacroix, « Linguistic turn », dans C. Delacroix *et al.*, *Historiographies, op. cit.*, t. I, p. 476-490.

6   Je rappellerai seulement le débat entre Joan Scott et Laura Lee Downs sur la place de l'expérience dans l'appréhension du passé par les historiens. Voir Laura Lee Downs « If "Woman" is Just an Empty Category, then Why am I Afraid to Walk Alone at Night ? Identity Politics Meets the Postmodern Subject », *Comparative Studies in Society and History*, vol. 35, n° 2, avril 1993, p. 414-437 et leurs réponses respectives dans le même numéro. Traduction française : Laura Lee Downs, « Si "femme" n'est qu'une catégorie sans contenu, pourquoi ai-je peur de rentrer seule le soir ? Les politiques de l'identité saisies par le sujet post-moderne », dans Irène Théry et Pascale Bonnemère (dir.), *Ce que le genre fait aux personnes*, Paris, Éd. de l'EHESS, 2008, p. 45-73. Voir également, Joan Scott, « L'évidence de l'expérience », dans *Théorie critique de l'histoire. Identités, expériences, politiques*, Paris, Fayard, 2009, p. 65-126.

de leurs attendus intellectuels restent importants non seulement pour comprendre la diversité des manières de faire de l'histoire des femmes et du genre aujourd'hui, mais tout simplement par leur importance dans le questionnement historique, au-delà même de ce champ particulier.

Le caractère international de la réflexion est évident depuis les débuts de l'histoire des femmes jusqu'à ses prolongements les plus contemporains : reste que cette internationalisation ne s'est pas faite dans un mouvement d'échanges généralisés mais suivant certains axes de dialogue. Les échanges transatlantiques entre France et États-Unis, dont on a déjà eu un aperçu, se sont développés de façon particulièrement riche et complexe puisque beaucoup d'universitaires nord-américains impliqués dans le développement des études de genre se sont appuyés sur ce qu'on a appelé la « French Theory », soit la lecture et l'interprétation des œuvres de Foucault, Derrida, Lacan, Baudrillard, Lyotard, Deleuze et Guattari, ou des écrits de féministes françaises comme Luce Irigaray, Hélène Cixous, Monique Wittig et Julia Kristeva[7]. Ces circulations qui concernent l'ensemble des disciplines des sciences humaines et sociales contribuent à une certaine unification des références mobilisées, unification qui permet un dialogue scientifique transnational tout en polarisant le travail théorique autour de quelques références, l'historienne Joan Scott hier ou la philosophe Judith Butler aujourd'hui. Le dialogue transatlantique est en effet souvent exclusif d'autres dialogues avec d'autres pays européens ou extra européens étant donné l'abondance de la production nord-américaine, le poids de la langue anglo-américaine dans la recherche actuelle et la faiblesse des réseaux de recherche transeuropéens. Il est intéressant de constater par exemple que la production historique anglaise et la réception parfois très critique par les historiens britanniques de certaines propositions théoriques américaines ne sont pas très connues en France malgré les travaux de Laura Lee Downs[8]. Néanmoins, certains axes de dialogue existent aussi, notamment entre l'Italie et la France ; dans ces échanges transalpins, la parution en 1991 chez Laterza et Plon de la collection d'essais *Histoire des femmes en Occident*, premier ouvrage de référence sur la question, à la fois bilan et perspective, a joué un

7   Anne Emmanuelle Berger, *Le grand Théâtre du genre. Identités, Sexualités et Féminisme en « Amérique »*, Paris, Belin, 2013.
8   Laura Lee Downs, *Writing Gender History*, Londres, Bloomsbury Press, 2010 (2ᵉ éd. révisée); *Ead.*, « Histoire du genre en Grande-Bretagne, 1968-2000 », *Revue d'histoire moderne et contemporaine*, vol. 51, n°4 bis, 2004, p. 59-70.

rôle inaugural[9]. Il y a là des enjeux importants : défense des langues européennes comme langues scientifiques, reconnaissance des travaux européens outre-Atlantique. Les manuels publiés par les grands éditeurs de langue anglaise, tout en mobilisant un savoir impressionnant, citent très peu les travaux écrits en néerlandais, allemand, italien, espagnol ou français, en partie parce qu'ils sont écrits pour leurs propres étudiants[10].

INTERDISCIPLINARITÉ ET INSTITUTIONNALISATION

Si aucun bilan historiographique ne peut se placer dans un cadre strictement national, il ne peut davantage se limiter à un cadre monodisciplinaire. On sait qu'aux États-Unis, les départements d'université où sont nées et se sont développées ces études sont nettement pluridisciplinaires. En Europe, c'est au sein des disciplines que la question des femmes puis du genre a pris place – chronologiquement d'abord en sociologie, anthropologie, histoire puis en littérature, géographie, linguistique, philosophie, etc. Néanmoins, la pluridisciplinarité y est forte, chaque discipline empruntant à d'autres des références théoriques, des outils de réflexion ou s'appuyant sur des savoirs élaborés ailleurs. Certains lieux poussent un peu plus loin le dialogue entre disciplines. La revue *Clio. Femmes, genre, histoire*, publie dans la plupart de ses livraisons des articles d'anthropologie. La revue *Travail, Genre et Sociétés*, spécialisée dans la sociologie du travail, intègre des historiennes contemporanéistes dans son équipe et publie des articles de sociologie ou de science politique consacrés à la période contemporaine. Tout au long de l'histoire courte du développement de l'histoire des femmes et du genre, cette pluridisciplinarité a été encouragée par le CNRS : avec l'Action Thématique Programmée « Recherches sur les femmes et recherches féministes » lancée en 1984, avec la création du Groupement d'intérêt scientifique / Institut du genre en 2012.

Au sein des études de genre longtemps peu institutionnalisées, les études historiques se sont structurées dans beaucoup de pays européens

9   Sur la postérité de cet ouvrage et les renouvellements intervenus depuis, voir Enrica
      Asquer, Anna Bellavitis, Giulia Calvi, Isabelle Chabot, Maria Cristina La Rocca et
      Manuela Martini (dir.), *Vingt-cinq ans après. Les femmes au rendez-vous de l'histoire*, Rome,
      École française de Rome, 2019.
10   Merry Wiesner, *Women and Gender in Early Modern Europe*, Cambridge, Cambridge
      University Press, 2000 ; Allyson M. Poska, Jane Couchman, Katherine A. McIver (dir.),
      The Ashgate Research Companion to Women and Gender in Early Modern Europe, Farnham,
      Ashgate, 2013.

autour d'associations et de sociétés savantes (SIS *Società italiana delle storiche* en Italie, *Mnémosyne* en France) et de revues (*Genesis* en Italie, *Arenal* en Espagne, *L'Homme ZFG* en Autriche pour les pays germanophones, *Aspasie* pour l'Europe de l'Est et basées au Royaume-Uni : *Women's history review* et *Gender & History*). Associations et Revues ont quasi toutes un caractère transpériodique. Soulignons néanmoins l'exception de la SIEFAR (Société Internationale d'Études des Femmes d'Ancien Régime) qui, quant à elle, a pour ambition d'embrasser une large période de la fin du Moyen Âge à la Révolution, dans une perspective pluridisciplinaire avec néanmoins un fort accent mis sur l'histoire littéraire et la littérature. Associations et revues ont aussi un caractère transversal : il s'agit d'explorer tous les secteurs de l'Histoire sans aucune limitation (politique, économique, religieux, culturel, matériel, social etc.), l'enjeu étant, à partir de l'entrée du genre, de proposer une autre compréhension des sociétés du passé et des processus historiques qui les affectent. En ce sens, l'histoire du genre n'est pas un tiroir de plus dans la vieille commode de l'historien, suivant l'expression de Lucien Febvre, mais une approche transversale voire une tentative d'histoire totale.

ET L'HISTOIRE MODERNE ?

Du fait de la connexion évidente entre les questions d'actualité les plus brûlantes et les études de genre, de la pluridisciplinarité du domaine et de l'attirance des jeunes historiens pour l'histoire contemporaine, l'histoire du genre est davantage explorée par des contemporanéistes que par les historiens des autres périodes. Il n'en demeure pas moins que l'époque moderne a été une sorte de laboratoire pour certaines approches et problématiques. La construction originale du tome 3 de l'*Histoire des femmes en Occident* dirigé par Natalie Zemon Davis et Arlette Farge, qui est fondée sur l'opposition entre réalités sociales et représentations, reflète les interrogations du temps de sa rédaction. Rappelons que Natalie Zemon Davis a elle-même joué un grand rôle dans la mise au point du questionnaire qui allait peu à peu devenir celui du genre[11].

Un autre exercice de réflexivité concerne les limites mêmes de la période moderne. L'une des choses qui a intéressé les historiens des femmes et

---

11   Natalie Zemon Davis, « Women's history in transition : the european case », *Feminist Studies*, vol. 3, n° 3-4, p. 83-103.

du genre, ce sont les coupures chronologiques canoniques et leur validité au regard d'une histoire revisitée par cette problématique. Quelles
continuités (voire immobilités) observe-t-on d'une période à l'autre ? Où
sont les ruptures ? Correspondent-elles avec les mutations traditionnellement établies ? En 1977, l'historienne américaine Joan Kelly posait le
problème pour la Renaissance : « Did Women have a Renaissance ? »,
se demandait-elle[12]. Ses investigations ont été largement reprises dans
une abondante historiographie européenne dont Merry Wiesner a rendu
compte dans un article paru en 2008 dans *Gender and History* et sur
laquelle Sophie Cassagnes-Brouquet, Christiane Klapisch-Zuber et moi-
même avons fait le point en 2010[13]. La même question a été posée pour
la fin de la période moderne : la Révolution française a-t-elle été aussi
une révolution du genre[14] ? Les travaux de Dominique Godineau sur le
militantisme féminin durant la Révolution française ont montré toute
la complexité de la situation révolutionnaire, établissant une chronologie
où, à une période de revendications et d'activisme féminin succède, à
partir de 1793, une mise au pas de ces mouvements et une exclusion des
femmes de la sphère politique[15]. La philosophe Geneviève Fraisse, dans

---

12 Joan Kelly, « Did Women have a Renaissance ? » dans Renate Bridenthal et Claudia Koonz
    (dir.), *Becoming Visible, Women in European History*, Boston, Houghton Mifflin Co., 1977,
    p. 21-47. Une traduction française est désormais disponible, dont j'ai fait l'introduction :
    « Les découpages temporels à l'épreuve de l'histoire des femmes », article introductif à la tra-
    duction de l'article de Joan Kelly, « Les femmes ont-elles connu une Renaissance ? », *Tracés*,
    n° 36, « Faire époque », dir. Thomas Angeletti, Quentin Deluermoz et Juliette Galonnier,
    2019, p. 183-190.
13 Merry Wiesner, « Do Women Need the Renaissance ? », *Gender & History*, vol. 20, n° 3,
    2008, p. 539-557 ; Sophie Cassagnes-Brouquet, Christiane Klapisch-Zuber et Sylvie
    Steinberg, « Sur les traces de Joan Kelly. Pouvoir, amour et courtoisie (XIIe-XVIe siècles) »,
    Clio. Histoire, femmes et sociétés, n° 32, 2010, p. 17-52.
14 Voir sur cette question les récents bilans bibliographiques suivants : Martine Lapied,
    « Une absence de Révolution pour les femmes ? », dans Michel Biard (dir.), *La Révolution
    française : une histoire toujours vivante*, Paris, Taillandier, 2009, p. 303-316 ; Dominique
    Godineau, Lynn Hunt, Jean-Clément Martin, Anne Verjus et Martine Lapied, « Femmes,
    genre, révolution », *Annales historiques de la Révolution française*, n° 358, 2009, p. 143-
    166 ; Guillaume Mazeau et Clyde Plumauzille, « Penser avec le genre. Trouble dans la
    citoyenneté révolutionnaire », *La Révolution française. Cahiers de l'Institut d'histoire de la
    Révolution française*, n° 9, 2015 : https://lrf.revues.org/1458 (consulté le 02/04/2020).
15 Dominique Godineau, *Citoyennes tricoteuses. Les femmes du peuple à Paris pendant la Révolution
    française*, Aix-en-Provence, Alinéa, 1989, rééd., Paris, Perrin, 2004 ; *Ead.*, « "Qu'y a-t-il
    de commun entre vous et nous ?" Enjeux et discours opposés de la différence des sexes
    pendant la Révolution française, 1789-1793 », dans Irène Théry et Christian Biet (dir.),
    La Famille, la Loi, l'État, de la Révolution au code civil, Paris, Criv-CNRS, 1989 ; « Histoire

ses réflexions historiographiques, a proposé d'appeler « moment 1800 »,
ce moment de rupture où se jouent la proclamation égalitaire entre les
Hommes et l'exclusion des femmes de la vie publique[16]. À partir d'une
réflexion sur les mutations de la famille et de ses représentations, inspirée de la notion freudienne de roman familial, Lynn Hunt a analysé
la rupture révolutionnaire comme l'avènement d'une république des
frères succédant à une monarchie de l'autorité paternelle[17]. Retraçant
l'évolution de la législation révolutionnaire en matière de droit familial
ainsi que son application, Suzanne Desan montre ses implications dans
les rapports de genre, dans le balancement centré là aussi sur les années
1793-1794 entre législation d'émancipation et remise en ordre patriarcal
par le Code civil de 1804, tandis que Jennifer Heuer et Anne Verjus
revisitent l'avènement d'une séparation sexuée des sphères publiques
et privées à partir de la centralité de la question domestique et familiale[18]. Si la Révolution française apparaît bien comme un moment de
rupture, cette rupture est au moins à double détente, faisant se succéder
un moment d'ouverture à un moment de fermeture voire de *backlash*.
Plus encore, la rupture des années 1780-1800 inaugure une nouvelle ère
politique où égalité entre les Hommes et différence naturalisée entre
les sexes sont affirmées en même temps, plaçant les combats féministes
contemporains et ultérieurs dans la situation paradoxale de souligner à
la fois l'universalité et la spécificité de la condition féminine[19].

---

sociale, histoire culturelle, histoire politique : la question du droit de cité des femmes »,
dans Martine Lapied et Christine Peyrard (dir.), La *Révolution française au carrefour des
recherches*, Aix-en-Provence, Publications de l'Université de Provence, 2003, p. 292-302 ;
« Le genre de la citoyenneté ou quelle identité politique pour les femmes pendant la
Révolution française ? », dans Anna Bellavitis et Nicole Edelman (dir.), *Genre, femmes,
histoire en Europe (France, Italie, Espagne, Autriche)*, Nanterre, Presses Universitaires de
Paris Ouest, 2011, p. 315-339.

16   Geneviève Fraisse, *Muse de la raison. Démocratie et exclusion des femmes en France*, Paris,
Gallimard, 1995 ; *Ead.*, *La différence des sexes*, Paris, PUF, 1996.

17   Lynn Avery Hunt, *Le Roman familial de la Révolution française* [1992], trad. fr., Paris,
A. Michel, 1995.

18   Suzanne Desan, *The Family on Trial in Revolutionary France*, Berkeley, University of California
Press, 2004 ; Jennifer Heuer et Anne Verjus, « L'invention de la sphère domestique au
sortir de la Révolution », *Annales historiques de la Révolution française*, n° 307, 2002, p. 1-28.

19   Joan W. Scott, *La Citoyenne paradoxale. Les féministes françaises et les droits de l'homme* [1996],
trad. fr., Paris, A. Michel, 1998.

ACQUIS ET PERSPECTIVES ACTUELLES

Pour présenter les principaux acquis et perspectives de cette histoire, je reviens maintenant sur les trois acceptions différentes de la notion de genre à partir desquelles les historiennes et historiens modernistes ont travaillé depuis quelques décennies.

LE GENRE COMME CONSTRUCTION

Une première définition du genre met au centre le caractère construit de l'identité sexuée, que cette construction soit envisagée sous l'angle psychologique, sociologique ou historique. Faisant suite à la fameuse assertion de Simone de Beauvoir, « on ne naît pas femme, on le devient », les recherches sur la manière de fabriquer filles et garçons ont donné lieu à une multitude de travaux, dont certains anciens et même très antérieurs à l'introduction du genre dans la discipline. Dans ces recherches, c'est sans doute surtout l'influence de l'anthropologie qui a été la plus déterminante. Du côté des filles, il faut noter l'importance des perspectives tracées par Yvonne Verdier sur les gestes et les activités du quotidien tels qu'elle les a décrits pour le village de Minot des années 1960[20]. Du côté des garçons, ce sont tous les travaux ethnologiques sur la fabrication des garçons à travers les rites de passage qui ont ouvert la voie à ce type de questionnement, notamment ceux de Daniel Fabre[21]. Bien qu'ils ne s'inscrivent pas spécifiquement dans une perspective de genre, beaucoup de travaux menés sur l'histoire du corps ou l'histoire des apparences dessinent les contours des apprentissages sexués des gestes et des attitudes corporelles, qu'ils passent par le jeu, les exercices physiques, la civilité,

---

20 Yvonne Verdier, *Façons de dire, façons de faire. La laveuse, la couturière, la cuisinière*, Paris, Gallimard, 1979.

21 Daniel Fabre, « La voie des oiseaux. De quelques récits d'apprentissage », *L'Homme*, n° 99, 1986, p. 7-40 ; *Id.*, « Familles : Le privé contre la coutume », dans Philippe Ariès et Georges Duby (dir.), *Histoire de la vie privée*, t. III : *De la Renaissance aux Lumières*, Paris, Éd. du Seuil, 1986, p. 543-579 ; *Id.*, *Carnaval ou la fête à l'envers*, Paris, Gallimard, 1992 ; *Id.*, « "Faire la jeunesse" au village », dans Giovanni Levi et Jean-Claude Schmitt (dir.), *Histoire des jeunes en Occident*, Paris, Éd. du Seuil, 1996, 2 vol., t. II, p. 51-83. Sur le projet inachevé, voir Agnès Fine, « Daniel Fabre (1947-2016). "L'invisible initiation en Europe", une recherche pionnière », *Clio. Femmes, genre, histoire*, n° 44, 2016, p. 265-272.

le port du vêtement, les artifices de beauté[22]. De même, les grandes
études classiques sur l'enfance, sans prendre systématiquement en compte
la différence des sexes, posent la question de l'indifférenciation temporaire entre garçons et filles notamment à travers le port d'un vêtement
d'enfance unisexe, puis de la différenciation progressive de leurs tâches,
de leurs espaces et de leurs *habitus*[23]. La récente synthèse de Scarlett
Beauvalet-Boutouyrie et Emmanuelle Berthiaud met en évidence ce qui
est souvent seulement sous-jacent dans les études consacrées à l'enfance
et la jeunesse à l'époque moderne[24].

Hors de l'espace domestique, la construction des identités se poursuit à travers l'éducation scolaire dont on sait qu'elle gagne du terrain
à l'époque moderne, principalement avec le développement des collèges
de garçons. C'est surtout par contraste que la fabrication différenciée des
filles et des garçons peut être reconstituée. Les travaux sur les institutions scolaires destinées aux filles mettent l'accent sur les limites mises
à l'apprentissage des matières savantes, la sélection des savoirs opérée
et la spécificité des méthodes éducatives qui visent au modelage, à la
fois corporel et intellectuel des filles en vue d'en faire de bonnes mères
et de bonnes épouses[25].

L'apprentissage à la sexualité a fait l'objet de nombreuses notations
dans les ouvrages consacrés à l'histoire de la sexualité des années 1970 et
1980, ceux de Jean-Louis Flandrin en particulier qui s'est particulièrement

22   Philippe Perrot, *Le Travail des apparences. Le corps féminin*, XVIIIe-XIXe siècle, Paris, Éd.
     du Seuil, 1984; Daniel Roche, *La Culture des apparences. Une histoire du vêtement*, XVIIe-
     XVIIIe *siècle*, Paris, Fayard, 1989; Georges Vigarello, *Le Corps redressé. Histoire d'un pouvoir
     pédagogique*, Paris, J.-P. Delarge, 1978; Id., *Histoire de la beauté. Le corps et l'art d'embellir
     de la Renaissance à nos jours*, Paris, Éd. du Seuil, 2007. Je renvoie pour d'autres éléments
     à la synthèse en deux volumes de Sébastien Jahan : *Les Renaissances du corps en Occident
     (1450-1650)*, Paris, Belin, 2005 et *Le Corps des Lumières*, Paris, Belin, 2006.
23   Philippe Ariès, *L'Enfant et la vie familiale sous l'Ancien régime*, Paris, Plon, 1960; Egle Becchi
     et Dominique Julia (dir.), *Histoire de l'enfance en Occident*, Paris, Éd. du Seuil, 1998, 2 vol.
24   Scarlett Beauvalet-Boutouyrie et Emmanuelle Berthiaud, *Le Rose et le Bleu. La fabrique
     du féminin et du masculin. Cinq siècles d'histoire*, Paris, Belin, 2016.
25   Martine Sonnet, *L'Éducation des filles au temps des Lumières*, Paris, Éd. du Cerf, 1987; Chantal
     Grell et Arnaud Ramière de Fortanier (dir.), *L'Éducation des jeunes filles nobles en Europe.
     XVIIe-XVIIIe siècles*, Paris, PUPS, 2004; Dominique Picco, «L'éducation des demoiselles de
     Saint-Cyr (1686-1719)», dans Anne Defrance, Denis Lopez et François-Joseph Ruggiu
     (dir.), *Regards sur l'enfance au XVIIe siècle*, Tübingen, G. Narr Verlag, 2007, p. 115-131;
     Ead., «Pour une étude de la circulation des modèles d'éducation féminine en Europe»,
     dans Pierre-Yves Beaurepaire et Pierrick Pourchasse (dir.), *Les Circulations internationales
     en Europe, années 1680-années 1780*, Rennes, PUR, 2010, p. 361-371.

intéressé à la sexualité juvénile[26]. Plus récemment, on s'est posé la question des apprentissages différenciés sur la sexualité en fonction des sexes[27] et, à partir des écrits du for privé ou des correspondances médicales, de l'expression différenciée du désir et du plaisir sexuels[28]. La manière dont les rôles et comportements sexuels sont distribués à l'adolescence, autour de la défense de la vertu sexuelle par les filles, de la régulation collective de cet honneur par les garçons et singulièrement par les bandes de garçons (ou abbayes de jeunesse) a fait l'objet d'une ample et ancienne littérature qui met en avant le caractère structurant des solidarités masculines juvéniles ainsi que le rôle de la violence et de ses rites (rixes, charivaris) dans la constitution des identités masculines villageoises et citadines[29].

L'apprentissage des rôles parentaux est un autre aspect de cette construction identitaire. Là encore, l'anthropologie a fourni des repères sur le maternage et le paternage ; à travers ses travaux sur l'Océanie, Margaret Mead avait identifié des façons différentes de transmettre des modèles de comportements parentaux aux plus jeunes chez différentes populations océaniennes (Samoa, Arapesh) ouvrant la porte à une historicisation de ces comportements. C'est cette dernière voie qu'ont empruntée Yvonne Kniebelher et Marand Fouquet dans leur histoire des mères et de la maternité[30]. Le recueil d'articles édité en 2007 par Isabelle Brouard-Arends et Marie-Emmanuelle Plagnol-Diéval, *Femmes éducatrices des Lumières*, permet d'évaluer, à travers une série d'études de cas, l'ampleur des changements de modèle et de comportement

---

26 Jean-Louis Flandrin, *Les Amours paysannes. Amour et sexualité dans les campagnes de l'ancienne France. XVIe-XIXe siècle*, Paris, Gallimard-Julliard, 1981 ; *Id.*, *Le Sexe et l'Occident. Évolution des attitudes et des comportements*, Paris, Éd. du Seuil, 1986.

27 Sylvie Steinberg, « Quand le silence se fait : bribes de paroles de femmes sur la sexualité », *Clio. Histoire, femmes et sociétés*, n° 31, 2010, p. 79-109.

28 René Favier, « Sexualité et histoire de soi. Le journal de Pierre Philippe Candy, notaire dauphinois à la fin du XVIIIe siècle », dans Jean-Pierre Bardet et François-Joseph Ruggiu (dir.), *Au plus près des cœurs ? Nouvelles lectures historiques des écrits du for privé*, Paris, PUPS, 2005, p. 209-226 ; Anne Verjus et Denise Davidson, *Le Roman conjugal. Chroniques de la vie familiale à l'époque de la Révolution et de l'Empire*, Seyssel, Champ Vallon, 2011.

29 Natalie Zemon Davis, « Les rites de violence », dans *Les Cultures du peuple*, trad. fr., Paris, Aubier, 1979, p. 251-307 ; Robert Muchembled, *L'Invention de l'homme moderne. Sensibilités, mœurs et comportements collectifs sous l'Ancien régime*, Paris, Fayard, 1988.

30 Yvonne Knibiehler et Catherine Fouquet, *L'Histoire des mères du Moyen Âge à nos jours*, Paris, Montalba, 1980 ; Isabelle Brouard-Arends et Marie-Emmanuelle Plagnol-Diéval (dir.), *Femmes éducatrices au siècle des Lumières*, Rennes, PUR, 2007.

maternels opérés au XVIIIe siècle avec la révolution de l'éducation « à la Jean-Jacques » et la montée en puissance d'un « maternalisme » mettant en avant les capacités éducatives et affectives des femmes. *L'Histoire des pères* dirigée par Jean Delumeau et Daniel Roche en portant attention à la relation père/enfant dans tous ses aspects juridiques, économiques, éducatifs, affectifs, a fait également une large part à l'évolution des modèles de comportement et des pratiques sociales[31].

Au sein de cette approche, se sont ajoutés à ces questionnements initiaux plutôt « beauvoiriens » des recherches qui s'intéressent également à la notion même d'identité et à sa validité historique. À partir d'études sur les expériences limites incarnées par les hermaphrodites ou les travesti(e)s et les jeux sur les identités de genre[32] ainsi que sur les homosexualités modernes, la question s'est déplacée dans les années 1990-2000 vers une série de réflexions sur la nature même de la construction historique du genre[33]. Qu'entendait-on par « identité » à l'époque moderne[34] ? L'identité des individus était-elle en rapport avec leur comportement sexuel ? Peut-on identifier des groupes qui mettaient en avant leur orientation sexuelle ? Sur cette dernière question, les études sur l'homosexualité masculine comme sur le lesbianisme ont évolué depuis des recherches cherchant à rendre visibles les homosexuel(le)s du passé et à tracer les contours de la répression vers des recherches qui, sous l'influence de *L'Histoire de la sexualité* de Michel Foucault, ont cherché à comprendre ce qu'il en

---

31 Jean Delumeau et Daniel Roche (dir.), *Histoire des pères et de la paternité*, Paris, Larousse, 2000 (éd. augmentée).

32 Natalie Zemon Davis, « La chevauchée des femmes » et « La règle à l'envers », dans *Les Cultures du peuple, op. cit.*, p. 210-250 et p. 159-209 ; Nicole Pellegrin, « Le genre et l'habit. Figures du transvestisme féminin sous l'Ancien Régime », *Clio. Histoire, femmes et sociétés*, n° 10, 1999, p. 21-53 ; Sylvie Steinberg, *La Confusion des sexes. Le travestissement de la Renaissance à la Révolution*, Paris, Fayard, 2001 ; Guyonne Leduc (dir.), *Travestissement féminin et liberté(s)*, Paris, L'Harmattan, 2006 ; Kathleen Long, *Hermaphrodites in Renaissance France*, Aldershot, Ashgate, 2006 ; Cathy McClive, « Masculinity on Trial : Penises, Hermaphrodites and The Uncertain Male Body in Early Modern France », *History Workshop Journal*, n° 68, 2009, p. 45-68.

33 Sur ce déplacement, je me permets de renvoyer à Sylvie Steinberg, « Les identités sexuées en questions (époque moderne) », dans E. Asquer *et al.*, *Vingt-cinq ans après, op. cit.*, p. 301-322.

34 Voir, sur le Moyen Âge, Brigitte Miriam Bedos-Rezak et Dominique Iogna-Prat (dir.), *L'Individu au Moyen Âge. Individuation et individualisation avant la modernité*, Paris, Aubier, 2005. Voir également, pour un panorama pluridisciplinaire : Catherine Halpern (dir.), *Identité(s). L'individu, le groupe, la société*, Auxerre, Éd. Sciences humaines, 2016 (éd. revue et augmentée).

était de l'homosexualité, avant que le terme lui-même n'apparaisse et que les sciences de la psyché ne catégorisent les comportements homosexuels parmi les « perversions » au cours du XIXᵉ siècle. Il en résulte des travaux attentifs aux mots, aux catégories de pensée, aux sociabilités et à l'émergence d'une sous-culture homosexuelle masculine qui se situerait à Paris (comme dans les grandes capitales européennes) dans la seconde moitié du XVIIIᵉ siècle[35]. Néanmoins, les études récentes de Gary Ferguson invitent à remonter vers la Renaissance en remettant en question le récit linéaire d'une émergence progressive des identités homosexuelles masculines à partir du XVIIIᵉ siècle jusqu'à aujourd'hui[36].

Les identités de genre étaient-elles construites à l'époque moderne à partir d'un substrat biologique, à partir du sexe biologique ? Et qu'appelait-on « sexe » entre le XVIᵉ et le XVIIIᵉ siècle ? C'est à partir de telles questions apparemment incongrues que des travaux historiques sur l'histoire du sexe ont été menés par des historiens de la médecine et des sciences comme Londa Shiebinger et Thomas Laqueur[37]. À travers l'étude de l'évolution des descriptions médicales des organes génitaux, des processus de la génération, de la physiologie humorale et du squelette, ces auteurs ont montré que les identités de genre n'étaient pas fondées sur un substrat stable et nettement dichotomique mais que genre et sexe étaient, à la Renaissance, « liés dans un cercle de significations dont il [était] impossible de s'échapper vers un hypothétique substrat

---

35 Marie-Jo Bonnet, *Un choix sans équivoque. Recherches historiques sur les relations amoureuses entre les femmes, XVIᵉ-XXᵉ siècle*, Paris, Denoël, 1981 ; Michel Rey, *Les Sodomites parisiens au XVIIIᵉ siècle*, mémoire de maîtrise, dir. J.-L. Flandrin, Université Paris VIII, 1980 ; Guy Poirier, *L'Homosexualité dans l'imaginaire de la Renaissance*, Paris, H. Champion, 1996 ; Jeffrey Merrick et Bryant T. Ragan Jr. (dir.), *Homosexuality in Modern France*, New York – Oxford, Oxford University Press, 1996 ; Jeffrey Merrick et Michael Sibalis (dir.), *Homosexuality in French History and Culture*, Binghamton – New York, Harrington Park Press, 2001 ; voir aussi les références bibliographiques à la suite de l'article de Michael Sibalis, « Homosexuality in Early Modern France », dans Katherine O'Donnell et Michael O'Rourke (dir.), *Queer Masculinities, 1550-1800 : Siting Same-Sex Desire in the Early Modern World*, Basingstoke, Palgrave Macmillan, 2006, p. 211-231.

36 Gary Ferguson, *Queer (Re)readings in The French Renaissance. Homosexuality, Gender, Culture*, Aldershot, Ashgate, 2008 ; *Id.*, *Same-Sex Marriage in Renaissance Rome. Sexuality, Identity, and Community in Early Modern Europe*, Ithaca-Londres, Cornell University Press, 2016.

37 Londa Schiebinger, *The Mind Has no Sex ? Women in the Origins of Modern Science*, Cambridge, MA, Harvard University Press, 1989 ; *Ead.*, *Nature's body : Gender in the making of modern science*, Boston, Beacon Press, 1993 ; Thomas Laqueur, *La Fabrique du sexe. Essai sur le corps et le genre en Occident* [1990], trad. fr. Paris, Gallimard, 1992 ; Ludmilla Jordanova, *Nature displayed : Gender, Science and Medicine, 1760-1820*, Londres, Longman, 1999.

biologique[38] ». Autrement dit, avant le XVIIIe siècle qui, de ce point de
vue-là est un siècle charnière, les différences sociales entre homme et
femme n'ont pas comme fondement ultime des différences biologiques
qu'il s'agirait de rechercher et décrire. Très diffusée, la thèse de Thomas
Laqueur d'une transition entre un « modèle unisexe » de représentation des organes génitaux par la médecine ancienne à un « modèle de
l'incommensurabilité des sexes » à partir du XVIIIe siècle, a fait l'objet
de nombreux débats et révisions qui portent sur la coexistence probable
des deux modèles, la validité de la chronologie proposée, l'impact des
changements dans d'autres sphères que celle de la médecine, le rapport
entre théorie et pratiques corporelles[39].

LE GENRE COMME SYSTÈME SYMBOLIQUE DE REPRÉSENTATION

Une deuxième approche consiste à explorer le système symbolique
de la différence des sexes. Cette approche relève souvent de l'histoire
des représentations quand elle est menée à partir des grands corpus
discursifs normatifs – théologie, droit, médecine[40]. Elle emprunte à
l'anthropologie du symbolique quand il s'agit, à partir de ces corpus, de
dégager un véritable système symbolique, propre à rendre culturellement
intelligible et à légitimer tout à la fois ce que Françoise Héritier, en une
formule frappante, a appelé la « valence différentielle des sexes[41] ». Elle
relève de l'histoire culturelle quand, à partir de représentations figurées
ou littéraires, elle étudie images et topos en prenant en considération
leur dimension artistique ainsi que leur contexte de production et de

38 T. Laqueur, *La Fabrique du sexe, op. cit.*, p. 147.
39 Karen Harvey, « Le Siècle du sexe? Genre, corps et sexualité au dix-huitième siècle
(vers 1650 – vers 1850) » [2002], trad. fr., *Clio. Histoire, femmes et sociétés*, n° 31, 2010,
p. 207-238 ; Sylvie Steinberg, « Sexe et genre au XVIIIe siècle. Quelques remarques sur
l'hypothèse d'une fabrique du sexe », dans Pascale Bonnemère et Irène Théry (dir.), *Ce
que le genre fait aux personnes*, Paris, Éd. de l'EHESS, 2008, p. 197-212 ; Cathy McClive et
Nicole Pellegrin (dir.), *Femmes en fleurs, femmes en corps. Sang, Santé, Sexualités du Moyen Âge
aux Lumières*, Saint-Étienne, Presses de Saint-Étienne, 2010 ; Cathy McClive, *Menstruation
and Procreation in Early Modern France*, Farnham, Ashgate, 2015.
40 Voir, pour une exploration d'un corpus moins immédiatement normatif, la récente étude
de Géraldine Ther, *Jeux de rôles et de pouvoirs. La représentation des femmes dans les factums,
1770-1789*, Dijon, ÉUD, 2017.
41 Françoise Héritier, *Masculin/Féminin. La Pensée de la différence*, Paris, O. Jacob, 1996. C'est
cette voie que j'ai suivie pour reconstituer le système de représentation des physionomies
féminine et masculine dans la médecine et le physiognomonie (S. Steinberg, *La Confusion
des sexes, op. cit.*, chap. VI).

réception. Sara Matthews-Grieco s'est ainsi attachée à évaluer quantitativement et qualitativement la représentation des femmes dans les estampes fabriquées en France au XVIe siècle, avant de s'intéresser plus récemment aux représentations de l'infidélité ou de l'impuissance sexuelle[42]. Nadeije Laneyrie-Dagen a retracé les évolutions des canons esthétiques qui informent les représentations des corps masculins et féminins dans la peinture occidentale, mettant l'accent sur les choix techniques utilisés pour représenter les chairs comme sur les connaissances anatomiques mobilisées par les artistes[43].

L'analyse des discours misogynes cléricaux ou laïques a été au centre des premières études sur les images et les représentations de femmes dans la France ancienne[44]. Mais ce sont aussi les contre-représentations « philogynes » ou « proto-féministes » qui ont été étudiées ces dernières années. De cette façon, l'histoire des représentations ne met-elle plus seulement en avant le caractère normatif voire injonctif des images et discours dominants, mais exhume également les alternatives qui leur sont opposés. La « querelle des femmes » qui, durant trois siècles au moins, a mis en lice les tenants de la supériorité des hommes à celles/ceux de la supériorité des femmes ou de l'égalité des sexes a ainsi fait l'objet d'un très grand nombre d'études à l'échelle nationale et internationale, au croisement de l'histoire des genres littéraires, de la pensée philosophique, de l'étude des réseaux littéraires et des circulations textuelles[45].

---

42 Sarah F. Matthews-Grieco, *Ange ou diablesse ? La représentation de la femme au* XVIe *siècle*, Paris, Flammarion, 1991 ; *Ead.* (dir.), *Cuckoldry, impotence and adultery in Europe (15th-17th century)*, Farnham, Ashgate, 2014.

43 Nadeije Laneyrie-Dagen, *L'Invention du corps. La représentation de l'homme du Moyen Âge à la fin du* XIXe *siècle*, Paris, Flammarion, 1997, p. 134-150 notamment ; *Ead.*, « Le témoignage de la peinture », dans Alain Corbin, Jean-Jacques Courtine, Georges Vigarello (dir.), *Histoire de la virilité*, t. I : *L'Invention de la virilité. De l'Antiquité aux Lumières*, Paris, Éd. du Seuil, 2011, p. 363-399.

44 Pierre Darmon, *Mythologie de la femme dans l'ancienne France.* XVIe-XVIIIe *siècle*, Paris, Éd. du Seuil, 1983 ; *Id.*, *Femme, repaire de tous les vices. Misogynes et féministes en France*, XVIe-XIXe *siècles*, Bruxelles, A. Versaille, 2012 ; Jean Delumeau, *La Peur en Occident (*XIVe-XVIIIe *siècles). Une cité assiégée*, Paris, Fayard, 1978, rééd. « Pluriel », 1982.

45 Entre autres références : Ian Maclean, *Woman Triumphant. Feminism in French Literature, 1610-1652*, Oxford, Clarendon Press, 1977 ; *Id.*, *The Renaissance Notion of Woman : A Study in the Fortunes of Scholasticism and Medical Science in European Intellectual Life*, Londres, Cambridge University Press, 1980 ; Michèle Fogel, *Marie de Gournay. Itinéraires d'une femme savante*, Paris, Fayard, 2004 ; Sylvie Steinberg et Jean-Claude Arnould (dir.), *Les Femmes et l'écriture de l'histoire. 1400-1800*, Mont-Saint-Aignan, Publications des universités de Rouen et du Havre, 2008 ; Armel Dubois-Nayt, Nicole Dufournaud et

Plus récemment, ce sont les représentations de la masculinité qui
ont été reconstituées par les historiens, particulièrement les historiens
de la pensée et de la littérature[46]. Les travaux sur les représentations du
masculin mettent l'accent sur la pluralité des modèles, sur la coexistence
de plusieurs types de masculinité qui sont attachés à certaines couches
sociales, se construisent les uns par rapport aux autres (peut-être davantage qu'en référence au groupe des femmes) et entrent en concurrence
voire en conflit[47]. Ce sont essentiellement les masculinités aristocratiques
qui ont été étudiées, mais Jean-Marie Le Gall s'est penché récemment
sur les représentations de la masculinité sacerdotale et ses utilisations
polémiques[48]. Plusieurs paradigmes sont à l'œuvre dans cette histoire
des représentations de la masculinité élitaire[49]. Le premier est emprunté
à Norbert Elias : un processus de « civilisation des mœurs » aurait
été à l'œuvre dans la noblesse au tournant des XVIe et XVIIe siècles. À
partir du XVIIe siècle, une masculinité policée et civilisée aurait ainsi
défini l'ethos aristocratique, et serait même devenue la marque la plus
sûre de l'appartenance à la noblesse, par ailleurs de plus en plus occupée à la vie de cour, au détriment de son activité militaire. Un autre
paradigme sous-tend cette description de l'évolution des masculinités,

---

Anne Paupert (dir.), *Revisiter la « querelle des femmes ». Discours sur l'égalité/inégalité des sexes,
de 1400 à 1600*, Saint-Étienne, Presses de Saint-Étienne, 2013 ; Danielle Haase-Dubosc
et Marie-Élisabeth Henneau (dir.), *Revisiter la « querelle des femmes ». Discours sur l'égalité/
inégalité des sexes, de 1600 à 1750*, Saint-Étienne, Presses de Saint-Étienne, 2013.

46 Sur les stéréotypes de la masculinité, la bibliographie s'est développée plus récemment,
quasi exclusivement en anglais : Philip Ford et Paul White (dir.), *Masculinities in Sixteenth-
Century France*, Cambridge, Cambridge French Colloquia, 2006 ; David LaGuardia,
*Intertextual Masculinity in French Renaissance Littérature. Rabelais, Brantôme and the Cent
nouvelles nouvelles*, Aldershot, Ashgate, 2008 ; Kathleen P. Long, *High Anxiety : Masculinity
in Crisis in Early Modern France*, Kirksville (Mo.), Truman State University Press, 2002 ;
Todd W. Reeser, *Moderating Masculinity in Early Modern Culture*, Chap Hill, University
of North Carolina Press, 2006.

47 Ici, il faut souligner l'influence de la sociologie de Raewyn Connel (*Masculinités : enjeux
sociaux de l'hégémonie*, éd. établie et trad. fr. par Meoïn Hagège et Arthur Vuattoux, Paris,
Éd. Amsterdam, 2014) qui a identifié pour nos sociétés contemporaines une typologie des
masculinités (hégémonique, complice, subordonnée et marginalisée). L'historiographie anglaise
a opéré une utilisation critique de ces notions. Voir John Tosh, « Hegemonic masculinity and
the history of gender », *in* Stefan Dudink, Karen Hagenamm et John Tosh (dir.), *Masculinities
in Politics and War : Gendering modern history*, Manchester, Manchester University Press, 2004.

48 Jean-Marie Le Gall, « La virilité des clercs », dans *Histoire de la virilité, op. cit.*, p. 213-230.

49 Jacques Revel, « Les usages de la civilité », dans *Histoire de la vie privée, op. cit.*, t. III,
p. 169-219 ; Robert Muchembled, *La Société policée. Politique et politesse en France du XVIe
au XXe siècle*, Paris, Éd. du Seuil, 1998.

celui de la « crise », une crise qui affecterait les identités masculines au tournant des XVIᵉ et XVIIᵉ siècles, puis de nouveau dans la seconde moitié du XVIIIᵉ siècle, aboutissant chaque fois à une recomposition du modèle dominant dans l'aristocratie. Un tel paradigme, parce qu'il pose le problème de la fréquente réitération d'une « crise de la masculinité » au cours de l'histoire (toutes périodes confondues), a été critiqué par le médiéviste Christopher Fletcher qui propose plutôt d'envisager sur la très longue durée deux modèles de masculinité concurrents et complémentaires, celui du guerrier et celui du magistrat, dont il suggère qu'ils ont été portés par les élites depuis l'Antiquité dans un rapport de force et d'équilibre fluctuant[50].

Dépassant l'alternative devenue stérile entre histoire des représentations et histoire sociale des pratiques, un certain nombre d'études se sont intéressées à l'influence des représentations du masculin et du féminin sur les pratiques sociales, à leur mobilisation dans le champ de l'expérience ou encore à leur « incorporation » par les individus. Ce type de questionnement conduit à s'interroger sur les limites dans lesquelles les représentations dominantes et/ou savantes exercent leur influence sur les personnes privées qui s'identifient (ou non) à de tels modèles. Il consiste aussi à mesurer le « jeu » qui existe entre système de représentations et pratiques ordinaires, en mettant en évidence la « capacité d'agir » ou « l'agentivité » (*agency*)[51] des individus, leur « négociation » avec les normes, les détournements voire les retournements stratégiques qu'ils opèrent de ces représentations afin de retrouver un peu d'autonomie[52].

D'autres études mettent l'accent sur l'utilisation philosophique et politique de telles représentations, voire leur instrumentalisation. J'ai moi-même avancé l'idée que l'un des moteurs de la critique sociale et politique à l'époque des Lumières avait été la dénonciation polémique de la « confusion des sexes » qui était censée affecter la noblesse à la fin du XVIIIᵉ siècle. Dans beaucoup de discours à vocation populationniste, philosophique ou moraliste, le corps masculin aristocratique s'est alors

---

50   Christopher Fletcher, « "Être homme" : *Manhood* et histoire politique du Moyen Âge. Quelques réflexions sur le changement et la longue durée », dans Anne-Marie Sohn (dir.), *Une Histoire sans les hommes est-elle possible ?*, Lyon, ENS éditions, 2013, p. 47-66.

51   Sur l'*agency* dans l'histoire du genre, voir *Rives méditerranéennes*, n° 41 (*Agency : un concept opératoire dans les études de genre ?*), 2012.

52   Une telle perspective est développée par exemple par Nahema Hanafi, *Le Frisson et le Baume. Expériences féminines du corps au siècle des Lumières*, Rennes, PUR, 2017.

mis à refléter la « dégénération » d'une société stérile et corrompue, tandis que la délicatesse et la nervosité des femmes de la noblesse dénotaient leur incapacité ou leur refus de procréer de solides enfants[53]. Beaucoup rêvent alors de l'avènement d'une « juste » différence des sexes qui prendrait sa source dans la nature, effaçant les artifices et la supériorité du vieil *ethos* aristocratique[54]. Durant la Révolution française, l'égalité entre les hommes s'accompagne ainsi d'une refondation de la différence homme/femme ancrée dans des principes naturels, refondation qui trouve des expressions dans la législation de la Révolution française tant au plan du droit civil que de l'accès à la citoyenneté, mais aussi dans les modèles virils proposés voire incarnés par les révolutionnaires actifs[55].

LE GENRE COMME RAPPORT DE DOMINATION

Une troisième approche consiste à envisager le genre en tant que « rapport de pouvoir ». L'approche elle-même n'est pas univoque puisqu'elle s'inscrit dans des univers épistémologiques différents voire contradictoires dans leurs conceptions du monde social : « rapports sociaux de sexe » dans son acception matérialiste, « façon première de signifier les rapports de pouvoir » suivant la définition post-structuraliste de Joan Scott, « domination masculine » telle que définie par Pierre Bourdieu, « valence différentielle des sexes » introduite par l'anthropologue Françoise Héritier, « approche relationnelle » suivie par l'anthropologue Marilyn Strathern ou « distinction de sexe » préférée par la sociologue Irène Théry, renvoient à des théorisations différentes du genre qui ne sont néanmoins pas toujours soulignées dans les études historiques qui les ont utilisées. Diverse dans ses attendus comme dans ses sujets de recherche, cette approche contribue à élargir et complexifier la compréhension des rapports de domination sociale dans la société d'Ancien Régime en introduisant la variable du genre là où elle avait été ignorée. En l'articulant aux autres variables que sont l'âge, le rang de naissance, la condition matrimoniale, la position dans les relations de travail, l'appartenance à un corps, une

---

53 Sur ce type de représentations, voir la récente étude sur les vapeurs de Sabine Arnaud, *L'Invention de l'hystérie au temps des Lumières, 1670-1820*, Paris, Éd. de l'EHESS, 2014.

54 S. Steinberg, *La Confusion des sexes, op. cit.*

55 Quelques aperçus sur les masculinités révolutionnaires : Guillaume Mazeau, « Émotions politiques : la Révolution française » dans Alain Corbin (dir.), *Histoire des émotions*, t. II : *Des Lumières à la fin du XIXᵉ siècle*, Paris, Éd. du Seuil, 2016, p. 98-142.

corporation ou un ordre, ou encore la nation ou la « race » dans le domaine colonial, c'est aussi une manière nouvelle de relire l'organisation sociale et politique de l'Ancien Régime. Néanmoins, les grandes modélisations du monde social d'Ancien Régime – s'agit-il d'une société d'ordres ? d'une société de corps ? d'une société hiérarchique ? – ne faisant plus guère objet d'élaboration théorique, l'introduction de la perspective de genre en histoire moderne n'a pas été souvent l'occasion de complexifier ces différentes modélisations ni d'historiciser en retour le concept de genre à partir de la description des spécificités de la société ancienne[56]. La caractérisation d'un « régime de genre » propre à l'Ancien Régime n'a pas été menée au même point que celle de l'ancien régime démographique par exemple[57].

Du fait de la multiplicité des perspectives de recherche qui cherchent à décrire le genre comme rapport de pouvoir, je me contenterai pour finir de souligner quelques thématiques émergentes ou qui connaissent de nouvelles élaborations, renvoyant le lecteur aux grands manuels qui ont déjà réalisé d'importantes et utiles synthèses dans les domaines culturels, religieux et politiques[58].

Un grand nombre d'études nous renseignent depuis longtemps sur les rapports de pouvoir qui s'exercent au sein de la famille et, au-delà, dans les communautés de vie où évoluent les individus. Depuis quelques années, un certain renouveau s'observe dans ce domaine grâce à une attention nouvelle portée à la question des violences interpersonnelles : violences sexuelles[59],

---

56 Sylvie Steinberg, « Hiérarchies dans l'Ancien Régime », dans Michèle Riot-Sarcey (dir.), *De la Différence des sexes. Le genre en histoire*, Paris, Larousse, 2010, p. 135-162.

57 Sur la notion de « régime de genre », voir le numéro des *Annales HSS*, 2012, n° 3.

58 Outre ceux cités plus haut, voir Scarlett Beauvalet-Boutouyrie, *Les Femmes à l'époque moderne. XVIe-XVIIIe siècle*, Paris, Belin, 2003 ; Dominique Godineau, *Les Femmes dans la France moderne. XVIe-XVIIIe siècle*, Paris, A. Colin, 2015 (édition augmentée).

59 Alexis Bernard, « Les victimes de viol à Lyon aux XVIIe et XVIIIe siècles », dans Benoît Garnot (dir.), *Les Victimes. Des oubliés de l'histoire ?*, Rennes, PUR, 2000, p. 455-467 ; Stéphanie Gaudillat Cautela, « Questions de mot. Le viol au XVIe siècle, un crime contre les femmes ? », *Clio. Histoire, femmes et société*, n° 24, 2006, p. 57-74 ; Ead., « Viols et guerres au XVIe siècle, un état des lieux », dans Marion Trévisi et Philippe Nivet (dir.), *Les Femmes et la guerre, de l'Antiquité à 1918*, Paris, Économica, 2010, p. 203-222 ; Jean-Charles Robert, « Le viol et sa répression par les juridictions intermédiaires du Roussillon au XVIIIe siècle », dans Gilbert Larguier (dir.), *Les Justices royales secondaires en Languedoc et Roussillon XVIIe-XVIIIe siècles*, Perpignan, Presses universitaires de Perpignan, 2008, p. 83-102 ; Fabrice Vigier, « À propos de quelques procès pour violences sexuelles dans le Poitou au XVIIIe siècle », dans Lydie Bodiou *et al.* (dir.), *Le Corps en lambeaux. Violences sexuelles et sexuées faites aux femmes*, Rennes, PUR, 2016, p. 201-215.

violence conjugale et domestique[60]. Menées principalement (mais pas seulement) à partir d'archives judiciaires, ces études ouvrent la voie à d'autres questionnements comme celui du partage de l'espace quotidien entre espaces privés et publics, et aux enjeux que représentent la mixité ou la ségrégation des sexes dans l'espace vécu ou encore aux rapports entre genre et environnement social (voisinage, commérage)[61].

À l'intersection de cette histoire matérielle et d'une histoire de la consommation, l'histoire du genre des objets est également en train de se développer à l'échelle internationale avec quelques aperçus sur la France à l'époque moderne et l'époque révolutionnaire[62]. Cette thématique du

---

60 Claire Chatelain, « Le mari violent et la femme insoumise. Entre conflit d'intérêt et théâtralité des genres, le procès Pommereu », dans Élie Haddad et Robert Descimon (dir.), *Épreuves de noblesse. Les expériences nobiliaires de la haute robe parisienne (XVIe-XVIIIe siècle)*, Paris, Les Belles Lettres, 2010, p. 125-155 ; Ead., « Procédure civile de séparation en haute robe parisienne à la fin du règne de Louis XIV », dans Claude Gauvard et Alessandro Stella (dir.), *Couples en justice*, Paris, Publications de la Sorbonne, 2013, p. 167-184 ; Julie Doyon, « Des secrets de famille aux archives de l'effraction : violences intra-familiales et ordre judiciaire au XVIIIe siècle », dans Antoine Follain, Bruno Lemesle, Michel Nassiet, Éric Pierre et Pascale Quincy-Lefebvre (dir.), *La Violence et le judiciaire du Moyen Âge à nos jours. Discours, perceptions, pratiques*, Rennes, PUR, 2008, p. 209-222 ; Ead., « Le père dénaturé au siècle des Lumières », *Annales de démographie historique*, n° 2, 2009, p. 175-201 ; Julie Hardwick, « Early Modern Perspectives on the Long History of Domestic Violence : the Case of Seventeenth Century France », *The Journal of Modern History*, vol. 78, n° 1-2, 1996, p. 28-50 ; Karine Lambert, *Itinéraires féminins de la déviance. Provence, 1750-1850*, Aix-en-Provence, Presses universitaires de Provence, 2012 ; Gwenael Murphy, « Les violences conjugales sous l'Ancien Régime dans le Poitou », *Revue historique du Centre-Ouest*, n° 3, p. 107-127 ; Dorothea Nolde, « Le meurtre du conjoint devant le Parlement de Paris (fin XVIe-début XVIIe siècle) : le "verdict" de l'entourage », dans Benoît Garnot (dir.), *L'Infrajudiciaire du Moyen Âge à l'époque contemporaine*, Dijon, ÉUD, 1996, p. 143-152 ; Ead., « Violence et pouvoir dans le mariage. Le rapport conjugal à travers les procès pour meurtre du conjoint devant le Parlement de Paris, à la fin du XVIe siècle », dans Kathleen Wilson-Chevalier et Éliane Viennot (dir.), *Royaume de Femynie. Pouvoirs, contraintes, espaces de liberté des femmes, de la Renaissance à la Fronde*, Paris, H. Champion, 1999, p. 121-133 ; Ead., *Gattenmord. Macht und Gewalt in der fruehneuzeitlichen Ehe*, Cologne, Boehlau, 2003 ; Ead., « Le rôle de la violence dans les rapports conjugaux en France, à la fin du XVIe et au début du XVIIe siècle », dans Odile Redon, Line Sallmann et Sylvie Steinberg (dir.), *Le Désir et le Goût. Une autre histoire (XIIIe-XVIIIe siècles)*, Vincennes, Presses universitaires de Vincennes, 2005, p. 309-327 ; Christophe Regina, « L'intrusion de la justice au sein des foyers. La violence conjugale jugée devant la Sénéchaussée de Marseille au siècle des Lumières », *Annales de démographie historique*, n° 2, 2009, p. 53-75.

61 Jean Quéniart, « Sexe et témoignage : Sociabilités et solidarités féminines et masculines dans les témoignages en justice », dans Benoît Garnot (dir.), *Les Témoins devant la justice. Une histoire des statuts et des comportements*, Rennes, PUR, 2003, p. 247-255 ; Diane Roussel, *Violences et passions dans le Paris de la Renaissance*, Seyssel, Champ Vallon, 2012.

62 Leora Auslander, *Des Révolutions culturelles. La politique du quotidien en Grande-Bretagne, en Amérique et en France (XVIIe-XIXe siècle)* [2009], trad. fr., Toulouse, PUM, 2011 ; Ead.,

genre des objets renvoie à la sexuation des activités de fabrication sur laquelle les travaux pionniers de Nicole Pellegrin sur le textile avaient attiré l'attention, alors que s'ouvre la voie encore très peu empruntée de l'étude de la maîtrise sexuée des techniques[63]. Le sujet connexe de la classique division sexuée du travail est non seulement abordé à partir de l'étude des corporations féminines et de la place des femmes dans les corporations de métier, mais également à partir du constat de la précarité structurelle de la condition des travailleuses[64]. Plusieurs travaux ont mis en évidence la continuité des activités féminines de subsistance, depuis la vente de petits objets jusqu'à la prostitution, en passant par le nourrissage mercenaire des enfants[65]. D'autres s'attachent à la recomposition des activités féminines légales ou délictueuses dans les régions qui manquent d'hommes comme les zones littorales et les régions montagneuses[66]. La prise en considération de cette précarité structurelle

---

« Culture matérielle, histoire du genre et des sexualités. L'exemple du vêtement et des textiles », *Clio. Femmes, genre, histoire*, n° 40, 2014, p. 171-195. Voir les perspectives tracées dans Jane Hamlett, Leonie Hannan et Hannah Grieg (dir.), *Gender and Material Culture in Britain since 1600*, Londres, Palgrave Macmillan, 2015, et Renata Ago, *Il gusto delle cose. Una storia degli oggetti nella Roma dei Seicento*, Rome, Donzelli, 2006.

63 Nicole Pellegrin, « Les vertus de "l'ouvrage". Recherches sur la féminisation des travaux d'aiguille (XVIᵉ-XVIIIᵉ siècle) », *Revue d'histoire moderne et contemporaine*, vol. 46, n° 4, 1999, p. 745-767 ; Audrey Millet, « Le genre de l'ornement à la manufacture de Sèvres (XVIIIᵉ-XIXᵉ siècles) », dans Fabien Knittel et Pascal Raggi (dir.), *Genre et techniques. XIXᵉ-XXIᵉ siècle*, Rennes, PUR, 2013, p. 155-167 ; Guillaume Carninon et Audrey Millet, « Genre et techniques », dans Guillaume Carnino, Liliane Hilaire-Pérez et Aleksandra Kobiljski (dir.), *Histoire des techniques. Mondes, sociétés, cultures. XVIᵉ-XVIIIᵉ siècle*, Paris, PUF, 2016, p. 435-452.

64 Pour une synthèse sur le travail des femmes à l'échelle européenne, voir Anna Bellavitis, *Il lavoro delle donne nelle città dell'Europa moderna*, Rome, Viella, 2016. Sur les corporations : Daryl M. Hafter, *Women at Work in Preindustrial France*, University Park, Pennsylvania State University Press, 2007 ; Daryl M. Hafter et Nina Kushner (dir.), *Women and Work in Eighteenth-Century France*, Baton Rouge, Louisiana State University Press, 2015 ; Clare Haru Crowston, *Fabricating Women : The Seamstresses of Old Regime France, 1675-1791*, Durham, Duke University Press, 2001 ; Anna Bellavitis, Virginie Jourdain, Virginie Lemonnier-Lesage et Beatrice Zucca Micheletto (dir.), *« Tout ce qu'elle saura et pourra faire ». Femmes, droits, travail en Normandie du Moyen âge à la Grande guerre*, Mont-Saint-Aignan, Presses universitaires de Rouen et du Havre, 2015.

65 Olwen H. Hufton, *The Poor of Eighteenth Century France 1750-1789*, Londres, Oxford University Press, 1974 ; Clyde Plumauzille, *Prostitution et révolution. Les femmes publiques dans la cité républicaine. 1789-1804*, Ceyzérieu, Champ Vallon, 2016.

66 Emmanuelle Charpentier, *Le Peuple du rivage. Le littoral nord de la Bretagne au XVIIIᵉ siècle*, Rennes, PUR, 2013 ; Anne Montenach, *Femmes, pouvoirs et contrebande dans les Alpes au XVIIIᵉ siècle*, Fontaine, Presses universitaires de Grenoble, 2017.

et de ces activités occasionnelles incite à réviser l'appréhension traditionnelle qui a été faite du travail et à modifier l'évaluation comptable des revenus familiaux, en intégrant les activités non rémunérées des femmes (et des enfants), tout comme les processus d'invisibilisation du travail féminin[67]. Beaucoup de ces activités féminines consistent à « prendre soin » des personnes : allaitement des nourrissons, éducation des enfants, soins aux malades, assistance aux personnes âgées ou aux pauvres. Si bien que la prise en considération des femmes dans ces activités amène à requalifier leur nature même, comme c'est le cas pour le soin médical étudié par Susan Broomhall qui englobe toutes les formes de médecine, qu'elle soit « professionnelle » ou non[68]. Elle amène aussi à poser la question du rapport entre genre et « travail du care[69] » : ces activités ne sont-elles attachées qu'au féminin ? De quelle manière les activités de soin et d'assistance participent-elles à une exploitation sociale de femmes des couches populaires au profit des élites, hommes et femmes confondus ?

Cette dernière problématique ne met pas seulement en évidence la diversité des statuts et des conditions féminines dans la France d'Ancien Régime mais vise à saisir la complexité des mécanismes de la domination sociale où genre et hiérarchie sociale sont intriqués. C'est pourquoi les études sur les élites nobiliaires de robe et d'épée accordent aujourd'hui une attention plus grande au genre en examinant les « stratégies » d'alliance, la coopération financière des époux, les règles successorales incluant filles et cadets, la circulation d'une génération à l'autre des biens et des titres, le jeu des prééminences sociales. Elles aboutissent ainsi à décrire un « arrangement des sexes » (Erving Goffman) particulier à ces élites, arrangement qui participe

---

67 Carmen Sarasua et Jane Humphries, « Off the Record. Reconstructing Women's Labor Force Participation in the European Past » *Feminist Economics*, vol. 18, n° 4, 2012, p. 39-67 ; Monica Martinat, « Travail et apprentissage des femmes à Lyon au XVIIIe siècle », *Mélanges de l'École française de Rome – Italie et Méditerranée modernes et contemporaines*, vol. 123, n° 1, 2011, p. 11-24 ; Beatrice Zucca Micheletto, « Apprentissage, travail sous-payé et relations maîtres-élèves à Turin et à Rouen à l'époque moderne », *Mélanges de l'École française de Rome – Italie et Méditerranée modernes et contemporaines*, vol. 128, n° 1, 2016.
68 Susan Broomhall, *Women's Medical Work in Early Modern France*, Manchester, Manchester University Press, 2004.
69 Mise en perspective et premiers apports, voir Clyde Plumauzille et Mathilde Rossigneux-Méheust, « Le care, une "voix différente" pour l'histoire du genre », *Clio. Femmes, genre, histoire*, n° 49, « Travail de Care », dir. Anne Hugon, Clyde Plumauzille et Mathilde Rossigneux-Méheust, 2019, p. 7-22.

de la domination sociale sur les autres couches de la population voire s'inscrit dans la réussite ou l'échec de leur propre dynamique de promotion sociale et politique[70].

De quelle façon cet « arrangement » a-t-il évolué par contact et confrontation avec d'autres ? L'expansion française outre-mer a fait des terres nouvelles d'Amérique du Nord et des Caraïbes des laboratoires où se configurent des relations nouvelles de domination. Celles qui concernent le genre font l'objet d'une grande attention à l'échelle internationale, l'historiographie française s'insérant, là encore, dans un mouvement plus vaste et la description d'un immense territoire qui est celui de l'Atlantique, mais mettant aussi l'accent sur les spécificités juridiques et politiques des colonies françaises. La compréhension des reconfigurations des rapports de domination sociale à partir de normes et pratiques européennes au sein de l'économie de plantation s'est enrichie grâce à la prise en considération de l'évolution des sex-ratio migratoires, des conditions de travail et de vie des femmes et des hommes esclaves, des relations de subordination sexuées et sexuelles entre maîtres et femmes esclaves, de la situation des métis(ses) et des manumis(es), des

---

70 Fanny Cosandey, *Le Rang. Préséances et hiérarchies dans la France d'Ancien Régime*, Paris, Gallimard, 2016 ; Robert Descimon, « Conflits familiaux dans la robe parisienne aux XVIe et XVIIe siècles : les paradoxes de la transmission d'un statut », *Cahiers d'histoire*, n° 4, 2000, p. 677-697 ; Robert Descimon et Simone Geoffroy-Poisson, « Droit et pratiques de la transmission des charges publiques à Paris (mi-XVIe-mi-XVIIe siècle) », dans Anna Bellavitis, Laurence Croq et Monica Martinat (dir.), *Mobilité et transmission dans les sociétés de l'Europe moderne*, Rennes, PUR, 2009, p. 219-234 ; *Id.*, « La construction juridique d'un système patrimonial de l'office. Une affaire de patrilignage et de genre », dans R. Descimon et É. Haddad, *Épreuves de noblesse, op. cit.*, p. 47-59 ; Anaïs Dufour, *Le pouvoir des « dames ». Femmes et pratiques seigneuriales en Normandie (1580-1620)*, Rennes, PUR, 2013 ; Élie Haddad, *Fondation et ruine d'une « maison ». Histoire sociale des comtes de Belin (1582-1706)*, Limoges, PULIM, 2009 ; Sarah Hanley, « Engendrer l'État. Formation familiale et construction de l'État dans la France au début de l'époque moderne » [1989], trad. fr., *Politix*, n° 32, 1995, p. 45-65 ; *Ead.*, « The Jurisprudence of the "Arrêts" : Marital Union, Civil Society, and State Formation in France, 1550-1650 », *Law and History Review*, vol. 21, n° 1, 2003, p. 1-40 ; *Ead.*, « La primauté masculine en question : Longueville contre Nemours », dans Isabelle Poutrin et Marie-Karine Schaub (dir.), *Femmes et pouvoir politique Les princesses d'Europe (XVe-XVIIIe siècle)*, Paris, Bréal, 2007, p. 146-161 ; Michel Nassiet, « Nom et blason. Un discours de la filiation et de l'alliance (XIVe-XVIIIe siècle) », *L'Homme*, n° 129, 1994, p. 5-30 ; *Id.*, « Réseaux de parenté et types d'alliance dans la noblesse (XVe-XVIIe siècles) », *Annales de démographie historique*, 1995, p. 105-123 ; Sylvie Steinberg, « "Au défaut des mâles" : genre, succession féodale et identité nobiliaire (France, XVIe-XVIIe siècles) », *Annales HSS*, n° 3, 2012, p. 679-713.

résistances et des révoltes[71]. Pour les régions « sauvages » de la Louisiane ou du Canada, on a pu récemment décrire le rôle central des femmes amérindiennes dans la rencontre entre Européens et autochtones, ainsi que la fabrication des stéréotypes sexuels et sexués attachés aux populations découvertes. Si l'hybridation des façons de représenter et vivre le genre a concerné sans doute en premier lieu les métis(ses) issus de ces rencontres, les recherches récentes de Gilles Havard montrent également, à partir de la description de la virilité des « coureurs des bois » du Canada, qu'elle a été moins unilatérale qu'on ne l'a longtemps cru[72]. Ainsi la fabrication des « races » et la dimension sexuelle et sexuée de leur définition, jusqu'ici surtout saisies par une approche culturelle[73], sont-elles davantage envisagées aujourd'hui de façon multidimensionnelle en prenant en compte les dynamiques juridiques, économiques et politiques, ainsi que les interactions intimes entre les actrices et les acteurs.

Construction des identités, système de représentation, rapport de domination : les historiennes et les historiens qui travaillent avec la notion de genre proposent à travers ces différentes élaborations théoriques des éléments nouveaux de compréhension de la société moderne et des changements qui y sont à l'œuvre de la Renaissance à la Révolution

---

71 John Garrigus, « Redrawing the Color Line. Gender and the Social Construction of Race in Prerevolutionary Haiti », *Journal of Caribbean History*, vol. 30, n° 1-2, 1996, p. 28-50 ; Myriam Cottias, « La séduction coloniale : damnation et stratégies. Les Antilles, xviie-xixe siècle », dans Cécile Dauphin et Arlette Farge (dir.), *Séduction et sociétés. Approches historiques*, Paris, Éd. du Seuil, 2001, p. 125-140 ; Arlette Gautier, *Les Sœurs de Solitude. La condition féminine aux Antilles du xviie au xixe siècle*, Rennes, PUR, 2010 (éd. augmentée de l'ouvrage de 1985) ; Bernard Moitt, *Women and Slavery in the French Antilles, 1635-1848*, Bloomington, Indiana University Press, 2001 ; Sue Peabody, « *Négresse, Mulâtresse, Citoyenne* : Gender and Emancipation in the French Caribbean. 1650-1648 », dans Pamela Scully et Diana Paton (dir.), *Gender and Slave Emancipation in the Atlantic World*, Durham, Duke University Press, 2005, p. 56-78. Voir le bilan historiographique établi par Cécile Vidal, « Femmes et genre dans les historiographies sur les sociétés avec esclavage (Caraïbes française et anglaise, xviie-xviiie siècle) », *Clio. Femmes, genre, histoire*, n° 50, « Le genre dans les mondes caribéens », dir. Clara Palmiste et Michelle Zancarini-Fournel, 2019, p. 189-210.

72 Gilles Havard et Frédéric Laugrand, *Éros et tabou. Sexualité et genre chez les Amérindiens et les Inuit*, Québec, Septentrion, 2014 ; Gilles Havard, *Histoire des coureurs de bois. Amérique du Nord, 1600-1840*, Paris, Les Indes savantes, 2016 ; Susan Sleeper-Smith, *Indian women and French men : Rethinking cultural encounter in the Western Great Lakes*, Amherst, University of Massachusetts Press, 2001.

73 Londa Schiebinger, « Theories of Gender and Race », dans *Nature's Body : Gender in the Making of Modern Science*, Boston, Beacon Press, 1994 ; Elsa Dorlin, *La Matrice de la race. Généalogie sexuelle et coloniale de la nation française*, Paris, La Découverte, 2006.

française, remettant sans cesse sur le métier la notion elle-même pour en évaluer la pertinence historique et en proposer de nouvelles interprétations. Et il est probable que les plus jeunes d'entre eux le feront à l'avenir en s'emparant de sujets que ce bilan rapide n'a pas encore répertoriés ni même imaginés.

Sylvie STEINBERG

L'HISTOIRE DE LA NOBLESSE

Quelques perspectives récentes

En 1999, la *Revue d'histoire moderne et contemporaine* consacrait un numéro spécial aux « noblesses à l'époque moderne », composé d'articles portant sur divers pays européens, qui donnaient un aperçu du foisonnement des études sur ce groupe social, sans doute celui dont la connaissance a été la plus renouvelée au cours des quatre dernières décennies. Vingt ans plus tard, les recherches n'ont pas faibli, bien au contraire. La bibliographie sur le sujet est immense – les titres se comptent par centaines, la course à la publication imposée par les nouvelles méthodes d'évaluation renforçant encore l'inflation –, au point qu'il est désormais impossible de prétendre la maîtriser. Il y a là un véritable problème qui conduit à un fractionnement toujours plus grand des champs d'étude et à une ignorance ou une connaissance superficielle des travaux des uns et des autres.

Il m'a donc fallu faire des choix et ce qui suit n'est qu'un parcours possible au sein de l'historiographie de la noblesse, restreinte à la France (alors que les comparaisons avec d'autres pays permettent de mieux cerner les spécificités françaises), à l'époque moderne (alors que les éclairages médiévaux et post-révolutionnaires donnent des éléments de compréhension déterminants) et aux vingt dernières années. Cette chronologie se justifie par le fait que mon parcours prend comme point de départ l'article de Robert Descimon qui ouvrait le numéro de la *Revue d'histoire moderne et contemporaine* de 1999, en s'appuyant sur l'état des lieux qu'il faisait et sur les principales pistes de recherche qu'il traçait. Cette réflexion historique et méthodologique invitait à « chercher de nouvelles voies pour interpréter les phénomènes nobiliaires dans la France moderne » en considérant la noblesse comme un rapport social et non comme une essence transhistorique[1]. Revenant sur les « réformations » de Colbert et de Louis XIV, l'auteur pointait le voile qu'elles avaient jeté

---

1   Robert Descimon, « Chercher de nouvelles voies pour interpréter les phénomènes nobiliaires dans la France moderne. La noblesse, "essence" ou rapport social ? », *Revue d'histoire moderne et contemporaine*, n° 1, 1999, p. 5-21.

sur les représentations et les pratiques antérieures, d'autant plus que les historiens s'alimentaient souvent aux sources mêmes que les enquêtes de noblesse avaient produites. Une essentialisation et une déshistoricisation du phénomène nobiliaire en ont longtemps résulté. Il appelait, pour dépasser cette aporie, à une confrontation entre herméneutique des représentations et sociologie des pratiques en tenant compte des évolutions des unes et des autres au cours de la période moderne.

Même s'il n'a pas toujours été suivi, parfois pas toujours compris, l'article de Robert Descimon développait des thèmes que l'on retrouve dans nombre de travaux parus depuis. Les recherches des vingt dernières années permettent de faire un nouvel état des lieux de notre connaissance des évolutions du phénomène nobiliaire à l'époque moderne. Ce champ est polarisé par des perspectives et des méthodes différentes, des interprétations opposées dont les attendus politiques sont à la fois reconduits et transformés depuis le XVIIIᵉ siècle. Aussi ce parcours est-il une prise de position sur certains points saillants de l'historiographie actuelle de la noblesse. À défaut d'une impossible exhaustivité, j'espère cependant rendre compte correctement des grandes tendances actuelles qui se sont largement focalisées sur trois domaines : la définition de la noblesse, ses engagements politiques et ses relations avec le pouvoir royal, ses transformations en lien avec la mobilité sociale.

DÉFINIR LA NOBLESSE

LES NOBLESSES PLUTÔT QUE LA NOBLESSE ?

Faut-il définir la noblesse ? Les travaux récents insistent plutôt sur sa grande diversité géographique, sociale et fonctionnelle. La variation des densités nobiliaires selon les provinces est à la fois un indice et un facteur de cette diversité puisqu'elle avait des conséquences tant sur les relations sociales que sur les devenirs individuels et familiaux, tant sur les structures sociales que sur les cultures politiques[2]. Plusieurs ouvrages se sont

---

2   Laurent Bourquin et Jean-Marie Constant, « Les fortes densités nobiliaires de l'Ouest », dans *Gens de l'Ouest*, Le Mans, Laboratoire d'Histoire anthropologique du Maine, 2001, p. 179-195 ; Jean-Marie Constant, « Les structures sociales et les cultures politiques de

de nouveau penchés sur des noblesses régionales en insistant parfois sur les différenciations au sein même des provinces étudiées[3], au point que la tendance est de plus en plus grande à parler des noblesses au pluriel, comme l'indique par exemple le titre de la synthèse de Michel Figeac parue en 2013[4].

Pour autant, ce dernier s'intéresse aussi au phénomène nobiliaire dans sa globalité. Le terme de noblesse faisait sens pour les contemporains et il serait dommage que l'affirmation de l'hétérogénéité de fortune, de condition et de culture conduise à renoncer à toute perspective générale. Roger Baury a ainsi montré que la cour a puissamment œuvré à l'homogénéisation des noblesses provinciales dans le cadre français, unifiant leurs repères, leurs modes, leurs valeurs. Corrélativement, elle a sécrété des formes subtiles de ségrégation, moins avec la grande robe et la finance qu'avec les gentilshommes des terroirs. Le creuset parisien n'a pas été moins déterminant : dès le règne d'Henri IV, la capitale s'est imposée comme le centre de la vie des grands seigneurs[5]. Derrière la diversité sociale, économique et culturelle, il convient de s'interroger sur ce qui pouvait être mobilisé et revendiqué du côté d'une appartenance au second ordre, légitimée par un modèle nobiliaire, tout en s'attachant aux conflits internes aux élites pour définir et délimiter ce groupe, tant ce modèle était investi de stratégies plurielles et évolua au cours de l'époque moderne[6].

---

la noblesse normande sont-elles originales ? L'exemple de la généralité d'Alençon au XVIIe siècle », dans Ariane Boltanski et Alain Hugon (dir.), *Les Noblesses normandes (XVIe-XIXe siècle)*, Rennes, PUR, 2011, p. 51-61 ; Michel Nassiet, « Les structures sociales de la noblesse normande », *ibid.*, p. 35-50.

3   Christophe Blanquie et Jérôme Loiseau (dir.), « Horizons nobiliaires bourguignons », dossier paru dans *Rabutinages*, n° 23, 2013. A. Boltanski et A. Hugon, *Les Noblesses normandes, op. cit.* Les articles de cet ouvrage interrogent la diversité sociale de la noblesse normande ainsi que ses formes de distinction interne. Michel Figeac, *La Douceur des Lumières. Noblesse et art de vivre en Guyenne au XVIIIe siècle*, Bordeaux, Mollat, 2001, insiste sur la souplesse et l'adaptation dont fait preuve le second ordre, ainsi que sur la culture matérielle et la gestion nobiliaire, notamment dans le domaine viticole. Le même auteur met en avant cette diversité, sociale, professionnelle, politique dans *L'Automne des gentilshommes. Noblesse d'Aquitaine, noblesse française au Siècle des Lumières*, Paris, H. Champion, 2002.

4   Michel Figeac, *Les Noblesses en France. Du XVIe au milieu du XIXe siècle*, Paris, A. Colin, 2013.

5   Roger Baury, « L'ubiquité nobiliaire aux XVIIe et XVIIIe siècles », dans Josette Pontet, Michel Figeac et Marie Boisson (dir.), *La Noblesse de la fin du XVIe au début du XXe siècle, un modèle social ?*, Anglet, Atlantica, 2002, 2 vol., t. I, p. 133-155 ; *Id.*, « Noblesse et identité provinciale de Louis XIV à la fin de l'Ancien Régime », dans Jean Mondot et Philippe Loupès (dir.), *Provinciales. Hommage à Anne-Marie Cocula*, Pessac, Presses universitaires de Bordeaux, 2009, 2 vol., t. I, p. 123-137.

6   J. Pontet *et al.*, *La Noblesse de la fin du XVIe au début du XXe siècle, op. cit.*

REPRÉSENTATIONS ET COMPORTEMENTS :
UNE DIALECTIQUE DE L'UNITÉ ET DE LA DIVERSITÉ

Car si la noblesse était diversité, elle était cependant idéellement structurée par un ensemble de représentations et de comportements suffisamment cohérents pour atténuer les contradictions. Nombre de travaux récents montrent que les éléments de cet ensemble changèrent de signification entre XVIe et XVIIIe siècle, en même temps que les transformations sociologiques et politiques de la noblesse.

Il en est ainsi de l'idéal chevaleresque, retravaillé au XVIe siècle, entre tradition médiévale et relecture de l'humanisme chrétien, idéal sur lequel la monarchie s'appuya pour son propre développement militaire[7]. Mais on put aussi parler de « chevalier ès loix[8] » : la noblesse d'armes n'eut pas le monopole de la référence à la chevalerie. Les représentations idéales du gentilhomme se marquèrent par la suite dans des programmes d'éducation que les académies pour nobles, nées en milieu protestant, et les académies équestres mirent en œuvre[9], ainsi que dans des manuels d'institution de la noblesse destinés à l'épée[10].

L'honneur lui-même, objet de nombreux travaux ces dernières années, fut une notion constamment travaillée par la pratique sociale et politique.

---

7   Benjamin Deruelle, *De papier, de fer et de sang. Chevaliers et chevalerie à l'épreuve de la modernité*, Paris, Publications de la Sorbonne, 2015, et, sur les tensions entre la culture chevaleresque et les transformations militaires de la Renaissance, Nicolas Le Roux, *Le Crépuscule de la chevalerie. Noblesse et guerre au siècle de la Renaissance*, Ceyzérieu, Champ Vallon, 2015.

8   Françoise Autrand, *Naissance d'un grand corps de l'État. Les gens du parlement de Paris 1345-1454*, Paris, Publications de la Sorbonne, 1981, p. 259-261. D'ailleurs, si le métier des armes était fondamental dans la perception de la noblesse, il était loin de concerner la majorité des nobles, sauf dans certaines occasions et certaines provinces. Le rôle des convocations du ban et de l'arrière-ban comme moments de rassemblement de la noblesse autour de sa vocation militaire ne doit ainsi pas être négligé en Bretagne : Antoine Rivault, « Le ban et l'arrière-ban de Bretagne : un service féodal à l'épreuve des troubles de religion (vers 1550 – vers 1590) », *Annales de Bretagne et des Pays de l'Ouest*, n° 1, 2013, p. 59-96.

9   Andrea Bruschi, « Des projets pédagogiques trans-confessionnels au temps des guerres de Religion : les gentilshommes huguenots et les premiers desseins d'académies nobiliaires », *Bulletin de la Société de l'histoire du protestantisme français*, n° 3, 2012, p. 531-542 ; Id., « Litterae et arma : l'aspiration à l'encyclopédisme des premières académies nobiliaires françaises (1598-1612) », *Seventeenth-Century French Studies*, vol. 34, n° 2, 2012, p. 133-142 ; Corinne Doucet, « Les académies équestres et l'éducation de la noblesse (XVIe-XVIIIe siècle) », *Revue historique*, n° 4, 2003, p. 817-836.

10 Denise Carabin, « Deux institutions de gentilshommes sous Louis XIII : *Le Gentilhomme* de Pasquier et *L'Instruction du Roy* de Pluvinel », *Dix-septième siècle*, n° 1, 2003, p. 27-38.

La continuité de la « culture de l'honneur[11] » doit de ce point de vue être nuancée. Au xvie siècle, c'était d'abord un capital collectif familial qu'il fallait défendre, ce qui conduisait à une violence sociale spécifique[12]. Cette dernière prit des formes particulières dans la noblesse, qui s'épanouirent dans la pratique du duel[13]. Il vaudrait mieux cependant éviter d'accorder une importance démesurée à l'honneur. Martin Wrede a ainsi pu montrer que la honte d'un père, si elle posait problème dans une descendance, faisait toutefois l'objet de multiples manœuvres pour l'atténuer, l'esquiver ou l'intégrer dans un processus mémoriel qui finissait toujours par mettre en avant la continuité de la grandeur des maisons[14]. En outre, l'honneur n'était pas séparé des récompenses matérielles, les honneurs, qui devaient en découler[15]. Aussi, si l'honneur était bien source de violence, y compris de la part de la noblesse de robe, dans un contexte de compétition au sein des élites, on ne saurait pourtant faire de cette violence une culture centrale dans l'identité noble, ainsi que le fait Brian Sandberg, sans aucune considération pour la diversité sociologique et fonctionnelle du second ordre[16].

Le sang noble lui-même n'eut pas une signification univoque durant l'Ancien Régime : les travaux récents montrent les évolutions de sens de ce qui a longtemps été considéré comme le cœur de la définition patrilinéaire de la noblesse[17]. Les appropriations de la mystique du sang furent le fruit de conflits et de stratégies de distinction au sein des élites,

11 Hervé Drévillon, « L'âme est à Dieu et l'honneur à nous. Honneur et distinction de soi dans la société d'Ancien Régime », *Revue historique*, n° 2, 2010, p. 362-395, voit une telle continuité tout au long de l'Ancien Régime, au-delà de la noblesse, et un facteur de la naissance de l'individu. Le livre dirigé par Hervé Drévillon et Diego Venturino (*Penser et vivre l'honneur à l'époque moderne*, Rennes, PUR, 2011) donne cependant des éléments d'historicisation.

12 Michel Nassiet, *La Violence, une histoire sociale. France xvie-xviiie siècles*, Seyssel, Champ Vallon, 2011.

13 Pascal Brioist, Hervé Drévillon et Pierre Serna, *Croiser le fer. Violence et culture dans la France moderne (xvie-xviiie siècle)*, Seyssel, Champ Vallon, 2002.

14 Martin Wrede, « Entre honte et honneur. Ruptures de la mémoire et devoir de continuité dans les Maisons nobles à l'époque moderne », dans Jean-Pierre Bardet, Élisabeth Arnoul et François-Joseph Ruggiu (dir.), *Les Écrits du for privé en Europe (du Moyen Âge à l'époque contemporaine). Enquêtes, Analyses, Publications*, Bordeaux, Presses universitaires de Bordeaux, 2010, p. 161-173.

15 Fanny Cosandey, *Le Rang. Hiérarchies d'Ancien Régime*, Paris, Gallimard, 2016, notamment le chap. 11. Voir aussi Stuart Carroll, *Blood and Violence in Early Modern France*, Oxford – New York, Oxford University Press, 2006.

16 Brian Sandberg, *Warrior Pursuits : Noble Culture and Civil Conflict in Early Modern France*, Baltimore, The Johns Hopkins University Press, 2010.

17 Christopher H. Johnson, Bernhard Jussen, David Warren Sabean, Simon Teuscher (dir.), *Blood & Kinship : Matter for Metaphor from Ancient Rome to the Present*, New York, Berghahn Books, 2007 ; Maaike van der Lugt et Charles de Miramon (dir.), *L'Hérédité entre Moyen*

notamment de la part de la noblesse d'épée vis-à-vis de ses nouvelles concurrentes que furent la robe dans un premier temps, la finance dans un second. Mais Saint-Simon n'est pas une grille de lecture pertinente pour comprendre le XVIe et le début du XVIIe siècle.

L'ancienneté ne fut d'ailleurs pas toujours une revendication centrale de l'identité nobiliaire : la production généalogique et la volonté de remonter le plus loin dans le temps en ligne strictement paternelle ne s'étendirent dans la noblesse qu'au cours du XVIIe siècle. Là encore, plusieurs travaux récents modifient notre perception de la chronologie et des enjeux de la pratique généalogique[18]. Le président de Robien, au siècle des Lumières marqué par l'importance de la généalogie dans l'identité nobiliaire, y fut très attentif. Pourtant, l'affirmation de son rang passa par une autre voie, celle de ses collections, illustrant une autre possibilité de distinction dans l'aristocratie du XVIIIe siècle[19].

C'est un autre chantier creusé ces dernières années que celui des fonctions sociales de la culture matérielle noble et de la consommation

---

Âge et époque moderne. Perspectives historiques, Florence, SISMEL – Edizioni del Galluzzo, 2008.

18   Jean-Marie Le Gall, « Vieux saint et grande noblesse à l'époque moderne : Saint Denis, les Montmorency et les Guise », *Revue d'histoire moderne et contemporaine*, n° 3, 2003, p. 7-33 ; Germain Butaud et Valérie Piétri, *Les Enjeux de la généalogie (XIIe-XVIIIe siècle). Pouvoir et identité*, Paris, Autrement, 2006 ; Olivier Rouchon (dir.), *L'Opération généalogique. Cultures et pratiques européennes entre XVe et XVIIIe siècle*, Rennes, PUR, 2014 ; Fanny Cosandey et Élie Haddad, « Temps de la noblesse, temps de la monarchie, XVIe-XVIIe siècles », dans Pierre Bonin, Fanny Cosandey, Élie Haddad, Anne Rousselet-Pimont (dir.), *À la croisée des temps. Approches d'histoire juridique, politique et sociale*, Rennes, PUR, 2016, p. 73-100.

19   Gauthier Aubert, *Le Président de Robien. Gentilhomme et savant dans la Bretagne des Lumières*, Rennes, PUR, 2001. Il s'agit d'une forme de distinction différente des collections chargées de transmettre la mémoire familiale que l'on trouve au siècle précédent : Antonio Urquizar Herrera, « La mémoire des choses passées. Florimond Robertet, Charles de Rostaing, Henri Chesneau and the place of social narratives in French early modern noble collections », *Journal of the History of Collections*, 2010, p. 1-18. Des travaux récents portent sur l'intérêt spécifique des aristocrates pour les pratiques culturelles, les lettres, l'écrit et les constructions idéologiques qui sous-tendent l'implication des grands ou des nobles moyens dans une pratique de patronage lettré ou artistique. Voir par exemple Emmanuel Buron et Bruno Méniel (dir.), *Le Duc de Mercœur. Les armes et les lettres (1558-1602)*, Rennes, PUR, 2009 ; Véronique Garrigues, *Adrien de Monluc (1571-1646). D'encre et de sang*, Limoges, PULIM, 2006 ; Valérie Piétri, « Les "barbouillages" du comte de Thorenc : écriture et frustrations sociales d'un moraliste de province », dans J.-P. Bardet, É. Arnoul et F.-J. Ruggiu, *Les Écrits du for privé, op. cit.*, p. 395-418 ; Déborah Blocker et Élie Haddad, « Protections et statut d'auteur à l'époque moderne : formes et enjeux des pratiques de patronage dans la querelle du *Cid* (1637) », *French Historical Studies*, n° 3, 2008, p. 381-416, parmi d'autres références. Pour les enjeux de la culture écrite, je renvoie à l'article de Nicolas Schapira dans ce volume.

aristocratique, qui là encore permettent à la fois de considérer les formes différentes de la distinction nobiliaire et leurs changements au cours de l'époque moderne – les transformations de la « culture des apparences » – tout en ouvrant sur des questions économiques[20]. Ces évolutions conduisirent à une reprise du débat sur le luxe dans la seconde moitié du XVIIIe siècle, occasions de remises en cause de la cour au sein même de la noblesse, et du statut nobiliaire lui-même dans d'autres milieux[21]. L'histoire de la culture matérielle peut donc amener à faire le lien avec l'histoire des conflits sociaux et politiques autour de la définition et de la place du second ordre.

Enfin, il faut insister sur l'importance du lien entre noblesse et seigneurie, forte au XVIe siècle dans nombre de provinces[22]. La noblesse de robe et l'achat des fiefs par des roturiers mirent en question ce lien, pas complètement cependant. Clarisse Coulomb note que les parlementaires du Dauphiné formaient une noblesse devenue terrienne qui protégeait

---

20 Caroline Le Mao, *Les Fortunes de Thémis. Vie des magistrats du Parlement de Bordeaux au Grand Siècle*, Bordeaux, FHSO, 2006 ; Stéphane Minvielle, *Dans l'intimité des familles bordelaises. Les élites et leurs comportements au XVIIIe siècle*, Bordeaux, Éd. Sud-Ouest, 2009 ; Isabelle Paresys (dir.), *Paraître et apparences en Europe occidentale du Moyen Âge à nos jours*, Villeneuve d'Ascq, Presses universitaires du Septentrion, 2008 ; Isabelle Paresys et Natacha Coquery (dir.), *Se vêtir à la cour en Europe (1400-1815)*, Villeneuve d'Ascq, Université Lille 3, 2011 ; Marjorie Meiss-Even, « Les chevaux des Guise. Le haras d'Éclaron au milieu du XVIe siècle », *Revue d'histoire moderne et contemporaine*, n° 4, 2010, p. 7-29 ; *Ead.*, « Portrait des Guise en "Gentilz Veneurs". La chasse noble au XVIe siècle entre symbolique et réalité », *Histoire et sociétés rurales*, n° 2, 2012, p. 85-118 ; *Ead.*, *Les Guise et leur paraître*, Tours-Rennes, Presses universitaires François-Rabelais-PUR, 2013 ; Sarah Horowitz, « Luxe, amour et transactions. La culture des bijoux sous l'Ancien Régime », *Sociétés & Représentations*, n° 2, 2014, p. 123-142 ; Aurélie Chatenet-Calyste, *Une consommation aristocratique fin de siècle. Marie-Fortunée d'Este, princesse de Conti (1731-1803)*, Limoges, PULIM, 2013, cette dernière insistant sur la consommation comme outil de distinction aristocratique par rapport au reste de la noblesse. La diversité du second ordre se marque aussi dans l'alimentation : Philippe Meyzie, « La noblesse provinciale à table : les dépenses alimentaires de Marie-Josphéine de Galatheau (Bordeaux, 1754-1763) », *Revue d'histoire moderne et contemporaine*, n° 2, 2007, p. 32-54. Voir aussi Josef Smets, « À la table d'un seigneur languedocien en 1766 : les comptes du cuisinier », *Revue d'histoire moderne et contemporaine*, n° 4, 2001, p. 32-49.

21 John Shovlin, *The Political Economy of Virtue : Luxury, Patriotism, and the Origins of the French Revolution*, Ithaca-Londres, Cornell University Press, 2006.

22 Anne-Valérie Solignat, *Les Noblesses auvergnates et bourbonnaises, pouvoir local, stratégies familiales et administration royale (vers 1450 – vers 1650)*, thèse de doctorat, Université Paris-I, 2010, 3 vol. Funérailles et nécropoles familiales pouvaient venir manifester la prégnance du pouvoir seigneurial local comme constitutif de la noblesse des topolignées : *Ead.*, « Funérailles nobiliaires et pouvoir seigneurial à la Renaissance », *Revue historique*, n° 1, 2012, p. 101-130.

ses principales seigneuries par des substitutions, comme dans l'épée[23]. Il est possible cependant que ce lien se soit distendu au cours de l'époque moderne, comme l'indiquent tant le changement anthroponymique majeur qui vit la dissociation entre l'usage d'un nom de terre et la possession réelle d'une seigneurie éponyme[24], que le développement d'un marché national des seigneuries, y compris des fiefs de dignité.

Ces travaux orientent vers une conclusion : au début de l'époque moderne, le mode de vie était déterminant dans la prétention nobiliaire, mais il n'était pas unique. Un certain nombre de représentations communes étaient saisies par différents nobles, bien au-delà des seigneurs militaires qui étaient loin de représenter la majorité du second ordre. La diversité ne s'accrut pas par la suite, mais changea de nature. Les représentations de la noblesse s'articulèrent autour des idées de sang, d'ancienneté et d'épée, idéologiquement liées. Ce triptyque minorait la noblesse de robe qui bénéficia cependant, grâce à la politique monarchique, d'une forte promotion dans la première moitié du XVIIe siècle[25]. En outre, la barrière avec la roture se renforça, usurpation et dérogeance fonctionnant comme des principes structurant la pensée des groupes sociaux à partir du règne de Louis XIV[26]. Dans ce contexte, plus encore qu'avant peut-être, la noblesse fut un mot d'ordre, une revendication d'appartenance mobilisatrice capable de subsumer les différences. Elle le fut d'autant plus que la politique monarchique contribua puissamment à unifier juridiquement le second ordre.

23 Clarisse Coulomb, *Les Pères de la patrie. La société parlementaire en Dauphiné au temps des Lumières*, Grenoble, Presses universitaires de Grenoble, 2006.
24 Tiphaine Barthélemy, « Noms patronymiques et noms de terre dans la noblesse française (XVIIIe-XXe siècles) », dans Guy Brunet, Pierre Darlu et Gianna Zei (dir.), *Le Patronyme. Histoire, anthropologie, société*, Paris, CNRS Éditions, 2001, p. 61-79 ; Robert Descimon, « Un langage de la dignité. La qualification des personnes dans la société parisienne à l'époque moderne », dans Fanny Cosandey (dir.), *Dire et vivre l'ordre social en France sous l'Ancien Régime*, Paris, Éd. de l'EHESS, 2005, p. 69-123.
25 Robert Descimon et Élie Haddad (dir.), *Épreuves de noblesse. Les expériences nobiliaires de la haute robe parisienne (XVIe-XVIIIe siècle)*, Paris, Les Belles Lettres, 2010.
26 Mathieu Marraud, « Dérogeance et commerce. Violence des constructions socio-politiques sous l'Ancien Régime », *Genèses*, n°95, 2014, p. 2-26.

LA NOBLESSE SAISIE PAR LE DROIT

Peut-on penser la noblesse sans statut juridique fondant le groupe ? Marc Bloch en doutait, qui liait la noblesse à la capacité du roi à créer des nobles[27]. Depuis, Armand Arriaza a montré que l'idée même de noblesse politique n'émergea que lentement à partir du XIIIe siècle, processus dans lequel le *De Nobilitate* de Bartole joua un rôle fondamental. Mais sa réception fut loin d'être immédiate : ce n'est qu'à partir du règne de Charles V que la théorie et le concept de noblesse politique formèrent le cadre intellectuel et légal des interventions du pouvoir royal sur le statut nobiliaire[28]. Encore la radicalité de l'analyse de Bartole, refusant toute idée de noblesse lignagère, ne fut que rarement pleinement admise par les juristes français qui débattirent jusqu'à la fin de l'Ancien Régime, et sans jamais trancher, de la question de l'imprescriptibilité de l'acquisition de la noblesse, même lorsqu'ils posaient que toute noblesse émanait du roi[29]. À cela il faut ajouter que, jusque dans la seconde moitié du XVIe siècle, le pouvoir royal n'intervint que rarement dans la définition de la noblesse sauf en matière de contentieux fiscal, et à l'exception de la Normandie où l'usage des enquêtes de noblesse, toujours pour des raisons fiscales, était ancien : la définition de la noblesse restait locale, liée à la reconnaissance sociale, ainsi que l'avait montré Jean-Marie Constant, et de caractère coutumier. Elle était en outre d'abord pensée comme prédicat de certains noms, de certaines familles, le plus souvent seigneuriales, et non comme appartenance à un groupe prédéfini[30].

Les recherches effectuées ces dernières années ont montré le rôle crucial que jouèrent les grandes enquêtes de noblesse à partir de Colbert. Certes, plusieurs travaux insistent sur les nombreux accommodements locaux qui eurent lieu, notamment après la première investigation qui fut très mal

---

27 Marc Bloch, « Un problème d'histoire comparée. La ministérialité en France et en Allemagne », *Revue historique de droit français et étranger*, 4e s., 7e année, 1928, p. 46-91.

28 Armand Arriaza, « Noblesse politique et anoblissement : conception émergente au XIIIe siècle en France », *Revue historique de droit français et étranger*, n° 3, 2006, p. 333-351.

29 Élie Haddad, « The Question of the Imprescriptibility of Nobility in Early Modern France », dans Charles Lipp et Matthew Romaniello (dir.), *Contested Spaces of Nobility in Early Modern Europe*, Farnham, Ashgate, 2011, p. 147-166.

30 Robert Descimon, « Sites coutumiers et mots incertains : la formation de la noblesse française à la charnière du Moyen Âge et des temps modernes », dans Thierry Dutour (dir.), *Les Nobles et la ville dans l'espace francophone (XIIe-XVIe siècle)*, Paris, PUPS, 2010, p. 341-357.

reçue[31]. Les édits royaux portaient sur une matière hétérogène puisque les définitions et les pratiques coutumières de la noblesse, notamment pour les qualifications, différaient d'une province à l'autre[32]. L'essentiel, pourtant, comme l'avait noté Robert Descimon, c'est que le roi prit le contrôle de la définition juridique du second ordre[33]. L'importance de l'enjeu se marque dans tout le travail de théorisation de la noblesse qui s'ensuivit, parfois pour aller jusqu'au bout de la logique d'une noblesse politique[34], parfois au contraire pour l'atténuer[35]. Cette nouvelle définition de la noblesse eut des conséquences sociales considérables, différentes en fonction des origines des familles du second ordre, mais sources de tensions et de conflits[36].

---

31 Daniel Hickey, « La remise en cause d'une élite : la noblesse de Poitou et les recherches de noblesse de 1667-1668 », dans Dominique Guillemet et Jacques Péret (dir.), « L'histoire des élites : quelques approches françaises et canadiennes », *Cahiers du Gerhico*, n° 1, 2001, p 63-72 ; Jérôme Loiseau, « Much Ado About Nothing ? The *Intendant*, the *Gentilshommes* and the investigations into Nobility in Burgundy (1664-1670) », *French History*, n° 3, 2008, p. 275-294.

32 François-Paul Blanc, « Vivre noblement en Provence. Essai de définition juridique sous le règne de Louis XIV », *Provence historique*, n° 230, 2007, p. 331-348, montre l'importance des interprétations provençales des édits royaux, tant pour les qualifications que pour les dates retenues pour les preuves.

33 Valérie Piétri, *Famille et noblesse en Provence orientale de la fin du XVIIe siècle à la Révolution*, thèse de doctorat, Université de Nice-Sophia Antipolis, 2001 ; *Ead.*, « Vraie et fausse noblesse : l'identité nobiliaire provençale à l'épreuve des réformations (1665-1718) », *Cahiers de la Méditerranée*, n° 66, 2005, http://cdlm.revues.org/index117.html (consulté le 02/04/2020) ; *Ead.*, « Bonne renommée ou actes authentiques : la noblesse doit faire ses preuves (Provence, XVIIe-XVIIIe siècles) », *Genèses*, n° 74, 2009, p. 5-24.

34 Voir par exemple les remarques à ce propos de Louis Astruc dans ses *Instituts de Justinien conférés avec le droit françois*. Il s'agit d'un cours de droit, sans doute publié à partir de notes d'étudiant(s), dont Pierre Bonin a donné une édition commentée : « Construire un cours de droit français : le manuscrit de Louis Astruc, Toulouse, C. 1737-1738 », dans Olivier Devaux (dir.), *Histoire de l'enseignement du droit à Toulouse*, Toulouse, Presses de l'Université des Sciences sociales de Toulouse, 2007, p. 217-310.

35 Voir l'analyse du travail de Gilles-André de La Roque par Dinah Ribard, « Livres, pouvoirs et théorie. Comptabilité et noblesse en France à la fin du XVIIe siècle », *Revue de synthèse*, n° 1-2, 2007, p. 97-122 ; *Ead.*, « Travail intellectuel et violence politique : théoriser la noblesse en France à la fin du XVIIe siècle », dans Vincent Azoulay et Patrick Boucheron (dir.), *Le Mot qui tue. Une histoire des violences intellectuelles de l'Antiquité à nos jours*, Seyssel, Champ Vallon, 2009, p. 353-368.

36 François-Joseph Ruggiu, « Ancienneté familiale et construction de l'identité nobiliaire dans la France de la fin de l'Ancien Régime », dans J. Pontet *et al.*, *La Noblesse de la fin du XVIe au début du XXe siècle, op. cit.*, t. I, p. 309-325 ; Élie Haddad, « Classement, ancienneté, hiérarchie : la question de la définition de la noblesse à travers la querelle entre les Chérin et les Mesgrigny à la fin du XVIIIe siècle », dans Gilles Chabaud (dir.), *Classement, déclassement, reclassement de l'Antiquité à nos jours*, Limoges, PULIM, 2011, p. 259-281.

Résumons : l'histoire de la noblesse doit prendre en compte les évolutions non seulement sociologiques mais aussi définitionnelles du second ordre conçu non comme une essence intemporelle, mais comme un rapport social changeant au cours de l'époque moderne. Cela ne signifie pas que la noblesse n'était pas une qualité revendiquée et appropriée – elle faisait donc sens pour les nobles comme pour ceux qui ne l'étaient pas, aussi ne peut-on se passer d'une perspective générale sur le second ordre –, mais que les éléments constitutifs de cette qualité nobiliaire, tous pris dans une dialectique entre diversité et unité, changèrent profondément durant les trois siècles de l'Ancien Régime, le mode de vie cédant la place à un complexe idéologique liant sang, ancienneté et épée, minorant les autres formes de noblesse de service (notamment la robe) dans les représentations communes. Dans le même temps, l'État monarchique œuvra puissamment à la redéfinition de la noblesse, saisie par le droit, fondée sur la notion de service, lors des grandes enquêtes de Colbert, tout en reprenant l'idéologie de l'ancienneté et du sang. Tout cela ne fut pas sans conséquences sur les évolutions politiques et sociales de la noblesse. Les engagements nobiliaires, dans l'épée comme dans la robe, doivent être mis en relation avec ces transformations du phénomène nobiliaire, de même que ce rôle de la monarchie conduit à réinterroger le problème ancien des rapports entre noblesse et monarchie, toujours très débattu, mais pas toujours relié à ces questions de définition du second ordre.

ENGAGEMENTS POLITIQUES NOBILIAIRES ET POUVOIR ROYAL

NOBLESSE, GUERRE, RÉVOLTE

Les travaux récents se concentrent sur quatre domaines : l'histoire de la cour, l'histoire militaire, les relations politiques entre la noblesse et le roi, l'histoire des parlements et des états provinciaux. Seuls quelques éléments retiendront ici mon attention[37].

---

37   En ce qui concerne la cour, voir l'article de Pauline Lemaigre-Gaffier et d'Éric Hassler dans
     ce volume, ainsi que le site cour-de-france.fr qui recense les parutions et les événements

Si la guerre ne concernait pas tous les nobles, elle formait un horizon qui conserva, dans les représentations du second ordre, une pertinence sociale très forte (que l'élaboration de la notion de « noblesse d'épée » au cours du XVIIe siècle vient confirmer[38]) et, dans les pratiques comme dans les attentes des nobles qui faisaient profession des armes, une très grande importance, d'autant plus grande qu'elle était l'occasion de se faire remarquer du roi en accomplissant le service premier d'un monarque qui concevait la guerre comme son métier[39]. La pratique guerrière changea cependant beaucoup durant les trois siècles de l'Ancien Régime, ce qui eut des conséquences sociales et politiques considérables sur la noblesse militaire. La perte d'efficacité de la cavalerie lourde, l'adaptation des armées aux nouvelles tactiques imposées par les développements des armes à feu et des canons, la rationalisation administrative du commandement et du tableau (qui n'allait pas sans tensions sociales puisque la hiérarchie nobiliaire conservait toute sa pertinence au sein des armées) transformèrent la place des nobles dans l'appareil militaire[40]. Le coût humain et financier pour les nobles fut considérable durant les guerres de Louis XIV, sans que l'on parvienne encore à saisir de quelle manière les familles du second ordre parvenaient malgré tout à s'y retrouver par rapport aux dépenses consenties[41].

La question est pourtant cruciale si l'on considère l'évolution des oppositions nobiliaires à la monarchie. Je n'aborderai pas les guerres de Religion et la Ligue qui nécessiteraient des développements particuliers[42].

---

sur ce sujet. Pour la question des états provinciaux, des parlements et de la vénalité des offices dans une perspective fiscale, voir les références données par Vincent Meyzie dans ce volume.

38 Élie Haddad, « La construction sociale de la noblesse d'épée », dans Nicolas Le Roux et Martin Wrede (dir.), *Noblesse oblige. Identités et engagements aristocratiques à l'époque moderne*, Rennes, PUR, 2017, p. 27-46.

39 Michèle Fogel, *Roi de France. De Charles VIII à Louis XVI*, Paris, Gallimard, 2014, 3e partie : « Exercices du pouvoir : le roi et la guerre ».

40 Treva J. Tucker, « Eminence over Efficacity : Social Status and Cavalry Service in Sixteenth-Century France », *The Sixteenth Century Journal*, no 4, 2001, p. 1057-1095 ; David Parrott, *Richelieu's Army : War, government and society in France, 1624-1642*, Cambridge, Cambridge University Press, 2001 ; Guy Rowlands, *The Dynastic State and the Army under Louis XIV : Royal Service and Private Interest, 1661-1701*, Cambridge, Cambridge University Press, 2002.

41 Hervé Drévillon, *L'Impôt du sang. Le métier des armes sous Louis XIV*, Paris, Tallandier, 2005.

42 Pour la Ligue, voir Ariane Boltanski et Laurent Bourquin, « La noblesse et la Ligue : historiographie et pistes de recherche », *Europa Moderna. Revue d'histoire et d'iconologie*, no 1, 2010, http://europamoderna.com//index.

Mais, d'une manière générale, la révolte était conçue comme un moyen politique d'obtenir des changements, une façon de créer un rapport de force en vue de négociations, non comme une poursuite avant tout militaire. L'échec de Montmorency, dans cette perspective, renforça le pouvoir du cardinal de Richelieu[43]. Robert Descimon et Christian Jouhaud avaient déjà montré que les grands usant du « devoir de révolte », mis en évidence par Arlette Jouanna, partageaient les mêmes conceptions absolutistes que les hommes du roi[44]. La défense des intérêts familiaux formait un motif et un objectif puissants dans le répertoire d'actions relevant de l'opposition au roi ou à ses ministres, comme le montre la participation des femmes des maisons aristocratiques à ces luttes au sein des élites du pouvoir[45]. Le « devoir de révolte » n'allait pas sans une

---

php?option=com_content&view=article&id=58:a-boltanski-et-l-bourquin-la-noblesse-et-la-ligue-historiographie-et-pistes-de-recherche&catid=40:nd12010&Itemid=64 (consulté le 02/04/2020). Les interrogations sur les engagements militaires de la noblesse liés à la défense de l'orthodoxie ou de la foi ne sont plus cantonnées désormais aux seules guerres de Religion : voir Ariane Boltanski et Franck Mercier (dir.), *Le Salut par les armes. Noblesse et défense de l'orthodoxie (XIIIᵉ-XVIIᵉ siècle)*, Rennes, PUR, 2011.

43 Michel De Waele, « Le prince, le duc et le ministre. Conscience sociale et révolte nobiliaire sous Louis XIII », *Revue historique*, nᵒ 2, 2014, p. 313-341. En sens inverse, Yves-Marie Bercé, « Les capitaines malheureux », dans *Id.* (dir.), *Les Procès politiques (XIVᵉ-XVIIᵉ siècle)*, Rome, École française de Rome, 2007, p. 35-60, considère les procès de capitaines malheureux dans l'exercice de leurs fonctions – notamment le maréchal du Biez et de Vervins en 1548 – comme des aveux de faiblesse de la part du pouvoir royal. Le contexte a son importance dans l'interprétation politique des condamnations de nobles révoltés ou incompétents, condamnations dont les ressorts évoluèrent, la période Richelieu marquant un net tournant : Hélène Fernandez-Lacôte, *Les Procès du cardinal de Richelieu. Droit, grâce et politique sous Louis le Juste*, Seyssel, Champ Vallon, 2010.

44 Robert Descimon et Christian Jouhaud, « La Fronde en mouvement : le développement de la crise politique entre 1648 et 1652 », *Dix-septième siècle*, nᵒ 145, 1984, p. 305-322 ; Arlette Jouanna, *Le Devoir de révolte. La noblesse française et la gestation de l'État moderne, 1559-1661*, Paris, Fayard, 1989.

45 Sara E., Chapman « Patronage as Family Economy : The Role of Women in the Patron-Client Network of the Phélypeaux de Pontchartrain Family, 1670-1715 », *French Historical Studies*, nᵒ 1, 2001, p. 11-35 ; Nicolas Le Roux, « "Justice, justice, justice, au nom de Jésus-Christ". Les princesses de la Ligue, le devoir de vengeance et l'honneur de la maison de Guise », dans Armel Nayt-Dubois et Emmanuelle Santinelli-Folz (dir.), *Femmes de pouvoir et pouvoir des femmes dans l'Occident médiéval et moderne*, Valenciennes, Presses universitaires de Valenciennes, 2009, p. 439-458 ; *Id.*, « Les "armes de mon sexe". Solidarités nobiliaires et engagement féminin au temps des guerres de Religion », dans Marion Trévisi et Philippe Nivet (dir.), *Les Femmes et la guerre de l'Antiquité à 1918*, Paris, Economica, 2010, p. 185-202 ; Sonja Kmek, *Across the Channel : Noblewomen in Seventeenth-Century France and England. A Study of the Lives of Marie de La Tour – Queen of the Huguenots – and Charlotte de La Trémoïlle, Countess of Derby*, Trèves, Kliomedia, 2010 ; Sophie Vergnes, *Les Frondeuses : une révolte au féminin (1643-1661)*, Seyssel, Champ Vallon, 2013.

espérance de soumission lucrative[46]. Comme son père avant lui, Bussy-Rabutin n'hésita pas en 1641 à quitter l'armée et à se retirer dans sa province lorsqu'il n'obtint pas la récompense qu'il estimait lui être due pour ses services[47]. L'attitude était risquée, et elle le fut peut-être de plus en plus au cours du XVIIe siècle, tant il devenait difficile pour cette « noblesse seconde » de se maintenir par ses simples revenus fonciers[48]. La grande bénéficiaire de la stabilité retrouvée du règne de Louis XIV ne fut pas la noblesse en général, mais la haute aristocratie[49].

CLIENTÈLES NOBILIAIRES ET ÉTAT MODERNE

Dans ces développements récents sur l'histoire politique nobiliaire, la question des clientèles, auparavant prépondérante, est passée au second plan[50]. La focalisation sur les liens entre clientèles et construction de l'État a sans doute joué un rôle dans cet épuisement heuristique du champ. L'absence d'historicisation de la notion de réseaux politiques sur laquelle nombre d'études des clientèles se sont fondées dans la lignée des travaux de Sharon Kettering[51] empêche d'articuler ces analyses avec les conceptions propres aux contemporains de la monarchie, de l'État, dissociant ainsi artificiellement théorie et pratique politiques[52]. Après des interprétations qui faisaient des liens clientélaires soit un obstacle, soit un appui au développement de l'État moderne, Ariane

---

46   Katia Béguin, *Les Princes de Condé. Rebelles, courtisans et mécènes dans la France du Grand Siècle*, Seyssel, Champ Vallon, 1999.

47   Christophe Blanquie, « Bussy aux états de Bourgogne », dans Dominique Le Page et Jérôme Loiseau (dir.), « L'intégration de la Bourgogne au royaume de France (XVIe-XVIIIe siècle). Regards transatlantiques », *Annales de Bourgogne*, n° 1-4, 2013, p. 257-273.

48   Élie Haddad, *Fondation et ruine d'une « maison ». Histoire sociale des comtes de Belin (1582-1706)*, Limoges, PULIM, 2009.

49   Katia Béguin, « Louis XIV et l'aristocratie : coup de majesté ou retour à la tradition ? », *Histoire, économie et société*, n° 4, 2000, p. 497-512.

50   Pour un point sur l'historiographie des clientèles, voir Élie Haddad, « Noble clienteles in France in the sixteenth and seventeenth centuries : a historiographical approach », *French History*, n° 1, 2006, p. 75-109.

51   Les derniers travaux de cette historienne ont insisté sur la place des femmes dans les clientèles. Voir Sharon Kettering, « Strategies of Power : Favorites and Women Household Clients at Louis XIII's Court », *French Historical Studies*, n° 2, 2010, p. 177-200.

52   C'est ainsi que Sara E. Chapman, *Private Ambition and Political Alliances : The Phélypeaux de Pontchartrain Family and Louis XIV's Government, 1650-1715*, Rochester, University of Rochester Press, 2004, ramène la naissance d'institutions bureaucratiques et la profes-sionnalisation des officiers sous Louis XIV aux seuls « fruits non voulus des ambitions privées et des alliances politiques » (p. 183).

Boltanski a suggéré d'y voir plutôt un compromis politique, le duc de Nevers étant en position de médiateur à la fois comme seigneur féodal et représentant local du roi[53]. C'était au fond la position structurelle de la noblesse féodale située à l'articulation du pouvoir conféré par les seigneuries, surtout les fiefs de dignité, et du pouvoir conféré par les charges royales pour l'obtention desquelles nombre de maisons nobles étaient en compétition[54]. En fonction des périodes, la monarchie s'appuya sur différents réseaux, par exemple les réseaux financiers italiens pour Catherine de Médicis[55], mais cela s'insérait dans les cadres sociaux et politiques qui conféraient les différentes formes de pouvoir nécessaires à la participation au jeu politique.

Les optiques purement clientélaires de certaines études souffrent également de mettre sur le même plan les parents, les vassaux, les membres de la maison étudiée, ses administrateurs, les individus ayant des intérêts communs avec elle, les différents protégés[56]. L'usage de la notion anglaise d'*affinity* a pu contribuer à une telle indifférenciation des relations sociales dans les analyses, alors que le terme de « client » à l'époque moderne renvoyait à une relation spécifique. L'interprétation des parcours sociaux à la seule lumière de ces réseaux de clientèles, unifie les différents fondements du pouvoir nobiliaire tout en les séparant, là encore artificiellement, de leurs cadres intellectuels et institutionnels[57].

---

53 Ariane Boltanski, *Les Ducs de Nevers et l'État royal. Genèse d'un compromis* (ca 1550-ca 1600), Genève, Droz, 2006.

54 Voir l'exemple d'Oudart du Biez : Mark Potter, *Un homme de guerre au temps de la Renaissance. La vie et les lettres d'Oudart du Biez, Maréchal de France, gouverneur de Boulogne et de Picardie (vers 1475-1553)*, Arras, Artois Presses Université, 2001.

55 C'est la raison de la formidable ascension des Gondi au xvie siècle : Joanna Milstein, *The Gondi : Family Strategy and Survival in Early Modern France*, Farnham, Ashgate, 2014. En revanche, les critiques dont ils firent l'objet, si elles usèrent des stéréotypes de l'anti-italianisme, ne différaient pas de celles qui pouvaient être adressées à d'autres familles ayant connu de telles ascensions sociales et une telle protection royale. Il suffit de voir les attaques portées contre les « mignons » : Nicolas Le Roux, *La Faveur du roi. Mignons et courtisans au temps des derniers Valois (vers 1547 – vers 1589)*, Seyssel, Champ Vallon, 2001.

56 Malcom Walsby, *The Counts of Laval : Culture, Patronage and Religion in Fifteenth- and Sixteenth-Century France*, Aldershot, Ashgate, 2007.

57 Thierry Rentet interprète ainsi la carrière d'Anne de Montmorency en liant clientèles et notion de réseau (*Anne de Montmorency. Grand maître de François Ier*, Rennes, PUR, 2011). Jérôme Loiseau, « La disgrâce de Roger de Rabutin, comte de Bussy, à la lumière des pratiques de clientèles (1634-1665) », *Annales de Bourgogne*, n° 76, 2004, p. 23-40.

La question des clientèles a également été mise en relation avec les liens familiaux, ainsi qu'y appelait Michel Nassiet[58]. Dans la seconde moitié du XVIe siècle, les provinces étaient dominées par un ensemble de familles dont un fils (aîné ou fabriqué comme aîné) se mariait légèrement au-dessus et dont les autres enfants, notamment les filles, participaient d'un échange généralisé entre les principales maisons de la province qui assuraient ainsi leur domination collective sur celle-ci[59]. L'étude des renchaînements d'alliances au début du XVIIe siècle indique un système semblable. Mais ce mécanisme sociopolitique de l'alliance s'effrita au XVIIe siècle, à la fois en raison de la réduction du nombre d'enfants mariés et parce que les alliances entre des aînés de la bonne noblesse provinciale et des filles de l'aristocratie se firent plus rares. Les évolutions démographiques[60], les changements dans les pratiques matrimoniales et le renforcement des barrières sociales au sein même du second ordre[61] furent des éléments sans doute plus déterminants dans l'organisation sociale de la noblesse que le quotidien des relations, diverses[62], de parenté, de patronage, de clientèle, d'amitié, etc., mobilisées dans le cadre des rapports de pouvoir et de service propres à l'Ancien Régime.

---

58 Plusieurs articles dans David Bates et Véronique Gazeau (dir.), *Liens personnels, réseaux, solidarités en France et dans les îles Britanniques (XIe-XXe siècle)*, Paris, Publications de la Sorbonne, 2006, vont dans ce sens.

59 É. Haddad, *Fondation et ruine d'une « maison »*, *op. cit.*

60 L'impact des évolutions démographiques dans la structuration du groupe nobiliaire fut sans doute considérable. Partout, la tendance semble à la baisse dans le second ordre au XVIIIe siècle. Voir Stéphane Minvielle, « Les comportements démographiques des élites bordelaises au XVIIIe siècle », *Histoire, économie et société*, n° 2, 2004, p. 273-281 ; *Id.*, « Les comportements démographiques de la noblesse française de la fin du XVIIe siècle à la Révolution française : une tentative de synthèse », dans Jaroslaw Dumanowski et Michel Figeac (dir.), *Noblesse française, noblesse polonaise. Mémoire, identité, culture XVIe-XXe siècles*, Pessac, Maison des Sciences de l'Homme d'Aquitaine, 2006, p. 327-356. Voir surtout Michel Nassiet, « Les effectifs de la noblesse en France sous l'Ancien Régime », *ibid.*, p. 19-43.

61 La curialisation de la haute noblesse, dans laquelle les grands trouvaient parfaitement leur intérêt, accentua la différence sociale entre la noblesse moyenne et l'aristocratie par la promotion de cette dernière sous Louis XIV, mettant fin aux alliances matrimoniales entre les deux : Jonathan Dewald, « Régime nobiliaire en région avancée », dans A. Boltanski et A. Hugon, *Les Noblesses normandes, op. cit.*, p. 289-299.

62 Christophe Blanquie, « Sociabilités et hiérarchies nobiliaires dans l'œuvre de Bussy », *Rabutinages*, n° 23, 2013, p. 5-15.

L'ABSOLUTISME COMME COLLABORATION SOCIALE
ENTRE LA MONARCHIE ET LES ÉLITES ?

Ces évolutions sociales et politiques engagent l'interprétation qu'il convient de faire de la disparition des grandes révoltes nobiliaires, de la fameuse curialisation des élites et, plus généralement, du système monarchique à partir de Louis XIV. Depuis quelques années s'est renforcé un courant de révision du cadre d'interprétation, lui-même dit « révisionniste », qui analyse l'absolutisme comme collaboration sociale entre le pouvoir et les élites[63], soit pour y apporter des nuances, notamment en fonction des provinces[64], soit pour le remettre en cause de manière plus radicale, à l'instar de John Hurt qui voit dans les parlementaires les vaches à lait de la monarchie louis-quatorzienne[65]. Les nombreux travaux sur les parlements occupent une place centrale dans ce débat[66]. Le tableau des réactions de la haute noblesse de robe à la politique louis-quatorzienne en sort plus nuancé : en fonction des provinces, en fonction des sujets politiques abordés, les réactions des parlements furent diverses. Cependant, une activité d'opposition fit son retour à la fin du règne de Louis XIV, avant même que le droit de remontrance précédât de nouveau l'enregistrement des lois sous la Régence[67]. Une réelle appréciation du rapport entre les parlements et le pouvoir monarchique nécessite cependant de tenir compte de l'évolution de la vénalité et du prix des offices, et d'insérer la robe dans les transformations plus générales de la noblesse[68].

---

63 William Beik, « A social interpretation of the reign of Louis XIV », dans Neithard Bulst, Robert Descimon et Alain Guerreau (dir.), *L'État ou le roi. Les fondations de la modernité monarchique en France (XIVᵉ-XVIIᵉ siècles)*, Paris, Éd. de la MSH, 1996, p. 145-160. Nombre de travaux se situent cependant dans le cadre d'interprétation formulé par William Beik. Voir par exemple Donna Bohanan, *Crown and Nobility in Early Modern France*, New York, Palgrave, 2001.

64 Par exemple Mark Potter, *Corps and Clienteles : Public Finance and Political Change in France, 1688-1715*, Aldershot, Ashgate, 2003. William Beik (« The absolutism of Louis XIV as social collaboration », *Past & Present*, nº 188, 2005, p. 195-224) accepte l'idée d'approfondissements nécessaires et de nuances en fonction des provinces.

65 John Hurt, *Louis XIV and the Parlements : The Assertion of Royal Authority*, Manchester, Manchester University Press, 2002.

66 Cette historiographie française abondante partage plutôt l'idée d'une collaboration des élites parlementaires à l'absolutisme, sans pour autant se fonder sur les attendus marxistes de la théorie de W. Beik.

67 Gauthier Aubert et Olivier Chaline (dir.), *Les Parlements de Louis XIV. Opposition, coopération, autonomisation ?*, Rennes, PUR, 2010.

68 R. Descimon et É. Haddad, *Épreuves de noblesse, op. cit.*

On ne saurait en effet saisir les relations politiques complexes entre
le second ordre et la monarchie sans prendre en compte tant les évolutions politiques et sociales de la noblesse, notamment sa place dans
l'organisation des pouvoirs, que celles de la monarchie, ainsi que la
concurrence, voire les divisions entre les élites qu'elles provoquèrent.
Le parcours de Lesdiguières le montre, dont l'action au service de la
monarchie fit de ce défenseur de la noblesse et des libertés provinciales le
fossoyeur des institutions qui en étaient les garantes, villes, parlements,
états provinciaux[69]. Ces derniers virent leur sens changer sous l'effet de
ces processus[70]. Socialement, l'absolutisme ne fut pas tant une alliance
entre le pouvoir monarchique et les élites provinciales qu'une alliance
entre le premier et une partie des secondes qui se retrouvaient à la cour,
lieu central vers lequel se concentrèrent les bénéfices de la domination
et du système[71].

Les recherches sur la fiscalité, dont l'importance pour les relations
entre le pouvoir monarchique et la noblesse a été depuis longtemps sou-
lignée, ont largement contribué à nuancer l'idée de collaboration sociale
des élites[72]. Elle fut à la fois un puissant instrument de renforcement du
pouvoir royal sur la noblesse tout autant qu'un moyen de redéfinition
de celle-ci. L'analyse du procès des tailles en Provence sur trois siècles,
menée par Rafe Blaufarb, montre que l'impôt a été le moteur et non la
conséquence du processus de centralisation et de l'extension du pouvoir
de l'État dans les provinces. La fiscalité royale a en effet opposé les élites
locales, particulièrement le tiers état et la noblesse, et placé la monarchie

---

69 Stéphane Gal, *Lesdiguières. Prince des Alpes et connétable de France*, Grenoble, Presses uni-
    versitaires de Grenoble, 2007.
70 Marie-Laure Legay et Roger Baury (dir.), *L'Invention de la décentralisation. Noblesse et pouvoirs
    intermédiaires en France et en Europe, XVIIe-XIXe siècle*, Villeneuve d'Ascq, Presses universi-
    taires du Septentrion, 2009. Voir notamment les « Réflexions liminaires » des éditeurs
    (p. 13-27) qui, si elles récusent le mélange entre histoire sociale et histoire politique au
    motif qu'elle aurait conduit à une indistinction entre les différents niveaux de pouvoir
    de la noblesse, aboutit cependant à l'idée que la légitimité du pouvoir provincial changea
    de nature au cours de l'époque moderne, passant d'une solidarité d'ordre à la formation
    d'une « élite de pouvoir » procédant de l'État et usant des moyens de gestion de celui-ci.
    Évolutions politiques et évolutions sociales étaient donc indissociables et conduisirent à
    créer de fortes distinctions internes dans la noblesse, qui furent sources de ressentiment.
71 J. Dewald, « Régime nobiliaire en région avancée », art. cité.
72 Michael Kwass (*Privilege and the Politics of Taxation in Eighteenth-Century France : Liberté,
    Égalité, Fiscalité*, Cambridge, Cambridge University Press, 2000) a montré que les nobles
    ont payé plus, à travers la capitation, le dixième et le vingtième, qu'on ne l'avait pensé.

en position d'arbitre, ouvrant la porte à son intervention accrue dans les affaires provinciales. Plus encore, les conflits entre les différentes élites locales, les multiples procès sur les tailles au niveau des villages eux-mêmes, ont contribué à générer les antagonismes sociaux qui se sont exprimés lors de la Révolution[73].

Il convient donc de savoir quelles sont les élites qui eurent intérêt à la collaboration sociale avec l'absolutisme. Parmi les grands gagnants du système mis en place par Louis XIV, il y eut sans doute l'aristocratie de cour et la finance. Il faut alors intégrer pleinement dans ces analyses politiques les évolutions sociologiques du second ordre.

LES TRANSFORMATIONS SOCIALES DE LA NOBLESSE

FAMILLES NOBLES, TRANSMISSION ET MOBILITÉ SOCIALE

Les études cherchant à éclairer des pans de l'histoire sociale de la noblesse à travers les parcours familiaux ont été nombreuses dans les dernières années, mais les perspectives sont très différentes de l'une à l'autre[74]. L'historiographie de langue anglaise s'est avant tout intéressée à la conservation du pouvoir par des familles[75]. Si cette perspective n'est pas absente des travaux en langue française, ces derniers se sont plus souvent consacrés aux phénomènes de transmission et aux questions de parenté pour comprendre les transformations sociales et politiques du second ordre[76]. Les travaux divergent également quant à la place à accorder aux actions individuelles et au poids de la famille sur les destins

---

73 Rafe Blaufarb, « Vers une histoire de l'exemption fiscale nobiliaire. La Provence des années 1530 à 1789 », *Annales HSS*, n° 6, 2005, p. 1203-1228 ; *Id.*, *The Politics of Fiscal Privilege in Provence, 1530-1830*, Washington, D.C, The Catholic University of America Press, 2012.

74 Sur l'histoire de la famille, voir la contribution de Jérôme Luther Viret à ce volume.

75 Jonathan Spangler, *The Society of Princes : The Lorraine-Guise and the Conservation of Power and Wealth in Seventeenth-Century France*, Farnham, Ashgate, 2009 ; Charles Lipp, *Noble Strategies in an Early Modern Small State : Les Mahuet de Lorraine*, Rochester, University of Rochester Press, 2011.

76 Michel Nassiet, *Parenté, noblesse et États dynastiques XVᵉ-XVIᵉ siècles*, Paris, Éd. de l'EHESS, 2000.

des individus[77]. S'est développée une approche des relations familiales davantage tournée vers les parcours individuels, ce qui se marque dans l'importance des biographies sociales et se retrouve dans l'usage des écrits dits « du for privé », qui s'écartent volontairement de toute perspective structurelle, qu'elle soit anthropologique ou sociale[78].

Toutes ces études s'accordent à réévaluer la place des femmes au sein des familles nobles, mais l'interprétation à en donner n'est pas la même selon que l'optique générale reste patrilignagère ou, au contraire, montre l'importance du cognatisme et de la « maison » dans la structuration de la parenté noble, en historicisant et en sociologisant le patrilignage, considéré comme idéologie devenue progressivement dominante et comme conquête sociale[79], non comme un donné issu de la définition même de la noblesse. Le renforcement de l'inflexion patrilinéaire dans la transmission nobiliaire se perçoit dans la quasi-disparition des relèvements du nom et des armes par l'intermédiaire d'une femme héritière[80], ainsi que dans les nouveaux usages des coutumes et des substitutions fidéicommissaires[81]. Ces pratiques furent concomitantes du triomphe de l'idéologie patrilignagère que les réformes colbertiennes sanctionnèrent

---

77 Ainsi, Jonathan Dewald, *Status, Power, and Identity in Early Modern France : The Rohan Family, 1550-1715*, University Park, The Pennsylvania State University Press, 2015, conclut de son étude que la famille n'exerçait pas plus de contraintes sur les individus nobles à l'époque moderne que dans d'autres traditions familiales – dans d'autres systèmes de parenté, donc.

78 Marion Trévisi, « Solitudes et solidarités dans une famille noble du XVIIIe siècle, les d'Estourmel », dans J.-P. Bardet, É. Arnoul et F.-J. Ruggiu, *Les Écrits du for privé, op. cit.*, p. 227-245.

79 Claire Chatelain, *Chronique d'une ascension sociale. Exercice de la parenté chez de grands officiers (XVIe-XVIIe siècles)*, Paris, Éd. de l'EHESS, 2008 ; É. Haddad, *Fondation et ruine d'une « maison », op. cit.* ; Robert Descimon, « La fortune des Parisiennes : l'exercice féminin de la transmission (XVIe-XVIIe siècle) », dans Simonetta Cavaciocchi (dir.), *La Famiglia nell'Economia Europea Secc. XIII-XVIII*, Florence, Firenze University Press, 2009, p. 619-634, l'expression de patrilignage comme conquête sociale étant de ce dernier. Les travaux récents confirment l'importance des femmes dans la gestion des biens des maisons nobles. Voir Anaïs Dufour, *Le Pouvoir des « dames ». Femmes et pratiques seigneuriales en Normandie (1580-1620)*, Rennes, PUR, 2013 ; Nadine Akkerman et Birgit Houben (dir.), *The Politics of Female Households : Ladies in Waiting across Early Modern Europe*, Leyde, Brill, 2014.

80 Élie Haddad, « Noms de famille et noms de terre dans la noblesse française à l'époque moderne », *Annales de démographie historique*, n° 1, 2016, p. 16-36.

81 Robert Descimon, « Guillaume Du Vair (7 mars 1556 – 3 août 1621) : les enseignements d'une biographie sociale. La construction symbolique d'un grand homme et l'échec d'un lignage », dans Bruno Petey-Girard et Alexandre Tarrête (dir.), *Guillaume Du Vair. Parlementaire et écrivain (1556-1621)*, Genève, Droz, 2005, p. 17-77 ; Jean-François Chauvard, Anna Bellavitis et Paola Lanaro (dir.), « Fidéicommis. Procédés juridiques et

par les enquêtes généalogiques. Les effets sociaux furent cependant ambigus, la place des femmes et de l'alliance dans le maintien des familles restant considérable, tandis que les maisons avaient tendance à se réduire à une simple patrilignée bien fragile[82].

L'importance prise par la question de la transmission a conduit à réinvestir la place du droit et des coutumes pour mieux comprendre les mécanismes de la dévolution des biens, là encore avec des débats importants. Si la prégnance de la logique coutumière dans la transmission au sein des familles a pu être affirmée[83], cette perspective se heurte aux changements de la jurisprudence, tant en matière d'offices qu'en matière de fiefs[84], ainsi qu'aux usages des coutumes que l'on peut relever dans les contrats de mariage[85]. Cela ne signifie pas que l'on faisait ce que l'on voulait avec les règles juridiques portant sur la transmission des biens, mais que celles-ci n'étaient pas mécaniques, que certaines personnes avaient une position sociale plus favorable que d'autres pour en jouer.

Les changements dans la transmission familiale furent sources de modifications aussi dans les formes de la conflictualité familiale, sans qu'il soit assuré que celle-ci en sortît plus intense[86]. D'autres travaux

pratiques sociales (Italie-Europe, bas Moyen Âge-XIXe siècle », dossier des *Mélanges de l'École française de Rome*, n° 2, 2012, p. 321-605.

82   Élie Haddad, « Kinship and Transmission within the French Nobility, Seventeenth and Eighteenth Centuries : The Case of the Vassé », *French Historical Studies*, n° 4, 2015, p. 567-591.

83   Jérôme Luther Viret, « La reproduction familiale et sociale en France sous l'Ancien Régime. Le rapport au droit et aux valeurs », *Histoire et sociétés rurales*, n° 29, 2008, p. 165-188 ; *Id.*, « La noblesse bas-normande entre aspirations égalitaires et volonté de distinction. Argences et Camembert du XVIe au XVIIIe siècle », dans Laurence Jean-Marie et Christophe Maneuvrier (dir.), *Distinction et supériorité sociale (Moyen Âge et époque moderne)*, Caen, Publications du CRAHM, 2010, p. 147-171.

84   Robert Descimon et Simone Geoffroy-Poisson, « La construction juridique d'un système patrimonial de l'office. Une affaire de patrilignage et de genre », dans R. Descimon et É. Haddad, *Épreuves de noblesse, op. cit.*, p. 47-59 ; Sylvie Steinberg, « "Au défaut des mâles". Genre, succession féodale et idéologie nobiliaire (XVIe-XVIIe siècles) », *Annales HSS*, n° 3, 2012, p. 679-713.

85   Élie Haddad, « Faire du mariage un acte favorable. L'utilisation des coutumes dans la noblesse française d'Ancien Régime », *Revue d'histoire moderne et contemporaine*, n° 2, 2011, p. 72-95 ; *Id.*, « Mariages, coutumes et échanges dans la noblesse française à l'époque moderne », dans Anna Bellavitis, Laura Casella et Dorit Raines (dir.), *Construire les liens de famille dans l'Europe moderne*, Mont-Saint-Aignan, Publications des universités de Rouen et du Havre, 2013, p. 49-68.

86   Robert Descimon, « Conflits familiaux dans la robe parisienne aux XVIe et XVIIe siècles : les paradoxes de la transmission du statut », *Cahiers d'histoire*, n° 4, 2000, p. 677-697 ;

seront nécessaires pour compléter les approches qui s'interrogent désormais sur des places au sein de la famille, comme les veufs[87] ou les cadets[88], afin de voir les conséquences de ces évolutions générales de l'organisation familiale noble. Toujours est-il que notre perception de la mobilité sociale, et donc du second ordre, a d'ores et déjà gagné en précision et en complexité[89], l'anoblissement pouvant même de manière inattendue constituer une voie de garage dans certaines familles de la riche bourgeoisie marchande parisienne[90].

TRANSFORMATIONS DE LA NOBLESSE ET MOBILITÉ SOCIALE

Après les remises en cause, dans les années 1980, des grandes catégories socio-économiques qui dominaient l'historiographie, un certain flou sociologique s'est installé dans la perception de la diversité nobiliaire, la notion de « noblesse seconde » y ayant sans doute contribué. De même, les relations et les conflits entre nobles et entre les différentes couches du second ordre ont-ils souvent été perçus à partir du simple prisme des clientèles. Des travaux récents permettent cependant de lier l'analyse des transformations sociologiques et politiques du second ordre avec la mobilité sociale de manière plus précise. La noblesse de robe a fait l'objet de l'attention principale de ce point de vue, les recherches ayant montré que, dès le XVIIe siècle, les familles anoblies par les hautes charges de justice investirent largement les différentes carrières possibles dans l'appareil monarchique, dans la magistrature, l'Église, l'épée et la finance, celles qui parvinrent à se maintenir étant

Id., « Patriarcat et discordes familiales : les conflits liés aux enjeux de l'alliance et de la transmission dans la robe parisienne aux XVIe et XVIIe siècles », dans Anna Bellavitis et Isabelle Chabot (dir.), *La Justice des familles. Autour de la transmission des biens, des savoirs et des pouvoirs (Europe, Nouveau Monde, XIIe-XIXe siècles)*, Rome, École française de Rome, 2011, p. 49-68 ; Claire Chatelain, « Le mari violent et la femme insoumise : entre conflit d'intérêts et théâtralité des genres. Le procès Pommereu », dans R. Descimon et É. Haddad, *Épreuves de noblesse, op. cit.*, p. 125-155 ; Patrice Alex, « Succéder par raccroc. La résistible perpétuation des Hurault de L'Hospital », *ibid.*, p. 107-123.

87 Nicole Pellegrin et Colette H. Winn (dir.), *Veufs, veuves et veuvage dans la France d'Ancien Régime*, Paris, H. Champion, 2003.

88 M. Nassiet, *Parenté, noblesse et États dynastiques, op. cit.* ; Laurent Bourquin, « La noblesse du XVIIe siècle et ses cadets », *Dix-septième siècle*, n° 4, 2010, p. 645-656.

89 Des exemples dans Anna Bellavitis, Laurence Croq et Monica Martinat (dir.), *Mobilité et transmission dans les sociétés de l'Europe moderne*, Rennes, PUR, 2009.

90 Mathieu Marraud, *De la ville à l'État. La bourgeoisie parisienne, XVIIe-XVIIIe siècle*, Paris, A. Michel, 2009.

aussi celles qui, par l'achat de terres, adoptèrent le modèle de la noblesse foncière traditionnelle[91]. La fameuse « cascade des mépris » s'appuya sur les nouveaux critères mis en place par la monarchie pour définir la noblesse en essentialisant les appartenances familiales en fonction de leur origine, quelle que fût leur état présent. Le phénomène ne fut pas que parisien : l'exemple de Toulouse le montre aussi à travers le conflit entre les capitouls (qui avaient la noblesse), les parlementaires et les gentilshommes militaires, tous se méprisant les uns les autres et en conflit concernant le gouvernement de la ville, ce qui aboutit à la fin du XVIIIe siècle à poser de nouveau la question de l'égalité au sein du second ordre, laissant même la place à des dénonciations de « l'aristocratie féodale[92] ». À la cour, les ducs et pairs avaient eux aussi défendu leur supériorité sur le reste de la noblesse à l'occasion de querelles de préséance, provoquant des contestations. La fusion des élites se heurtait à une conception dominante rétive à la mobilité sociale et à une hiérarchisation interne du second ordre. Mais les évolutions sociopolitiques de celui-ci posaient cette question de l'égalité des gentilshommes de manière aiguë.

Ce fut d'autant plus le cas que la culture du service comme la notion de vertu furent retravaillées en fonction des changements issus des réformes de Louis XIV, aboutissant à la domination de l'idée de mérite[93]. Là encore, l'évolution se fit dans la conflictualité. Les réformes de l'armée (le fameux édit de 1781, renforcé en 1788) visaient la noblesse de cour présentée et les nouveaux nobles, ce que David Bien avait montré. Mais elles ne conduisirent pas à diminuer les inégalités au sein du second ordre et déchaînèrent la colère de la petite noblesse, toujours exclue des hauts grades et déjà irritée par les ordonnances de 1762 qui avaient centralisé l'administration de l'armée contre l'idéal noble du service féodal ou du service librement

---

91 Voir l'exemple des Leclerc de Lesseville analysé par Martine Bennini, « Mémoire, implantation et stratégies familiales : les Leclerc de Lesseville (XVIe-XVIIIe siècle) », *Revue d'histoire moderne et contemporaine*, n° 3, 2007, p. 7-39.

92 David Bien, « Les noblesses de Toulouse », dans Myriam Cottias, Laura Downs et Christiane Klapisch-Zuber (dir.), *Le Corps, la famille et l'État. Hommage à André Burguière*, Rennes, PUR, 2010, p. 257-269.

93 David O'Brien, « Traditional virtues, feudal ties and royal guards : the culture of service in the eighteenth-century *Maison militaire du roi* », *French History*, n° 1, 2003, p. 19-47 ; Jay M. Smith, *Nobility Reimagined : The Patriotic Nation in Eighteenth-Century France*, Cornell, Cornell University Press, 2005.

consenti, contre les hiérarchies traditionnelles également[94]. Cela se marque dans les cahiers de doléances de 1789. L'égalité fut une revendication de cette petite noblesse militaire, comme le mérite : mais la signification de ces termes n'était ni uniforme, ni consensuelle. Une partie de cette petite noblesse militaire de province se sentait elle-même victime du système de privilèges. Sa position rejoignait celle de la petite élite aristocratique ralliée aux Lumières qu'avait étudiée Guy Chaussinand-Nogaret, mais sur des bases sociales et avec des perspectives antagonistes. Favorable au départ à la Révolution, elle considéra l'abolition de la noblesse comme une trahison. Les conflits sociaux à l'intérieur du second ordre se rejouèrent durant la Révolution, ce qui fut une cause de faiblesse[95].

Les évolutions du second ordre conduisent à repenser le problème de la noblesse urbaine. L'opposition qui aurait eu cours entre noblesse et ville au Moyen Âge ne tient plus devant les travaux récents : la qualité nobiliaire était appropriée de manière multiple par des personnes d'origines diverses. La vocation militaire pas plus que la vertu n'épuisaient son sens. Les patriciats urbains formaient un lieu de la domination sociale dans lequel la qualité nobiliaire avait aussi sa pertinence[96]. Ce n'est qu'à partir du XVIe siècle que s'opéra la disjonction, la noblesse de robe, pourtant urbaine et souvent issue du patriciat, jouant paradoxalement un rôle crucial dans ce processus[97]. Les évolutions purent diverger en fonction des provinces. Dans la noblesse parlementaire rennaise du XVIIIe siècle, les seigneuries tenaient le haut du pavé dans les fortunes et la vie au château restait une réalité, au moins durant certaines périodes, ainsi qu'un horizon de référence. Mais le sentiment nobiliaire en Bretagne était très associé à la ruralité et les familles de parlementaires ne provenaient pas des patriciats

---

94 Rafe Blaufarb, « Noble Privilege and Absolutist State Building : French Military Administration after the Seven Years' War », *French Historical Studies*, n° 2, 2001, p. 223-246.
95 Rafe Blaufarb, *The French Army, 1750-1820 : Careers, Talent, Merit*, Manchester, Manchester University Press, 2002 ; *Id.*, « Une révolution dans la Révolution : mérite et naissance dans la pensée et le comportement politiques de la noblesse militaire de province en 1789-1790 », *Histoire, économie et société*, n° 3, 2014, p. 32-51.
96 Thierry Dutour, « Les nobles et la ville dans l'espace francophone (XIIe-XVIe siècles) ou pourquoi poser un problème résolu depuis trois cents ans », *Histoire urbaine*, n° 3, 2007, p. 153-170.
97 R. Descimon et É. Haddad, *Épreuves de noblesse, op. cit.*

urbains comme dans d'autres villes[98]. La noblesse du Sarladais, quant à elle, fut très tôt polarisée par les villes, sans pour autant abandonner ses châteaux et ses seigneuries[99]. Il est en revanche certain que pour nombre de familles de la moyenne et de la haute noblesse, tout se passait désormais à Paris qui exerçait son attraction sur le second ordre plus encore que la cour[100].

Reste l'inconnue de la petite noblesse dont Jean-Marie Constant pointait le déclin au cours de l'époque moderne, hypothèse que les travaux démographiques récents confortent. Il y a là un champ d'étude passionnant, que certains ont déjà rouvert mais qui mérite plus que l'attention qui lui a été consacrée jusqu'à présent. Tant dans la région de Vire que dans le centre de la Normandie ou le Sarladais, l'existence d'une noblesse pauvre, en partie liée au partage noble, et la volonté de se maintenir socialement en diminuant le nombre d'enfants forment le substrat d'un déclin démographique au XVIIIe siècle[101]. Mais le partage noble étant une réalité ancienne, d'autres éléments sont nécessairement entrés en jeu pour expliquer la volonté de la petite noblesse de retreindre le nombre d'enfants, que les facteurs soient économiques ou relèvent des changements mêmes de la structuration et de la conception du second ordre ainsi que de sa place par rapport au reste de la société.

LE RETOUR DE LA QUESTION SEIGNEURIALE ET FÉODALE ?

Les travaux sur les seigneuries et la féodalité, ainsi que sur le rapport aux paysans dans le cadre de cette structure de domination sociale, c'est-à-dire sur ce qui faisait le cœur d'approches historiographiques plus anciennes, ont fait une timide réapparition après une longue éclipse. Ils se sont notamment portés sur la justice seigneuriale, perçue en termes de régulation sociale, fondée sur des pratiques de conciliation et non de

---

98 Gauthier Aubert, « La noblesse et la ville au XVIIIe siècle. Réflexions à partir du cas rennais », *Histoire urbaine*, n° 4, 2001, p. 127-149.

99 Olivier Royon, *La petite noblesse de la sénéchaussée de Sarlat de la Fronde à la Révolution française (1648-1789)*, thèse de doctorat, Université Paris-Sorbonne, 2011.

100 Mathieu Marraud, *La Noblesse de Paris au XVIIIe siècle*, Paris, Éd. du Seuil, 2000.

101 Amaury Du Rosel, *La Noblesse de la région de Vire (1598-1789). Étude sociologique et démographique*, thèse de doctorat, Université Rennes 2, 2002 ; Étienne Lambert, *Nobles du bocage, nobles de la Plaine. Au centre de la Normandie (1700-1790)*, thèse de doctorat, Université de Caen, 2010 ; O. Royon, *La petite noblesse de la sénéchaussée de Sarlat, op. cit.*

sanction[102]. L'évolution de ces justices fut très liée à celles du pouvoir monarchique, et ce dès le XVIᵉ siècle, la rédaction des coutumes étant une étape fondamentale dans la construction, par les juristes de la monarchie, de la féodalité et d'un droit féodal soumis au roi[103].

Les relations entre les villageois et les seigneurs ne sauraient cependant être limitées aux rapports de justiciables à juges. La question des conflits entre les seigneurs et les communautés a été posée par Rafe Blaufarb qui les interprète là encore d'abord comme une forme de négociation[104]. Michel Cassan avait déjà montré l'importance des guerres de Religion dans ce processus : touché par les troubles religieux à partir des années 1575, le bas Limousin se militarisa fortement à l'initiative des communautés villageoises et des seigneurs. Cette mise en défense du territoire ouvrit la voie à des négociations entre les deux parties, par exemple pour le recrutement des capitaines ou leur financement. Des pratiques s'installèrent, faisant du temps des guerres de Religion un moment d'apprentissage politique tant de la part des paysans que des seigneurs, à condition toutefois que les paysans ne transgressent jamais les limites de la relation politique, circonscrite au couple villageois-seigneur[105].

Des travaux se tournent également vers le rapport des nobles à leurs seigneuries. L'étude des chartriers montre ainsi qu'au XVᵉ siècle, la logique de la seigneurie comme unité liée à sa justice, c'est-à-dire comme exercice effectif du pouvoir et source de droits, restait très présente, alors que, par la suite, ces chartriers suivirent une logique plus lignagère (accompagnant les familles propriétaires successives) que seigneuriale[106]. Le changement du rapport des nobles à la terre eut peut-être aussi des raisons économiques : de nouvelles recherches ont ainsi mis en

102 François Brizay, Antoine Follain et Véronique Sarrazin (dir.), *Les Justices de village. Administration et justice locales de la fin du Moyen Âge à la Révolution*, Rennes, PUR, 2003 ; Benoît Garnot, « Une réhabilitation ? Les justices seigneuriales dans la France du XVIIIᵉ siècle », *Histoire, économie et société*, n° 2, 2005, p. 221-232. Sur le fonctionnement interne de ces justices, Fabrice Mauclair, *La Justice au village. Justice seigneuriale et société rurale dans le duché-pairie de La Vallière (1667-1790)*, Rennes, PUR, 2008.

103 Martine Grinberg, *Écrire les coutumes. Les droits seigneuriaux en France XVIᵉ-XVIIIᵉ siècle*, Paris, PUF, 2006.

104 Rafe Blaufarb, « Conflict and Compromise : *Communauté* and *Seigneurie* in Early Modern Provence », *The Journal of Early Modern History*, n° 82, 2010, p. 519-545.

105 Michel Cassan, « Seigneurs et communautés villageoises au temps des guerres de Religion », *Revue historique*, n° 618, 2001, p. 433-450.

106 Philippe Contamine et Laurent Vissière (dir.), *Défendre ses droits, construire sa mémoire. Les chartriers seigneuriaux XIIIᵉ-XXIᵉ siècle*, Paris, Société de l'Histoire de France, 2010.

évidence l'affaiblissement de la propriété nobiliaire en Normandie[107]. Des études à venir permettront peut-être de relier ces questions à tout le travail mené par ailleurs sur la noblesse, en reprenant à la lumière de ces acquis les pistes tracées par une historiographie plus ancienne et qui n'ont pas été suivies.

Le développement qui précède tente de tracer un parcours permettant de saisir, dans une historiographie touffue, les spécificités de l'histoire de la noblesse française. Mais celles-ci ne peuvent apparaître pleinement que replacées dans des horizons plus larges. Les théoriciens de la noblesse à l'époque moderne avaient eux-mêmes pensé les ressemblances et les différences entre des phénomènes postulés communs. Divers travaux sont allés dans cette direction. Les comparaisons ont pu prendre pour termes deux pays, ou bien des parcours sociaux dans deux pays. Mais des comparaisons à l'échelle européenne, plus ou moins abouties, ont également été tentées. Si les rapprochements sont le plus souvent le fait de la seule introduction, Guy Lemarchand a tenté une histoire comparée des régimes agraires et du système féodal en Europe[108], tandis que Ronald Asch s'est spécifiquement centré sur une comparaison des noblesses en Europe, insistant sur l'importance des cours et de la vie citadine dans leurs transformations et sur l'intérêt qu'elles avaient à s'adapter alors qu'elles étaient confrontées à des innovations militaires, à de nouvelles conceptions de la vertu et à la baisse des revenus agricoles[109]. Mais au fond, cette analyse, qui porte d'abord sur la France et l'Allemagne, rejoint ce que François Billacois avait déjà montré[110]. En outre, toutes ces comparaisons à l'échelle européenne se heurtent à la question des définitions différentes de la noblesse d'un pays à l'autre, et des changements dans ces définitions,

---

107 Bernard Bodinier, « Où en est le patrimoine nobiliaire en Normandie à la veille de la Révolution ? », dans A. Boltanski et A. Hugon, *Les Noblesses normandes, op. cit.*, p. 301-315 ; Étienne Lambert, « Le marché foncier et la noblesse dans la région de Vassy (Normandie, 1760-1789) », *Histoire & Mesure*, n° 1-2, 2002, p. 163-199.

108 Guy Lemarchand, *Paysans et seigneurs en Europe. Une histoire comparée, XVIᵉ-XIXᵉ siècle*, Rennes, PUR, 2011.

109 Ronald G. Asch, *Nobilities in Transition 1550-1700 : Courtiers and Rebels in Britain and Europe*, Londres, Arnold, 2003.

110 François Billacois, « La crise de la noblesse européenne (1550-1650) : une mise au point », *Revue d'histoire moderne et contemporaine*, n° 2, 1976, p. 258-277.

là encore généralisés mais hétérogènes, ce que des approches élaborées
dans une optique transnationale issue de l'histoire contemporaine
risquent d'oublier[111]. La comparaison n'est pas chose aisée et suppose
de bien problématiser les différences et donc les noblesses des différentes sociétés comparées.

Le récent détour par les noblesses coloniales comme moyen de
mieux faire apparaître les spécificités et les évolutions de la noblesse
dans le royaume de France a davantage porté de fruits. Il a ainsi été
montré que la noblesse canadienne, urbaine et militaire (car elle ne
pouvait vivre de ses revenus fonciers), disposait de peu de privilèges
spécifiques par rapport aux nobles de métropole, mais n'avait pas
non plus ses contraintes et pouvait pratiquer le commerce de détail
sans déroger. Les qualités sociales semblent avoir été plus fluides en
Nouvelle France et les anoblissements taisibles être demeurés plus
nombreux[112]. Il est également possible que les évolutions spécifiques
de la noblesse coloniale, notamment dans les Caraïbes, aient anticipé
un changement important dans la noblesse à la toute fin de l'Ancien
Régime. L'égalité et la militarisation y étaient plus grandes, le fief y
avait beaucoup moins d'importance et les mariages entre nobles et
roturiers étaient fréquents. L'enjeu principal était celui de la classification raciale. L'édit de 1782, qui exempta la noblesse coloniale de
prouver sa noblesse alors que celle-ci était hautement suspecte, faisait
de l'anoblissement une récompense de la fidélité des colons en des
termes semblables aux lettres d'anoblissement conférées aux grands
marchands. L'idée d'une noblesse non plus fondée sur l'hérédité et
le privilège mais sur le mérite et les services rendus à la patrie, qui
investit le discours public, semble avoir été très présente dans les
colonies[113]. On se gardera cependant d'oublier que les rapports entre
métropole et colonies n'étaient pas à sens unique : l'émigration de
nobles outre-Atlantique se comprend ainsi par rapport aux évolutions

111 Robert Descimon et Dinah Ribard, « La production locale de la noblesse la constitue-t-elle
     en catégorie transnationale ? », dans Jean-Paul Zúñiga (dir.), *Pratiques du transnational.
     Terrains, preuves, limites*, Paris, La Bibliothèque du CRH, 2011, p. 147-164.
112 Benoît Grenier, *Seigneurs campagnards de la Nouvelle France. Présence seigneuriale et sociabilité
     rurale dans la vallée du Saint-Laurent à l'époque préindustrielle*, Rennes, PUR, 2007 ; François-
     Joseph Ruggiu, « La noblesse du Canada aux XVIIe et XVIIIe siècles », *Histoire, économie et
     société*, n° 4, 2008, p. 67-85.
113 François-Joseph Ruggiu, « The Kingdom of France and its overseas nobilities », *French
     History*, n° 3, 2011, p. 298-315.

sociales propres aux différentes provinces du royaume[114] et la mode actuelle de « provincialiser l'Europe » parce que l'on y verrait mieux depuis d'autres centres recèle aussi ses points aveugles.

C'est d'ailleurs à partir d'une perspective historiographique différente que Robert Descimon a, en 2010, proposé une interprétation générale de l'évolution du phénomène nobiliaire en France depuis le Moyen Âge jusqu'à la Révolution[115]. Il propose d'y voir le passage d'un fait de parenté à une entité sociale, en articulant les sociogenèses de l'épée et de la robe. Il s'agit sans doute de la tentative la plus aboutie à ce jour pour penser de manière pleinement historique le phénomène nobiliaire en France. Dans un champ de recherche marqué par des positions très différentes, cette lecture générale est évidemment amenée à être discutée. Toutes les études mentionnées ici ne seraient pas d'accord avec elle. Nombre de faits, pourtant, s'insèrent dans ce cadre d'interprétation global. Surtout, l'ambition de cet article me semble un remède contre de possibles impasses de la pratique historienne en général, de l'histoire de la noblesse en particulier. On ne peut en effet manquer de s'interroger sur cette prolifération d'études sur les élites d'Ancien Régime, et, parmi elles, sur les élites nobiliaires. On peut bien sûr y voir un simple effet de la conservation archivistique qui permet d'accéder plus aisément à des sources concernant ces groupes sociaux. Mais il faut alors préciser qu'il y a là aussi une conséquence de l'abandon des méthodes quantitatives en histoire, dont l'une des raisons premières était précisément d'écrire une histoire démocratique, incluant toute la population, dont la majeure partie ne peut être saisie que dans l'agrégation des maigres données parcellaires qu'elle a laissées. Dans l'ensemble de la production historiographique récente, on note la relative absence des rapports entre les nobles seigneurs et leur dépendants, que ce soit du point de vue de la justice, des redevances prélevées sur les tenanciers, ou de la domination sociale, autant de thèmes qui ont nourri de nombreux travaux plus anciens. Il y a peut-être là le signe d'une époque et d'une société prise depuis trois décennies dans un transfert massif de l'argent vers la rente, le capital et les élites, d'un temps valorisant fortement les destins

---

114 Un exemple dans Pierre Force, « Stratégies matrimoniales et émigration vers l'Amérique au XVIIIe siècle. La maison Berrio de La Bastide Clairence », *Annales HSS*, n° 1, 2013, p. 77-107.

115 Robert Descimon, « *Nobles* de lignage et *noblesse* de service. Sociogenèses comparées de l'épée et de la robe (XVe-XVIIIe siècle) », dans R. Descimon et É. Haddad, *Épreuves de noblesse, op. cit.*, p. 276-302.

individuels. Que ce rapprochement soit exact ou non, la réflexion sur les raisons de faire l'histoire de la noblesse à l'époque moderne est indispensable pour éviter les pièges de l'anachronisme ou la simple reconduction des rapports de force passés, et avancer ainsi dans notre compréhension des transformations historiques du phénomène nobiliaire.

Élie HADDAD

APPRIVOISER LA VIOLENCE

Les historiens modernistes occupent une place particulière dans les recherches sur la violence, qui s'explique à la fois par l'intérêt général des sciences sociales, voire la véritable fascination des historiens pour les comportements violents, et par la spécificité de la période moderne dans l'évolution séculaire de la violence. Les recherches portant sur l'histoire de la violence et du crime, dont l'histoire moderne a été le fer de lance dès les années 1970, se sont considérablement multipliées et renouvelées depuis les années 1990[1]. Cet engouement s'inscrit dans un contexte fortement polémique, alors que la (légère) reprise à la hausse de la violence homicide depuis les années 1970 dans certains pays occidentaux et la question de la violence des jeunes, soutenue médiatiquement lors des émeutes des banlieues françaises en 2005, accréditent aux yeux de certains observateurs l'idée d'un retournement de conjoncture et d'une « dé-civilisation » dans nos sociétés post-modernes. Il est intéressant de relever que le débat soit posé en ces termes, qui appellent le point de vue des historiens, et plus particulièrement des modernistes. De fait, la prise en compte de la longue durée met en exergue la spécificité de l'époque moderne, période durant laquelle s'est produite une mutation majeure : le passage d'une société violente à une société globalement pacifiée. Outre le caractère peut-être un peu instrumental de la justification par les historiens, et l'immense ambition de la mission qu'ils s'assignent ainsi, il faut d'abord revenir brièvement sur la construction d'un objet d'histoire bien particulier.

Que l'histoire de la violence puisse constituer un champ à part entière est en effet loin d'être évident et l'utilisation d'un concept exogène pour la lecture des sources du passé, délicate. Le mot est en effet d'un emploi rare au Moyen Âge et encore à l'époque moderne

---

1   Xavier Rousseaux, « Historiographie du crime et de la justice criminelle dans l'espace français (1990-2005). Partie I : du Moyen Âge à la fin de l'Ancien Régime », *Crime, Histoire & Sociétés / Crime, History & Societies* (désormais *CHS*), vol. 10, n° 1, 2006, p. 123-158.

alors que, paradoxalement, le phénomène social qu'il désigne est omni-présent[2]. Les historiens insistent ainsi sur l'extraordinaire incertitude conceptuelle de la notion de violence, souvent qualifiée de floue, au mieux de fluide, au pire d'« insaisissable[3] ». À la rigueur, « le mot "violence" n'est pas un concept, il désigne un champ de types de phénomènes, polymorphe et proliférant[4] ». Dès lors, le foisonnement des travaux présente souvent un caractère morcelé voire cloisonné, que tentent de dépasser des approches transversales, de la préhistoire à nos jours, et pluridisciplinaires[5]. Surtout, la parution récente d'ouvrages de synthèse signale un moment historiographique particulier autour d'un domaine qui, en dépit de son irréductibilité conceptuelle, semble désormais véritablement circonscrit[6].

De manière schématique, deux opérations scientifiques principales ont contribué à faire de la violence un objet d'histoire : le passage par la qualification judiciaire et l'appréhension de la violence comme phénomène social. Pour commencer, c'est par les études en histoire de la justice et de la criminalité, et donc au travers des sources de la répression, que la violence a d'abord été saisie. Elle correspond au principal ensemble d'actes criminels poursuivis par la justice, généralement désignés par la catégorie restrictive mais commode et quantifiable des « atteintes aux personnes », c'est-à-dire des violences physiques interpersonnelles. Ainsi, en choisissant « d'aborder la violence dès lors que les actes violents sont investis par l'organisation judiciaire dont la société dispose », on éviterait la « la dilution du sens » de la notion, ainsi que le rappelaient les auteurs

---

2   Adrien Bayard, Claire de Cazanove et René Dorn, « Les mots de la violence », *Hypothèses*, n° 1, 2013, p. 237-246.
3   Claude Gauvard, « Violence », dans Jacques Le Goff et Jean-Claude Schmitt (dir.), *Dictionnaire raisonné de l'Occident médiéval*, Paris, Fayard, 1999, p. 1201-1209.
4   Michel Nassiet, « Violence », dans Claude Gauvard et Jean-François Sirinelli (dir.), *Dictionnaire de l'historien*, Paris, PUF, 2015, p. 745.
5   Frédéric Chauvaud (dir.) *La dynamique de la violence. Approches pluridisciplinaires*, Rennes, PUR, 2010 ; Lucien Faggion et Christophe Regina (dir.), *La violence. Regards croisés sur une réalité plurielle*, Paris, CNRS éd., 2010 ; Marie-Claude Marandet (dir.), *Violence(s) de la préhistoire à nos jours. Les sources et leur interprétation*, Perpignan, Presses universitaires de Perpignan, 2011 ; Stuart Carroll (dir.), *Cultures of Violence. Interpersonal Violence in Historical Perspective*, Houndmills, Palgrave Macmillan, 2007 ; Jonathan Davies (dir.), *Aspects of Violence in Early Modern Europe*, Farnham, Ashgate, 2013.
6   Robert Muchembled, *Une histoire de la violence de la fin du Moyen Âge à nos jours*, Paris, Éd. du Seuil, 2008 ; Michel Nassiet, *La Violence, une histoire sociale. France, XVIᵉ-XVIIIᵉ siècles*, Seyssel, Champ Vallon, 2011.

du colloque d'Angers de 2006 sur *La violence et le judiciaire*[7]. La deuxième opération a consisté à considérer la violence comme un phénomène social et non plus comme la manifestation d'un dysfonctionnement, d'une anormalité. Le développement des approches culturelles et le recours aux outils des sciences sociales ont permis d'écrire une anthropologie historique de la violence. Fondée sur l'étude de la violence de sang, ses acquis sont aujourd'hui solides : omniprésente, la violence dans les sociétés médiévales et modernes n'est cependant ni spontanée ni illimitée, mais apparaît souvent comme une réponse sociale à des conflits dont l'enjeu principal est l'honneur ; processuelle, elle emprunte des mécanismes et des rituels codifiés visant, sauf cas extrêmes, à restaurer l'ordre social ; d'où, enfin, l'idée d'une évolution historique de la violence, autrefois légitime et socialement tolérée, à une violence de plus en plus interdite et apprivoisée[8].

Ces manières d'envisager sur le long terme la violence comme un objet cohérent car restreint à une définition de la violence physique interpersonnelle ont produit des résultats importants ces trente dernières années. Les premiers ont porté sur la quantification de l'homicide et l'élaboration d'ambitieux modèles interprétatifs de l'évolution de la violence dans la longue durée. Toutefois, constatant les limites de cette démarche, des historiens ont proposé de changer d'échelle d'observation, de sources et d'objets pour appréhender autrement la violence et ses perceptions. Faute de pouvoir rendre compte avec exhaustivité d'une production considérable, c'est autour de la mise en tension de ces deux approches majeures que j'articulerai l'essentiel de ce bilan de l'histoire de la violence en France du XVIᵉ au XVIIIᵉ siècle, inséré dans une historiographie européenne dense et souvent passionnée, ici ponctuellement évoquée. Dans un dernier temps, il s'agira d'ouvrir le propos à certaines formes plus particulières de comportements violents, généralement traités à part dans des historiographies spécifiques néanmoins traversées par la question de la violence.

---

7   Antoine Follain, Bruno Lemesle, Michel Nassiet, Éric Pierre et Pascale Quincy-Lefebvre (dir.), *La violence et le judiciaire du Moyen Âge à nos jours. Discours, perceptions, pratiques*, Rennes, PUR, 2008, p. 10.

8   Voir les deux références majeures, qui portent sur l'étude des lettres de rémission : Robert Muchembled, *La violence au village. Sociabilité et comportements populaires en Artois du XVᵉ au XVIIᵉ siècle*, Turnhout, Brepols, 1989 ; Claude Gauvard, *« De Grace Especial ». Crime, État et Société en France à la fin du Moyen Âge*, Paris, Publications de la Sorbonne, 1991, 2 vol.

HOMICIDE ET PROCESSUS
DE « CIVILISATION DES MŒURS »
Temps long du recul de la violence,
temps long du débat

De nombreuses études ont pris pour principal objet un fait violent particulier, l'homicide, considéré comme le meilleur indicateur de la violence. Cette violence extrême est en effet *a priori* plus facile à pister dans une documentation judiciaire massive et difficile à pénétrer en raison du fonctionnement institutionnel, de la complexité des procédures d'Ancien Régime et surtout des effets d'invisibilité ou « d'évaporation » d'une partie de la criminalité de moindre intensité (le fameux « chiffre noir » de la criminalité), d'autant que la criminalisation accrue de l'homicide contribue à augmenter la fiabilité de sa mesure au cours de l'époque moderne[9]. Ce choix soulève cependant plusieurs questions.

MESURER LA VIOLENCE : FAUT-IL CONTINUER À COMPTER ?

Les hommes des siècles passés étaient-ils plus violents que nous[10] ? Poser la question suppose de pouvoir mesurer la violence soulignait Benoît Garnot dès 1989. Réagissant aux grandes enquêtes quantitatives menées dans les archives criminelles à partir des années 1960, l'historien contestait les résultats obtenus par la méthode sérielle. Il dénonçait « l'illusion historiographique » entretenue par l'usage de données statistiques peu fiables du fait notamment de la non représentativité sociale des sources et des différents effets de l'évaporation des affaires en cours de procédure. Ainsi les sources ne sont pas tant le reflet de la réalité criminelle que celui des priorités et des obsessions de l'institution répressive[11].

En outre, le débat s'est cristallisé autour des modes de calcul et de l'usage du taux d'homicide, instrument de mesure privilégié pour mener

9   Xavier Rousseaux, « La répression de l'homicide en Europe Occidentale (Moyen Âge et temps modernes) », *Genèses, Sciences sociales et Histoire*, vol. 19, n° 1, 1995, p. 122-147.
10 Hervé Piant, « Les hommes des siècles passés étaient-ils plus violents que nous ? », dans Antoine Follain (dir.), *Brutes ou braves gens ? La violence et sa mesure (XVIe-XVIIIe siècle)*, Strasbourg, Presses universitaires de Strasbourg, 2015, p. 5-15.
11 Benoît Garnot, « Une illusion historiographique : justice et criminalité au XVIIIe siècle », *Revue historique*, n° 570, 1989, p. 361-380.

des analyses comparatives et de longue durée. Les discussions entre historiens criminalistes anglais des années 1980[12] se poursuivent dans les années 2000. Le spécialiste de la statistique criminelle contemporaine Bruno Aubusson de Cavarlay insiste sur les difficultés liées à la qualification même des faits, à la constitution et à la représentativité des échantillons (et notamment l'incertitude des chiffres de la population de référence), enfin à la compilation et l'extrapolation de résultats tirés de sources lacunaires et hétérogènes[13]. Sans compter les progrès de la médecine, qui contribuent aussi à biaiser les comparaisons.

L'objection est majeure. Nombre d'historiens, toutefois, considèrent que les données quantifiées, sans être exhaustives ni exactes, sont indispensables pour livrer des ordres de grandeur, une pesée globale obligatoire pour penser plus loin, c'est-à-dire pour comparer des situations et envisager l'étude diachronique des phénomènes. Le taux d'homicide demeure ainsi à leurs yeux un instrument certes imparfait mais précieux. Ainsi, l'ample base de données pour l'Europe pré-industrielle réalisée par le sociologue du crime Manuel Eisner en 2003, la plus complète à ce jour (bien que manquent des informations sur l'Italie et sur la France), est largement utilisée et commentée, peu à peu complétée[14]. Dans cette perspective, historiens et criminalistes s'accordent sur le constat du lent déclin, non linéaire dans le temps et inégal dans l'espace, mais globalement massif voire spectaculaire, de la violence homicide en Europe, passant d'un niveau moyen élevé à la fin du Moyen Âge (entre 50 et 100 pour 100 000 habitants) à un niveau actuellement très faible (entre 0,5 et 2 en Europe occidentale)[15]. Toute la difficulté est alors de parvenir à identifier le moment de l'inflexion à la baisse, vraisemblablement au cours du XVIIe siècle, et surtout à démontrer son explication.

---

12 En particulier les vifs échanges entre Lawrence Stone, « Interpersonal Violence in English Society, 1300-1983 », *Past & Present*, n° 102, 1983, p. 22-33 ; Jim A. Sharpe, « The history of violence in England : Some Observations », *Past & Present*, n° 108, 1985, p. 206-215, et réponse p. 216-224.

13 Bruno Aubusson de Cavarlay, « Les limites intrinsèques du calcul de taux d'homicide. À propos des nouveaux standards proposés par E. Monkkonen », *CHS*, n° 2, 2011, p. 27-32, en réponse à Eric Monkkonen, « New standards for historical homicide research », *CHS*, n° 5, 2001, p. 5-26.

14 Manuel Eisner, « Long-term historical trends in violent crime », *Crime and Justice. A Review of Research*, vol. 30, 2003, p. 84-142 ; Laurent Mucchielli et Pieter Spierenburg (dir.), *Histoire de l'homicide en Europe de la fin du Moyen Âge à nos jours*, Paris, La Découverte, 2009.

15 R. Muchembled, *Une histoire de la violence, op. cit.*, p. 55-76.

EXPLIQUER LE RECUL DE LA VIOLENCE HOMICIDE :
FAUT-IL DÉPASSER LE PROCÈS DE CIVILISATION ?

Inscrites dans une démarche comparatiste, diachronique et évolution-
niste, les études qui interrogent le recul de la violence homicide élaborent
des modèles interprétatifs concurrents qui analysent les fonctions de la
violence et construisent un débat scientifique aujourd'hui encore animé.
Le principal modèle fondé sur la théorie du processus de « civilisation
des mœurs », élaboré dans les années 1930 par le sociologue allemand
Norbert Elias, met en avant les facteurs liés à la monopolisation de la
violence par l'État et à l'incorporation de normes de conduite policées,
à l'autocontrôle des émotions, d'abord par les élites nobles, puis, par
mimétisme, par l'ensemble du corps social[16]. En France, les travaux de
Robert Muchembled, l'un des introducteurs d'Elias dans les années 1970,
illustrent sans doute le mieux la fécondité de cette inspiration[17]. Parue en
2008, *Une histoire de la violence de la fin du Moyen Âge à nos jours* propose
une ample synthèse qui reste fidèle à l'esprit général de la théorie du
procès de civilisation des mœurs, tout en la critiquant et la nuançant.
La thèse principale – qui pointe un effet de genre et d'âge – est celle
de l'émergence d'un modèle d'encadrement de l'agressivité des jeunes
hommes, inscrite dans une « culture de la violence » qui posait la défense
de l'honneur comme un impératif social puissant, mais de plus en plus
criminalisée. En insistant sur l'importance d'une culture urbaine de la
paix, qui trouve son origine dans les républiques urbaines de Flandres
et d'Italie des XIVe-XVe siècles, l'auteur identifie un des facteurs de la
limitation de la violence bien avant la « curialisation » des guerriers à
Versailles et contribue ainsi à infléchir notablement la chronologie classique d'Elias. Par ailleurs, il interroge à nouveaux frais la question du
monopole de la violence par l'État et l'idée d'une « disciplinarisation »
du corps social, adossée au Michel Foucault de *Surveiller et punir*[18], en

---

16   Norbert Elias, *Über den Prozess der Zivilisation*, Bâle, 1939, traduit en français en deux parties :
      La civilisation des mœurs et *La dynamique de l'Occident*, Paris, Calmann-Lévy, 1973 et 1975.
17   Pour les usages de la théorie du processus de civilisation dans l'historiographie anglophone,
      voir Julius R. Ruff, *Violence in Early Modern Europe 1500-1800*, Cambridge, Cambridge
      University Press, 2001, avec un essai bibliographique complémentaire : http://academic.
      mu.edu/hist/ruffj/bibliography.pdf (consulté le 15/05/2016).
18   Michel Foucault, *Surveiller et punir. Naissance de la prison*, Paris, Gallimard, 1975. Voir,
      dans cette filiation intellectuelle, Robert Muchembled, *Le Temps des supplices. De l'obéissance
      sous les rois absolus, XVe-XVIIIe siècle*, Paris, A. Colin, 1992.

précisant les mécanismes et les effets de la « pédagogie de la peine » et de la criminalisation de l'homicide[19]. Par plusieurs aspects, ces analyses rejoignent celles de Xavier Rousseaux pour qui « processus de civilisation et de disciplinarisation sont bien moins antagonistes qu'il n'y paraît ». La ville serait le lieu central de ce double processus et le chercheur belge insiste sur la spécificité urbaine d'un endiguement précoce de la violence sanglante dans les villes européennes[20].

Les critiques adressées aux explications inspirées du modèle éliassien s'insèrent dans un débat européen plus large sur le « processus de civilisation[21] ». Aux partisans de la théorie classique de la civilisation des mœurs, au premier rang desquels Peter Spierenburg[22], s'opposent les chercheurs sceptiques à l'égard de la validité des taux d'homicides, comme l'historien allemand Gerd Schwerhoff, qui rejettent l'idée d'un processus de long terme de recul de la violence et le récit d'une marginalisation de la violence fondée sur la montée des formes d'autocontrôle des sentiments et le renforcement de l'État moderne[23]. En France, le livre de Michel Nassiet, *La Violence. Une histoire sociale*, paru en 2011, enterre définitivement le point sans doute le plus faible et le plus daté de l'hypothèse éliassienne, celui de la violence comme « pulsion » individuelle spontanée. L'auteur remet en cause les interprétations culturelles du recul de la violence et propose une théorie alternative, fondée sur la sociologie d'Émile Durkheim, qui lie le recul de la violence homicide à l'émergence de la notion de personne et à la montée de l'individu en France du XVIᵉ au XVIIIᵉ siècle. Il s'agit donc pour Michel Nassiet d'éclairer le déclin de la violence sanglante à la lumière d'un autre processus de longue durée,

---

19   Robert Muchembled, « Fils de Caïn, enfants de Médée. Homicide et infanticide devant le parlement de Paris (1575-1604) », *Annales HSS*, n° 5, 2007, p. 1063-1094.

20   Xavier Rousseaux, Bernard Dauven et Aude Musin, « Civilisation des mœurs et/ou disciplinarisation sociale ? Les sociétés urbaines face à la violence en Europe (1300-1800) », dans L. Mucchielli et P. Spierenburg, *Histoire de l'homicide, op. cit.*, p. 273-321 (p. 310).

21   Pour une vision synthétique en français de la controverse, voir Dominique Linhardt, « Le procès fait au *Procès de civilisation*. À propos d'une récente controverse allemande autour de la théorie du processus de civilisation de Norbert Elias », *Politix*, vol. 14, n° 55, 2001, p. 151-181.

22   Pieter Spierenburg, *A History of Murder : Personal Violence in Europe from the Middle Ages to the Present*, Cambridge, Polity Press, 2008.

23   Pieter Spierenburg, « Violence and the civilizing process : does it work ? », *CHS*, vol. 5, n° 2, 2001, p. 87-105 ; Gerd Schwerhoff, « Criminalized violence and the process of civilisation – a reappraisal », *CHS*, vol. 6, n° 2, 2002, p. 103-136, et la réponse du premier, p. 127-128.

celui de l'individuation et de l'émancipation de l'individu à l'égard des contraintes collectives, et particulièrement celle de l'honneur, résultant de l'affaiblissement très progressif des rapports de parenté au cours de l'époque moderne.

UN NŒUD HISTORIOGRAPHIQUE : LE CAS DU DUEL

La parution rapprochée des ouvrages de Robert Muchembled et de Michel Nassiet marque un tournant historiographique : c'est le moment de la synthèse, mais aussi encore de la controverse. Pour illustrer les oppositions, mais aussi leurs limites, on peut prendre le cas du duel aristocratique, nœud historiographique central dans l'analyse de longue durée des phénomènes violents. Après les travaux pionniers de François Billacois sur l'histoire sociale et politique du duel dans la France baroque, la vaste enquête de Pascal Brioist, Hervé Drévillon et Pierre Serna sur la culture de l'épée en France a examiné les savoirs techniques et la discipline du corps, les discours et l'évolution d'un « art de tuer » socialement construit et fortement ancré dans la culture et l'identité aristocratiques modernes jusqu'à la Révolution[24]. Robert Muchembled et Michel Nassiet réintègrent quant à eux le duel dans une réflexion plus large sur la violence sanglante, considérant que cette pratique, qui n'est pas l'apanage de la noblesse, constitue un maillon essentiel pour saisir la place de la violence dans la société moderne. Ils l'examinent cependant avec deux points de vue différents, culturel pour l'un, social pour l'autre, et s'appuient sur des lectures différentes du processus de civilisation.

Selon Robert Muchembled, pour comprendre le duel, il faut se défaire de la mythologie nobiliaire du point d'honneur dans lequel les jeunes nobles se drapent pour dissimuler la réalité d'une violence brutale et exacerbée, d'une « culture de mort » érigée en privilège de race. Ainsi, conclut l'auteur, « la civilisation des mœurs décrite par N. Elias n'est qu'apparence[25] ». La persistance du duel traduit une résistance à l'évolution pacificatrice que l'Église et l'État tentent d'imposer à la jeunesse

---

24 François Billacois, *Le duel dans la société française des* XVI*ᵉ et* XVII*ᵉ siècles. Essai de psychologie historique*, Paris, Éd. de l'EHESS, 1986 ; Pascal Brioist, Hervé Drévillon et Pierre Serna, *Croiser le fer. Violence et culture de l'épée dans la France moderne*, Seyssel, Champ Vallon, 2002.

25 R. Muchembled, *Une histoire de la violence, op. cit.*, p. 277.

aristocratique, tout comme, à l'autre bout de l'édifice social, les révoltes populaires celle des jeunes paysans. Préférant une approche sociale des phénomènes, Michel Nassiet analyse le long essor puis le déclin du duel en le rattachant à l'histoire de la « culture vindicatoire » proposée par Stuart Carroll[26]. Bien vivante jusqu'au milieu du XVIIe siècle au moins, celle-ci explique l'approbation sociale voire l'indulgence générale à l'égard des crimes d'honneur. La codification du duel de point d'honneur traduit un raffinement supplémentaire dans la ritualisation de la violence pour la défense de l'honneur, contrairement à « l'importance qu'accorde Elias à la "pulsion du moment" et à une incapacité à l'autocontrôle[27] ». Les deux lectures s'accordent cependant pour souligner combien la trajectoire du duel en France, dans les discours et dans les pratiques, témoigne du caractère non linéaire du processus séculaire de recul de la violence sanglante. Elles se rejoignent également pour identifier – bien qu'en l'analysant diversement – le rôle central joué par l'État royal et par les élites nobiliaires dans le complexe processus de pacification des comportements.

Observant la flambée tardive de duels en Allemagne au XVIIIe siècle, Gerd Schwerhoff voit plutôt la transformation de la fonction sociale de la violence, facteur d'intégration devenant forme de distinction et conduisant à « la désintégration de la vieille culture de la violence[28] ». La conclusion, pour les historiens les plus sceptiques à l'égard du « récit du déclin » de la violence, est qu'il est préférable de parler de fluctuation et de variation de la violence à travers le temps et l'espace, mouvements qu'il faudrait d'ailleurs plus précisément identifier et cartographier[29]. Cependant, les appels à redoubler de prudence méthodologique et à nuancer les résultats selon des chronologies et des contextes nationaux contrastés n'entament qu'à la marge le consensus général sur le déclin séculaire de la violence homicide en Europe au cours de l'époque moderne, tandis que le débat sur les explications demeure vif.

26 Stuart Carroll, *Blood and Violence in Early Modern France*, Oxford, Oxford University Press, 2006.
27 M. Nassiet, *La Violence, op. cit.*, p. 123.
28 Gerd Schwerhoff, « Early Modern Violence and the Honor Code : From Social Integration to Social Distinction ? », *CHS*, vol. 17, n°2, 2013, p. 27-46.
29 Richard Mc Mahon, Joachim Eibach et Randolph Roth, « Introduction. Making Sense of Violence ? Reflections on the History of Interpersonal Violence in Europe », *CHS*, vol. 17, n°2, 2013, p. 5-26.

CHANGEMENTS D'ÉCHELLES
ET REQUALIFICATION DE L'OBJET
Du Parlement au village,
de l'homicide aux violences banales

Faire une histoire de la violence déterminée par une définition restreinte aux seules violences physiques interpersonnelles, et même spécifiquement à l'homicide, n'est absolument pas évident. En effet, puisqu'il « n'est pas une catégorie comportementale homogène », rappelle le sociologue Laurent Mucchielli, ce crime extrême est-il un marqueur pertinent de la violence[30] ? En outre, si l'homicide baisse, qu'advient-il des autres formes de violence ? Faisant le constat des limites, des leurres voire des impasses de la démarche quantitative et de son idéal illusoire de comptabilité de la violence, nombre d'historiens ont réorienté leurs recherches en changeant d'échelle d'observation, de sources et d'objets dès les années 1990[31].

NOUVELLES SOURCES :
DU « BEAU PROCÈS » AUX ARCHIVES DES JUSTICES LOCALES

Pour certains, l'appel à la prudence s'est progressivement mué en refus du chiffre et des approches quantitatives pour préférer aux vastes séries documentaires les études de cas et les « affaires » plus ou moins célèbres permettant de reconstituer la justice et la société d'Ancien Régime[32]. Par ailleurs, si une histoire des représentations de la violence a pu se développer pour l'époque contemporaine (avec les travaux de Frédéric Chauvaud et de Dominique Kalifa par exemple), les sources permettant une telle approche pour les époques plus reculées sont moins nombreuses. Littérature tragique, périodiques, iconographie du crime, chansons et factums du XVIIIe siècle offrent toutefois de nouvelles

---

30 Cité par Antoine Follain et Hervé Piant, « Conclusions », dans A. Follain, *Brutes ou braves gens ?, op. cit.*, p. 526.

31 X. Rousseaux, « Historiographie du crime », art. cité, p. 129.

32 Benoît Garnot, *Intime conviction ou erreur judiciaire ? Un magistrat assassin au XVIIe siècle*, Dijon, ÉUD, 2004 ; Antoine Follain, *Blaison Barisel. Le pire officier du duc de Lorraine*, Paris, L'Harmattan, 2014 ; *Id. et al.*, « Étude du procès fait à Anthoine Petermann prévenu d'homicide sur sa belle-fille en 1617 à Sainte-Croix dans le val de Lièpvre », dans *Id.*, *Brutes ou braves gens, op. cit.*, p. 383-482.

perspectives par une entrée originale, bien que complexe à appréhender, dans l'histoire de la violence[33].

La principale piste alternative (ou complémentaire) consiste cependant à se détourner des niveaux supérieurs des instances judiciaires, comme les cours souveraines qui jugent en appel les cas les plus graves, pour privilégier le niveau local, en particulier celui du village et des justices seigneuriales dont certaines sont en activité jusqu'à la fin de l'Ancien Régime. Réévaluées, voire « réhabilitées » depuis les années 2000[34], ces justices dites inférieures sont l'objet de très nombreuses études monographiques[35]. Ce changement de sources et d'échelle, qui a contribué au profond renouvellement de l'historiographie judiciaire, implique deux conséquences majeures pour l'étude de la violence : la « découverte » de toute l'étendue de la violence non mortelle ou de moindre intensité, et de nouvelles interrogations sur la prise en charge de la violence et le règlement des conflits.

NOUVEAUX OBJETS D'ÉTUDE : VIOLENCES DE MOINDRE INTENSITÉ ET « CONFLICTUOSITÉ » ORDINAIRE

Bien que l'écoulement sanglant constitue un seuil décisif réellement vécu par les contemporains, les analyses insistent sur l'existence d'une distorsion entre la gravité reconnue par l'institution judiciaire et l'intensité de la violence telle qu'elle est ressentie par les acteurs. La violence ne peut être réduite à sa seule dimension physique, elle est aussi une construction culturelle, sociale et mentale[36]. C'est la fameuse question des « seuils de tolérance », profondément liée à la valeur de l'honneur et de la réputation, et qui évolue dans le temps. Les « excès », « injures » et « outrages », pour reprendre la terminologie de l'époque, surviennent

---

33 Sara Beam, « Les canards criminels et les limites de la violence dans la France de la première modernité », *Histoire, économie et société*, n° 2, 2011, p. 15-28 ; Silvia Liebel, *Les Médées modernes. La cruauté féminine d'après les canards imprimés (1574-1651)*, Rennes, PUR, 2013.

34 Benoît Garnot, « Une réhabilitation ? Les justices seigneuriales au XVIIIᵉ siècle », *Histoire, économie et société*, n° 2, 2005, p. 61-72.

35 François Brizay, Antoine Follain et Véronique Sarrazin (dir.), *Les Justices de village. Administration et justice locales de la fin du Moyen Âge à la Révolution*, Rennes, PUR, 2002 ; Antoine Follain (dir.), *Les Justices locales dans les villes et villages du XVᵉ au XIXᵉ siècle*, Rennes, PUR, 2006 ; Marie Houllemare et Diane Roussel (dir.), *Les Justices locales et les justiciables. La proximité judiciaire au Moyen Âge et à l'époque moderne*, Rennes, PUR, 2015.

36 Susan Broomhall et Sarah Finn (dir.), *Violence and Emotions in Early Modern Europe*, Londres, Routledge, 2016.

dès les premières provocations et/ou menaces verbales et gestuelles, comprenant les diverses formes de dérision et de moquerie. Dans une telle logique processuelle, l'ensemble des comportements doivent être pris en considération par l'historien car, commis dans l'espace public et sous le regard de témoins, ils sont perçus comme particulièrement violents et souvent plus graves que la plupart des actes de violence physique[37].

En prenant au sérieux les formes banales de la violence ordinaire et en les réinsérant dans l'ensemble de la criminalité prise en charge par les juges locaux, la place des coups et blessures est relativisée au sein de ce qu'on pourrait appeler une « litigiosité » ou une « conflictuosité » ordinaire[38]. Toutefois, si les données tirées des justices ordinaires sont certainement plus fiables et plus proches de la « criminalité réelle », l'échelle locale ne saurait abolir la question de la représentativité quantitative de la criminalité et de la violence, dont une partie difficilement estimable échappe à la documentation. Il faut également rappeler que, « sous l'Ancien Régime, la distinction entre les domaines civil et pénal est floue ». Par conséquent, certaines violences légères peuvent être jugées au civil, dont les sources réputées difficiles d'accès retiennent généralement moins l'attention des historiens[39].

Ainsi, par ce déplacement d'objet, on arrive à une sorte de retournement : les données tirées des sources locales ne remettent-elles pas en cause l'image devenue idée reçue d'une société moderne consubstantiellement, bien que de moins en moins, violente ? Qu'ils acceptent le caractère imparfait des mesures chiffrées issues des archives locales, ou qu'ils refusent d'évaluer la fréquence de la violence pour estimer plutôt l'intensité ressentie par les acteurs, ces travaux dont la plupart portent sur le XVIIIe siècle, donnent l'image d'une violence mesurée et très rarement mortelle, et décrivent des sociétés rurales en apparence relativement paisibles[40]. Même la bouillonnante et sulfureuse capitale du royaume

---

37   Xavier Rousseaux, « Conclusion : violence et judiciaire en Occident : des traces aux interprétations (discours, perceptions, pratiques) », dans A. Follain, *La violence et le judiciaire*, *op. cit.*, p. 350 ; Hervé Piant, « "Car tels excès ne sont pas permis" : l'injure et sa résolution judiciaire dans un tribunal de première instance sous l'Ancien Régime », *ibid.*, p. 125-136.

38   Frédéric Chauvaud, « Les violences rurales et l'émiettement des objets au XIXe siècle. Lectures de la ruralité », *Cahiers d'histoire*, vol. 42, n° 1, 1997, p. 49-88.

39   Benoît Garnot, Pascal Bastien, Hervé Piant et Éric Wenzel, *La Justice et l'histoire. Sources judiciaires à l'époque moderne (XVIe, XVIIe, XVIIIe siècles)*, Paris, Bréal, 2006, p. 175-176 *sq.*

40   Fabrice Mauclair, « Mesurer la violence interpersonnelle : les archives des justices seigneuriales », dans A. Follain, *Brutes ou braves gens ?, op. cit.*, p. 135-151.

n'apparaît pas comme le coupe-gorge souvent dénoncé : certes, au début de l'époque moderne, les manières de tuer sont spécifiques à Paris, où règne la civilisation de l'épée et la fascination du duel. Mais la violence sanglante ne semble pas, au regard des sources disponibles, y exploser[41]. Dès lors, pour Antoine Follain et Hervé Piant, « bien peu de preuves existent d'une propension à la violence des populations d'Ancien Régime radicalement différente de ce que notre société connaît[42] ». Bien que surreprésentée dans les sources judiciaires qui rendent compte de l'exceptionnel, la violence serait ainsi, dès le XVIIIe siècle pour le moins, avant certainement dans les grandes villes, déjà « apprivoisée[43] ».

LA PRISE EN CHARGE DE LA VIOLENCE :
DIVERSITÉ DES MODES DE RÉGULATION SOCIALE DES CONFLITS

Pour dépasser une « approche minimaliste » de la violence, l'historien contemporanéiste québécois Jean-Marie Fecteau propose une « approche inclusive », privilégiant un élargissement du concept de violence conçu comme une interaction sociale liée à une logique de régulation[44]. Médiévistes et modernistes interrogent en effet désormais la variété des modes de règlement des conflits et contribuent ainsi à réévaluer la place de la justice en relation avec le temps long de la construction de l'État moderne[45].

L'échelle monographique et l'étude fine des procédures judiciaires permettent d'approcher les formes de l'interaction judiciaire, voire du dialogue, entre l'institution et les justiciables. Dans une étude majeure portant sur la justice de la prévôté royale de Vaucouleurs au XVIIIe siècle, Hervé Piant a proposé de dépasser le modèle dualiste roi-sujets et doubler la « vision descendante » de la justice d'une autre, « ascendante », dans laquelle les justiciables sont véritablement acteurs du procès. Dès lors, l'accent est porté sur les usages du pluralisme judiciaire d'Ancien Régime, considéré comme un *continuum* de solutions possibles, tantôt

---

41 Diane Roussel, *Violences et passions dans le Paris de la Renaissance*, Seyssel, Champ Vallon, 2012 ; *Ead.*, « *Force meurtres et assassinats ?* Mesures et formes de la violence ordinaire à Paris au XVIe siècle », dans A. Follain, *Brutes ou braves gens ?*, *op. cit.*, p. 277-293.

42 A. Follain et H. Piant, « Conclusions », art. cité, p. 528.

43 Garnot Benoît, « La violence et ses limites dans la France du XVIIIe siècle : l'exemple bourguignon », *Revue historique*, n° 2, 1998, p. 237-254.

44 Jean-Marie Fecteau, « La violence et ses histoires », dans F. Chauvaud, *La dynamique de la violence*, *op. cit.*, p. 135-152.

45 X. Rousseaux, « Historiographie du crime », art. cité, p. 130.

concurrentes, tantôt complémentaires, pour résoudre les conflits, et selon une optique privilégiant les stratégies et les ressources des acteurs dans leur environnement[46]. Dans cette approche, une place particulière est également réservée à l'étude de ce qu'on a appelé « infra-justice » puis « extra-justice », termes largement débattus et insuffisants pour désigner toute la diversité des formes de conciliation, de négociation, d'arrangements et autres accords qui se nouent hors du prétoire, mais aussi parallèlement aux procédures judiciaires officielles[47]. L'enquête reste cependant ouverte pour préciser les modalités et la chronologie d'une grande variété de pratiques souvent présentées comme archaïques et assujetties à la justice, mais sans doute plus bien vivaces qu'on le pense.

La constitution d'un monopole de la « violence légitime » détenu par l'État apparaît ainsi plus tardive et plus nuancée qu'on l'a dit, au regard par exemple de certaines formes longtemps tolérées de vengeance ou de la complexité des processus d'acculturation judiciaire[48]. Ces interrogations sont à relier à la question plus ample de la transformation des politiques judiciaires qui établissent la criminalisation de l'homicide et le développement de la justice souveraine au cours de l'époque moderne[49]. La violence est en effet indissociable de sa répression par les institutions coercitives exerçant une « violence d'État », réexaminée au prisme d'une nouvelle « histoire du droit de punir ». Trente ans après *Surveiller et punir*, le spectacle de l'exécution capitale a été revisité par Pascal Bastien sous l'angle du lien ritualisé entre le public et les magistrats : à Paris au XVIIIe siècle, c'est moins l'exemplarité de la peine qui est recherchée que la négociation publique ancrée dans nouvelle culture judiciaire, fondée sur la légitimité sociale du châtiment « juste[50] ».

---

46 Hervé Piant, *Une justice ordinaire. Justice civile et criminelle dans la prévôté de Vaucouleurs sous l'Ancien Régime*, Rennes, PUR, 2006.

47 Benoît Garnot (dir.), *L'infrajudiciaire, du Moyen Âge à l'époque contemporaine*, Dijon, ÉUD, 1996 ; *Id.*, « Justice, infrajustice, parajustice et extrajustice dans la France moderne », *CHS*, n° 1, 2000, p. 103-121 ; Hervé Piant, « Vaut-il mieux s'arranger que plaider ? Un essai de sociologie judiciaire dans la France d'Ancien Régime », dans A. Follain, *Les justices locales, op. cit.*, p. 97-124.

48 Claude Gauvard et Andrea Zorzi (dir.), *La Vengeance en Europe. XIIe-XVIIIe siècle*, Paris, Publications de la Sorbonne, 2015.

49 X. Rousseaux, « Historiographie du crime », art. cité, p. 139-150 ; Isabelle Paresys, *Aux marges du royaume. Violence, justice et société en Picardie sous François Ier*, Paris, Publications de la Sorbonne, 1998.

50 Pascal Bastien, *L'exécution publique à Paris au XVIIIe siècle. Une histoire des rituels judiciaires*, Seyssel, Champ Vallon, 2006.

Dans un retour marqué à l'anthropologie historique, le développement de la justice pénale est également étudié dans ses dimensions les plus concrètes et les plus sensibles, par une réduction de la focale à la plus petite unité, le corps. Il faut évoquer ici l'importance d'un nouveau champ, en particulier autour des travaux de Michel Porret, portant sur l'histoire matérielle de la « violence légale » exercée par la répression et sur l'histoire du corps violenté, instrument médico-légal d'une transformation des pratiques judiciaires[51].

Ces différents changements d'échelle d'observation conduisent à prendre en considération une définition plus large et plus relative de la violence, dont la perception, la tolérance et le refus dépendent des acteurs et des normes. Dès lors, l'image d'une société travaillée par une violence omniprésente semble se fissurer. Toutefois, du fait de l'émiettement des études et de la diversité régionale, il demeure difficile de dresser un tableau synthétique de la violence saisie au niveau local, d'autant que l'essentiel des travaux porte sur le XVIIIe siècle (soit au moment où la violence aurait déjà atteint des niveaux relativement bas) et que les villes demeurent moins étudiées que les villages.

DES VIOLENCES SPÉCIFIQUES
Approche transversale ou typologique ?

Parallèlement à cette tension centrale qui structure les recherches sur l'histoire de la violence à l'époque moderne, on peut, dans un dernier temps, s'arrêter sur d'autres types de comportements violents généralement exclus de l'analyse ou considérés à part. Sans vouloir dresser la liste exhaustive des différentes formes de violences, que les usages actuels étendent presque à l'infini, il s'agit d'évoquer la manière dont la violence est interrogée et mobilisée dans plusieurs historiographies de l'époque moderne.

---

51 Michel Porret (dir.), *Le corps violenté. Du geste à la parole*, Genève, Droz, 1998 ; Fabrice Brandli et Michel Porret, *Les corps meurtris. Investigations judiciaires et expertises médico-légales au* XVIIIe *siècle*, Rennes, PUR, 2014.

UN DÉVOILEMENT : LE GENRE DE LA VIOLENCE

Les études portant sur les violences intrafamiliales, les violences féminines ou les violences faites aux femmes constituent un important volet
historiographique, de mieux en mieux intégré à l'analyse de la violence en
général. C'est pourtant d'abord au sein des études sur les femmes et sur le
genre que le sujet, longtemps considéré comme tabou parce que « sombre,
éprouvant [...] semé d'embûches » et lourd de « stéréotypes solidement
ancrés », a été mis au jour[52]. Si les stéréotypes liés à la figure idéale de la
« femme civilisatrice » et à la faiblesse de la nature féminine ont pu faire
obstacle à la recherche, c'est aussi à un puissant effet de sources que l'on
doit cette occultation. De fait, les archives de la grande criminalité de
sang, longtemps privilégiées comme on vient de le voir, éclairent presque
exclusivement la violence au masculin. Les données quantitatives issues
des sources judiciaires soulignent assez la dissymétrie entre les sexes, dans
des proportions qui varient selon les types de crimes : la part des femmes
dans la grande criminalité pardonnée est très faible et en baisse depuis
la fin du Moyen Âge (4 % environ des lettres de rémission accordées par
Charles VI ; 1,7 % des rémissions parisiennes entre 1515 et 1568)[53]. Entre
1575 et 1604, les femmes ne représentent que 9,4 % des accusés pour
homicide jugés en appel par le parlement de Paris[54]. Dans les prisons
d'Ancien Régime, leur part se situe généralement et de manière stable
autour de 15-20 % des détenus (contre 3,5 % aujourd'hui)[55].

Différents filtres – sociaux, culturels, légaux, judiciaires, épistémologiques – contribuent ainsi à obscurcir la perception des phénomènes de
violence impliquant les femmes et leur spécificité par rapport à la violence
masculine. Dénonçant « le mythe historiographique de l'impossible
dévoilement des secrets de famille[56] » comme celui de l'invisibilité des

---

52   Cécile Dauphin et Arlette Farge (dir.), *De la violence et des femmes*, Paris, Éd. du Seuil, 2001 [1997].
53   C. Gauvard, « *De Grace Especial* », *op. cit.*, p. 300 ; D. Roussel, *Violences et passions*, *op. cit.*, p. 108.
54   R. Muchembled, « Fils de Caïn, enfants de Médée », art. cité, p. 1073.
55   Diane Roussel, « La description des violences féminines dans les archives criminelles du XVIᵉ siècle », *Tracés, Revue de sciences humaines*, vol. 19, 2010, p. 71-72. Chiffres de l'administration pénitentiaire au 1ᵉʳ janvier 2015 : http://www.justice.gouv.fr/prison-et-reinsertion-10036/les-personnes-prises-en-charge-10038/les-femmes-detenues-10023.html (consulté le 15/05/2016).
56   Julie Doyon, « Des secrets de famille aux archives de l'effraction : violences intra-familiales et ordre judiciaire au XVIIIᵉ siècle », dans A. Follain, *La Violence et le judiciaire*, *op. cit.*, p. 209-222.

violences féminines, les études se multiplient pourtant depuis les années 1990. Il est possible de faire une histoire de la criminalité et de la violence intrafamiliale et féminine, à condition de « chercher la femme » dans d'autres sources que celles de la grande criminalité ou au-delà de l'incapacité juridique féminine qui souvent fait écran à leur présence dans les sources judiciaires. Victimes ou viragos ? Cette alternative provocatrice est rapidement dépassée pour faire la démonstration que les femmes ne sont pas les éternelles absentes de l'histoire de la violence et que la question de la violence est une clé d'entrée essentielle pour interroger sous l'angle du genre les pratiques et les représentations dans les sociétés d'Ancien Régime.

Dans le sillage des questions actuelles sur le statut de la « victime », l'attention est portée sur les enfants et les femmes victimes, ainsi que sur certains types de violences[57]. Mais si les études sur l'infanticide, l'avortement, les violences sexuelles et l'inceste se multiplient en histoire contemporaine, pour la période moderne, les recherches butent encore sur le silence des sources. C'est donc essentiellement à travers l'histoire de leur perception sociale et de leur criminalisation que ces violences sont abordées, à l'image de l'histoire du viol à la suite des travaux pionniers de Georges Vigarello[58], du parricide, érigé en crime absolu à l'époque moderne[59], ou de l'uxoricide, c'est-à-dire de l'homicide de la femme adultère ou « crime passionnel[60] ».

À côté de la violence de correction, les « crimes d'honneur » sur les épouses infidèles traduisent la nécessité absolue de sauvegarder l'honneur familial : c'est la raison pour laquelle pères, maris et frères violents sont encore pardonnés par le roi au XVIe siècle. Michel Nassiet avance l'idée que le resserrement du lien conjugal, une relative émancipation sexuelle et la recherche du bonheur individuel contribuent au XVIIIe siècle à relativiser

---

57   Garnot Benoît (dir.), *Les victimes, des oubliées de l'histoire ?*, Rennes, PUR, 2000 ; Francesca Prescendi et Agnès A. Nagy (dir.), *Victimes au féminin*, Genève, Georg, 2011.

58   Georges Vigarello, *Histoire du viol. XVIe-XXe siècle*, Paris, Éd. du Seuil, 1998 ; Stéphanie Gaudillat Cautela, « Questions de mot. Le "viol" au XVIe siècle, un crime contre les femmes ? », *Clio. Histoire, femmes et sociétés*, n° 24, 2006, p. 57-79.

59   Julie Doyon, « Des coupables absolus ? Les parricides dans le système judiciaire parisien (vers 1680 – vers 1760) », dans Benoît Garnot (dir.), *Normes juridiques et pratiques judiciaires du Moyen Âge à la fin de l'époque contemporaine*, Dijon, ÉUD, 2007, p. 191-202.

60   Dorothea Nolde, « Le rôle de la violence dans les rapports conjugaux en France, à la fin du XVIe et au début du XVIIe siècle », dans Odile Redon, Line Sallmann et Sylvie Steinberg (dir.), *Le désir et le goût. Une autre histoire*, Paris, Presses universitaires de Vincennes, 2005, p. 309-327.

l'impératif collectif de l'honneur et ainsi à limiter la violence sanglante[61].
À partir des violences intrafamiliales, Julie Doyon interroge les rapports
de genre au sein du couple et de la parenté, l'institutionnalisation de
la famille dans la société et la construction politique des Lumières[62].

Dépassant la seule dimension de victimes passives d'une violence
exclusivement masculine, les études sur la violence commise par les
femmes se multiplient également. Outre les figures plus ou moins
célèbres de criminelles, qui suscitent une fascination particulière[63], les
femmes contribuent aussi à la violence ordinaire. À la suite des travaux
précoces des historiens anglophones, l'étude de cette transgression permet
de caractériser des usages et des représentations genrés de la violence,
tout en réévaluant la place des femmes dans la sociabilité d'Ancien
Régime[64]. La violence du mot et du geste éclaire les rapports sociaux et
de genre fondés sur l'honneur et la réputation et révèle les mécanismes
de contrôle et de régulation sociale[65].

DES HISTORIOGRAPHIES SÉPARÉES :
VIOLENCES COLLECTIVES, VIOLENCES EXTRÊMES

Le primat accordé à la définition de la violence comme affrontement
physique interpersonnel exclut le plus souvent de l'analyse générale
les violences collectives. Pourtant, malgré la très grande diversité des
formes, des motifs, des acteurs et des contextes qu'il s'agit de restituer,

---

61 M. Nassiet, *La Violence, op. cit.*, p. 155-177.
62 J. Doyon, « Des secrets de famille aux archives de l'effraction », art. cité. Voir aussi Sylvie
    Perrier (dir.), « Familles et justices à l'époque moderne », *Annales de démographie historique*,
    n° 2, 2009 ; Claude Gauvard et Alessandro Stella (dir.), *Couples en justice IVe-XXIe siècle*,
    Paris, Publications de la Sorbonne, 2013.
63 Robert Muchembled, *Passions de femmes au temps de la Reine Margot (1553-1615)*, Paris,
    Éd. du Seuil, 2003 ; Loïc Cadiet, Frédéric Chauvaud, Claude Gauvard *et al.* (dir.), *Figures
    de femmes criminelles de l'Antiquité à nos jours*, Paris, PUPS, 2010.
64 Laura Gowing, *Domestic Dangers : Women, Words, and Sex in Early Modern London*, Oxford,
    Clarendon Press, 1998 [1996] ; Martin Ingram, « Law, litigants and the construction of
    "honour" : slander suits in early modern England », dans Peter Coss (dir.), *The Moral
    World of the Law*, Cambridge, Cambridge University Press, 2000, p. 134-160 ; Lyndal
    Roper, *The Holy Household : Women and Morals in Reformation Augsburg*, Oxford, Clarendon
    Press, 1989 ; Ulinka Rublack, *The Crimes of Women in Early Modern Germany*, Oxford,
    Oxford University Press, 1999.
65 Karine Lambert et Martine Lapied, « Femmes du peuple dans les archives judiciaires »,
    Dix-huitième siècle, vol. 36, 2004, p. 155-170 ; Christophe Régina, *Genre, Mœurs et Justice.
    Les Marseillaises et la violence au XVIIIe siècle*, Aix-en-Provence, Presses de l'Université de
    Provence, 2015.

la violence est au cœur de ces phénomènes et de leur répression et les mettre en perspective avec l'évolution générale de la violence au cours de l'époque moderne peut apporter de précieux éléments au débat.

Objet assez délaissé depuis les grandes controverses des années 1960-1970, l'étude des violences collectives contre l'autorité a été renouvelée par la gigantesque enquête menée par Jean Nicolas. *La Rébellion française*, parue en 2002, a bousculé l'image d'une seconde modernité pacifiée : en élargissant le spectre de la typologie des révoltes, l'historien a mis en évidence la persistance des violences collectives après la Fronde et même la montée en puissance du fait rébellionnaire dans le dernier tiers du XVIIIe siècle, à l'encontre de la thèse du processus de civilisation[66]. Pour Robert Muchembled, la recrudescence des violences paysannes n'invalide pourtant pas le schéma d'ensemble : au contraire, elle exprime la résistance de la jeunesse face à « la volonté des gouvernants d'imposer une loi de l'économie du sang et des passions[67] ». L'enquête se poursuit par l'étude du fonds Jean Nicolas à Rennes 2 et au sein du programme « Cultures des Révoltes et Révolutions » qui entend dépasser le débat sur la quantification des événements pour privilégier une analyse de la qualification, des discours et des productions culturelles propres aux phénomènes révolutionnaires[68]. Protéiforme et d'intensité variable, la violence utilisée par les insurgés n'est nullement aveugle, mais au contraire ciblée, ritualisée et communautaire ; elle est un des langages des révoltés comme le rappelle, quarante ans après Natalie Zemon Davis, Gauthier Aubert dans une synthèse récente[69]. Enfin, dans cette perspective, les travaux sur le brigandage et ses représentations permettent d'étudier l'intersection entre violence politique, histoire sociale et criminalité à la fin de l'Ancien Régime et à l'époque révolutionnaire[70].

66 Jean Nicolas, *La Rébellion française. Mouvements populaires et conscience sociale (1661-1789)*, Paris, Éd. du Seuil, 2002.

67 R. Muchembled, *Une histoire de la violence, op. cit.*, p. 305.

68 Présentation du projet ANR CURR : http://www.crhq.cnrs.fr/curr/accueil.php, consulté le 15/05/2016.

69 Natalie Z. Davis, « Les rites de violence », dans *Les Cultures du peuple. Rituels, savoirs et résistances au XVIe siècle*, Paris, Aubier, 1979, p. 251-307 ; Gauthier Aubert, *Révoltes et répressions dans la France moderne*, Paris, A. Colin, 2015, p. 151-159.

70 Patrice Péveri, « De Cartouche à Poulailler : l'héroïsation du bandit dans le Paris du XVIIIe siècle », dans Claude Gauvard et Jean-Louis Robert (dir.), *Être Parisien*, Paris, Publications de la Sorbonne, 2004, p. 135-150 ; Valérie Sottocasa, *Les Brigands et la Révolution. Violences politiques et criminalité dans le Midi (1789-1802)*, Seyssel, Champ Vallon, 2015.

Les violences extrêmes, civiles et/ou militaires, désignent des phénomènes divers qu'on ne peut amalgamer les uns aux autres selon une approche structurelle réductrice et anhistorique, mais qui peuvent être constitués en objet d'histoire, comme l'a été récemment le massacre[71]. Les violences interconfessionnelles de l'époque moderne constituent un jalon et un observatoire majeurs des formes collectives de violence. Insistant sur la dimension profondément eschatologique de la culture européenne à l'aube des Temps modernes, Denis Crouzet a mis au jour le caractère mystique et expiatoire des violences religieuses qui s'expriment jusqu'au paroxysme de la Saint-Barthélemy avant leur reflux et leur intériorisation[72]. Les guerres de Religion du XVIe siècle contribuent à un changement de sensibilité majeur. Une nouvelle norme distingue les violences qui relèvent de l'État de droit, théoriquement mesurées et donc admissibles, et celles considérées comme des exactions et des crimes « exécrables » parce que les civils en sont les premières victimes. Pour David El Kenz, au-delà de l'apparente « contradiction méthodologique entre la civilisation des mœurs et les massacres religieux », « la civilité demeure un axe interprétatif pour saisir le seuil de tolérance à l'égard des violences extrêmes, seuil qui s'abaisse en Occident devant les cruautés des troubles de religion[73] ». Dans cet ordre d'idées, on s'intéresse aussi aux mécanismes des guerres civiles et en réintroduisant dans l'analyse de la période des motifs sociaux et politiques, pour insister sur les choix des acteurs et les rivalités partisanes dans les guerres de Religion et de la Ligue[74], ou pour interroger la guerre civile comme épreuve pour les sociétés qui y sont confrontées[75].

71 David El Kenz (dir.), *Le Massacre, objet d'histoire*, Paris, Gallimard, 2005.
72 Denis Crouzet, *Les guerriers de Dieu. La violence au temps des troubles de religion (vers 1525 – vers 1610)*, Seyssel, Champ Vallon, 1990, 2 vol.; *Id.*, *La nuit de La Saint-Barthélemy. Un rêve perdu de la Renaissance*, Paris, Fayard, 1994.
73 David El Kenz, « La civilisation des mœurs et les guerres de Religion : un seuil de tolérance aux massacres », dans *Le Massacre, op. cit.*, p. 183-197.
74 M. Nassiet, *La Violence, op. cit.*, p. 265-288 ; Philippe Hamon, « Paradoxes de l'ordre et logiques fragmentaires : une province entre en guerre civile (Bretagne, 1589) », *Revue historique*, n°3, 2014, p. 597-628 ; Sylvie Daubresse et Bertrand Haan (dir.), *La Ligue et ses frontières. Engagements catholiques à distance du radicalisme à la fin des guerres de Religion*, Rennes, PUR, 2015 ; José Javier Ruiz Ibáñez et Serge Brunet (dir.), *Les Ligues catholiques et leurs alliés dans la France des guerres de Religion (vers 1576-1598)*, Paris, Classiques Garnier, 2016.
75 Pierre-Jean Souriac, *Une guerre civile. Affrontements religieux et militaires dans le Midi toulousain, 1562-1596*, Seyssel, Champ Vallon, 2008 ; Jérémie Foa, « "En eschauguette en sa propre maison". Réflexions sur le terrorisme comme guerre civile – l'exemple des guerres de Religion (1562-1598) », *Sociétés plurielles*, vol. 1, 2017.

Les massacres de la Saint-Barthélemy symbolisent ainsi une rupture dont la mémoire reste vive encore au siècle des Lumières, alors que le massacre se transforme et « fait plonger le monde contemporain dans une nouvelle histoire de la violence », vers le crime de masse des périodes révolutionnaires[76]. Pierre Serna et Hervé Bruno distinguent trois pistes fécondes : l'étude des pratiques des violences extrêmes, par l'analyse des mécanismes des résistances et des répressions, dans une réflexion sur la guerre civile et la politisation de la violence, à l'image des travaux de Jean-Clément Martin sur la violence révolutionnaire[77] ; celle de la violence étatique et des procédures légales par la construction du droit ; celle, enfin, de la violence institutionnelle et militaire extrême. Sur ce dernier point, si le transfert de l'histoire du XXe siècle à la période moderne des notions de « guerre totale » et de « brutalisation » peut engendrer des confusions, les spécialistes du fait militaire sont de plus en plus sensibles à la question de la mesure de l'intensité des combats et des seuils de violence[78]. La guerre de Sept Ans constitue ainsi un point de bascule dans la chronologie, par l'instauration d'une violence technique et géostratégique nouvelle, exercée en particulier dans les colonies[79]. Sans doute les batailles de la première modernité s'en distinguent-elles. Mais la perspective anthropologique, qui insiste sur les expériences vécues des soldats et des populations civiles, permet de confronter le mythe (de Bayard, de Marignan, etc.) aux réalités sociales brutales du carnage du champ de bataille et des « violences de guerre[80] ».

---

76 Hervé Bruno et Pierre Serna (dir.), « Les violences extrêmes entre conflits militaires, guerres civiles et construction des citoyennetés dans l'espace atlantique (1750-1840) », *Les Cahiers de l'Institut d'Histoire de la Révolution française*, n° 3, 2011 : http://lrf.revues.org/180, (consulté le 15/05/2016).
77 Jean-Clément Martin, *Violence et Révolution. Essai sur la naissance d'un mythe national*, Paris, Éd. du Seuil, 2006.
78 Sans revenir ici sur l'historiographie de la Grande Guerre, on peut renvoyer à Stéphane Audoin-Rouzeau, « Violence », dans Pascal Cauchy, Claude Gauvard et Jean-François Sirinelli (dir.), *Les Historiens français à l'œuvre, 1995-2010*, Paris, PUF, 2015, p. 131-142.
79 Hervé Drévillon, *Batailles. Scènes de guerre de la Table Ronde aux tranchées*, Paris, Éd. du Seuil, 2007.
80 Olivier Chaline, *La bataille de la Montagne blanche, 8 novembre 1620*, Paris, Noèsis, 2000 ; Jean-Marie Le Gall, « Les combattants de Pavie. Octobre 1524 – 24 février 1525 », *Revue historique*, n° 3, 2014, p. 567-596 ; Nicolas Le Roux, *1515. L'invention de la Renaissance*, Paris, A. Colin, 2015 ; Ariane Boltanski, Yann Lagadec et Franck Mercier (dir.), *La bataille, du fait d'armes au combat idéologique, XIe-XIXe siècles*, Rennes, PUR, 2015.

Objet d'histoire polymorphe et prolifique, la violence s'étudie par les formes qu'elle prend et la place qu'elle occupe dans des systèmes de normes, de perceptions et de fonctions sociales qui évoluent dans le temps et dans l'espace. Dès lors, le principal enjeu épistémologique réside dans la nécessité de croiser davantage les approches et les niveaux, notamment entre le niveau local et le niveau central, entre les approches sérielles et qualitatives, entre l'observation micro-historique et l'analyse de longue durée qui, loin d'être incompatibles, permettent d'étudier les transformations de la violence par le biais des évolutions des systèmes de régulation et de contrôle[81]. Indissociables des questions de méthode, les enjeux interprétatifs demeurent au cœur de la controverse historique européenne actuelle. Au-delà des prises de positions et des réductions, la querelle scientifique fonctionne sur le recours à des sociologies et des philosophies « classiques » (Norbert Elias, dans une moindre mesure aujourd'hui Michel Foucault, désormais Émile Durkheim) qui permettent de penser le temps long. Elles fondent des théories fécondes et sans doute plus proches et plus complémentaires qu'on les présente généralement[82]. Pour autant, après la synthèse des données, les temps sont-ils mûrs pour une tentative de synthèse interprétative ? Ou l'interprétation d'ensemble, « capable d'expliquer un phénomène pluriséculaire étendu sur un continent entier, dans des pays où les conditions politiques, religieuses et sociales diffèrent » reste-t-elle encore à trouver[83] ? Il semble que cette question historique de grande ampleur constituera encore longtemps un chantier ouvert, voire un véritable défi à l'analyse comme que le constatent les historiens contemporanéistes, plus réticents à utiliser les thèses de Norbert Elias pour analyser un XXᵉ siècle qui met rudement à l'épreuve une acception simple du processus de civilisation[84].

Diane ROUSSEL

---

81   Xavier Rousseaux, « La violence dans les sociétés pré-modernes : sources, méthodes et interprétations », dans Aude Musin, Xavier Rousseaux et Frédéric Vesentini (dir.), *Violence, conciliation et répression. Recherches sur l'histoire du crime, de l'Antiquité au XXIᵉ siècle*, Louvain, Presses universitaires de Louvain, 2008, p. 263-288.

82   Helmut Thome, « Explaining Long Term Trends in Violent Crime », *CHS*, vol. 5, nᵒ 2, 2001, p. 69-86.

83   A. Follain et H. Piant, « Conclusions », art. cité, p. 525.

84   Quentin Deluermoz (dir.), « Norbert Elias et le 20ᵉ siècle : le processus de civilisation à l'épreuve », *Vingtième Siècle. Revue d'histoire*, nᵒ 106, 2010.

HISTOIRE DU LIVRE
ET DES BIBLIOTHÈQUES

Les auteurs écrivent des livres, qu'impriment les imprimeurs et que vendent les libraires. Les lecteurs les lisent, puis les rangent dans leurs bibliothèques. Les connaissances, les idées et les histoires circulent ainsi dans la société, sont assimilées puis progressivement reléguées, après avoir agi sur une multiplicité d'acteurs. Tout s'inscrivant dans le tableau général proposé il y a trente-cinq ans par Robert Darnton, qui envisage l'histoire du livre comme un vaste circuit de communication, c'est à déconstruire ces assertions que s'emploient aujourd'hui les historiens, en opérant une série de déboitements[1]. Les auteurs n'écrivent pas de livres, pas même les leurs ; car le livre est le produit d'une série d'opérations techniques, matérielles et intellectuelles, qui affecte profondément le sens du texte. Les presses des imprimeurs produisent sans doute moins de livres que d'imprimés ordinaires, travaux de ville et formulaires administratifs, qui transforment profondément le rapport des sociétés à la culture écrite en faisant pénétrer l'imprimé dans tous les milieux sociaux et en suscitant de nouvelles occasions d'écrire à la main. Les bibliothèques sont faites de livres, mais aussi de meubles, de tableaux, de collections d'objets, d'archives : elles sont moins le lieu de la lecture que celui de la performance d'une identité individuelle, familiale ou communautaire. Elles rappellent que le livre se prête à des usages multiples, irréductibles à la seule lecture, et que sa dimension matérielle participe de ce geste dynamique qu'est l'appropriation du sens du texte par le lecteur. Cette série de déboitements produit une histoire du livre enchâssée dans l'histoire du papier, de l'écriture, du non-livre et de l'éphémère, de la lecture, des bibliothèques. Histoire d'objets, c'est aussi une histoire des identités sociales produites par l'action d'écrire et de publier, de lire et de ranger des livres.

---

1   Robert Darnton, « What Is the History of Books », *Daedalus*, vol. 111, n° 3, 1982, p. 65-83 ; republié en français dans *Gens de lettres, gens du livre*, Paris, O. Jacob, 1992.

L'HISTOIRE DU LIVRE EST-ELLE
UNE HISTOIRE COMME LES AUTRES ?

Cette histoire du livre est-elle une discipline, un espace interdisciplinaire ou un champ de la recherche en histoire ? L'histoire du livre est-elle une histoire comme les autres ? Plusieurs événements ont donné l'occasion de revenir sur la constitution des méthodes et des objets d'étude en histoire du livre[2]. En 2008, on célébrait le cinquantenaire de la publication de l'*Apparition du livre* de Lucien Febvre et Henri-Jean Martin, œuvre fondatrice d'un nouveau champ de recherche[3]. Les manifestations rendaient un hommage appuyé au même Martin, disparu l'année précédente, qu'elles consacraient non seulement comme « inventeur de la discipline », mais aussi comme pionnier de ses renouvellements[4]. En 2017, de nouvelles journées ont été organisées pour commémorer les dix ans de cette disparition. Ces rencontres ont été l'occasion de faire le point sur les transformations de ce que l'on appelle volontiers l'« histoire du livre à la française », dont les ouvrages d'Henri-Jean Martin, de *Livre, pouvoirs et société à Paris au XVIIe siècle* (1969) à la *Naissance du livre moderne, XIVe-XVIIe siècle : mise en page et mise en texte du livre français* (2000), semblent constituer autant de jalons : une histoire fortement marquée, à ses débuts, par les problématiques économiques et sociales, par le recours aux archives et par les méthodes quantitatives, qui a ensuite été capable, dans les années 1980, de s'ouvrir aux puissants renouvellements de l'histoire de la lecture et aux suggestions de la « nouvelle bibliographie matérielle » anglo-saxonne, qui s'intéresse à

---

2   Précédemment, un important jalon avait été la publication de Hans-Erich Bödeker (dir.), *Histoires du livre, nouvelles orientations. Actes du colloque des 6-7 septembre 1990*, Paris, IMEC, Éd. de la MSH, 1995.

3   Frédéric Barbier et István Monok (dir.), *Cinquante ans d'histoire du livre, de L'Apparition du livre (1958) à 2008. Bilans et projets*, Budapest, Orszagos Széchényi Könyvtár, 2009 ; Dominique Varry (dir.), *50 ans d'histoire du livre : 1958-2008*, Lyon, Presses de l'Enssib, 2014 ; Lucien Febvre et Henri-Jean Martin, *L'Apparition du livre*, postface de Frédéric Barbier, Paris, Le Grand livre du mois, 1999 [1958].

4   Roger Chartier, « Henri-Jean Martin et l'invention d'une discipline », *Bibliothèque de l'École des Chartes*, t. 165, n° 2, 2007, p. 313-328. Voir également Henri-Jean Martin, *Les métamorphoses du livre. Entretiens avec Jean-Marc Chatelain et Christian Jacob*, Paris, A. Michel, 2004.

la manière dont les formes typographiques font sens pour les lecteurs. De sorte qu'aujourd'hui, une sorte de consensus méthodologique s'est établi autour d'une histoire du livre qui devrait (au mieux de sa forme) lier l'étude des textes, quels qu'ils soient, avec celle des formes typographiques sous lesquelles ils se présentent au monde, et celle des multiples appropriations sociales qui leur donnent sens.

L'histoire du livre n'est pas une histoire comme les autres. Faute d'un syntagme plus neutre, sur le modèle des *book studies* anglo-saxonnes, c'est l'*histoire* du livre qui rassemble des chercheurs venant de disciplines différentes, historiens, mais aussi littéraires et historiens de l'art. En témoignent les titres des périodiques (en nombre croissant) où se retrouvent les spécialistes et où s'institutionnalise la recherche. Outre le *Bulletin du bibliophile*, la plus ancienne revue française consacrée au livre (1834), on compte la canonique *Revue française d'histoire du livre* (1931, sous ce titre depuis 1971), ou les plus récentes *Histoire et civilisation du livre* (2005) et *Livre. Revue historique* (2015)[5]. Pourtant, les foyers les plus visibles de l'histoire du livre ne sont pas liés à des départements d'histoire, mais à l'École des chartes, à l'Enssib, à l'École pratique des hautes études, où la chaire d'histoire du livre existe depuis 1964, toutes trois marquées par l'héritage de Martin, qui y a enseigné et y a laissé des disciples. À la Bibliothèque nationale, la salle T, qui rassemble la documentation sur le livre, est placée à côté de la salle de Littérature, et non à côté de la salle d'Histoire.

L'histoire du livre est ainsi, d'abord, un territoire partagé. Dans *Old Books and New Histories* (2006), l'historienne canadienne Leslie Howsam proposait de représenter l'histoire du livre comme un espace triangulaire délimité de manière équilatérale par l'histoire, la littérature et la bibliographie[6]. Adaptée à la situation anglo-saxonne, cette représentation l'est beaucoup moins pour la France. La bibliographie matérielle, qui invite à replacer l'étude matérielle du livre au centre des préoccupations des chercheurs, est nettement moins vigoureuse en France qu'elle ne l'est dans l'aire anglo-saxonne, et elle n'y a pas acquis la consistance d'une discipline. Peu d'historiens sont véritablement formés aux méthodes et

---

5   La *RFHL* a pris la suite en 1971 du *Bulletin de la société des bibliophiles de Guyenne*, fondé en 1931.

6   Leslie Howsam, *Old Books and New Histories. An Orientation to Studies in Book and Print Culture*, Toronto, University of Toronto Press, 2006.

au vocabulaire de l'archéologie des textes imprimés, qui fait en revanche partie du curriculum des professionnels du patrimoine écrit. L'immense influence de Roger Chartier, préfacier de la traduction française de *La bibliographie et la sociologie des textes* de Donald F. McKenzie, a fortement contribué à acclimater en France les problématiques de la « nouvelle bibliographie », qui met l'étude matérielle des livres, jusque dans ses aspects les plus finement techniques, au service de la compréhension des processus sociaux de leur transmission[7]. Il est possible, toutefois, que les suggestions de Roger Chartier aient été plus précisément entendues par les littéraires que par les historiens.

À l'inverse, l'histoire du livre n'est pas un espace cantonné de la recherche en histoire. Si peu d'historiens modernistes se présentent comme des historiens du livre, beaucoup en mobilisent les méthodes et les outils pour éclairer un aspect de leurs recherches, signe de l'acculturation de la profession aux manières de faire élaborées depuis les années 1970. La composition des bibliothèques privées, désormais plus fréquemment associée à l'étude matérielle des exemplaires et des annotations manuscrites, est mobilisée pour saisir les pratiques culturelles de la notabilité de Poitiers, les dévotions domestiques des Orléanais ou la culture des marchands de La Rochelle. Dans ces tableaux, le lien entre la description des bibliothèques privées et la mise en évidence d'évolutions culturelles significatives (consolidation de la réforme catholique ou émergence d'une pensée éclairée) reste toutefois souvent problématique, à moins de pouvoir documenter substantiellement les pratiques du livre et de la lecture dans ces milieux sociaux[8]. L'analyse d'un genre typographique est une autre entrée fréquemment mobilisée dans les travaux d'histoire sociale, à commencer par ceux de Daniel Roche, qui ont formé toute une génération d'historiens des Lumières. Après les journaux de mode de la *Culture des apparences* (1989), les guides urbains de la *Ville promise* (2000), la littérature apodémique des *Humeurs vagabondes* (2003), les traités de la culture équestre (2008-2015), l'étude des almanachs de commerce (2011) a montré comment ces « livres-outils » ont participé à la transformation des représentations de la boutique et des boutiquiers,

7   Donald F. McKenzie, *La bibliographie et la sociologie des textes*, préface de Roger Chartier, Paris, Éd. du Cercle de la librairie, 1991.
8   Gaël Rideau, *De la religion de tous à la religion de chacun. Croire et pratiquer à Orléans au* XVIIIᵉ *siècle*, Rennes, PUR, 2009 ; Brice Martinetti, *Les négociants de La Rochelle au* XVIIIᵉ *siècle*, Rennes, PUR, 2013 ; Antoine Coutelle, *Poitiers au* XVIIᵉ *siècle. Les pratiques culturelles d'une élite urbaine*, Rennes, PUR, 2014.

à la promotion de valeurs telles que l'inventivité ou la prouesse technique, et aux mutations de l'identité urbaine, où le *shopping* devient un élément d'attractivité[9]. Dans les dernières années de l'Ancien Régime, la bataille des dictionnaires biographiques est une bonne entrée pour comprendre la révolution à l'œuvre dans les formes et les instruments de la réputation et de la reconnaissance sociale[10].

Certainement cette entrée par le livre joue-t-elle dans ces travaux un « rôle adjacent ou complémentaire par rapport à d'autres approches plus globales », comme le soulignait récemment Christophe Charle à propos des travaux de Daniel Roche[11]. Pour autant, le livre n'y est jamais un simple indicateur de l'intérêt porté à un thème au cours d'une période. Son étude joue toujours un rôle privilégié dans la réflexion sur le maniement des signes matériels et symboliques du jeu social, sur le contrôle des significations, sur la construction des identités individuelles et collectives, sur l'intériorisation des habitus sociaux. L'utilisation par les catégories urbaines aisées d'*Arts de mourir* moins abondamment illustrés signale « l'effort de reclassement des pratiques en fonction d'une plus grande intellectualisation, d'une intério-risation qui souligne le clivage socio-culturel des gestes[12] ». Le maniement d'un guide de ville indique une forme de maîtrise de l'espace urbain bien différente, concrètement et intellectuellement, de celle qui peut se déve-lopper à partir des enseignes ou des noms de rue. Participer, quand on est une femme, à la rédaction d'un périodique de mode, c'est devenir autre chose qu'une poupée de mode, c'est occuper une des niches que la société ouvre à l'auctorialité féminine. Rien n'enseigne plus clairement que la lecture est toujours création d'autre chose. Ce qui compte dans ces travaux est la manière dont les acteurs sociaux se saisissent des livres, « la réalité visée [étant] moins les textes, les objets par eux-mêmes, que l'ensemble des manières possibles dont les hommes leur confèrent une capacité à construire la réalité », c'est-à-dire de comprendre ce que les livres font dans le monde[13].

---

9   Natacha Coquery, *Tenir boutique à Paris au XVIIIᵉ siècle : luxe et demi-luxe*, Paris, CTHS, 2011.
10 Jean-Luc Chappey, *Ordres et désordres biographiques. Dictionnaires, listes de noms, réputation des Lumières à Wikipédia*, Seyssel, Champ Vallon, 2012.
11 Christophe Charle, « Daniel Roche : dialogue sur l'histoire du livre », *Histoire et civilisation du livre*, n° 7, 2011, p. 371-382.
12 Daniel Roche, « La mémoire de la mort : recherche sur la place des Arts de mourir dans la librairie et la lecture en France aux XVIIᵉ et XVIIIᵉ siècles », *Annales ESC*, n° 1, 1976, p. 76-119.
13 Daniel Roche, « Histoire des idées, histoire de la culture. Expériences françaises et expériences italiennes », dans Luciano Guerci et Giuseppe Ricuperati (dir.), *Il coraggio*

LES CHANTIERS DE L'HISTOIRE DU LIVRE
Qui écrit ?

Une partie de ces approches a été profondément renouvelée, depuis une quinzaine d'années, par un questionnement qui porte sur son objet même : qu'est-ce qu'un livre ? Plutôt que de le penser comme un texte rendu accessible sous la forme d'un objet, il s'agit d'envisager ensemble « la matérialité du texte et la textualité du livre », selon la proposition de Roger Chartier qui constitue le fil rouge de ses leçons au Collège de France[14]. Chartier souligne comment la dichotomie qui nous est aujourd'hui familière, entre l'œuvre, fruit immortel du génie de l'auteur, et le livre, objet manufacturé, avatar typographique, émerge au XVIIIᵉ siècle d'une série d'évolutions esthétiques et juridiques. Cette opposition entre le texte et le livre-objet est source d'anachronismes et d'incompréhensions, en ce qu'elle masque deux choses.

D'une part, elle occulte le fait que le livre, et le texte avant lui, résultent d'un ensemble de négociations et d'arrangements entre différents acteurs, l'auteur et ses collaborateurs, mais aussi le copiste, les compositeurs et les correcteurs des épreuves, qui déterminent ce que lisent les lecteurs. Comme aime à le répéter Chartier, « les auteurs n'écrivent pas de livres, même pas les leurs ». Ces opérations sont au cœur d'un ensemble très fourni de recherches, plutôt centrés sur la première modernité et consacrés à la dimension concrète du travail dans les ateliers, aux « arrière-boutiques de la littérature » (2010), aux libraires humanistes comme « passeurs de textes » (2012), aux collaborateurs de l'auteur et co-élaborateurs du texte (« qui écrit ? », 2009 et 2012), aux « créations d'atelier » (en 2014)[15]. Plutôt conduits par des littéraires, ces ouvrages s'efforcent de mettre en lumière les

---

della ragione. Franco Venturi intellettuale e storico cosmopolita, Turin, Fondazione L. Einaudi, 1998, p. 151-170 (p. 169).

14 Voir en particulier Roger Chartier, *La main de l'auteur et l'esprit de l'imprimeur*, XVIᵉ-XVIIIᵉ *siècle*, Paris, Gallimard, 2015.

15 Martine Furno, *Qui écrit ? Figures de l'auteur et des co-élaborateurs du texte, XVᵉ-XVIIIᵉ siècle*, Paris, ENS Éditions, Institut d'histoire du livre, 2009 ; Martine Furno, Raphaële Mouren (dir.), *Auteur, traducteur, collaborateur, imprimeur... qui écrit ?*, Paris, Classiques Garnier, 2012 ; Christine Bénévent, Annie Charon, Isabelle Diu et Magali Vène (dir.), *Passeurs de textes. Imprimeurs et libraires à l'âge de l'humanisme*, Paris, École des Chartes, 2012 ; Anne Réach-Ngô (dir.), *Créations d'atelier. L'éditeur et la fabrique de l'œuvre à la Renaissance*, Paris, Classiques Garnier, 2014.

figures discrètes qui, dans les ateliers ou les équipes savantes, participaient à l'élaboration du texte et à la fabrication du livre. Ces perspectives ont également contribué à renouveler le genre classique de la monographie d'imprimeur. L'atelier parisien de Charlotte Guichard, à l'enseigne du Soleil d'Or, est l'une des plus puissantes entreprises de l'édition parisienne dans le second tiers du XVIᵉ siècle : au-delà du mythe de la « veuve savante », l'étude précise de l'atelier montre le rôle des correcteurs et du *præfectus* (le prote), mais aussi des érudits, juristes, théologiens au collège de Navarre ou hellénistes du Collège royal, dans la construction du catalogue de l'atelier, dans l'élaboration des textes et dans la mise en œuvre d'innovations typographiques visant à réduire le prix des ouvrages, comme l'accroissement du nombre de lignes dans les pages des grands in-folio[16].

Dans les travaux consacrés aux « guerres de plume » du XVIIᵉ siècle, l'analyse matérielle des pièces et des volumes imprimés montre comment la typographie participe des dispositifs de communication déployés pour infléchir le sens des événements racontés. Lancé par les frères Jean et Étienne Richer, le *Mercure françois* est progressivement intégré aux outils du « gouvernement des opinions » mis en place par Richelieu à partir des années 1620. Aux « guerres de plume » et aux « coups de libelles » doivent répondre les « paix de papier[17] ». La compilation des faits, qui suppose la sélection et l'agencement des événements, est un véritable travail d'écriture et de mise en texte[18]. Mais la mise en page et la mise en livre peuvent aussi être envisagés comme des leviers politiques, comme en témoigne l'organisation du chapitrage qui permet, après l'assassinat d'Henri IV, de conjurer le spectre d'une vacance du pouvoir en rompant pour une fois avec la présentation par règnes, les *marginalia* imprimés qui jouent le rôle de contre-feux politiques, ou encore le retour de certains codes narratifs et typographiques forgés pendant les guerres de Religion, qui ressurgissent en période de crise[19].

---

16 Rémi Jimenes, *Charlotte Guichard. Une femme imprimeur à la Renaissance*, Rennes, PUR, 2017.
17 Tatiana Debbagi Baranova, *À coups de libelles. Une culture politique au temps des guerres de religion (1562-1598)*, Genève, Droz, 2012 ; Héloïse Hermant, *Guerres de plumes. Publicité et cultures politiques dans l'Espagne du XVIIᵉ siècle*, Madrid, Casa de Velázquez, 2012.
18 Johann Petitjean (*L'Intelligence des choses. Une histoire de l'information entre Italie et Méditerranée, XVIᵉ-XVIIᵉ siècle*, Rome, École française de Rome, 2013) met en évidence l'influence des pratiques professionnelles des chancelleries italiennes dans la compilation journalistique.
19 Comme à la mort de Concini, qui rappelle celle des Guise, ou au retour des conflits religieux des années 1620 : Virginie Cerdeira, *Le Mercure françois. Écrire et publier l'Histoire du temps présent (1611-1648)*, Paris, Classiques Garnier, à paraître.

D'autre part, l'opposition entre le texte et l'objet-livre masque le fait que « les écrivains écrivent bien des livres et non pas des textes », comme le soulignent Nicolas Schapira et Dinah Ribard en tête d'un dossier publié en 2007 dans la *Revue de synthèse*. Ce sont bien des livres que les auteurs ont à l'esprit, en tant que réalité destinée à circuler et à être lue, susceptible de transformer leur statut, de faire d'eux des auteurs, d'établir leur position dans le champ de savoirs en construction ou en mutation[20]. Certains travaux d'histoire littéraire, comme l'étude exemplaire de Yannick Séité sur la *Nouvelle Héloïse*, en 2002, ont éclairé l'implication minutieuse de certains auteurs dans la fabrication de « leurs » livres[21]. Plus largement, il s'agit de renouer le lien entre l'histoire de l'écriture et l'histoire de la fabrication du livre, car la publication commence bien avant que la forme ne soit placée sur le marbre de la presse. Autant que dans les textes, c'est dans les péritextes que l'on trouve matière à la réflexion sur ce moment où le manuscrit devient publiable, où l'écrivant acquiert le statut d'auteur : les préfaces et dédicaces qui racontent la publication comme une « chaîne d'actions », d'acteurs et de lieux, ou encore le privilège royal, dont la lettre, encore assez souple au XVIIᵉ siècle, participe au façonnement et à la publication des identités d'auteurs[22].

Revenir sur cette zone grise permet aussi d'éclairer le rapport des auteurs à un marché du livre en pleine transformation à la fin de l'époque moderne. Comme l'avaient déjà montré les travaux de Robert Darnton, la question de la rémunération des travaux de plume est centrale dans les réflexions sur l'auctorialité, alors que les rangs grossis des merce-naires de l'écriture bousculent la topique traditionnelle de l'auteur désintéressé. D'un côté, on peut soutenir que l'élaboration du *topos* de l'écrivain décidé à « vivre de sa plume » est moins une véritable

---

20 Dinah Ribard et Nicolas Schapira, introduction à *Histoire du livre, histoire par le livre*, *Revue de Synthèse*, n° 1-2, 2007, p. 19-25.

21 Yannick Séité, *Du livre au lire : la Nouvelle Héloïse, roman des Lumières*, Paris, H. Champion, 2002.

22 Christian Jouhaud et Alain Viala (dir.), *De la publication : entre Renaissance et Lumières*, Paris, Fayard, 2002 ; Françoise Waquet (dir.), *Le paratexte*, dossier de la revue *Histoire et civilisation du livre*, n° 6, 2010, en particulier Nicolas Schapira, « Le monde dans le livre, le livre dans le monde : au-delà du paratexte. Sur le privilège de librairie dans la France du XVIIIᵉ siècle », p. 79-96. Les privilèges sont également examinés de près par les études littéraires : Michèle Clément, Edwige Keller-Rahbé (dir.), *Privilèges d'auteurs et d'autrices en France, XVIᵉ-XVIIᵉ siècle : anthologie critique*, Paris, Classiques Garnier, 2017 ; Edwige Keller-Rahbé (dir.), *Privilèges de librairie en France et en Europe, XVIᵉ-XVIIᵉ siècle*, Paris, Classiques Garnier, 2017.

revendication économique, qu'elle ne manifeste la conscience d'une contradiction inévitable entre la valeur intellectuelle de l'œuvre et le revenu monétaire que son auteur peut espérer en tirer – conscience dont Bernard Lahire a montré qu'elle était encore de nos jours au cœur de la « condition d'écrivain[23] ». De l'autre, les débats sur la propriété littéraire et l'évolution de la législation royale (1777) ont posé les conditions d'un petit âge d'or de l'édition à compte d'auteur dans les dernières décennies du XVIIIe siècle, c'est-à-dire « l'élaboration d'un nouveau modèle auctorial dans lequel la commercialisation par l'auteur devient non seulement *possible*, mais *souhaitable*[24] ». Certains auteurs prennent alors en charge toutes les étapes de la publication, de la remise du manuscrit à l'administration royale à l'acquisition du privilège d'édition, des contrats avec le papetier et l'imprimeur au choix du format et des caractères, de la promotion de l'ouvrage dans les périodiques à sa mise en vente chez eux ou chez les libraires qu'ils associent à leur entreprise. Encore concevable dans une économie artisanale du livre, l'articulation de ces fonctions le devient moins dès lors que la médiation éditoriale s'impose, au début du XIXe siècle, comme un élément fondamental de la « fabrique d'autorité » et de la reconnaissance littéraire, discréditant définitivement l'édition à compte d'auteur. Mais avant cela, elle est l'expression la plus extrême d'un régime éditorial dans lequel l'auteur met la main à la fabrication de l'œuvre, de même que l'imprimeur participe à lui donner sens, donnant mieux à comprendre ce qu'« écrire un livre » veut dire.

LIVRE, *PRINT CULTURE* ET CULTURE GRAPHIQUE

Beaucoup de travaux en histoire du livre s'inscrivent encore dans le sillage des pistes ouvertes par Henri-Jean Martin à partir des années 1960, et à nouveau relancées par la grande synthèse collective qu'a été l'*Histoire de l'édition française*, au milieu des années 1980[25]. Le milieu des imprimeurs et des libraires – et en particulier le monde du livre parisien à la Renaissance – a fait l'objet de plusieurs thèses récemment

23 Bernard Lahire, *La condition littéraire. La double vie des écrivains*, Paris, La Découverte, 2006 ; Geoffrey Turnovsky, *The Literary Market : Authorship and Modernity in the Old Regime*, Philadelphia, University of Pennsylvania Press, 2010.
24 Marie-Claude Felton, *Maîtres de leurs ouvrages. L'édition à compte d'auteur à Paris au XVIIIe siècle*, Oxford, Voltaire Foundation, 2014, p. 53.
25 Henri-Jean Martin et Roger Chartier (dir.), *Histoire de l'édition française*, Paris, Promodis, 1983-1986, 4 vol. ; rééd. Paris, Fayard-Cercle de la librairie, 1989-1991.

soutenues en histoire, mais aussi en littérature, en histoire de l'art ou en musicologie[26]. Les recherches sur les techniques d'imprimerie et la typographie[27], les outils de la vente et de la publicité dans la librairie[28], la censure royale et la police du livre[29], la contrefaçon et les circuits de la librairie clandestine[30], les libelles et les mazarinades[31], montrent la capacité de l'histoire du livre à renouveler ses problématiques en menant un double dialogue avec les historiens d'une part, avec les autres disciplines de l'autre. Sur tous ces points et bien d'autres, le récent *Dictionnaire encyclopédique du livre* constitue désormais pour les chercheurs un outil incontournable[32]. De nouveaux répertoires bibliographiques sont mis en œuvre, sous forme imprimée ou numérique, qui permettent de combler les lacunes des instruments anciens, en particulier pour les débuts de la production imprimée en France[33]. Aux renouvellements des questionnaires

---

26 Parmi quelques thèses récentes : Audrey Boucaut-Graille, *Les imprimeurs de musique parisiens et leurs publics, 1528-1598,* Université de Tours, 2007 ; Louise Katz Simon, *La presse et les lettres : les épîtres paratextuelles et le projet éditorial de l'imprimeur Josse Bade (v. 1462-1535),* EPHE, 2013 ; Mathilde Le Roc'h-Morgère, *Devenir imprimeur-libraire en Basse-Normandie au XVIIIe siècle. Les stratégies de la maison Chalopin,* École des chartes, 2013 ; Louis-Gabriel Bonicoli, *La production du libraire-éditeur parisien Antoine Vérard (1485-1512) : nature, fonctions et circulation des images dans les premiers livres imprimés illustrés,* Université Paris X, 2015 ; Catherine Kikuchi, *Venise et le monde du livre, 1469-1530,* Université Paris-Sorbonne, 2016.

27 Rémi Jimenes, *Les caractères de civilité. Typographie et calligraphie sous l'Ancien Régime, France, XVIe-XIXe siècle,* Gap, Atelier Perrousseaux, 2011.

28 Annie Charon, Claire Lesage, Ève Netchine (dir.), *Le livre entre le commerce et l'histoire des idées : les catalogues de libraires, XVe-XIXe siècle,* Paris, École des Chartes, 2011 ; Annie Charon, Sabine Juratic, Isabelle Pantin (dir.), *L'annonce faite au lecteur. La circulation de l'information sur les livres en Europe, 16e-18e siècles,* Louvain-la-Neuve, Presses universitaires de Louvain, 2016.

29 Jean-Dominique Mellot, Marie-Claude Felton, Élisabeth Queval (dir.), *La police des métiers du livre à Paris au siècle des Lumières : « Historique des libraires et imprimeurs de Paris existans en 1752 » de l'inspecteur Joseph d'Hémery. Édition critique,* Paris, Bibliothèque nationale de France, 2017.

30 Yann Sordet (dir.), *Contrefaçons dans le livre et l'estampe, XVe-XXIe siècle,* dossier de la revue *Histoire et civilisation du livre,* n° 13, 2017.

31 Stéphane Haffemayer, Patrick Rebollar, Yann Sordet (dir.), *Mazarinades, nouvelles approches,* dossier de la revue *Histoire et civilisation du livre,* n° 12, 2016.

32 Pascal Fouché *et al., Dictionnaire encyclopédique du livre,* Paris, Cercle de la librairie, 2002-2011, 3 vol.

33 Andrew Pettegree, Malcolm Walsby et Alexander Wilkinson, *French vernacular books : Books published in the french language before 1601,* Leyde-Boston, Brill, 2007 ; Andrew Pettegree, Malcolm Walsby, *French books III & IV : Books published in France before 1601 in Latin and languages other than French,* Leyde-Boston, Brill, 2012. Voir également la base bp16.bnf.fr pour les éditions parisiennes du XVIe siècle.

se combinent les effets de l'instrumentation numérique du patrimoine écrit qui, depuis une vingtaine d'années, renouvelle le mode d'accès aux sources et aux instruments de recherche. On pense, à titre d'exemple, aux bases d'ornements typographiques qui permettent d'identifier des contrefaçons, aux corpus virtuels comme celui des mazarinades, ou à la reconstitution de bibliothèques dispersées[34].

Bien des chantiers restent ouverts. On manque encore de synthèses qui restitueraient les dynamiques de la production, du commerce et de la consommation du livre à une échelle locale ou régionale. Mis à part les capitales typographiques que sont Paris, Lyon ou Rouen, seuls la Bretagne au XVIe siècle et le nord de la France au XVIIIe siècle ont fait l'objet d'études précises[35]. La bonne connaissance que l'on a désormais de la production imprimée en Bretagne avant 1601 s'inscrit dans un panorama historique qui rend sa place au libraire, au commanditaire et au lecteur, à côté de l'imprimeur. La précocité de l'apparition des presses dans la péninsule ne peut s'expliquer sans tenir compte du patronage des élites, décisif dans l'émergence d'une production de dévotion et de loisir, autant que dans la disparition des presses lorsqu'il vient à faire défaut. Au cours du XVIe siècle, la faiblesse de la production locale va de pair avec un fort dynamisme du marché du livre, porté par des libraires qui font venir leurs marchandises de l'extérieur de la Bretagne. C'est sur les travaux de ville que repose l'activité des presses, avant que la période de la Ligue, marquée par une forte production pamphlétaire, ne permette à l'imprimerie bretonne de se réorganiser et de prendre définitivement son essor.

La connaissance progresse également sur certains genres d'ouvrages qui constituent des niches plus ou moins importantes au sein de la librairie d'Ancien Régime. Le livre d'architecture, le livre de science,

34 Voir par exemple maguelone.enssib.fr pour les ornements typographiques, mazarinades. org pour les mazarinades, ou le portail Biblissima pour les bibliothèques virtuelles.
35 Malcolm Walsby, *The printed book in Britany, 1484-1600*, Leyde-Boston, Brill, 2011 ; Id., *Entre l'atelier et le lecteur. Le commerce du livre imprimé dans la France de la Renaissance*, Rennes, PUR, à paraître ; Frédéric Barbier, *Lumières du Nord. Imprimeurs, libraires et « gens du livre » dans le Nord au XVIIIe siècle (1701-1789) : dictionnaire prosopographique*, Genève, Droz, 2002. Voir également Frédéric Barbier, Sabine Juratic et Annick Mellerio, *Dictionnaire des imprimeurs, libraires et gens du livre à Paris, 1701-1789*, Genève, Droz, 2007, et les numéros thématiques de la revue *Histoire et civilisation du livre* : *Lyon et les livres*, n° 2, 2006 ; *Paris, une capitale internationale du livre, XVIIe-XXe siècle*, n° 5, 2009 ; *Strasbourg, le livre et l'Europe, XVe-XXIe siècle*, n° 11, 2015.

le livre d'éducation et la production juridique ont fait l'objet d'études particulières[36]. L'histoire du livre religieux constitue l'un des pans les plus actifs de cette recherche, mettant pertinemment en lumière ce qui constituait, jusqu'à la fin de l'Ancien Régime, la majeure partie des livres produits et vendus, sinon lus, dans les provinces françaises. Le livre de piété, les « éphémères » catholiques, les livrets de pèlerinage ou les *Vies de Jésus* sont abordés comme de véritables filières éditoriales, suivies de l'écriture à la lecture. Les recherches interrogent les choix narratifs qui peuvent s'exercer à l'intérieur de genres parfois très normés, les solutions typographiques mises en œuvre par les imprimeurs-libraires, les circuits marchands doublés par toutes sortes d'approvisionnements charitables, les discours normatifs qui accompagnent l'entrée dans la lecture de publics vulnérables aux dangers du livre, les traces laissées par les lecteurs sous forme d'extraits ou de *marginalia*, mais aussi toutes les autres formes de manipulation auxquels se prêtaient ces imprimés que l'on ne lisait pas forcément, mais qui pouvaient être achetés en souvenir d'un pèlerinage, portés sur soi comme un objet rassurant, offerts à un proche à l'occasion d'un rite de passage[37]. Dans ces enquêtes, le livre est saisi comme un moteur des grandes dynamiques de la réforme catholique, depuis sa production au sein d'une « pastorale de l'écrit », jusqu'à la lecture comme creuset d'une spiritualité intime, réfléchie par les annotations. Le livre de dévotion donne à penser le rôle du livre comme « ferment », mais aussi comme agent puissamment conservatoire des croyances et des traditions établies.

À partir du moment où l'on identifie cette production écrite comme un lieu privilégié pour repenser un certain nombre de grandes évolutions dans les sociétés occidentales (la naissance de la vie privée, la civilisation

36   Jean-Michel Leniaud et Béatrice Bouvier (dir.), *Le livre d'architecture, XVᵉ-XXᵉ siècle. Édition, représentations et bibliothèques*, Paris, École des Chartes, 2002 ; Jean-Dominique Mellot (dir.), *Production et usages de l'écrit juridique en France du Moyen Âge à nos jours*, dossier de la revue *Histoire et civilisation du livre*, n° 1, 2005 ; Joëlle Ducos (dir.), *Les sciences et le livre. Formes des écrits scientifiques des débuts de l'imprimé à l'époque moderne*, Paris, Hermann, 2017 ; Emmanuelle Chapron, *Écoles de papier. Livres d'éducation et littérature de jeunesse au XVIIIᵉ siècle*, à paraître.

37   Philippe Martin, *Une religion des livres : 1640-1850*, Paris, Éd. du Cerf, 2003 ; *Id.* (dir.), *Ephemera catholiques. L'imprimé au service de la religion, XVIᵉ-XXIᵉ siècles*, Paris, Beauchesne, 2012 ; Bruno Maës, *Les livrets de pèlerinage. Imprimerie et culture dans la France moderne*, Rennes, PUR, 2016 ; Éric Suire, *Les Vies de Jésus avant Renan. Éditions, réécritures, circulations entre la France et l'Europe (fin XVᵉ-début XIXᵉ siècle)*, Genève, Droz, 2017.

des mœurs, l'émergence de l'espace public, etc.), un des enjeux est de comprendre la spécificité du livre comme mode d'action – ce qu'on fait avec le livre, ce que l'on ne peut faire qu'avec lui, ou ce que l'on préfère faire sans lui. C'est ainsi que l'on peut faire retour sur l'histoire de l'expansion européenne à la lumière des pratiques d'écriture qui se sont développées au sein de la Compagnie hollandaise des Indes orientales. Après avoir été encouragé par la Compagnie comme un moyen de garantir les possessions d'outre-mer par la voie d'une communication large des découvertes, le livre imprimé a ensuite été abandonné au profit de dispositifs de l'écrit plus confidentiels[38].

Les recherches sur la production typographique montrent combien le livre – ou, plus précisément, le codex imprimé – n'est qu'un aspect de la culture de l'écrit qui s'est développée depuis la seconde moitié du XVe siècle. Les feuilles volantes, les estampes et les images populaires, les formulaires imprimés, les registres administratifs, les livrets de moins de deux pages d'impression, « l'éphémère, l'occasionnel et le non-livre », ont bien souvent été la première activité du commerce de l'imprimerie à l'époque moderne, et la planche de survie de nombreux petits ateliers provinciaux[39]. Plus encore, ces travaux de ville ont probablement joué un rôle bien plus important que le livre dans l'acculturation des sociétés occidentales à de nouvelles manières de croire, d'apprendre, de vivre ensemble, de débattre[40]. On connaît la réplique de Toinette à Angélique, à qui Thomas Diafoirus offre une grande thèse roulée, et qui la repousse comme un « meuble inutile » : « Donnez, donnez. Elle est toujours bonne à prendre pour l'image : cela servira à parer notre chambre », dit la servante[41]. Les thèses illustrées ont ainsi constitué un réservoir et un laboratoire de la culture visuelle dans la société française et, de manière singulière, un véhicule important de l'image de

---

38 Adrien Delmas, *Les voyages de l'écrit : culture écrite et expansion européenne à l'époque moderne. Essais sur la Compagnie hollandaise des Indes orientales*, Paris, H. Champion, 2013.

39 James Raven, « Choses banales, imprimés ordinaires, "travaux de ville" : l'économie et le monde de l'imprimerie que nous avons perdus », *Histoire et civilisation du livre*, n° 9, 2014, p. 243-258.

40 L'attention à la *print culture* est plus affirmée dans l'historiographie anglo-saxonne : par exemple Andrew Pettegree (dir.), *Broadsheets : Single-sheet publishing in the first age of print*, Leyde-Boston, Brill, 2017. Voir toutefois : Nicolas Petit, *L'éphémère, l'occasionnel et le non-livre à la bibliothèque Sainte-Geneviève, XVe-XVIIIe siècles*, Paris, Klincksieck, 1997 ; Marie-Thérèse et André Jammes, *Images populaires, 1500-1840*, Paris, Éd. des Cendres, 2017.

41 Molière, *Le Malade imaginaire*, acte II, scène 5.

Louis XIV. Entre 1638 et 1704, à une époque où ce genre connaît son apogée, plus de 130 thèses de philosophie, théologie, droit et médecine sont dédiées au souverain et portent son image. Pendant la soutenance publique, on distribuait des affiches ornées de son portrait ou d'une allégorie à sa gloire, exécutées par les meilleurs artistes du temps, qui entraient ainsi dans les intérieurs domestiques[42].

Ces travaux sur la « culture imprimée » (le terme est moins institutionnalisé en France que ne l'est la *print culture* anglo-saxonne) dialoguent à leur tour avec un ensemble de recherches sur la « culture graphique », fortement inspirées par les suggestions du paléographe et historien médiéviste italien Armando Petrucci[43]. Le projet consiste alors à appréhender le livre au sein de l'ensemble des formes écrites observables dans un espace donné, des « écritures exposées », monumentales ou éphémères, aux papiers, écritures de soi et bibliothèques domestiques. Il s'agit de saisir la manière dont l'écrit – et, parmi ces écrits, le livre – participe aux (re)configurations sociales, aux jeux de pouvoirs, à l'identité des groupes. À Lyon au XVIIe siècle, ville marchande, ville chantier, ville champignon dont la population triple en l'espace d'un siècle, l'écrit est partout, inscriptions monumentales et épitaphes funéraires, enseignes et placards, libelles et billets[44]. Les écrits « sans qualité », titres de dette et de créance, contrats, actes de famille, livres de compte, sont massivement présents dans les foyers (plus de 94 % des inventaires après décès en signalent à la fin du siècle). Signe d'une familiarité croissante avec la culture écrite, mais aussi d'un seuil de littéracie supérieur à celle que requiert la manipulation des papiers, le livre est présent dans la moitié des habitations lyonnaises. Il participe d'une manière singulière à la construction de l'identité des individus et des groupes. Des communautés de lecteurs se dessinent, comme celle des femmes, dont les bibliothèques présentent une grande homogénéité formelle et intellectuelle, fruit de prescriptions et de représentations partagées. Alors que la distribution des papiers dans l'espace domestique

---

42 Véronique Meyer, *L'illustration des thèses à Paris dans la seconde moitié du XVIIe siècle : peintres, graveurs, éditeurs*, Paris, Paris-Musées, 2003 ; *Ead., Pour la plus grande gloire du roi. Louis XIV en thèses*, Rennes-Versailles, PUR-Centre de recherche du château de Versailles, 2017.

43 Armando Petrucci, *Jeux de lettres. Formes et usages de l'inscription en Italie, 11e-20e siècles* [1986], trad. fr., Paris, Éd. de l'EHESS, 1993.

44 Anne Béroujon, *Les écrits à Lyon au XVIIe siècle. Espaces, échanges, identités*, Grenoble, Presses universitaires de Grenoble, 2009.

soulignait l'incorporation des logiques probatoires de l'écrit (les écritures qui ne servent plus à rien sont reléguées dans les coins reculés de
la maison), celle du livre rangé est une manière pour les individus de
se raconter et de construire un espace de l'intimité. À l'extérieur du
foyer, les ventes aux enchères sont utilisées par certains individus pour
manifester un désir de distinction (ce qui n'apparaît pas, dans les mêmes
ventes, avec d'autres biens que les livres).

Lire, écrire, ranger les livres : c'est en mettant en regard ces différents
objets que l'histoire sociale des pratiques culturelles progresse aujourd'hui.
Qu'elles soient matérielles ou intellectuelles, individuelles ou collectives,
ces manipulations sont socialement classantes, en même temps qu'elles
manifestent la marge de manœuvre de l'individu, le jeu avec une règle plus
ou moins incorporée. L'histoire de la lecture passe aujourd'hui plus systématiquement par la recherche des *marginalia*. En ce domaine, l'historiographie
française est moins en avance que ses voisines anglo-saxonne et italienne,
mais elle progresse actuellement, au prix de dépouillements massifs et
systématiques des fonds imprimés ou grâce aux bibliothèques dont les
catalogues permettent de les retrouver facilement[45]. Qu'elles soient utilisées
pour se repérer dans le volume, faciliter la mémorisation, apprivoiser un
texte difficile, se révolter contre des thèses jugées dangereuses ou répondre
à un auteur aimé, les notes manuscrites dévoilent en effet une partie du
travail du lecteur dans sa rencontre avec le livre. L'exploration des marges
de certains textes religieux, juridiques ou médicaux a ainsi permis de
mieux comprendre les dynamiques matérielles et intellectuelles de leur
appropriation et de leur transmission, tandis que l'on ne fait encore que
découvrir la richesse du matériau pour la compréhension des conflits
politiques et religieux des temps modernes[46].

La possibilité de fonder une histoire de la lecture sur ces traces très
minces, souvent difficiles à dater et à attribuer, s'appuie sur l'interprétation
des *marginalia* comme écritures. Loin d'être entièrement propre à l'individu,

---

45   Jean-Marc Chatelain (dir.), *Le livre annoté*, n° thématique de la *Revue de la Bibliothèque
     nationale de France*, n° 2, 1999. La bibliographie italienne est abondante, d'empreinte
     surtout philologique. Du côté anglais, voir la synthèse proposée par Heather J. Jackson,
     Marginalia : Readers writing in Books, New Haven, Yale University Press, 2001.
46   Danielle Jacquart et Charles Burnett (dir.), *Scientia in margine. Études sur les Marginalia
     dans les manuscrits scientifiques du Moyen Âge à la Renaissance*, Genève, Droz, 2005. Pour la
     dimension politique : Kevin Sharpe, *Reading Revolutions : The Politics of Reading in Early
     Modern England*, New Haven, Yale University Press, 2000.

la prise de notes est en effet une pratique sociale qui s'inscrit dans la culture graphique de son époque, ensemble de normes et d'usages scripturaires transmis par le système éducatif, déployés dans les conventions typographiques, déclinés par les traditions familiales, les milieux sociaux et les sensibilités religieuses, ressaisis par l'individu dans ses propres écritures, correspondances ou journaux. Le cas particulier des *marginalia*, écriture née d'une lecture, impose ainsi d'articuler deux champs historiographiques souvent dissociés : l'histoire de la culture graphique et des écrits du for privé d'une part, l'histoire des pratiques de lecture d'autre part[47]. Sans méconnaître la dimension unique de toute expérience de lecture, c'est dans ce dialogue entre des modèles partagés (manières de lire et usages sociaux de l'écriture) et la trajectoire du lecteur, que doit se jouer l'interprétation du geste de l'annotation et des formes qu'elle prend.

À travers cette voie comme à travers d'autres, les travaux sur la lecture continuent à montrer leur richesse et permettent de faire retour sur des dossiers un peu refroidis, comme celui des bibliothèques des couvents[48]. Parmi les travaux disponibles, suivons l'émergence de la lecture individuelle chez les mendiants lorrains de l'époque moderne. Les obstacles ne sont pas négligeables. Le livre est au cœur de représentations collectives peu favorables à une activité intellectuelle débridée, quoique pas toujours univoques, comme le « savoir suffisant » des franciscains. Les bibliothèques conventuelles se sont fossilisées au XVIIIᵉ siècle autour des savoirs théologiques, tout en conservant une fonction symbolique importante dans l'autoreprésentation des communautés. Mais à côté d'elles se sont constituées de petites bibliothèques cellulaires, faites de dons, d'achats et d'emprunts à la bibliothèque commune. Ces collections de livres récents, en prise avec les nouvelles façons de prier, de prêcher et de réfléchir, manifestent l'émergence de l'individu lecteur au couvent, bien que les annotations et les papiers de travail mettent en évidence le caractère toujours très normé de ces pratiques de lecture, dans leur finalité spirituelle, pastorale ou savante[49].

---

47   Sur cette tendance forte des travaux récents : Roger Chartier et Alfred Messerli (dir.), *Lesen und schreiben in Europa 1500-1900 : vergleichende Perspektiven*, Bâle, Schwabe, 2000. Pour les milieux savants : Élisabeth Décultot (dir.), *Lire, copier, écrire. Les bibliothèques manuscrites et leurs usages au XVIIIᵉ siècle*, Paris, CNRS, 2003.

48   Fabienne Henryot et Philippe Martin (dir.), *Les femmes dans le cloître et la lecture (XVIIᵉ-XIXᵉ siècle)*, Paris, Beauchesne, 2017.

49   Fabienne Henryot, *Livres et lecteurs dans les couvents mendiants. Lorraine, XVIᵉ-XVIIIᵉ siècles*, Genève, Droz, 2013.

À QUOI SERVENT LES BIBLIOTHÈQUES ?

L'histoire des bibliothèques connaît aujourd'hui une dynamique nouvelle, au point que l'on peut avoir l'impression d'assister à l'invention d'un objet historique. Longtemps, les bibliothèques étaient apparues sous deux formes dans la production historiographique. Il existe d'abord une longue tradition d'histoire des bibliothèques pratiquée par les bibliothécaires sous une forme monographique. En 2000, l'historien américain Wayne A. Wiegand la comparait à une histoire de l'arbre ignorant celle de la forêt où il a été planté et dans laquelle il a grandi : une histoire resserrée entre les murs de l'établissement, privilégiant les aspects institutionnels et négligeant les dynamiques culturelles et sociales que la bibliothèque était susceptible d'entraîner ou de relayer ; une histoire positiviste, manquant de perspectives théoriques et faiblement réflexive, fermée aux réflexions sur la construction sociale de la réalité et sur les enjeux de la consommation culturelle, et partant peu susceptible d'offrir matière à penser à l'historien[50]. Le constat était sévère, mais pas complètement infondé et largement transposable à d'autres pays, où une même insatisfaction s'exprimait au début du XXIᵉ siècle[51]. En France, la publication de l'*Histoire des bibliothèques françaises* (1988-1992), avait donné une plus grande visibilité à l'objet. Comme l'*Histoire de l'édition française* (1983-1986) qui l'avait précédée de quelques années, c'était à la fois un bilan d'étape et un cadre programmatique : autant que de faire le point sur des chantiers achevés, le volume ouvrait des champs d'étude dont l'exploration s'est parfois poursuivie depuis cette date, autour des premières bibliothèques publiques, de l'iconographie des bibliothèques[52] ou de la professionnalisation des bibliothécaires.

L'*Histoire des bibliothèques françaises* mettait aussi en évidence la seconde ligne de force de cette historiographie. Les tableaux régionaux qu'elle proposait étaient en effet alimentés par les enquêtes de l'histoire sociale,

---

50 Wayne A. Wiegand, « American Library History Literature, 1947-1997 : Theoretical Perspectives ? », *Libraries & Culture*, vol. 35, n° 1, « Library History Research in America », 2000, p. 4-34.

51 Martine Poulain, « Retourner à Tocqueville », *Bulletin des bibliothèques de France*, 2002, n° 5, p. 66-73. Pour l'Italie : Mario De Gregorio, « Prima di Bandini. Tentativi di biblioteca universitaria a Siena nel Settecento », *Società e storia*, 19, 1996, p. 253-281.

52 Frédéric Barbier, István Monok et Andrea De Pasquale (dir.), *Bibliothèques, décors : XVIIᵉ-XIXᵉ siècle*, Budapest-Rome-Paris, Bibliothèque de l'Académie hongroise des sciences-Biblioteca nazionale centrale-Éd. des Cendres, 2016.

qui avait fait de l'étude des bibliothèques, un passage obligé de l'analyse d'un espace urbain ou d'un groupe social. L'historien d'aujourd'hui peut toujours s'appuyer sur les dépouillements massifs entrepris dès les années 1970, qui ont fourni une batterie d'indicateurs sur la présence de livres dans les différents milieux sociaux, et sur le profil intellectuel des collections[53]. En considérant la bibliothèque comme la projection matérielle des choix intellectuels de l'individu, les historiens s'étaient heurtés à des difficultés méthodologiques redoutables. Les inventaires après décès, on le sait, sont souvent lacunaires et imprécis. Par nature, ils négligent les productions les plus minimes (alphabets, petits catéchismes, livrets de colportage) dont la présence, avec celle du livre d'heures mieux attesté, représente un seuil de familiarité avec la culture écrite que l'on aimerait pouvoir mieux documenter. À un niveau supérieur, parce qu'ils donnent à voir de manière figée l'état d'un fonds à un moment donné, les inventaires et les catalogues ne permettent pas de percevoir les temporalités à l'œuvre dans les bibliothèques, les liens avec les circuits de diffusion du livre, la part des héritages et des transmissions passivement acceptées par l'individu. Surtout, la description analytique des bibliothèques ne dit rien de l'usage des lieux, des manières de lire, des infidélités faites à la collection familiale. Les bibliothèques ne sont que des viviers de lectures, c'est-à-dire le lieu d'une virtualité de pratiques qu'il faut documenter par d'autres voies.

C'est en se libérant de ce préalable encombrant – qui considérait la collection comme une équivalence des lectures et, partant, de la « culture » de l'individu – que l'histoire des bibliothèques a résolument pris un autre tour, comme le montrent des volumes collectifs récents[54]. La bibliothèque y est envisagée comme ce qu'elle est d'abord : une accumulation de livres située dans le temps et dans l'espace, dont les fonctions symboliques et pratiques ne se cantonnent pas à la lecture. Au-delà de la valeur des éclairages particuliers qu'ils apportent, les travaux récents manifestent une inventivité méthodologique réjouissante. Mieux ancrée dans son contexte historique, l'étude des bibliothèques se prête aujourd'hui à différents types d'interrogations. La première considère la bibliothèque dans sa fonction

---

53 Y compris pour les communautés religieuses : Marie-Hélène Froeschlé-Chopard, *Regards sur les bibliothèques religieuses d'Ancien Régime*, Paris, H. Champion, 2014.

54 Frédéric Barbier (dir.), *Où en est l'histoire des bibliothèques ?*, dossier de la revue *Histoire et civilisation du livre*, n° 10, 2014 ; Gilles Bertrand, Anne Cayuela, Christian Del Vento, Raphaële Mouren (dir.), *Bibliothèques et lecteurs dans l'Europe moderne (XVIIe-XVIIIe siècles)*, Genève, Droz, 2016.

identitaire, comme lieu de construction et de projection d'une image de soi par l'individu, la famille ou le groupe. Elle interroge les ressorts de la constitution d'un patrimoine écrit et la manière dont le choix de « faire bibliothèque » peut s'inscrire dans la longue durée familiale. Chez les Pianello de la Valette, une famille de notables lyonnais, les livres ne sont pas seulement un bien légué sur quatre générations, entre le XVIIᵉ et le XVIIIᵉ siècles : la socialisation de la lecture commence, dès le plus jeune âge, par des achats que l'on fait pour les jeunes enfants, par la fréquentation en famille des ventes publiques de livres, par celle des cercles savants et lettrés[55]. La bibliothèque est aussi le lieu où s'élabore l'identité sociale et politique de l'individu, comme celui où s'exprime son intimité. La bibliothèque iséroise du marquis François-Marie de Vaulserre (1773-1849) manifeste « le besoin d'ancrage et le positionnement critique [du collectionneur] face à une société où il ne reconnaissait plus ses valeurs ». Autant que les ouvrages rassemblés (où l'Ancien Régime est surreprésenté), ce sont les cinq catalogues, patiemment recopiés presqu'à l'identique, qui témoignent de cette incorporation des livres par le marquis, dans une bibliothèque qui est matrice de son système d'appréhension du monde, mémorial de sa nostalgie légitimiste, et refuge de l'individu[56].

Les travaux récents sur les « lieux de savoir » (Christian Jacob) ou sur l'« ordre matériel du savoir » (Françoise Waquet) invitent en second lieu à considérer les bibliothèques comme un instrument de travail. De la même manière que la mise en page et la mise en livre pèsent sur les effets de la lecture, l'architecture matérielle et intellectuelle dans laquelle la bibliothèque enserre les savoirs, les structure et les donne à voir, pèse sur la compréhension qu'on peut en avoir. Il est évident qu'on ne travaille pas de la même manière si on a un accès direct ou non aux livres, si on peut consulter ou non le catalogue, s'il faut lire debout ou assis, si on peut disposer de plusieurs livres, si la bibliothèque est chauffée ou non, si on peut parler à voix haute ou non[57]. Les classements et les

55 Anne Béroujon, « De père en fils. La transmission de l'amour des livres chez les Pianello de la Valette (XVIIᵉ-XVIIIᵉ siècles) », dans G. Bertrand *et al.*, *Bibliothèques et lecteurs, op. cit.*, p. 119-138.
56 Gilles Bertrand et Béatrice Kalfoun, « Entre nostalgie encyclopédique et désir d'Italie : la bibliothèque privée de François-Marie de Vaulserre (1773-1849) », dans G. Bertrand *et al.*, *Bibliothèques et lecteurs, op. cit.*, p. 443-464.
57 De nombreux éléments de réflexion dans Frédéric Barbier, *Histoire des bibliothèques d'Alexandrie aux bibliothèques virtuelles*, Paris, A. Colin, 2013.

outils bibliographiques influencent le travail savant, et la production scientifique agit en retour sur les logiques classificatoires. Le rôle de la bibliothèque dans la logistique des savoirs fonde sa puissance symbolique dans la société de l'époque moderne.

En 1995, Robert Damien proposait de considérer la bibliothèque comme le « paradigme de l'émergence d'un espace public », et plus encore comme « l'instrument matriciel de son effectivité et de son extension[58] ». L'histoire politique des bibliothèques à l'époque moderne reste peu développée dans l'historiographie française, au contraire de ce que l'on trouve dans d'autres pays d'Europe et pour l'époque contemporaine. Une série de travaux récents pose cependant un certain nombre de jalons dans la réflexion. Les bibliothèques princières constituent un premier objet d'étude. Par leur contenu, leur décoration, leur fonctionnement, leur agencement, elles constituent une réalité indiciaire des changements de paradigme dans les modes de légitimation du pouvoir – la gloire, l'utilité publique, la représentation nationale –, dans une perspective de longue durée qui doit prendre en compte la circulation des modèles bibliothécaires en Europe[59]. Dans les bibliothèques que constituent et se transmettent Marguerite de Navarre, sa fille unique Jeanne d'Albret et sa petite-fille Catherine de Bourbon, les livres, mais aussi les objets de collection, le mobilier, le décor et les espaces sont signifiants. Les reliures lumineuses et chatoyantes, émaillées et damassées, les collections de *naturalia* et d'*exotica* aux pouvoirs magiques et miraculeux, les objets du trésor royal et les portraits princiers construisent « un lieu à la fois domestique et de cour, privé et aulique, d'intimité et de paraître », tout à la fois espace de pouvoir et *studiolo* où mettre en scène le formidable renouvellement de la conception du monde de la Renaissance[60].

À partir du XVIIe siècle, la bibliothèque ouverte au public est enrôlée dans les politiques de reconquête religieuse, de formation des élites administratives ou de façonnement de l'opinion publique. Aborder leur histoire en partant des hommes qui les animent et les utilisent, plutôt que des pierres et des livres, permet d'interroger ce que la bibliothèque

---

58 Robert Damien, *Bibliothèque et État. Naissance d'une raison politique dans la France du XVIIe siècle*, Paris, PUF, 1995, p. 169.
59 Frédéric Barbier, « Représentation, contrôle, identité : les pouvoirs politiques et les bibliothèques centrales en Europe, XVe-XIXe siècles », *Francia*, vol. 26, n° 2, 1999, p. 1-22.
60 Damien Plantey, *Les bibliothèques des princesses de Navarre au XVIe siècle. Livres, objets, mobilier, décor, espaces et usages*, Lyon, Presses de l'Enssib, 2016.

fait au pouvoir, à la ville et au monde des lettrés. Fondée par le cardinal et archevêque Frédéric Borromée, la bibliothèque Ambrosienne de Milan est un lieu dédié aux *studia litterarum*[61]. L'une des singularités de l'institution est la présence d'un collège des docteurs, petit groupe d'hommes de lettres payés pour se consacrer au travail intellectuel. Le parcours des docteurs après leur sortie du collège éclaire les compétences prêtées aux érudits de l'Ambrosienne, qui peuvent être réinvesties, à Milan dans l'administration épiscopale, ou en dehors du duché, au service des princes et des autorités publiques qui réclament des lettrés pour célébrer leurs exploits ou raconter leur histoire. L'histoire de l'Ambrosienne est aussi celle d'une captation par les élites milanaises, qui en font – sinon dans l'idéal, du moins dans la pratique – une bibliothèque municipale. Elle reçoit les trésors patriciens, qu'elle met en valeur (une plaque commémorative célèbre le don des manuscrits de Léonard de Vinci par Galeazzo Arconati). Ses manuscrits sont mobilisés dans le cadre des enquêtes généalogiques des familles : publics et étrangers à l'autoréférencement des archives familiales, ils paraissent mieux à même d'authentifier la noblesse des lignées.

L'histoire de l'Ambrosienne contribue à la réflexion sur la « publicité » des bibliothèques du XVIIe siècle, dont l'étalon se construit quelque part entre l'ouverture à tous et la restriction en faveur de certains, entre l'universalisme catholique et le localisme patricien. La promotion du paradigme de l'utilité publique, au siècle suivant, change les coordonnées de la politique des bibliothèques, sinon de l'usage qui en est réellement fait par les lecteurs urbains. Les bibliothèques participent à la manière dont les pouvoirs politiques définissent leur légitimité, négocient leurs rapports avec la puissance ecclésiastique et organisent le gouvernement du territoire. À l'ouverture au public des bibliothèques princières, à la fondation de bibliothèques publiques dans les villes[62], il faut ajouter la mise en place de collections de livres dans les académies et les établissements scientifiques, qui participent à la politique de la science et à la construction de l'image des collectifs savants[63]. Dans le grand-duché

61 Marie Lezowski, *L'Abrégé du monde. Une histoire sociale de la bibliothèque Ambrosienne (v. 1590 – v. 1660)*, Paris, Classiques Garnier, 2015.
62 Corinne Legoy et Jean-Pierre Vittu (dir.), *Ouvrir les bibliothèques au public. Actes du colloque international à l'occasion du tricentenaire de l'ouverture de la Bibliothèque publique d'Orléans* (1714), à paraître.
63 Annie Chassagne, *La bibliothèque de l'Académie royale des sciences au XVIIIe siècle*, Paris, CTHS, 2007.

de Toscane où les Habsbourg-Lorraine ont succédé aux Médicis en 1737, deux bibliothèques sont ouvertes au public par des particuliers ; la bibliothèque Palatine, formée des collections jumelles des dynasties médicéenne et lorraine, est ouverte au public en 1760 au sein du palais Pitti. Des bibliothèques spécialisées sont constituées dans la seconde moitié du siècle au sein des institutions grand-ducales, l'archihôpital Santa Maria Nuova, la galerie des Offices, l'*Archivio diplomatico*, le nouveau Musée de physique et d'histoire naturelle. Des dizaines de bibliothèques ecclésiastiques sont saisies et redistribuées après la suppression des couvents et des monastères au début des années 1780. Enfin, les vicissitudes démographiques et financières de la noblesse florentine, qui menacent un certain nombre de bibliothèques renommées comme celle des Strozzi, conduisent à l'adoption d'une des premières lois patrimoniales de la péninsule protégeant explicitement les collections de livres, et non plus seulement celles d'art et d'antiquités[64].

En France, la dimension politique des bibliothèques prend une acuité particulière pendant la période révolutionnaire, pendant laquelle des milliers de volumes sont extraits des établissements ecclésiastiques du royaume, accumulés dans les dépôts littéraires, et en partie redistribués vers les bibliothèques des nouveaux organes et corps politiques, des écoles et des établissements scientifiques, ou encore des institutions ecclésiastiques issues du Concordat. L'histoire des dépôts littéraires permet de réfléchir au caractère « public » des saisies révolutionnaires : les livres confisqués sont d'abord un attribut de la puissance publique, avant que soit envisagée la fondation de bibliothèques publiques ; le statut des livres intégrés dans le domaine public mais partiellement inaccessibles au public, lorsqu'ils relèvent des bibliothèques ministérielles ou des grands corps de l'État, met en évidence la complexité de la notion. Cette histoire éclaire également les perspectives de reconversion que représentent les dépôts littéraires pour une population d'hommes de lettres déstabilisés dans leur carrière par les suppressions révolutionnaires, l'institutionnalisation de la science bibliographique portée par les opérations de recensement, d'affectation et de catalogage de milliers d'ouvrages, les dynamiques politiques qui décident de l'affectation des livres, non seulement en fonction des besoins pratiques, mais aussi en

---

64   Emmanuelle Chapron, *Politique des bibliothèques et pratiques du livre à Florence au XVIIIe siècle*, Genève, Droz, 2016.

vertu « du prestige du dépositaire et de sa légitimité à recevoir l'une des preuves matérielles de reconnaissance les plus consensuelles : une collection de livres[65] ».

Ces perspectives permettent de faire retour sur l'histoire institutionnelle des bibliothèques en la dégageant de ses cloisonnements habituels, en l'installant dans la longue durée et en l'ouvrant au comparatisme, d'autant plus facilement que la bibliothèque est par nature un lieu de transferts culturels[66]. La trajectoire des bibliothèques est rapprochée de celle d'autres types d'institutions, comme les musées ou les archives. Elle est également confrontée aux travaux sur les marchés du livre : la dispersion des bibliothèques participe à la librairie de seconde main, à la constitution de savoirs marchands ordinaires chez les savants et à l'émergence de communautés bibliophiliques[67]. Retrouver les gestes de la transmission et de la dispersion des bibliothèques est d'autant plus important que l'époque moderne est un moment crucial pour la constitution du patrimoine livresque de l'Europe occidentale.

Le renouvellement des perspectives a finalement permis de relire d'un œil frais l'une des sources centrales de l'histoire des bibliothèques. Loin des décomptes fastidieux auxquelles ils ont longtemps donné lieu, les catalogues font aujourd'hui l'objet d'une réflexion renouvelée, très en prise avec les questionnements professionnels actuels. On procède encore à la publication de catalogues anciens, qui aident à comprendre l'outillage culturel des individus et des communautés[68]. Mais le regard sur l'objet s'est aiguisé et enrichi. Des enquêtes collectives récentes ont souligné la variété de ces documents, de leur contexte de production et de leurs usages, ainsi que la richesse de leur apport historique, bien

---

65   Cécile Robin, *Au purgatoire des utilités. Les dépôts littéraires parisiens (an II-1815)*, thèse de doctorat, Université Paris I, 2013, p. 743.

66   Frédéric Barbier et Andrea De Pasquale (dir.), *Un'istituzione dei Lumi, la biblioteca : teoria, gestione et pratiche biblioteconomiche nell'Europa dei Lumi*, Parme, Museo Bodoniano, 2013.

67   Annie Charon et Élisabeth Parinet (dir.), *Les ventes de livres et leurs catalogues, XVIIᵉ-XXᵉ siècle*, Paris, École des Chartes, 2000 ; Yann Sordet, *Pierre Adamoli et ses collections : l'amour des livres au siècle des Lumières*, Paris, École des Chartes, 2001. Voir aussi la base de données des catalogues de ventes, *Esprit des livres* : elec.enc-sorbonne.fr/cataloguevente.

68   Estelle Bœuf, *La bibliothèque parisienne de Gabriel Naudé en 1630 : les lectures d'un libertin érudit*, Genève, Droz, 2007 ; François Dolbeau, *La bibliothèque des dominicains de Bâle au XVᵉ siècle : fragments inédits d'un catalogue*, Rome, Angelicum University Press, 2011 ; David N. Bell, *The library of the Abbey of La Trappe : A study of its history from the twelfth century to the French Revolution, with an annotated edition of the 1752 catalogue*, Turnhout, Brepols, 2014.

au-delà de leur seul contenu[69]. Le catalogue, l'inventaire, l'*elenchus* participent des technologies de papier qui permettent l'ordonnancement du monde, « entre nécessités d'un ordre physique et désir d'un agencement intellectuel[70] ». Ils interrogent la manière de structurer les contenus et invitent à l'historicisation des catégories intellectuelles. Les catégories qui les organisent sont des instruments de mise en ordre du monde, de hiérarchisation des savoirs, de contrôle social.

Si les fertilisations croisées l'emportent désormais, si l'histoire des bibliothèques n'est plus une chasse gardée des bibliothécaires, il reste néanmoins deux manières de concevoir l'histoire des bibliothèques. La première l'envisage comme une discipline assise sur des savoirs bibliographiques et bibliothéconomiques inaccessibles à l'historien ordinaire et, dans l'idéal, sur une expérience de terrain. Dans un bilan récent sur l'histoire des bibliothèques en France, Dominique Varry évoquait la légitimité et les compétences particulières que détiennent les bibliothécaires pour étudier « leur passé », ainsi que le nécessaire « concours » des historiens et des sociologues[71]. L'autre considère moins l'histoire *des* bibliothèques que l'histoire *par les* bibliothèques, en l'abordant comme un objet susceptible d'être mobilisé dans des questionnements historiens de toute nature, comme ceux qui portent sur les formes de la distinction sociale, l'espace public ou le gouvernement par l'écrit.

Toutes ces questions – celle de la manière dont on travaille avec les livres, mais aussi de ce que fait l'auteur, ou de la nature du livre – renvoient à une dimension centrale dans l'histoire du livre telle qu'elle se pratique aujourd'hui : sa profonde sensibilité aux mutations contemporaines, à l'avenir du livre, au rôle des éditeurs, aux conditions du travail intellectuel.

Emmanuelle CHAPRON

69 Malcolm Walsby et Natasha Constantinidou (dir.), *Documenting the early modern book world : Inventories and catalogues in manuscript and print*, Leyde, Brill, 2013 ; Frédéric Barbier, Thierry Dubois et Yann Sordet (dir.), *De l'argile au nuage. Une archéologie des catalogues (IIe millénaire av. J.-C.-XXIe siècle)*, Paris, Éd. des Cendres, 2015.
70 Bénédicte Grailles, Patrice Marcilloux, Valérie Neveu et Véronique Sarrazin (dir.), *Classer les archives et les bibliothèques. Mise en ordre et raisons classificatoires*, Rennes, PUR, 2013.
71 Dominique Varry, « L'histoire des bibliothèques en France », *Bulletin des bibliothèques de France*, 2005, p. 16-22.

FÊTES ET SPECTACLES

L'histoire moderne sur la scène

La fête, toujours la fête...
Maurice AGULHON, *Annales ESC*, 1978,
p. 752.

Au premier abord, il peut paraitre étrange de dresser, en 2016, un bilan historiographique d'un objet qu'on rassemblera commodément pour le moment sous les vocables « fêtes » et « spectacles », alors qu'il y a presque quarante ans, Maurice Agulhon s'interrogeait sur l'existence d'une « mode » qui aurait poussé les historiens à étudier les fêtes[1]. Il faut dire que l'actualité éditoriale du milieu de la décennie 1970 était singulièrement frappante : trois livres consacrés aux fêtes de la Révolution étaient publiés la même année (1976[2]) et annonçaient une grande vague d'études historiques sur la fête révolutionnaire, à commencer par l'ouvrage qui est passé à la postérité sous le nom de « colloque de Clermont », publié en 1977[3]. La contemporanéité de ces publications avait frappé les historiens d'alors, et Maurice Agulhon, dans les comptes rendus qu'il avait consacrés à ces ouvrages pour les *Annales*, avait interrogé le lieu commun qui circulait à cette période, et qui expliquait cet engouement pour la fête par le contexte des années qui avaient suivi Mai 1968 :

> On écrit volontiers que la curiosité actuelle sur la fête est le fruit un peu longuement mûri des révoltes de Mai 1968 ; c'est alors en effet que la fête

---

1   Maurice Agulhon recensait les trois ouvrages cités dans la note ci-dessous : *Annales ESC*, n° 4, 1978, p. 750-754.

2   Rosemonde Sanson, *Les 14 juillet. Fête et conscience nationale, 1789-1975*, Paris, Flammarion, 1976 ; Michel Vovelle, *Les Métamorphoses de la fête en Provence*, Paris, Aubier-Flammarion, 1976 ; Mona Ozouf, *La Fête révolutionnaire, 1789-1799*, Paris, Gallimard, 1976.

3   Jean Ehrard et Paul Viallaneix (dir.), *Les fêtes de la Révolution*, Paris, Société des études robespierristes, 1977.

parut associée à la rébellion, que le côté festif parut essentiel à toute révolution
vivante, et que la fête fut prônée, comme le signe principal de cette joie de
vivre que toute révolution est censée vouloir établir. [...] La curiosité pour la
fête serait ainsi portée vers nous par un courant « gauchiste[4] ».

Très vite cependant, Maurice Agulhon contestait cette explication par la
situation politique de l'époque, et soulignait au contraire le rôle du hasard et
des différentes temporalités de la recherche dans la concomitance de travaux
souvent commencés en réalité à des périodes différentes. Il n'en reste pas moins
vrai que les publications historiennes des années 1970 étaient effectivement
marquées par l'apparition de ce nouvel objet qui conquérait ainsi son droit
à un article dans le troisième volume de *Faire de l'histoire*, aux côtés de « la
langue », « les mentalités », « le corps », « la cuisine », et d'autres encore.
Rédigé par Mona Ozouf, l'article limitait cependant chronologiquement
son propos à « La fête sous la Révolution française[5] », et s'avérait peut-être
davantage une réflexion sur les rapports entre la Révolution et l'histoire
qu'une étude des fêtes révolutionnaires à proprement parler.

C'est aussi dans ces années-là – ces « insouciantes » années 70[6] – que
les études sur la Renaissance achevaient un projet entamé dès la fin des
années 50 : le troisième volume de la série « Les Fêtes de la Renaissance »
parut en 1975, après les premières publications de 1956 et 1960[7]. Les
deux pôles chronologiques extrêmes de la période dite « moderne »
expérimentaient, à peu près au même moment, un objet dont on ne peut
pas dire qu'il était nouveau (on y reviendra), mais qui certainement était
travaillé à nouveaux frais. Et de manière fort différente : si les historiens
se trouvaient bien à la tête du mouvement qui manifestait de l'intérêt
pour les fêtes de la Révolution française, on ne peut pas en dire autant
des fêtes de la Renaissance, même limitée au XVIe siècle, qui furent
d'abord exhumées par des spécialistes de la littérature ou des historiens
de l'art, alors que les historiens du XVIe siècle hésitèrent longtemps
avant de se saisir de cet objet, à l'exception notable d'Yves-Marie Bercé
et d'Emmanuel Le Roy Ladurie qui – mais à partir des fêtes paysannes

---

4   Maurice Agulhon, recensions citées, p. 752. On pourra aussi se reporter à l'introduction
     originale (1976) et à la postface (1994) de Yves-Marie Bercé, *Fête et révolte. Des mentalités
     populaires du XVIe au XVIIIe siècle*, Paris, Hachette, 1994.
5   Mona Ozouf, « La fête sous la Révolution française », dans *Faire de l'histoire*, Paris,
     Gallimard, 1974, 3 vol., t. III, p. 342-370.
6   Je reprends le titre du documentaire d'Alain Moreau et Patrick Cabouat.
7   Jean Jacquot (dir.), *Les Fêtes de la Renaissance*, Paris, CNRS, 1956-1975, 3 vol.

ou populaires seulement – firent de la fête (du carnaval, surtout) un
« presque pur modèle de lutte des classes[8] ».

Il ne faudrait cependant pas croire que la Renaissance et la Révolution
furent seules à l'avant-garde de ce renouvellement. Les médiévistes avec le
charivari, ou les contemporanéistes avec la fête républicaine partageaient
des préoccupations très proches et participèrent également à la construction
de la fête comme objet historique[9]. C'est aussi dans ces années-là que
s'imposèrent aux chercheurs qui travaillaient sur la fête et les spectacles un
certain nombre de contraintes épistémologiques, qui contribuèrent à forger
l'objet lui-même. Il y eut d'abord l'opposition entre fête spontanée et fête
organisée qui s'installa durablement dans le paysage de la recherche comme
une alternative sans laquelle il n'était pas possible de penser la fête : cette
dernière devait être l'une ou l'autre, rarement voire jamais les deux, et de
son caractère spontané ou organisé dépendait ensuite sa compréhension[10].
Il y eut ensuite – et malgré cet effort pour encadrer la fête – toute une
série d'indéterminations qui pesèrent longtemps sur les études : le caractère
hétérogène de l'objet « fête » a été accentué par les définitions proposées par
certains auteurs, soucieux d'inclure le plus grand nombre de phénomènes
sous cette appellation. En regardant la fête comme « une manifestation par
laquelle une société (ou un groupe social) se confirme dans la conscience
de son existence et la volonté de persévérer dans son être[11] », Jean Jacquot
contribuait sans doute à élargir le champ d'application de la fête, mais il
obscurcissait aussi son objet et empêchait d'en éprouver les limites.

---

8   Emmanuel Le Roy Ladurie, *Le Carnaval de Romans. De la Chandeleur au mercredi des
     Cendres, 1579-1580*, Paris, Gallimard, 1979, p. 319 ; Y.-M. Bercé, *Fête et révolte, op. cit.*
9   Edward P. Thompson, « "Rough Music" : le charivari anglais », *Annales ESC*, n° 2, 1972,
     p. 285-312 ; Claude Gauvard et Altan Gokalp, « Les conduites de bruit et leur signification
     à la fin du Moyen Âge », *Annales ESC*, n° 3, 1974, p. 693-704 ; R. Sanson, *Les 14 juillet,
     op. cit.* ; Alain Corbin, Noëlle Gérôme et Danielle Tartakowsky (dir.), *Les usages politiques
     des fêtes aux XIXᵉ-XXᵉ siècles*, Paris, Publications de la Sorbonne, 1994.
10   Maurice Agulhon, « Fête spontanée et fête organisée à Paris, en 1848 », dans J. Ehrard et
     P. Viallaneix, *Les fêtes de la Révolution, op. cit.*, p. 243-271. Dans ce volume, on suggéra d'autres
     oppositions susceptibles d'aider à l'élaboration d'une typologie des fêtes. Bronislaw Baczko
     proposa ainsi d'opposer « les fêtes intégratrices, fêtes de pacifications et d'union, et, d'autre
     part, les fêtes subversives, contestataires, agressives et militantes » (« Discussion générale »,
     p. 623, la distinction est contestée quelques pages plus loin par Claude Mazauric, alors que
     Mona Ozouf invite à distinguer la « fête pensée » de la « fête vécue » et avant qu'Albert
     Soboul n'assène le coup de grâce : « Je me demande si la recherche d'une typologie n'est pas
     une erreur. Que constatons-nous, en effet, après deux jours et bientôt trois de discussion ?
     Nous avons posé une série d'antithèses pour en constater finalement la vanité », p. 633).
11   J. Jacquot, *Les Fêtes de la Renaissance, op. cit.*, t. III, p. 8.

Aussi doit-on bien avouer que le sujet de cet article est loin d'être constitué en corpus, car il agrège plutôt des réalités assez hétérogènes, où l'on retrouve pêle-mêle les fêtes (princières et monarchiques principalement, celle qui relèvent donc des pouvoirs, mais aussi toutes les autres pratiques festives dont on peine encore à prendre la mesure), les entrées de ville, et aussi toutes les formes de représentations théâtrales. Mais qu'y a-t-il de commun entre une farce ou une sottie présentée sur les tréteaux d'une place parisienne dans les années 1520 et les intermèdes de *La Pellegrina* représentés en 1589 au palazzo Pitti à Florence à l'occasion du mariage de Ferdinand de Médicis et de Christine de Lorraine ? Pourquoi s'autoriserait-on à rassembler un carnaval et une entrée royale ? On pourra dire que la réponse est dans la question : il n'y a rien de commun entre les uns et les autres. Et pourtant, le travail des historiens (et des autres) sur toutes ces manifestations nous encourage à les considérer ensemble, ne serait-ce que parce qu'elles sont toutes – à des titres et à des degrés divers – des arts de la mise en scène et de la représentation. On doit ainsi à Olivier Spina d'avoir récemment suggéré que la notion de spectacle était la plus pertinente pour analyser « des objets historiques jusque-là étudiés de façons distinctes (les représentations publiques de théâtre, les cérémonies royales et civiques, les processions)[12] ».

En mobilisant la notion de spectacle, comme aussi en incorporant les acquis d'une récente anthropologie[13], on peut donc penser ensemble ces différents objets, en soulignant ce qui les rassemble :

1. la collaboration des arts, et donc leur variété (architectures éphémères, musique, théâtre, poésie) ;
2. l'existence d'une scène, qui n'est pas nécessairement un objet physique matérialisant la séparation entre spectateurs et producteurs, mais qui est au moins un dispositif révélant une certaine répartition des tâches entre d'une part l'élaboration et d'autre part la consommation du spectacle ;

---

12 Olivier Spina, *Une ville en scènes. Pouvoir et spectacles à Londres sous les Tudors (1525-1603)*, Paris, Classiques Garnier, 2013, p. 28.
13 « Le spectacle désigne la situation de consommation dans laquelle j'éprouve physiquement – au sens à la fois de faire l'expérience et de mesurer – le plaisir procuré par une production artistique déterminée » : Jean-Marc Leveratto, *Introduction à l'anthropologie du spectacle*, Paris, La Dispute, 2006, p. 14.

3. et malgré la présence de cette scène, le fait que le spectacle caractérise une situation de communication qui peut aboutir à l'abolition de la distinction entre ceux qui font le spectacle et ceux qui en jouissent.

On mesure ainsi combien la distinction entre fête et spectacle est factice : il y a de la fête dans tout spectacle et du spectacle dans toute fête. Ce qui fonde l'unité des différentes manifestations festives ou spectaculaires, c'est cette situation de communication singulière que les unes et les autres installent.

LES FONDATIONS DE L'HISTOIRE DES SPECTACLES
Le spectacle et son temps

C'est en réalité bien avant les années 1970 qu'il faut remonter si l'on veut comprendre à la fois l'héritage et les promesses de cette histoire qui, loin d'être issue d'une génération spontanée, est le fruit d'une lente gestation séculaire. Dès ses prémices, elle a eu pour ambition de s'emparer de sujets qui la dépassaient largement. Ce fut d'ailleurs ce qui caractérisa l'histoire des fêtes : sa capacité à dire, à elle seule, toute une période. Au point de ne pas échapper alors à certaines formes d'essentialisation, particulièrement pour l'étude de la Renaissance : à travers la fête de la Renaissance, c'était à toute la Renaissance qu'on accédait, rien de moins[14]. Jacob Burckhardt, en 1860, dans sa *Civilisation de la Renaissance en Italie*, expliquait le prodigieux développement des fêtes au XVIe siècle par le contexte particulier d'une période qui, selon lui, favorisait « la vie en commun de toutes les classes », et il associait l'exceptionnelle vitalité des fêtes à ce qu'il appelait « la diffusion de la culture et du sentiment de l'art[15] ». Quelques décennies après, Paul Oskar Kristeller, dans les années 1950, fut un des premiers à proposer une histoire de la

---

14   Sur cette essentialisation : Florence Alazard, « Les fêtes à la Renaissance : totem et tabou », *Le Verger*, bouquet VI (automne 2014), *La fête à la Renaissance*, http://cornucopia16.com/blog/2014/11/30/florence-alazard-les-fetes-a-la-renaissance-totem-et-tabou (consulté le 02/04/2020).

15   Jacob Burckhardt, *La Civilisation de la Renaissance en Italie* [1860], trad. fr., Paris, Librairie générale française, 1986, 3 vol., t. II, p. 361.

fête qui soit aussi – et qui soit même tout simplement – une histoire de l'humanisme : analysant un document inédit sur la *giostra* de Julien de Médicis (1475), il montrait que les fêtes étaient le vecteur principal de la diffusion des idées néo-platoniciennes[16].

Ces deux textes fondateurs de Burckhardt et de Kristeller ont contribué à légitimer les études sur les fêtes, qui n'avaient plus à craindre de se trouver reléguées et jugées comme accessoires : en étudiant ces objets, l'historien se trouvait au contraire au cœur du XVIe siècle, puisqu'il touchait à la fois à l'histoire de l'humanisme et à l'histoire des sociétés de cour. Les arts de la représentation ont ensuite, dans les années qui suivirent les travaux de Kristeller, rencontré leur panégyriste dans les trois volumes que Jean Jacquot consacra aux *Fêtes à la Renaissance*. Ces travaux ont durablement installé l'idée que la fête était le symptôme d'un événement qui lui était extérieur (ainsi les entrées de Charles Quint pour analyser l'empire de Charles Quint), ou le reflet de structures économiques, sociales ou politiques (ainsi les intermèdes florentins de la seconde moitié du siècle pour comprendre les mutations de la péninsule après les guerres d'Italie). En témoigne l'avertissement de Jean Jacquot au lecteur du deuxième volume de ces *Fêtes à la Renaissance* : « Si la fête présente un intérêt, c'est dans la mesure où elle est transposition dramatique de l'événement historique, traduction symbolique des rapports politiques et sociaux, expression d'idées et de croyances en un langage qui suppose la collaboration de différents arts[17]. »

La fête était donc un détour – efficace, mais néanmoins un accès non immédiat – pour analyser un événement ou une situation qui la dépassait. Mona Ozouf ne disait pas autre chose lorsque dans sa contribution à *Faire de l'histoire*, elle affirmait : « Comme la guerre de Fabrice, la fête est toujours ailleurs. Invention doctrinale, attachée à des conditions accidentelles, elle dit, dans une invincible allégorie, toujours autre chose que ce qu'elle donne à voir[18]. » Elle soulignait ainsi les difficultés auxquelles

---

16   À propos de l'importance des fêtes à la Renaissance, il rappelait : « Importanza che non è dovuta tanto al lusso e fasto esteriore degli apparati (per quanto grande sia stato), quanto al contributo che diedero ad esse le arti, all'entusiasmo con cui vi presero parte nobili e popolani, e all'interessamento che incontravano presso dotti e indotti, presenti e assenti », Paul Oskar Kristeller, « Un documento sconosciuto sulla giostra di Giuliano de'Medici », dans *Studies in Renaissance Thought and Letters*, Rome, Ed. di Storia e Letteratura, 1956, p. 437.
17   J. Jacquot, *Les Fêtes de la Renaissance, op. cit.*, t. II, p. 7.
18   M. Ozouf, « La fête révolutionnaire », art. cité, p. 356.

se trouvait confrontée une histoire de la fête dont l'objet se dérobait à force de toujours renvoyer à autre chose que lui-même. C'est peut-être la première difficulté que l'histoire des spectacles doit affronter : a-t-elle pour objet le spectacle lui-même (son déroulement, ses sources d'inspiration, son économie propre), ou est-elle une histoire (une histoire tout court) qui utilise le spectacle comme un prisme ? Les oscillations entre ces deux pôles de l'alternative ont déterminé les inflexions récentes de cette histoire.

LES PARADIGMES DE L'HISTOIRE DES SPECTACLES

L'approche historienne des fêtes et des spectacles s'est ensuite consolidée autour de trois paradigmes qui ont déterminé à la fois les orientations prises par ce champ dans les trois dernières décennies, et les perspectives qui lui sont désormais proposées.

Le premier de ces paradigmes a fait de la question de l'interprétation et de la sémiologie des fêtes et des spectacles l'alpha et l'oméga de leur étude, qui repose sur un postulat pour le moins problématique : ces œuvres ne sont pas intelligibles aujourd'hui, pas plus qu'elles ne l'étaient pour leurs contemporains, au demeurant, mais on y reviendra, et la mission de l'historien consiste donc à révéler un sens qu'il suppose sinon caché, du moins implicite. Cette conception du travail de l'historien n'est pas sans conséquence sur la manière de considérer son objet de réflexion : la fête, ou l'entrée royale, ou le spectacle, s'avère vite en quelque sorte suspecte puisqu'elle ne donne pas immédiatement à comprendre ce qu'elle dit, et qu'il importe alors de mettre au jour le sens supposé réel d'une représentation dont on croit distinguer deux – voire trois ou quatre – niveaux de lecture. Observons par exemple les analyses de la pièce religieuse composée à la fin de 1490 par Laurent de Médicis et représentée en février 1492, la *Sacra rappresentazione di San Giovanni et Paolo* : elle met en scène les trois enfants de l'empereur Constantin, persécutés par Julien l'Apostat qui rejette le christianisme et lui déclare la guerre. Paolo Toschi, Marco Martelli, Federico Doglio et même, malgré ses nuances, Konrad Eisenbichler, ont tous analysé cette représentation comme une sorte de testament politique de Laurent le

Magnifique, qui aurait ainsi révèlé ses doutes et ses interrogations sur les difficultés du gouvernement dans l'Italie de la fin du xvᵉ siècle[19].

De la même manière, la comédie *La Lena*, composée par l'Arioste en 1528, devient, sous la plume des historiens qui l'ont étudiée, une source pour comprendre la société ferraraise du xvIᵉ siècle, et en particulier pour comprendre les critiques formulées par certains contemporains contre la corruption des officiers de la cour des Este et contre un certain nombre de vices politiques dénoncés par l'Arioste[20]. Dans l'un comme dans l'autre cas, les historiens se sont donc attachés à dissocier un premier niveau de lecture (l'histoire qui se déroule devant les spectateurs) d'un second (un discours politique contemporain) qu'il s'agissait bien de dévoiler et qui construisait alors l'historien en sémiologue, voire en une sorte de démiurge omniscient, chargé d'expliciter un discours caché.

Ce paradigme-là a toutefois été rapidement sinon remis en cause, en tout cas nuancé, par la découverte de nouvelles sources qui ont montré combien les spectateurs étaient eux-mêmes imperméables au sens, aussi bien explicite qu'implicite, de ces représentations. Werner Kummel avait, le premier, dans un article de 1970, exhumé le récit, par un jeune noble allemand qui s'était arrêté à Florence pendant son Grand Tour en 1589, de ce qu'il avait compris des intermèdes de *La Pellegrina* : ce spectateur n'avait en réalité rien compris des allégories qui avaient défilé sous ses yeux, qui avaient déclamé, chanté, dansé, et Werner Kummel avait alors montré qu'il y avait un gouffre entre les intentions des concepteurs de spectacle, sur lesquelles, jusqu'à présent, les historiens avaient fondé leurs analyses à partir des sources qui demeuraient (les livrets de spectacle en particulier), et la compréhension, par les spectateurs, de ces intentions. Il avait donc invité les historiens d'une part à interroger la qualité de la réception de ces représentations (ce qui était nouveau alors), et d'autre part à remettre en cause le primat des sources littéraires, ou en tous cas des sources émanant des producteurs de spectacles[21].

---

19 Paolo Toschi, *Sacre rappresentazioni toscane dei secoli XV e XVI*, Florence, Olschki, 1969 ; Marco Martelli, *Letteratura fiorentina del Quattrocento. Il filtro degli anni Sessanta*, Florence, Le Lettere, 1996 ; Federico Doglio, « *Sacra rappresentazione di Giovanni e Paolo* de Laurent le Magnifique », *Études hispano-italiennes*, nᵒ4, 1990, p. 223-226 ; Konrad Eisenbichler, « Confraternities and Carnival : The Context of Lorenzo de' Medici's *Rappresentazione di SS. Giovani e Paolo* », *Comparative Drama*, nᵒ1, 1993, p. 128-139.

20 Nino Borsellino, *Ludovico Ariosto*, Rome-Bari, Laterza, 1973.

21 Werner Friedrich Kummel, « Ein deutscher Bericht über die florentinischen Intermedien des Jahres 1589 », *Annalecta Musicologica*, nᵒ7, 1970, p. 1-19.

Après Kummel, Konrad Eisenbichler avait œuvré pour que les études historiques sur le théâtre ne soient plus fondées sur l'analyse du script des représentations, mais sur les sources qui permettaient de rappeler que c'était d'abord une performance qu'il convenait d'étudier. Analysant plus précisément la *sacra rappresentazione* de Laurent le Magnifique, il a montré, en s'appuyant sur les récits du jeune Florentin Bartolomeo Masi, que ce dernier n'avait rien retenu d'un éventuel message que la pièce aurait pu transmettre, mais avait lui-même inscrit cette représentation dans un contexte plus large de festivités et surtout avait privilégié dans sa description les aspects non-textuels de la représentation[22]. Konrad Eisenbichler insistait sur le fait qu'il ne s'agissait pas là d'une lecture socialement différenciée des représentations théâtrales : si Bartolomeo Masi était effectivement un jeune homme peu cultivé, les comptes rendus rédigés par d'autres spectateurs davantage imprégnés par la culture humaniste (y compris, par exemple, Isabelle d'Este dans sa correspondance) témoignaient aussi de l'imperméabilité des contemporains aux discours, aux messages portés par les textes, et au contraire de leur intérêt pour ce qui relève de la nature proprement spectaculaire de la performance.

Paradoxalement, ce déplacement du texte représenté vers le contexte de ce qui est représenté explique sans doute l'apparition d'un second paradigme dans les études sur les spectacles. Paradoxale, cette inflexion l'est parce que, alors même que les historiens mettaient en garde contre une analyse trop préoccupée par les messages politiques des spectacles, une nouvelle approche émergeait qui faisait précisément de la fête, et plus généralement des arts de la scène, un instrument politique. Ainsi, après la publication par Roy Strong de son volume sur les fêtes au début des années 1970, il était admis que « tous ces monarques, loin de considérer le divertissement de cour comme un simple passe-temps, s'en servirent au contraire comme d'un instrument absolument essentiel de l'exercice du pouvoir[23] ». S'élaborait alors une histoire politique renouvelée, en grande partie fondée sur l'analyse des fêtes : grâce à l'étude des représentations scéniques, les historiens proposaient de regarder à nouveaux frais – à un

---

22 Konrad Eisenbichler, « How Bartolomeo Saw a Play », dans Konrad Eisenbichler et Nicolas Terpstra (dir.), *The Renaissance in the Streets, Schools and Studies : Essays in Honour of Paul F. Grendler*, Toronto, CRRS, 2008, p. 259-278.

23 Roy Strong, *Les Fêtes de la Renaissance. Art et pouvoir* [1973], trad. fr., Le Méjean, Solin, 1991, p. 141.

moment donné aussi où l'histoire politique « traditionnelle » semblait
s'essouffler – le fonctionnement des pouvoirs dans l'Europe moderne.
C'est à peu près à ce moment-là également – et ce n'est pas un hasard –
que se consolidait ce qu'on a pu ensuite appeler l'école cérémonialiste :
inspirée par les travaux d'Ernst Kantorowicz[24], cette approche, fondée
sur les recherches conduites par Ralph Giesey et Sarah Hanley[25], a eu
pour principal objet le cérémonial français, tout en influençant également l'étude d'autres espaces, comme la péninsule italienne[26]. Si l'école
cérémonialiste a durablement marqué les études sur les spectacles, c'est
d'abord parce qu'elle contribuait à promouvoir une certaine lecture des
fêtes, souvent réduites alors à leur rôle au service du pouvoir, comme
manifestations et expressions de ce dernier[27]. Devenue cérémonie du
pouvoir, la fête gagnait peut-être en sens, mais elle perdait aussi sans
doute en diversité, voire en complexité.

Il ne faudrait pas oublier cependant que la réception de l'école cérémonialiste dans les études sur les arts de la représentation n'a pas été
unanime, et que les critiques formulées, notamment par Alain Boureau,
ont rapidement favorisé une meilleure prise en compte de l'interaction
entre les sujets et le pouvoir, ou encore de l'évolution chronologique des
cérémonies et des fêtes[28]. Lorsqu'Alain Boureau appelait à réinscrire dans
l'histoire les entrées royales pour, disait-il, « retrouver le vif de l'action

---

24   Ernst Kantorowicz, *Les deux corps du roi. Essai sur la théologie politique au Moyen Âge* [1957],
      trad. fr., Paris, Gallimard, 1989.

25   Ralph Giesey, *Le Roi ne meurt jamais. Les obsèques royales dans la France de la Renaissance*
      [1960], trad. fr., Paris, Flammarion, 1987 ; Id., *Cérémonial et puissance souveraine, France, XVᵉ-
      XVIIᵉ siècles*, Paris, EHESS, 1987 ; Sarah Hanley, *Le lit de justice des rois de France. L'idéologie
      constitutionnelle dans la légende, le rituel et le discours* [1983], trad. fr., Paris, Aubier, 1991.

26   Edward Muir, *Civic Ritual in Renaissance Venice*, Princeton, Princeton University Press,
      1981 ; Paolo Prodi, *Il Sovrano pontefice. Un corpo e due anime, la monarchia papale nella prima
      età moderna*, Bologne, il Mulino, 1982 ; Bonner Mitchell, *The Majesty of the State : Triumphal
      Progresses of Foreign Sovereigns in Renaissance Italy (1494-1600)*, Florence, Olschki, 1986.

27   Anthony M. Cummings, *The Politicized Muse : Medici Festivals, 1512-1537*, Princeton,
      Princeton University Press, 1992 ; Matteo Casini, *I gesti del principe. La festa politica a
      Firenze e Venezia in età rinascimentale*, Venise, Marsilio, 1996 ; Marie Viallon (dir.), *La fête
      au XVIᵉ siècle*, Saint-Étienne, Publications de l'Université de Saint-Étienne, 2003.

28   L'historien lisait, dans les travaux de l'école cérémonialiste, l'élaboration d'« une théorie
      de la cérémonie, qui construit une globalité des cérémonies et leur donne une forte dualité
      politique, oscillant suivant les moments de l'expression à la performativité » et il propo-
      sait de « dissoudre les ensembles cérémoniels » : Alain Boureau, « Les cérémonies royales
      françaises entre performance juridique et compétence liturgique », *Annales ESC*, nᵒ 6, 1991,
      p. 1254 et 1258. On se reportera aussi à Maria Antonietta Visceglia et Catherine Brice
      (dir.), *Cérémonies et rituel à Rome (XVIᵉ-XIXᵉ siècle)*, Rome, École française de Rome, 1997.

et le lourd des structures, coupé par le tranchant de l'événement[29] », il
incitait aussi à sortir les entrées de la gangue cérémoniale, car il soulignait
surtout que l'entrée, pour un souverain, n'était pas unique (comme le
sacre ou les funérailles) et qu'elle n'était pas située (comme le sacre l'était
à Reims). Avant Alain Boureau, Bernard Guenée et Françoise Lehoux
avaient eu cette intuition : « Une entrée, comparée à un sacre ou à un
enterrement, est une bien modeste chose. Mais un roi, au cours de son
règne, a fait des dizaines d'entrées qui ont sans doute au total, mieux
que son sacre, assuré son trône[30]. » Mais ce n'est pas tout et il convient
d'insister sur une autre différence, de taille : lors du sacre ou des funérailles, le roi est acteur de la cérémonie, quand ses sujets ne sont que
témoins, même s'ils sont − à certains moments et selon des règles bien
définies − parfois conviés à participer aux cérémonies ne serait-ce que
par leurs acclamations. Dans une entrée au contraire, la volonté royale
et la tradition contraignent la cérémonie, mais ce sont les bourgeois
de la bonne ville qui l'organisent ; ce sont eux, leurs femmes et leurs
enfants, qui en sont les acteurs. Une entrée est donc, mieux qu'un sacre,
l'occasion d'un dialogue entre un roi plus proche et des sujets moins
passifs, c'est-à-dire un outil de gouvernement[31].

On comprend mieux alors l'évolution vers le troisième paradigme de
cette histoire des fêtes et des spectacles, et qui a conduit à les analyser
comme des lieux de dialogue entre le pouvoir et ses sujets. Outre les
remarques d'Alain Boureau, c'est aussi l'intérêt porté à ce qu'on appelle
désormais le système communicationnel des États entre la fin du Moyen
Âge et le début de l'époque moderne qui explique le renouvellement

---

29 Alain Boureau, « Les cérémonies royales françaises entre performance juridique et
    compétence liturgique », *Annales ESC*, n°6, 1991, p. 1263. Pour une mise au point sur
    les apports de l'école cérémonialiste à l'histoire de la monarchie française, voir Fanny
    Cosandey et Robert Descimon, *L'absolutisme en France. Histoire et historiographie*, Paris,
    Éd. du Seuil, 2002, p. 75-82.
30 Bernard Guenée et Françoise Lehoux, *Les Entrées royales françaises de 1328 à 1515*, Paris,
    CNRS, 1968, p. 8.
31 Sur tous ces aspects, voir Florence Alazard et Paul-Alexis Mellet, « De la propagande
    à l'obéissance, du dialogue à la domination : les enjeux de pouvoir dans les entrées
    solennelles », dans David Rivaud (dir.), *Entrées épiscopales, royales et princières dans les villes
    du Centre Ouest du royaume de France, XIII⁣ᵉ-XVI⁣ᵉ siècle*, Genève, Droz, 2012, p. 9-22. Sur
    les entrées royales comme « l'un des procédés les plus efficaces de la manutention du
    pouvoir » qui produit une « émotion sidérante, stupéfiante, politiquement », voir Yann
    Lignereux, « Les entrées royales en France aux XVIᵉ-XVIIᵉ siècles », dans Pierre Alorrant
    et al. (dir.), *Paroles d'en haut*, Paris, Classiques Garnier, 2015, p. 145-164.

récent de l'histoire des spectacles[32]. Ces derniers apparaissent en effet
alors comme une des clés de voûte d'un édifice qui se construit à une
période où les pouvoirs développent un ensemble de médias nécessaires
à la pérennité de leur domination, tant il est certain que la violence,
si elle peut suffire – dans une certaine mesure – à établir de nouveaux
rapports sociaux, est en revanche moins efficiente dès lors qu'il s'agit de
les reproduire de façon durable. Plus que de la force donc, les pouvoirs
auraient eu besoin d'un système de communication pour assurer le
consentement des dominés à leur domination, et les spectacles auraient
joué un rôle central dans ce système[33]. Les historiens ont ainsi récemment
transformé les façons d'appréhender les pouvoirs d'Ancien Régime, qui
sont de moins en moins décrits comme l'expression d'une puissance
s'exerçant sur des sujets contraints de se soumettre, et de plus en plus
analysés comme le lieu d'un échange entre les tenants du pouvoir et les
sujets. Négociation et contractualisation, plus que force et violence, sont
alors devenus les maîtres mots de cette histoire politique[34].

Inévitablement, les études sur les spectacles ont été affectées par ces
nouvelles manières d'appréhender les rapports entre gouvernants et gou-
vernés. Et singulièrement, c'est surtout l'entrée de ville dont l'analyse s'est
trouvée bouleversée : de moins en moins interprétée comme l'imposition par
le haut d'une volonté toute puissante qui vient, par les moyens classiques
de la propagande, dire ce qu'est le pouvoir et commander l'obéissance

32   Pour une définition de ce système communicationnel : Jean-Philippe Genet, « Histoire
      et système de communication au Moyen Âge », dans *L'histoire et les nouveaux publics de
      l'Europe médiévale XIIIᵉ-XVᵉ siècles*, Paris, Publications de la Sorbonne, 1997, p. 11-29 ; Cecilia
      Nubola et Andreas Würgler (dir.), *Suppliche e gravamina. Politica, amministrazione, giustizia
      negli Stati italiani e nel Sacro Romano Impero (sec. XIV-XVIII)*, Bologne, il Mulino, 2002 ; Id.
      (dir.), *Forme della comunicazione politica in Europa nei secoli XV-XVIII. Suppliche, gravamina,
      lettere*, Bologne-Berlin, il Mulino-Duncker & Humblot, 2004 ; Élodie Lecuppre-Desjardins,
      *La ville des cérémonies. Essai sur la communication politique dans les anciens Pays-Bas bourgui-
      gnons*, Turnhout, Brepols, 2004.
33   Maurice Godelier, *L'idéel et le matériel*, Paris, Fayard, 1984 ; Danilo Martuccelli, « Figures
      de la domination », *Revue française de sociologie*, n° 3, 2004, p. 469-497 ; Id., « Plaidoyer
      critique pour un concept : la domination », *Revue économique et sociale*, n° 4, 2006, p. 17-34.
      James Scott distingue également le simple exercice du pouvoir et la domination, comprise
      comme l'ensemble des relations de commandement et d'obéissance reposant sur le
      consentement, dont il rappelle que, « une fois établie, [elle] ne se maintient pas grâce à
      sa seule force intrinsèque » (*La domination et les arts de la résistance. Fragments du discours
      subalterne* [1990], trad. fr., Paris, Éd. Amsterdam, 2009, p. 59).
34   Cecilia Nubola et Andreas Würgler, « Introduzione », dans *Suppliche e « gravamina »*,
      op. cit., p. 13.

absolue à ses sujets, l'entrée apparaît désormais comme le lieu de négociations, de transactions et de contractualisations[35]. Ainsi, David Rivaud,
à propos de la première moitié du XVIᵉ siècle dans les villes de l'ouest
du royaume de France, parle d'une « explosion festive » et estime qu'elle
« traduit l'existence d'un espace de liberté dans lequel la parole municipale
s'engouffre et prend une forme de plus en plus structurée[36] ». Les entrées
royales et autres cérémonies de la période suivante, celle des guerres de
Religion, ont également permis de développer une réflexion sur la façon
dont, au lieu d'imposer le discours du pouvoir, elles cristallisaient les tensions au sein de la société politique, ou entre cette dernière et le pouvoir
monarchique[37]. Ce tableau sera cependant certainement prochainement
nuancé, car la nature contractuelle de la monarchie française du XVIᵉ siècle
et le caractère dialogique des entrées et spectacles de cette période sont
aujourd'hui aussi reconsidérés par les historiens[38].

ENJEUX ET PERSPECTIVES

   Quelles sont les perspectives aujourd'hui ? Les travaux récents
témoignent d'abord de la fertilité de ce champ de recherche : on aurait
pu penser que le poids de cette longue tradition d'étude des spectacles
aurait inhibé les jeunes chercheurs. Non seulement il n'en est rien, mais

---

35 Michèle Fogel avait ouvert la voie : « *Propagande,* cette pâte molle, risque de noyer les
    reliefs. Mais elle risque aussi gravement de considérer comme résolue la question des
    rapports entre gouvernants et gouvernés, d'escamoter le long et douloureux travail de
    conjuration de la "voix publique". C'est pourquoi j'ai décidé de déplacer le point de vue :
    et du *faire croire,* revenir au *faire savoir* » (*Les cérémonies de l'information dans la France du*
    XVIᵉ *au* XVIIIᵉ *siècle,* Paris, Fayard, 1989, p. 15-16).
36 David Rivaud, *Les villes et le roi. Les municipalités de Bourges, Poitiers et Tours et l'émergence
    de l'État moderne (v. 1440 – v. 1560),* Rennes, PUR, 2007, p. 241.
37 Denise Turrel, *Le blanc de France. La construction des signes identitaires pendant les guerres
    de religion (1562-1629),* Genève, Droz, 2005, p. 119-122.
38 Voir par exemple : Vincent Challet, « Un espace public sans spatialité : le dialogue
    politique entre le roi et ses sujets languedociens », dans Patrick Boucheron et Nicolas
    Offenstadt (dir.), *L'espace public au Moyen Âge. Débats autour de Jürgen Habermas,* Paris,
    PUF, 2011, p. 337-352. Pour le théâtre, plus que pour les cérémonies royales, on trouvera
    des réflexions importantes sur la place du spectateur dans Bénédicte Louvat-Molozayet et
    Franck Salaün (dir.), *Le spectateur de théâtre à l'âge classique (*XVIIᵉ*-*XVIIIᵉ *siècle),* Montpellier,
    L'Entretemps, 2008.

on peut même observer une nouvelle vitalité, fort prometteuse, de ces recherches. Ces dernières nous invitent d'abord à une histoire sociale des spectacles : le groupe de travail « Histoire sociale des spectacles », qui se rassemble notamment autour d'un séminaire, animé par Marie Bouhaïk-Gironès, Olivier Spina et Mélanie Traversier, rappelle dans sa note d'intention que « une grande partie de la performativité et de la raison d'être du spectacle se trouve, ainsi, hors de lui-même, dans le processus institutionnel, social, économique, culturel et politique qui rend possible son organisation et son déroulement » et ces trois chercheurs proposent de travailler sur les « processus d'élaboration des spectacles (commandes, décisions et actions, travaux d'écriture et de remaniement, mises en jeu, mises en texte, diffusion, circulation, conservation), qui ne se limitent pas à la composition littéraire des textes, à l'écriture de la partition ou à la composition d'un ballet ». Qu'est-ce alors qu'une histoire sociale des spectacles ? Les travaux de ces trois collègues, comme aussi ceux de Matthieu Bonicel, de Katell Lavéant ou de Cyril Triolaire[39], permettent de dessiner quelques perspectives : il s'agit d'une histoire matérielle qui permet de sortir de l'aporie imposée pendant longtemps aux études théâtrales qui ne considéraient les représentations que selon l'injonction horatienne *delectare* et *docere* ; il s'agit aussi d'une histoire qui prend au sérieux la question de la performance, c'est-à-dire qui n'oublie pas à quel point les spectacles relèvent d'abord d'une pratique éphémère qui laisse des traces qui ne sont pas elle-même, et aussi que cette histoire est surtout une histoire de corps mis en présence et affectés par l'événement ; enfin, c'est une histoire qui mobilise des sources de natures très différentes, et qui joue précisément sur la collaboration, mais aussi la confrontation, de ces documents.

L'un des défis de cette histoire sociale, c'est précisément de mesurer les apports respectifs de ces différentes sources. Et, de ce point de vue-là, des travaux déjà anciens peuvent aujourd'hui encore nous éclairer pour éviter de sacraliser des documents qui pourraient apparaître

---

39 Mathieu Bonicel, *Arts et gens du spectacle à Avignon à la fin du Moyen Âge*, Paris, École nationale des chartes, 2006 ; Mathieu Bonicel et Katell Lavéant, « Le théâtre dans la ville : pour une histoire sociale des représentations dramatiques », *Médiévales*, n° 59, 2010, p. 91-105 ; Katell Lavéant, *Un théâtre des frontières. La culture dramatique dans les provinces du Nord (XVe-XVIe siècle)*, Orléans, Paradigme, 2012 ; Cyril Triolaire, *Le théâtre en province pendant le Consulat et l'Empire*, Clermont-Ferrand, Presses Universitaires Blaise-Pascal, 2012.

comme neufs, alors qu'ils sont en réalité, et depuis longtemps, mobilisés par les historiens. Ainsi, en 1979, dans le volume *Loches au XVIᵉ siècle*, Pierre Aquilon publiait déjà – et sans s'inscrire dans une tradition d'histoire sociale, ni l'annoncer – les 49 feuillets des « Parties de la mise faicte pour lentree et réception de l'empereur en ceste ville de Loches » conservés dans la série CC des Archives municipales[40]. Cette approche par l'archive s'avérait d'autant plus nécessaire que les sources imprimées de cet événement – la rencontre de François Iᵉʳ et de Charles Quint à Loches le 12 décembre 1539 – sont trop peu nombreuses et, quand elles existent, sont trop elliptiques pour nous permettre de reconstituer, et encore moins de comprendre, l'événement. Pour Pierre Aquilon ces comptes de la municipalité permettaient de « reconstituer les coulisses administratives et techniques » de l'événement[41]. C'est donc grâce à cette documentation qu'on connaît le nom de Jean Nagues qui fut sans doute un « véritable régisseur, chargé de surveiller les divers corps de métiers, de verser nourriture et bois de chauffage[42] ». C'est également grâce à ces documents que l'on peut dénombrer les artisans impliqués dans la préparation du spectacle, et les journées de travail consacrées à la fabrication des éléments décoratifs. Mais les zones d'ombre sont encore nombreuses : on ignore par exemple qui a élaboré le programme des festivités et, comme l'écrivait Pierre Aquilon lui-même « hélas ! Un compte d'entrée est comme un puzzle sans modèle et bien des pièces sont restées inemployées, pour ne rien dire de celle dont j'ai sans doute fait mauvais usage[43] ». Ce faisant, Pierre Aquilon mettait en garde contre l'usage exclusif de sources comptables qui, en l'absence d'une autre documentation, échouent à rendre compte d'un événement festif et spectaculaire qui se matérialise d'abord par le divertissement qu'il procure grâce à la représensation.

Ce n'est d'ailleurs pas un hasard si l'autre grand chantier des études sur les spectacles se donne pour tâche de proposer de nouvelles éditions des textes qui étaient proférés. On aurait tort en effet de penser que le travail des érudits du XIXᵉ siècle, d'Émile Picot à Anatole de Montaiglon, avait

---

40 Pierre Aquilon, « L'entrée de Charles Quint à Loches, le 12 décembre 1539 », dans *Loches au XVIᵉ siècle. Aspects de la vie intellectuelle, artistique et sociale*, Marseille, Laffitte, 1979, p. 23-65 (p. 39-65).

41 *Ibid.*, p. 25.

42 *Ibid.*

43 *Ibid.*, p. 34.

répondu à toutes les interrogations et réduit toute nécessité de restituer et comprendre les textes proférés. La critique exégétique contemporaine montre au contraire qu'il y a encore fort à faire. Ainsi, travaillant sur le *Mystère des Trois Doms* joué à Romans en mai 1509, et dont il reste à la fois le manuscrit original et le journal de comptabilité, Marie Bouhaïk-Gironès et Estelle Doudet ont montré que le texte résultait d'une colla-boration auctoriale imposée et plutôt infructueuse, mais qu'il témoignait aussi des ajustements de pratiques d'écriture différentes et interrogeait finalement la notion d'auctorialité, et en particulier celle d'auctorialité plurielle[44]. Tous les spectacles n'ont pas la chance de bénéficier d'une telle convergence de sources et l'historien du XVIᵉ siècle doit souvent composer avec des lacunes telles, qu'il se trouve incapable de répondre aux questions qu'il soulève. Il n'empêche : les éditions de textes – et en témoignent les récentes publications de sotties ou de pièces polémiques du XVIᵉ siècle[45] – seront indispensables dans un avenir proche, parce que les textes eux-mêmes, soumis à la critique génétique s'avèrent différents de ceux que récoltaient les érudits du XIXᵉ siècle.

Enfin, c'est vers une histoire urbaine renouvelée que devraient aussi nous conduire ces nouvelles perspectives d'histoire des spectacles. La lecture des travaux récents montre à quel point l'histoire des spectacles est une dimension essentielle aujourd'hui d'une histoire urbaine : la muni-cipalité, à l'époque moderne, organise le spectacle, le finance, et conduit une véritable politique urbaine et urbanistique, fondée sur la gestion publique des manifestations spectaculaires[46]. Mathieu Bonicel et Katell Lavéant ont montré que « le même personnel municipal, mobilis[a]nt le même type de fournisseurs et d'artisans, et nécessit[a]nt très souvent des volumes financiers comparables[47] » œuvrait dans les villes, aussi bien

44 Marie Bouhaïk-Gironès et Estelle Doudet, « L'auteur comme *praxis*. Un dialogue dis-ciplinaire sur la fabrique du théâtre », *Perspectives médiévales*, nᵒ 35, 2014 : http://peme. revues.org/4142 ; DOI : 10.4000/peme.4142 (consulté le 13 mai 2016).

45 Estelle Doudet, *Recueil général de moralités d'expression française, vol. 1*, Paris, Classiques Garnier, 2012 ; Marie Bouhaïk-Gironès, Jelle Koopmans et Katell Lavéant (éd.), *Recueil des sotties françaises*, t. I, Paris, Classiques Garnier, 2014 ; Aurore Evain, Perry Gethner et Henriette Goldwyn (éd.), *Théâtre de femmes de l'Ancien Régime*, Paris, Classiques Garnier, 2014-2015, 2 vol.

46 Pour une approche très récente, on se reportera à la journée d'étude organisée par Marie Bouhaïk-Gironès, Olivier Spina et Mélanie Traversier, dans le cadre de leur séminaire déjà cité, et intitulée *Les spectacles, laboratoires du gouvernement urbain* XVᵉ-XVIIIᵉ *siècles ?*, 3 juin 2016, Institut des Sciences de l'Homme, Lyon.

47 M. Bonicel et K. Lavéant, « Le théâtre dans la ville… », art. cité, p. 98.

pour les entrées solennelles que les banquets de Carême Entrant, les messes célébrées à l'occasion de funérailles de grands dignitaires, etc. Ils en concluaient à l'existence d'une culture partagée du spectacle urbain, et surtout à la place essentielle du performatif dans les cultures urbaines, comme au rôle de ces représentations dans la construction de ce qu'on appelle de plus en plus souvent désormais opinion publique. Mélanie Traversier a également élucidé le rôle du théâtre dans la construction d'une législation urbaine spécifique au XVIIIe siècle : c'est parce qu'il faut réguler et encadrer cette activité spécifique que les autorités urbaines innovent en matière de lois, si bien que le théâtre devient un laboratoire législatif, le lieu aussi d'une certaine modernité administrative[48].

L'HISTOIRE DES SPECTACLES EN SON CONTEXTE
Seconde décennie du XXIe siècle

Bien entendu, dès lors qu'il s'agit de l'histoire des spectacles, on ne peut qu'envisager l'avenir dans une pluridisciplinarité renforcée. Pour les historiens, cependant, et puisqu'il s'agit ici de poser un regard disciplinaire sur un objet et des pratiques scientifiques pluridisciplinaires, l'enjeu est aussi de ne pas céder à une conception de la pluridisciplinarité qui reposerait sur la répartition des tâches entre disciplines et qui laisserait à l'historien le soin d'être soit un simple pourvoyeur de contexte, soit un analyste des conditions économiques et sociales des spectacles. On peut sans doute encore discuter de la centralité de cette histoire et sans doute aujourd'hui encore faut-il justifier de l'intérêt des spectacles pour en faire l'histoire. Il nous semble cependant qu'on ne peut plus désormais faire une histoire de la période moderne – que cette histoire soit sociale, politique, religieuse ou culturelle, qu'elle regarde le genre, les groupes sociaux ou la famille – bref, on ne peut plus faire de l'histoire moderne tout simplement, et négliger le fait que, entre XVIe et XVIIIe siècles, les spectacles ont dominé les cultures urbaines et rurales, au point de les avoir déterminées et d'avoir façonné leur nature performative. Les aléas

---

48   Mélanie Traversier, *Gouverner l'opéra. Une histoire politique de la musique à Naples, 1767-1815*, Rome, École française de Rome, 2009, en particulier p. 196-315.

et l'adversité que l'histoire des spectacles a affrontés ont sans doute contribué à la construire comme une histoire très perméable, qui s'est nourrie à la fois des autres disciplines et des innovations qui pouvaient toucher l'histoire elle-même.

De ces vicissitudes, il reste au moins trois acquis importants : 1) le spectacle n'est pas seulement le reflet d'un autre événement ou la partie émergée d'un iceberg de structures plus profondes, mais il est à lui seul un événement qui nécessite d'être compris en tant que tel ; 2) la place du spectateur se pose de manière nouvelle : il est de moins en moins compris comme un réceptacle passif, et de plus en plus analysé dans les rapports dialectiques qu'il noue avec un spectacle auquel il participe d'une manière ou d'une autre, ne serait-ce qu'en lui conférant un sens ; et 3) il n'y a pas une seule et unique source privilégiée pour l'étude historique des spectacles, qui impose au contraire la collaboration des documents. Ce constat peut sembler trivial aujourd'hui. Il importe toutefois de rappeler qu'il est le fruit d'une longue évolution qui a radicalement modifié une histoire des spectacles qui n'était pas constituée à l'époque de Burckhardt, mais construisait le spectacle comme archétype de la société de cour, et qui, aujourd'hui, représente un champ à part entière de l'histoire, alors même que son objet et ses méthodes sont loin d'être figés.

Cet article commençait par le rappel du contexte politique des années 1970, dont les historiens eux-mêmes affirmaient qu'il avait joué un rôle certain dans le renouveau des études consacrées aux fêtes ; il ne peut s'achever sans interroger les déterminations sociales et politiques qui pèsent aujourd'hui sur les recherches. Le contexte a changé, on le sait. En tout état de cause, l'intérêt renouvelé pour la fête et le spectacle ne s'inscrit plus dans « un moment où la société se donn[e] une récréation, une vacance qui la consolid[e] et éprouv[e] ses fondations[49] ». Au contraire, il faut peut-être mettre en évidence un cadre institutionnel nouveau, marqué par l'engouement des collectivités territoriales pour les « événements » qu'elles intitulent elles-mêmes « Fête Renaissance ». On ne compte plus en effet les festivités de ce genre : Fête des Pennons à Lyon, Fête du roi de l'oiseau au Puy-en-Velay, fêtes Renaissance du Lude, de Bar-le-Duc, de Villeneuve Loubet, de Lourmarin, de Salon de Provence, de Montélier, etc. Ces fêtes n'ont rien de commun avec

---

49   Y.-M. Bercé, *Fête et révolte, op. cit.*, p. 7.

les *Renaissance festivals* des Américains, issues de la contre-culture des années 70 et désormais rattrapées par l'économie du loisir et du divertissement[50], mais elles disent bien quelque chose des usages contemporains de l'histoire (et en particulier de la Renaissance, mais la Révolution française n'est pas en reste[51]), de l'instrumentalisation aussi des fêtes du passé, embrigadées par les collectivités territoriales en mal d'innovation et qui pensent que ces manifestations doperont une économie locale en berne, augmenteront les nuitées hôtelières d'une région dont l'exécutif politique estime que son attraction touristique est insuffisante, et enfin renforceront le lien social, puisque c'est, en dernière analyse, ce à quoi sert la fête aujourd'hui.

On ne saurait réduire l'environnement des études sur les fêtes et les spectacles à cette seule reprise en main par les institutions. Car l'autre contexte, c'est aussi la vitalité du spectacle vivant. Vitalité de la mise en scène et de la performance des œuvres d'hier, dans le sillage d'Eugène Green (qui devait lui-même beaucoup au contexte des années 70) ; vitalité aussi du spectacle vivant contemporain qui multiplie les expériences et les confrontations avec l'histoire comme avec les historiens[52]. Ces avatars contemporains nous autorisent à conclure que les historiens n'ont pas dit leur dernier mot sur ces objets : « La fête, toujours la fête. »

Florence ALAZARD

---

50 Paul F. Grendler, *The European Renaissance in American Life*, Praeger, Westport, 2006 ; Kimberly Tony Korol-Evans, *Renaissance Festivals : Merrying the Past and Present*, McFarland, Jefferson, 2009 ; Rachel Lee Rubin, *Well Met : Renaissance Faires and the American Counterculture*, New York, New York University Press, 2012.

51 On en veut pour preuve les fêtes révolutionnaires de Vizille, par exemple.

52 On se limitera à citer deux expériences récentes : celle de Mélanie Traversier, historienne et comédienne qui provoque fréquemment la rencontre de la scène et de l'histoire, et celle de Gérard Noiriel qui a participé au spectacle *Chocolat clown nègre* présenté aux Bouffes du Nord en 2012. Il faut aussi penser aux nombreuses expériences théâtrales promues par un tissu associatif dont le dynamisme est aujourd'hui sans égal, et par l'implication de nombreux enseignants qui accueillent le théâtre et le spectacle dans leurs pratiques pédagogiques et contribuent ainsi à l'appropriation de ces formes d'expression par les jeunes générations.

CULTURE ÉCRITE
ET HISTOIRE SOCIALE DU POUVOIR
À L'ÂGE MODERNE

Toute une série de travaux récents – et notamment plusieurs thèses – tournent l'observation de la production et de la circulation des écrits vers une histoire des fonctionnements institutionnels sous l'Ancien Régime. D'autres portent sur des œuvres ou des types d'écrits précis, regardés à partir de leurs enjeux sociopolitiques. D'autres encore intègrent l'observation d'écrits à des démarches de recherche qui n'ont pas pour centre des pratiques d'écriture. Ces études ne sont pas la production d'une école. Elles ne forment pas non plus un territoire distinct. Elles portent sur des objets très divers inscrits dans des domaines multiples : histoire politique, histoire des pratiques administratives ou policières, histoire des pratiques culturelles ou religieuses, histoire du livre, histoire de l'information. Mais toutes ensemble, elles permettent d'envisager l'histoire des usages de l'écrit comme le moyen de réaliser une histoire totale du pouvoir à l'âge moderne – une histoire qui associerait et ferait résonner ensemble les différents phénomènes constitutifs du pouvoir.

Cette affirmation peut paraître paradoxale, dans la mesure où la quintessence de l'action politique est volontiers recherchée dans l'interaction directe et l'oralité – de l'éloquence des discours publics aux conciliabules sous le sceau du secret, du commandement aux conseils où l'on opinait à tour de rôle. Mais s'il est une leçon de ces études, c'est bien celle de l'intensité du recours à l'écrit dans la conquête et l'exercice du pouvoir – une intensité dont les enjeux et les effets n'avaient pas été tout à fait mesurés jusqu'ici. L'énergie déployée par des ministres, magistrats, prélats, policiers, administrateurs coloniaux... pour écrire et faire écrire, et pour penser et normer ces pratiques renvoie sans doute à cette conjoncture si particulière à l'âge moderne où le recours à l'écrit, spécialement en ville, augmente fortement sans être cependant devenu banal[1]. Bien des tactiques, des pratiques, des expériences – spécialement celles qui mettent en jeu l'imprimé – sont encore fraîches, suscitant, sinon la théorisation, du moins le commentaire, alors que la maîtrise des codes – sociaux autant que linguistiques – de l'écrit reste un bien précieux dans une société encore partiellement alphabétisée. Du reste, c'est encore par écrit que se trouvent exposées et théorisées des pratiques orales de la politique que nous ne connaîtrions pas autrement[2].

La période est ainsi particulièrement propice à une enquête de type anthropologique sur le pouvoir au sein des sociétés bureaucratiques à partir des usages de l'écrit dans le gouvernement et les administrations de l'époque moderne – une enquête qui peut s'appuyer sur les travaux réalisés récemment en histoire médiévale à propos des expressions politiques de la culture écrite[3]. Du reste, mesurer toute la place que tenaient les écrits dans la politique ancienne permet de situer au plus juste ce qui se joue à l'oral, et comment écritures et actions verbales se trouvent en fait associées dans l'exercice du pouvoir – de la préparation écrite des conseils à l'archivage de leurs décisions par exemple.

La concentration du regard sur l'écrit favorise de cinq manières l'observation des phénomènes de pouvoir.

1. Elle permet de connaître avec une bien plus grande précision un certain nombre de rouages du gouvernement. L'histoire des institutions s'éclaire lorsque le travail par l'écrit qui s'effectue dans les différents organes de pouvoirs est documenté ; apparaissent des acteurs inaperçus, des pratiques autrement invisibles, des rapports

---

1   Roger Chartier, « La ville acculturante », dans Georges Duby (dir.), *Histoire de la France urbaine*, t. III : *La ville classique*, Paris, Éd. du Seuil, 1981, p. 223-283 ; Daniel Roche, *Le Peuple de Paris. Essai sur la culture populaire au* XVIIIᵉ *siècle*, Paris, Fayard, 1981 ; Christine Métayer, *Au Tombeau des secrets. Les écrivains publics du Paris populaire. Cimetière des Saints-Innocents (*XVIᵉ*-*XVIIIᵉ *siècle)*, Paris, A. Michel, 2000.

2   Pierre-Étienne Bourgeois de Boynes, *Journal inédit 1765-66*, éd. Marion F. Godfroy, Paris, H. Champion, 2008. Le conseiller d'État Bourgeois de Boynes relate essentiellement ses visites à des personnalités politiques dont il est proche. Ce journal, parmi d'autres publications récentes de sources, montre l'intensité du travail relationnel nécessaire à la participation au pouvoir. La question des enjeux de la mise en récit de ce travail reste ouverte.

3   François Bougard, « Écrire le procès : le compte rendu judiciaire entre VIIIᵉ et XIᵉ siècle », *Médiévales*, nº 56 (nº consacré aux pratiques de l'écrit, dirigé par Étienne Anheim et Pierre Chastang), 2009, p. 23-49 ; Pierre Chastang, *La ville, le gouvernement et l'écrit à Montpellier (*XIIᵉ*-*XIVᵉ *siècle)*, Paris, Publications de la Sorbonne, 2013.

sociaux qui animent des lieux de pouvoir. L'histoire des pratiques administratives est une histoire de l'écrit ; elle gagne à être regardée comme telle, pour ne pas être refermée sur elle-même ; car les écrits « administratifs » peuvent être investis par des modèles et des logiques venus du dehors de l'administration.

2. Elle permet de dépasser l'opposition stérile entre pratiques et représentations. Qui dit écriture dit d'emblée mise en représentation, qu'il s'agit d'observer non pas comme témoignage transparent et immédiat sur la politique, mais comme outil d'action dans le cadre de l'exercice du pouvoir[4]. En ce sens, cette démarche rapproche la réflexion sur les espaces de publicité de la politique – la question de l'espace public pour aller vite – de la question des modes d'action politique.

3. La concentration sur l'écrit offre la possibilité de saisir le pouvoir dans le déploiement de ses actions. Tout écrit qui nous reste est un geste qui a été accompli. La contextualisation de ce geste – qui n'est jamais évidente, tout dépend des possibilités documentaires – donne accès à ce qui fut la mise en jeu d'un pouvoir. Par là se trouvent ouvertes à l'investigation des tactiques politiques qui renvoient aux possibilités d'action différenciées propres à un temps et qui ne sont plus simplement indexées sur le « génie politique » d'un individu.

4. L'observation des écrits est un outil sans égal pour saisir tout ce qui touche à l'institutionnalisation du pouvoir, qui est largement affaire de papiers ; l'archivage est bien une pratique cardinale dans la production d'un pouvoir[5]. Mais ce qui est en jeu ici est, plus largement, la capacité de l'écrit à fixer, à faire prendre dans la durée des phénomènes[6]. De là, l'étude des écrits permet aussi de donner toute sa place à l'historiographie comme modalité singulière de cette fixation ; en tenant compte des historiographies immédiates des événements et de celles qui se nouent à elles dans le temps, et

---

4 Roger Chartier, « Défense et illustration de la notion de représentation », *Working Papers des Sonder-forschungsbereiches*, vol. 640, n° 2, 2011, http://edoc.hu-berlin.de/series/sfb-640-papers/2011-2/PDF/2.pdf (consulté le 02/04/2020).

5 Robert Descimon, Jean-Frédéric Schaub, Bernard Vincent, *Les Figures de l'administrateur. Institutions, réseaux, pouvoirs en Espagne, en France et au Portugal 16ᵉ-19ᵉ siècle*, Paris, Éd. de l'EHESS, 1997 ; Étienne Anheim et Olivier Poncet (dir.), *Fabrique des archives, fabrique de l'histoire*, n° spécial de la *Revue de synthèse*, t. 125, 2004.

6 Grihl, *Écriture et action, une enquête collective (XVIIᵉ-XIXᵉ siècles)*, Paris, Éd. de l'EHESS, 2016. Le présent article doit beaucoup à ce livre et à la réflexion collective dont il est le fruit.

jusqu'à aujourd'hui[7]. Autrement dit, ce type d'études ouvre à une histoire politique où la question de ce qu'il en a été d'un pouvoir dans le passé n'est pas séparée de la question de sa mise en récit.

5. Enfin, l'approche par les écrits a une dimension transversale par rapport à des lieux de pouvoir et des types d'acteur politique qu'elle permet de rapprocher dans l'analyse. Elle invite à questionner les rapports entre l'État et d'autres pouvoirs – princiers ou municipaux – qui ont développé une bureaucratie. Elle permet d'envisager des politiques d'écriture menées par des acteurs qui ne se trouvent pas ramenés immédiatement à leur position institutionnelle, et d'explorer le cas d'individus qui utilisent l'écrit en dehors de toute position de pouvoir. Si, pour paraphraser Armando Petrucci, les « pouvoirs de l'écrit » doivent toujours être mesurés à l'aune d'un « pouvoir sur l'écrit[8] », la puissance instituante de l'écrit a été mobilisée sous l'Ancien Régime par des acteurs sociaux parfois modestes qui ont acquis une dignité, de la réputation, ou du pouvoir, en produisant par la plume un rapport à des institutions, alors même qu'ils n'en faisaient pas partie.

Cette histoire faite avec des livres et des écrits[9] est ainsi susceptible de constituer un carrefour pour nouer l'approche de la politique ancienne par les institutions, par les clientèles et les corps, par l'événement, ou encore par les politiques d'acteur. Elle implique l'historicisation des écrits qui ne doivent pas être caractérisés de manière intemporelle par un type de rapport à la politique ; ce qui doit inciter à ne pas séparer d'emblée, donc, textes littéraires, sources de la pratique, écritures pragmatiques, voire les écrits supposément voués à l'intimité individuelle ou familiale.

Cet article vise donc à faire voir des manières récentes de faire de l'histoire politique en faisant l'histoire des écrits – des manières très différenciées, dont il s'agira de mettre en évidence, pour chacune d'elle, la productivité historiographique[10]. L'auteur de ces lignes a rencontré

---

7   Christian Jouhaud, *Richelieu et l'écriture du pouvoir. Autour de la journée des Dupes*, Paris, Gallimard, 2015.

8   Armando Petrucci, « Pouvoir de l'écriture, pouvoir sur l'écriture dans la Renaissance italienne » *Annales ESC*, n° 4, 1988, p. 823-847.

9   Dinah Ribard et Nicolas Schapira (dir.), *L'histoire par le livre*, n° spécial de la *Revue de Synthèse*, t. 128, 2007.

10 Pour une entreprise proche consacrée aux travaux de Fernando Bouza, voir la note critique de Jean-Frédéric Schaub, « Une histoire culturelle comme histoire politique », *Annales HSS*, n° 4-5, 2001, p. 981-997.

ces ouvrages et articles dans le cours d'une recherche, consacrée aux secrétaires particuliers dans la France moderne, qui croise un certain nombre des terrains et problématiques envisagés ici[11].

LE GOUVERNEMENT PAR L'ÉCRIT

LE TRAVAIL ADMINISTRATIF

L'histoire des pratiques administratives constitue une forme d'intégration de préoccupations de l'histoire sociale à l'histoire politique. Les biographies récentes de ministres de Louis XIV comprennent ainsi une étude détaillée du personnel des ministères dont ces personnalités ont eu la charge[12]. L'étude du mode de recrutement, des tâches, et de la rémunération du personnel des bureaux s'y fait précise, et ces livres ont largement nourri la synthèse de Thierry Sarmant et Mathieu Stoll, *Régner et gouverner. Louis XIV et ses ministres*, où le gouvernement apparaît pleinement dans sa dimension de travail administratif, de la production des actes royaux à l'entretien de vastes correspondances – un travail qui passe par l'emploi et la transmission de modèles, par des procédures d'archivage, par le va et vient des écrits entre commis et ministres[13]. L'analyse argumente avant tout la mise en place de procédures régulières et uniformes nécessaires pour traiter le flot de papiers produits et reçus dans les bureaux. Nouvelle frontière de l'histoire des institutions, l'étude du travail administratif conserve l'orientation générale de celle-ci : montrer de l'institution justement, en l'espèce l'invention ou la stabilisation d'usages bureaucratiques

---

11 Nicolas Schapira, *Les Secrétaires particuliers dans la France d'Ancien Régime*, mémoire inédit d'habilitation à diriger des recherches, EHESS, 2014.

12 Emmanuel Pénicaut, *Faveur et pouvoir au tournant du Grand siècle. Michel Chamillart Ministre et secrétaire d'État de la guerre de Louis XIV*, Paris, École des Chartes, 2004 ; Charles Frostin, *Les Pontchartrain ministres de Louis XIV. Alliances et réseau d'influence sous l'ancien Régime*, Rennes, PUR, 2006 ; Mathieu Stoll, *Servir le Roi-Soleil : Claude Le Pelletier (1631-1677), ministre de Louis XIV*, Rennes, PUR, 2011 ; Jean-Philippe Cénat, *Louvois Le double de Louis XIV*, Paris, Tallandier, 2015.

13 Thierry Sarmant et Mathieu Stoll, *Régner et gouverner. Louis XIV et ses ministres*, Paris, Perrin, 2010.

constitutifs d'un État moderne[14]. L'observation des pratiques administratives rejoint ici fortement l'idéologie du régime de Louis XIV et
son esthétique – ordre, régularité, efficacité – et les auteurs envisagent
eux-mêmes la possibilité d'un effet de sources, la mise en place de
ces pratiques étant indétachables d'un discours sur elles-mêmes, par
exemple à propos de la naissance de services d'archives[15].

Le même type d'attention aux pratiques administratives revêt un
autre enjeu dans le cas d'institutions méconnues, minorées ou mal-
traitées par l'historiographie. C'est par la reconstitution minutieuse
du circuit effectué par les dossiers entre les différents pôles de pouvoir
de la Régence qu'Alexandre Dupilet peut démontrer l'originalité et la
valeur de l'activité politique sous la polysynodie[16]. On mesure dans son
livre l'ampleur du travail effectué par les conseils, la forme originale
de gouvernement par l'écrit advenue à ce moment de l'histoire, et la
place centrale qu'y tient dès le début le Régent. L'analyse du travail
administratif permet de saisir la cristallisation des nouveaux rapports
de force dans des structures politico-administratives originales, et
mouvantes. Dans le même esprit, l'étude du travail colossal effectué au
XVIIIe siècle par Joly de Fleury, le procureur au parlement de Paris, ou
celle de l'activité des gouverneurs de province dans la même période,
restituent la vitalité autrement invisible de ces institutions[17].

Plus loin de l'histoire sociale, le programme de travail sur les « écritures grises » dans l'Europe méridionale du XIIe au XVIIe siècle étudie
les rapports entre production documentaire administrative et mode
de gouvernement à partir du constat d'une précoce homogénéisation
« des formes, des styles, des dispositifs et des usages » de la scripturalité
administrative. Cette enquête est concentrée sur les instruments de

---

14 Voir dans la même perspective, mais pour la fin du XVIe siècle, Jérémie Ferrer-Bartomeu,
    *L'État à la lettre. Institutions de l'écrit et configurations de la société administrative durant les
    guerres de religion, vers 1570 – vers 1610*, thèse de doctorat, dir. O. Poncet, École des
    Chartes, 2017.
15 *Ibid.*, p. 395.
16 Alexandre Dupilet, *La Régence absolue. Philippe d'Orléans et la polysynodie*, Seyssel, Champ
    Vallon, 2011.
17 David Feutry, *Un magistrat entre service du roi et logiques familiales : Guillaume-François Joly
    de Fleury 1675-1756*, Paris, École des Chartes, 2011 ; Stéphane Pannekoucke, *Des Princes en
    Bourgogne ? Les Condé gouverneurs au XVIIIe siècle*, Paris, CTHS, 2010 ; Guillaume Lasconjarias,
    Un air de majesté. Gouverneurs et commandants dans l'Est de la France au XVIIIe siècle, Paris,
    CTHS, 2010.

travail de l'administration (formulaires, recueils de lettres, compilation de modèles de documents) afin de cerner les processus de formalisation des techniques administratives[18].

ÉCRITS DANS L'ACTION POLITIQUE :
LETTRES, MÉMOIRES, JOURNAUX

L'historicisation de la correspondance, instrument privilégié du gouvernement par l'écrit, traitée non comme simple source mais comme « acteur historique », fait désormais figure de voie privilégiée d'accès à la compréhension de l'exercice du pouvoir sour l'Ancien Régime[19]. Un premier enjeu de la prise en compte des possibilités et des contraintes spécifiques qu'offre l'instrument épistolaire est d'intégrer pleinement à l'analyse de la politique un cadre socio-technique qui s'impose à tous les acteurs – rédactions à plusieurs mains, chiffrage, délais d'acheminement. Autre enjeu, l'approche par l'épistolaire permet de mesurer, ou plutôt de raisonner sur les flux et les reflux de l'activité d'institutions ou d'acteurs ; la présence différentielle de lettres dans les archives peut avoir bien des causes, mais la démarche offre en tout cas un regard structurel sur l'activité politique[20]. C'est ainsi que Christophe Blanquie renouvelle notre compréhension de ce qu'était un courtisan sous Louis XIV en montrant comment Saint-Simon, gouverneur de Blaye et de Senlis, exerce continument et assidument ses charges à partir de Versailles[21]. La cour n'est pas une prison dorée pour l'aristocratie, mais le lieu où il faut être pour défendre ses intérêts. Le contact rapproché avec le personnel politique – ministre et commis – permet l'action, sinon toujours efficace, du moins rapide (par des visites mais aussi par le dépôt de mémoires), mais l'exercice d'un tel gouvernement à distance implique un usage maîtrisé de la correspondance avec les relais ou les adversaires locaux du gouverneur. C. Blanquie note le peu d'interventions épistolaires de Saint-Simon pour Senlis par rapport à Blaye, une différence qui tient au fait que le premier gouvernement est dans le département d'un ministre

18   http://ecrituresgrises.hypotheses.org/ (consulté le 02/04/2020).
19   Jean Boutier, Sandro Landi et Olivier Rouchon (dir.), *La Politique par correspondance. Les usages politiques de la lettre en Italie (XIVᵉ-XVIIIᵉ siècle)*, Rennes, PUR, 2009.
20   Mathieu Gellard, *Une reine épistolaire. Les usages de la lettre et leurs effets dans la correspondance de Catherine de Médicis 1559-1589*, Paris, Classiques Garnier, 2014.
21   Christophe Blanquie, *Saint-Simon ou la politique des Mémoires*, Paris, Classiques Garnier, 2014.

proche de Saint-Simon, ce qui aplanit les difficultés éventuelles et rend moins fréquents les besoins d'intervention formelle du duc ; on saisit là encore concrètement comment l'histoire faite en prenant l'écrit pour objet documente d'autres pratiques politiques.

L'épistolarité était un moyen d'action de bien des manières. Les formules de politesse, ouvrant et fermant les lettres, servaient à affirmer et formaliser des statuts sociaux mis en jeu dans l'exercice du pouvoir[22]. Ces mêmes formules pouvaient aussi être utilisées comme des instruments tactiques, signifiant la proximité ou la distance au destinataire et, par là, comme des instruments de pression et de manipulation[23]. Les envois de plusieurs courriers simultanés vers un même lieu de pouvoir – par exemple lorsqu'un ambassadeur adresse en même temps deux rapports un peu différents à Charles IX et à Catherine de Médicis, comme l'a montré Matthieu Gellard – était un usage très fréquent dont la compréhension, dans chaque situation donnée, conduit aux arcanes de la politique d'Ancien Régime. Celles-ci ont été scrutées pour la fin du règne d'Henri III par Xavier Le Person dans un livre qui démontre la variété et l'intensité des usages tactiques de l'épistolaire, quand bien même la démonstration efface en partie la spécificité de ces actions avec l'écrit, regardées comme des conduites emblématiques d'une culture de la dissimulation au temps des guerres de Religion[24].

La lettre a également cette caractéristique d'être un objet où se travaille en permanence le rapport du privé au public – autre source de tactiques. Christian Jouhaud montre ainsi que dans les jours qui suivent la journée des Dupes, Richelieu adresse plusieurs missives à des membres de sa famille où, par le récit de l'événement, il impose sans y toucher une version des faits en même temps que l'injonction faite à ses destinataires de la colporter – moyen de peser discrètement sur le cours des choses, l'élimination politique de la reine mère étant loin d'être accomplie à ce moment-là[25].

Ce résultat est obtenu par la mise en œuvre dans *Richelieu et l'écriture du pouvoir* d'une démarche qui consiste à « regarder chaque écrit lié à

22 Giora Sternberg, « Epistolary Ceremonial : Corresponding Status at the Time of Louis XIV », *Past & Present* vol. 204, n° 1, 2009, p. 33-88.

23 Christophe Blanquie, « Entre courtoisie et révolte. La correspondance de Condé (1648-1659) », *Histoire, économie et société*, n° 3, 1995, p. 427-443.

24 Xavier Le Person, « *Practiques* » et « *practiqueurs* ». *La vie politique à la fin du règne de Henri III (1584-1589)*, Genève, Droz, 2002.

25 C. Jouhaud, *Richelieu et l'écriture du pouvoir, op. cit.*, p. 52-53.

l'événement comme la trace d'une action prenant sens dans le mouvement des interactions à l'œuvre au sein du dispositif de pouvoir[26] ». Une telle manière de faire intègre étroitement toutes les dimensions du politique ; elle permet notamment de ne pas considérer *a priori* qu'il existerait des écrits « théoriques » de l'époque qui viendraient documenter les pratiques : les *Mémoires* aussi bien que le *Testament politique* de Richelieu sont eux-aussi regardés comme des actions et la pensée politique qui s'y trouve n'est pas séparée de l'action portée par l'ouvrage. La méthode a une autre caractéristique : elle donne une place, et même une dignité dans le récit de l'histoire politique à un large spectre d'acteurs, tous ceux qui ont laissé une trace de l'événement sous forme de texte étant soigneusement situés dans l'action, à partir de la contextualisation de leur écrit. Un homme de lettres n'est donc pas *a priori* assigné à une position de commentateur, il n'est pas moins acteur qu'un ambassadeur ou un ministre ; tout dépend de leur place dans l'action, et le dispositif de pouvoir s'éclaire aussi de ce foumillement de personnages. La méthode défait enfin d'autres hiérarchies coutumières, telle celle qui place comme naturellement Richelieu bien au-dessus de ses adversaires par la clairvoyance ou la rationalité politique.

Dans l'ouvrage déjà cité de C. Blanquie, la prise au sérieux de l'activité épistolaire de Saint-Simon ainsi que des nombreux mémoires qu'il proposait à l'attention de ministres amis ou pour le besoin de ses gouvernements documente le monument des *Mémoires* de Saint-Simon, qui apparaît comme une justification des politiques successives du duc – dont le rôle d'acteur politique sort grandement réévalué par cette recherche – plutôt que comme une description amère des mœurs de Versailles où la grande noblesse serait contrainte à l'inaction. On voit par là que le bénéfice d'une histoire politique par les écrits est aussi sa capacité à éclairer le jeu, parfois organisé par les acteurs de l'époque, entre les principaux types de sources qui servent à écrire cette histoire.

---

26 *Ibid.*, p. 9.

ARCHIVAGE, DROIT ET HISTORIOGRAPHIE
Politiques d'acteurs et inscription
du pouvoir dans la durée

Comment un pouvoir s'inscrit-il dans la durée ? Cette question est en réalité double : il s'agit de comprendre comment des politiques d'acteurs se solidifient, ou rencontrent des institutions ; mais il s'agit aussi de comprendre le changement au sein de ce qui est le plus solidifié dans le pouvoir : ce que l'on désigne comme institution, ou comme le droit. Trois phénomènes sont plus particulièrement travaillés dans notre corpus.

En premier lieu : les pratiques d'archivage. Naguère, Robert Descimon, Jean-Frédéric Schaub et Bernard Vincent avaient désigné la place centrale de l'archivage dans la vie des institutions : « En somme, la plus sûre manifestation de cette forme particulière d'organisation de la vie sociale qu'on appelle l'État est peut-être l'existence de dépôts d'archives[27]. » Il s'agissait pour eux de repenser la consistance des institutions à partir des acquis d'une histoire sociale qui avait semblé miner cette consistance par la mise en évidence d'un phénomène crucial : l'investissement de corps ou d'institutions par des parentèles ou des groupes – une approche qui fait la part belle aux relations de clientèle et aux solidarités familiales. La citation pourrait, sans perdre sa force heuristique, être étendue à d'autres types de pouvoir ayant secrété des administrations. En tout cas, les pratiques d'archivage semblent bien le lieu où saisir l'articulation des politiques d'acteurs et de leur prise en institution.

Deuxième phénomène : la mobilisation du droit. L'approche de la politique par l'écrit permet de ne pas séparer *a priori* des régimes d'action qui sont souvent présentés comme irréductibles les uns aux autres, et de force très inégale ; à savoir le droit d'un côté, et les écrits de l'autre. Plusieurs travaux récents insistent d'une part sur tout ce qui, dans la fabrication du droit, relève de pratiques d'écriture, et d'autre part sur la mobilisation du droit par l'écrit.

Troisième phénomène : la mise en évidence des liens entre les mises en récit précoces de l'histoire politique et des historiographies ultérieures

---

27   R. Descimon *et al.*, *Les Figures de l'administrateur*, *op. cit.*, p. 22.

invite à questionner la force de l'historiographie comme instrument de pouvoir, et plus précisément comme instrument pour consolider des pouvoirs dans la durée.

Aborder les pratiques d'archivage, la mobilisation du droit, la production de l'historiographie à partir de l'écrit c'est en quelque sorte les prendre en amont, et de manière transversale : cela permet de voir les circulations ou les échanges entre ces trois manières pour un pouvoir de s'inscrire dans le temps qui s'appuient les unes sur les autres, mais dans des configurations à chaque fois spécifiques.

DES PRATIQUES D'ÉCRITURE À L'HISTORIOGRAPHIE

Cela est très évident dans le cas de l'action de Charles Borromée, archevêque de Milan et emblème du clergé contre-réformé, revisité par Marie Lezowski, où la compréhension de ce que signifie « faire droit » est inséparable des pratiques d'écriture et d'archivage qui donnent corps au droit[28]. Avec Borromée il y a quasiment une réduction de l'action à l'écriture. Le travail propre effectué dans l'« atelier Borromée » par les différents éléments de la *familia* de l'évêque, remarquablement anonymisés dans l'exécution de leurs tâches scripturaires, consiste en effet à produire une mémoire de la grandeur et des droits de l'église milanaise qui fait voir le caractère ici inséparable de la réforme catholique et de l'affirmation de droits. L'écrit n'est pas, dans ce cas, au service d'une mise en scène de l'action, et peu de livres imprimés sont produits par l'atelier. En revanche l'activité de Borromée se réduit constamment en papiers : une visite pastorale, par exemple, vaut pour le compte rendu qui en est fait, lequel, archivé, devient preuve d'un droit. Une autre forme de solidarité entre l'écriture et l'action apparaît avec les écritures de l'histoire milanaise commandées par Borromée : l'histoire des saints milanais passe par des visites de reliques dont le souvenir est conservé sous la forme d'inscriptions dans les églises, parfois même sous la forme de tablettes de cuivre et d'or déposées dans les reliquaires. L'histoire s'écrit donc et doit être sédimentée dans le lieu de la preuve. Une thèse

---

28   Marie Lezowski, *L'atelier Borromée. L'archevêque de Milan et le gouvernement de l'écrit (1564-1631)*, thèse de doctorat, dir. D. Crouzet, Université Paris-Sorbonne, 2013. Une partie de cette thèse a été éditée : *L'Abrégé du monde. Une histoire sociale de la bibliothèque ambroisienne*, Paris, Classiques Garnier, 2015. Sur Borromée et l'écriture, voir Michel de Certeau, *Le Lieu de l'autre. Histoire religieuse et mystique*, Paris, Éd. du Seuil, 2005, chap. 5.

récente analyse dans la même perspective le rôle que tient l'écrit dans le gouvernement du diocèse de Grasse et de Vence par Antoine Godeau[29]. C'est là un type de perspective qui déplace, au sein de l'histoire religieuse, le rapport entre histoire de la doctrine et histoire des pratiques.

Après avoir décrit une logique d'accumulation d'écrits dans des archives où il se révèle bien difficile de s'y retrouver, du vivant même de Borromée, M. Lezowski retrace un mouvement inverse de sortie des papiers et des hommes de l'atelier. En étudiant notamment le processus de canonisation de Borromée, elle saisit l'autorité de l'archevêque de Milan par sa diffraction dans des écrits et à travers les trajectoires des auteurs de ces écrits, ce qui lui permet d'étudier dans le même mouvement les actions de Borromée et leur prise en historiographie.

Le rapport entre l'action politique et l'historiographie est au cœur de la réflexion de C. Jouhaud autour de la journée des Dupes. De nombreuses traces de l'événement peuvent être qualifiées d'actes historiographiques au sens où elles s'inscrivent dans une lutte pour l'interprétation de la crise politique qui est essentielle pour l'issue de celle-ci. Ces actes, du côté de Richelieu et de ses alliés, sont conçus – ce qui se voit par la manière de faire des acteurs, et non par la théorie politique – comme d'autant plus efficaces qu'ils se dissimulent comme actes interprétatifs ; et la réussite se mesure à l'aune de la fortune historiographique de Richelieu, qui repose sur l'adoption (à tous les sens du terme) par les historiens de ces « sources » très préparées. D'où le soin accordé par C. Jouhaud à l'écoute des ondes historiographiques de la journée des Dupes des XIXe et XXe siècles, dans une démarche régressive qui vise à saisir la virulence, dans le feu de l'action et à long terme, des premiers récits de l'événement.

Le livre d'Hélène Fernandez-Lacôte sur les procès politiques au temps du cardinal-duc met en évidence un autre aspect des échanges entre historiographie, droit, et pratiques d'archivages, en plaçant au centre de l'attention les collections manuscrites de procès ainsi que la publication imprimée de ces événements. Par là, l'auteure montre la place centrale des écrits dans la fabrication d'événements judiciaires et sanglants préparés par des recherches érudites et pensés comme événements de

---

29 Anne-Sophie Fournier-Plamondon, *Pratiques d'écriture et exercice du pouvoir : du centre aux marges. Localiser Antoine Godeau (1605-1672)*, thèse de doctorat, dir. M. de Waele et C. Jouhaud, Université Laval et EHESS, 2016.

publication, et relit à partir de là aussi bien les actions de droit que les rituels des procès et des exécutions[30].

ACTEURS, ÉCRITS ET INSTITUTIONNALISATION

D'autres travaux revisitent à partir des écrits les processus d'institutionnalisation. Pauline Lemaigre-Gaffier a consacré sa thèse aux Menus-Plaisirs du roi, une administration qui a lontemps symbolisé l'archaïsme d'une vie de cour qui aurait été tournée vers le caprice et l'inessentiel[31]. L'analyse des logiques de production de la masse de papiers des Menus permet de cerner les contours d'une institutionnalisation qui n'est pas le cours des choses mais un principe actif reposant sur les écrits de travail – notamment d'innombrables états de dépense qui se révèlent être, sous leur apparence de listes hétéroclites, des mises en récits de l'institution. La thèse fait ainsi une proposition d'importance pour l'histoire administrative, en montrant pièces en main que les papiers ne reflètent pas l'activité des Menus mais en constituent une représentation orientée à des fins de formalisation et de légitimation de l'institution, à un moment même où s'élabore la notion d'administration[32]. À la fois outil et monument, ces écritures sont prises dans une dynamique documentaire animée par le souci de montrer la maîtrise des dépenses d'une administration réputée dispendieuse, une dynamique qui finit par modifier considérablement le regard que cette institution porte sur elle-même, et sur sa raison d'être.

L'enquête consacrée aux « Mémoires policiers » au temps de l'invention de la police propose également une réflexion sur ce que c'est qu'une institution jeune – où la préoccupation d'amélioration donne particu-lièrement prise à des actions par l'écrit menées au nom de la réforme. Les Mémoires ici ne sont pas les récits rétrospectifs d'acteurs poli-tiques, mais les rapports, produits dans des circonstances variées mais souvent internes à une administration. L'un des nombreux intérêts de cette enquête est que ce n'est pas au sein de la profession policière que

30 Hélène Fernandez-Lacôte, *Les Procès du cardinal de Richelieu. Droit, grâce et politique sous Louis le Juste*, Seyssel, Champ Vallon, 2010.
31 Pauline Lemaigre-Gaffier, *Administrer les Menus Plaisirs du roi. L'État, la cour et les spectacles dans la France des Lumières*, Ceyzarieu, Champ Vallon, 2016.
32 Paolo Napoli, *Naissance de la police moderne. Pouvoir, normes, société*, Paris, La Découverte, 2003.

l'on chercherait en priorité ce type d'activité d'écriture. Du coup les Mémoires, comme « catégorie de l'action policière », n'en ressortent que plus vivement. L'enquête est fondée sur la prolifération des écrits policiers, de la « note de service » jusqu'à la présentation détaillée d'une administration, ce qui ouvre tout un territoire d'interrogations sur les enjeux de telles actions, et épaissit la notion de « réforme » qui est au centre des discours des acteurs[33].

OUTSIDERS ET MOBILISATION DES POUVOIRS
AU MOYEN DE L'ÉCRIT

Le travail sur des écrits est aussi un moyen de déceler des capacités d'action sociopolitiques chez des acteurs qui ne font pas partie d'institutions ou qui ne détiennent pas de pouvoir. Cette perspective est soutenue par des travaux qui éclairent en général l'intense présence de l'écrit au sein de la société d'Ancien Régime. C'est le cas de la thèse d'Anne Béroujon, qui étudie toutes les écritures lyonnaises du Grand Siècle – des écrits exposés (graffitis ou inscriptions officielles sur un monument) aux papiers personnels décrits dans les inventaires après décès[34]. La thèse démontre combien la présence et l'usage de l'écrit sont forts à Lyon dès le XVIIe siècle à l'aide de toute une série d'indicateurs. Elle raisonne par exemple sur la différence entre deux types de reconnaissances de dettes, les promesses et les obligations, à partir de leur présence inégale dans les ménages lyonnais – une présence différenciée suivant les catégories sociales. Les promesses réalisées sous seing privé se retrouvent bien davantage dans les catégories supérieures de la société lyonnaise que les obligations, passées chez les notaires et très présentes dans les catégories populaires. L'obligation, c'est-à-dire le passage devant notaire, est la ressource des humbles qui n'ont pas confiance dans leur capacité à maîtriser l'écrit. Or le recours à la promesse progresse nettement durant le XVIIe siècle dans les métiers artisanaux qui étaient, au XVIe siècle, les plus faiblement alphabétisés.
Arlette Farge, dans Le Bracelet de parchemin, consacré aux écrits retrouvés sur les cadavres de la morgue parisienne, montre la présence insistante

33 Vincent Milliot (dir.), Les Mémoires policiers 1750-1850. Écritures et pratiques policières du Siècle des Lumières au Second Empire, Rennes, PUR, 2006 ; Catherine Denys, Brigitte Marin et Vincent Milliot (dir.), Réformer la police. Les Mémoires policiers en Europe au XVIIIe siècle, Rennes, PUR, 2009.
34 Anne Béroujon, Les Écrits à Lyon au XVIIe siècle. Espaces, échanges, identités, Grenoble, Presses universitaires de Grenoble, 2009.

d'écrits parmi les humbles, un archivage populaire, en somme, qui ressort aussi avec force de la thèse d'Ulrike Krampl sur les escrocs à Paris au XVIIIᵉ siècle[35]. On y voit les nouveaux sorciers – et leurs promesses d'accession rapide à la richesse ou au bonheur – recourir à toutes les formes d'écrit pour impressionner leurs clients – des gros traités de magie bien en vue dans leur cabinet jusqu'aux pactes avec le diable préimprimés. La vaste enquête portant sur les écrits du for privé, bien qu'elle n'ait pas été tournée vers les usages politiques de l'écriture, a montré, en faisant surgir ou resurgir de nombreux ego-documents émanant de différentes couches de la société, que le recours à l'écrit était bien plus fréquent qu'on ne le pensait vingt ou trente ans plus tôt, quand Chavatte, Ménétra et Louis Simon faisaient figure d'exceptions glorieuses – mais donnant ô combien matière à réflexion[36].

Par ailleurs les nombreuses affaires de vols de papiers d'une part, de faux en écriture de l'autre étudiés par A. Béroujon pour Lyon, montrent non seulement le prix attaché aux papiers par de larges secteurs de la population mais aussi le rôle clé des notaires, experts en écriture et éventuellement faussaires. Tandis que l'analphabétisme devient un indice d'innocence que l'on peut mobiliser devant la justice, en revanche les notaires et les avocats peuvent se faire traiter de faussaires lors d'émotions urbaines. L'économie de la preuve écrite produit dans le même mouvement une culture commune et des partages sociaux originaux qui peuvent trouver des traductions politiques. L'*Histoire de l'identité* retracée par Vincent Denis témoigne aussi d'une culture partagée des papiers, que ce soit au sein des administrations différentes où s'élaborent les procédures d'identification des individus, que parmi la population, qui adopte les papiers – une culture plus partagée encore par les faussaires[37].

35 Arlette Farge, *Le Bracelet de parchemin. L'écrit sur soi au* XVIIIᵉ *siècle*, Paris, Bayard, 2003 ; Ulrike Krampl, *Les Secrets des faux sorciers. Police, magie et escroquerie à Paris au* XVIIIᵉ *siècle*, Paris, Éd. de l'EHESS, 2012.

36 Jean-Pierre Bardet et François-Joseph Ruggiu (dir.), *Au plus près du secret des cœurs ? Nouvelles lectures historiques des écrits du for privé*, Paris, PUPS, 2005 ; Jean-Pierre Bardet et François-Joseph Ruggiu (dir.), *Les écrits du for privé en France du Moyen-Age à 1914*, Paris, CTHS, 2014 ; Alain Lottin, *Chavatte, ouvrier lillois. Un contemporain de Louis XIV*, Paris, Flammarion, 1979 ; *Journal de ma vie. Jacques-Louis Ménétra Compagnon vitrier au* XVIIIᵉ *siècle*, éd. Daniel Roche, Paris, A. Michel, 1998 [nᵉ éd.] ; Anne Fillon, *Louis Simon (1741-1820), étaminier dans son village du Haut-Maine au Siècle des Lumières*, Le Mans, Centre universitaire d'éducation permanente, 1984.

37 Vincent Denis, *Une Histoire de l'identité, France 1715-1815*, Seyssel, Champ Vallon, 2008.

Venons-en maintenant aux travaux qui lient compétence dans l'écrit et action politique chez des acteurs qui ne sont pas des détenteurs de pouvoir. L'étude des suppliques adressées aux souverains et aux gouvernement centraux à l'époque moderne permet de mettre en évidence la mobilisation du droit par des marchands par exemple, à condition d'examiner précisément les suppliques à la lumière de toutes les autres procédures qu'elles déclenchaient[38]. La supplique est bien dans cette perspective un écrit, et pas seulement un instrument juridique, ou plutôt c'est bien en considérant la supplique non comme un simple outil du droit mais comme un écrit – dans lequel comptent les arguments mais aussi la mise en récit, et les modalités de circulation – que l'on se donne les moyens de comprendre ce que de multiples acteurs font avec les suppliques – y compris coproduire le droit et des institutions. C'est dans cette direction qu'a travaillé Romain Grancher, qui a consacré sa thèse au monde de la pêche dieppois à la fin de l'Ancien Régime – un monde travaillé par des transformations juridiques et sociales que l'attention aux pratiques d'écriture des différents acteurs permet de percevoir[39].

Dans une autre perspective, on a pu montrer que l'écrit pouvait avoir un usage sociopolitique même quand son auteur n'était pas détenteur de pouvoir. L'épistolarité n'est pas simplement un outil de gouvernement ; cela peut être un moyen de rentrer en contact avec un (plus ou moins) puissant, pour lui proposer des services, voire le capturer dans une interlocution écrite[40]. La théorisation est l'un de ces services que l'on ne peut rendre qu'avec des livres, ce que montre Dinah Ribard à propos des traités sur la noblesse et de l'émergence de la science comptable dans des ouvrages imprimés à la fin du XVIIᵉ siècle. Dans l'un comme dans l'autre cas il ne s'agit pas de commandes du pouvoir, mais leurs auteurs

---

38   Voir le nº 13 (2015) de *L'Atelier du Centre de recherches historiques* dirigé par Simona Cerutti et Massimo Vallerani, *Suppliques. Lois et cas dans la normativité à l'époque moderne*, https:// acrh.revues.org/6525 (consulté le 02/04/2020). Voir aussi Simona Cerutti, « Travail, mobilité et légitimité. Suppliques au roi dans une société d'Ancien Régime (Turin, XVIIIᵉ siècle) », *Annales HSS*, nº 3, 2010, p. 571-611 ; Jean-Luc Chappey et Antoine Lilti, « L'écrivain face à l'État : les demandes de pensions et de secours des hommes de lettres et savants (1780-1820) », *Revue d'histoire moderne et contemporaine*, nº 4, 2010, p. 156-184.

39   Romain Grancher, *Les choses de la mer. Droit, travail et ressources dans le monde de la pêche à Dieppe (XVIIIᵉ-début XIXᵉ siècle)*, thèse de doctorat, dir. M. Biard, Université de Rouen, 2015.

40   Florence Buttay, « Lettres d'un imposteur. La construction épistolaire d'une identité : Giorgio del Giglio Pannilini (v. 1507 – v. 1580), dans J. Boutier *et al.*, *La Politique par correspondance, op. cit.*, p. 201-222.

sont des individus au statut pas si établi qui formalisent des logiques sociales et savantes dans le sens de l'intérêt de l'État louis-quatorzien[41]. L'écrit peut même être un outil sociopolitique pour des humbles. On ne pense pas ici à des pamphlets, mais à des manuscrits personnels – livres de raison, Mémoires – utilisés pour entrer dans un rapport au pouvoir. C'est ainsi qu'un modeste artisan villageois s'insère par son livre de raison dans la fabrique de son village – ce que son rang social devrait lui interdire – en tenant, sans y avoir été invité, une chronique des événements de la paroisse et une liste des communiants de Pâques, ce qui assimile son livre de raison à un registre de fabrique et a finalement permis à cet individu de parvenir à tenir le livre officiel de la fabrique[42]. Mais l'enjeu sociopolitique de tels écrits ne peut être aperçu que si on ne les enferme pas au préalable dans la catégorie d'écrits du for privé.

Un autre rapport de l'écrit à la politique apparaît dans l'article de Robert Descimon consacré à la réconciliation, des années 1580 aux années 1630, de deux branches d'une même famille de juristes et d'intellectuels, les uns fortement engagés dans la Réforme, les autres dans la Ligue, par le truchement de publications[43]. L'étude entrelace trois types d'analyses : elle expose les alliances et les parcours sociaux des différents membres de la famille, en statuant sur leur réussite ou leur échec ; elle explique les engagements partisans ; elle montre le rôle crucial d'opérations de publication (par exemple un recueil dans lequel des textes des deux branches de la famille sont republiés dans une perspective irénique et politiquement adaptée à la conjoncture absolutiste du début du XVIIᵉ siècle) pour fabriquer et mettre en scène de l'accord entre les parents séparés par les choix religieux, mais qui se réconcilient autour de la volonté de préserver le statut social de la famille, ce qui passe par un effort pour faire reconnaître sa noblesse. Il s'agit là d'une politique familiale mais qui vise le pouvoir d'État, présent en creux dans les actions des Hotman ; leurs engagements les

---

41   Dinah Ribard, « Livre, pouvoir et théorie. Comptabilité et noblesse en France au XVIIᵉ siècle », *Revue de Synthèse*, n° spécial, *L'Histoire par le livre*, *op. cit.*, p. 97-122.

42   Christian Jouhaud, Dinah Ribard et Nicolas Schapira, *Histoire Littérature Témoignage. Écrire les malheurs du temps*, Paris, Gallimard, 2009, p. 129-134.

43   Robert Descimon, « La réconciliation des Hotman protestants et catholiques (des années 1580 aux années 1630), dans Thierry Wanegfellen (dir.), *De Michel de l'Hospital à l'édit de Nantes. Politique et religion face aux Églises*, Clermont-Ferrand, Presses universitaires Blaise-Pascal, 2002, p. 529-562.

ont conduits dans les clientèles princières et, en conséquence, les tient à
l'écart d'un État d'offices qu'il s'agit de rejoindre par l'imprimé. Ainsi,
la politique d'écriture des Hotman désigne l'espace des publications
imprimées comme un lieu crucial pour la politique du temps.

COMBAT POLITIQUE ET ESPACE DE L'IMPRIMÉ

Un troisième ensemble d'études porte sur des types d'objets écrits
qui ont structuré durablement l'espace des affrontements politiques
par l'imprimé.

CONTRÔLE ET OCCUPATION DE L'ESPACE PAR L'ÉCRIT

Commençons par dire que l'imprimé n'est pas le seul objet du contrôle
de l'écrit par les pouvoirs. À Lyon, la Municipalité mène une politique
résolue de réglementation des écritures exposées (enseignes par exemple)
et d'occupation de l'espace public par des inscriptions, une politique
qu'Anne Béroujon qualifie d'« absolutisme épigraphique » consulaire,
et qui se traduit aussi par la forte implication des professeurs du collège
jésuite dans la politique d'exposition glorieuse de la ville dans l'espace
de l'imprimé, comme l'a montré Stéphane Van Damme[44]. Lorsque l'on
met ces deux livres en rapport, apparaît un fourmillement d'acteurs au
service d'une politique de l'écriture publique.

Le contrôle de la publication caractérise aussi d'autant plus fortement la politique de la Compagnie néerlandaise des Indes orientales
(VOC), étudiée par Adrien Delmas, que celle-ci ne cesse d'enjoindre à
ses employés d'écrire[45]. Les capitaines devaient obligatoirement tenir
un journal de bord. La Compagnie fournissait à cet effet un livre pré-
imprimé, et munissaient ses marins d'instructions très précises quant
au contenu du journal et à la manière dont il devait être tenu afin

---

44 A. Béroujon, *Les Écrits à Lyon, op. cit.*, p. 143 ; Stéphane Van Damme, *Le Temple de la
    sagesse. Savoirs, écriture et sociabilité urbaine (Lyon, XVIIᵉ-XVIIIᵉ siècle)*, Paris, Éd. de l'EHESS,
    2005.
45 Adrien Delmas, *Les Voyages de l'écrit. Culture écrite et expansion européenne à l'époque moderne :
    essais sur la Compagnie Hollandaise des Indes Orientales*, Paris, H. Champion, 2013.

d'assurer sa lisibilité. De même les administrateurs de la Compagnie installés dans ses comptoirs devaient-ils eux aussi tenir des journaux, dont un double était envoyé tous les ans au siège de la Compagnie. La constitution de cette mémoire des lieux et des routes reste confinée : la VOC obtient en 1619 un privilège lui réservant le droit exclusif d'imprimer des livres sur les territoires qu'elle administre, un privilège utilisé pour empêcher toute publication. Cette forte politique de l'écrit, dans la double dimension qu'on a vue, apparaît ainsi constitutive de la VOC comme institution de savoir.

Pour d'autres raisons, les modalités et les enjeux du choix d'un silence sont également au cœur de la thèse de Caroline Callard : l'absence de toute histoire de Florence au XVIIᵉ siècle, voulue par les Médicis, implique un contrôle de la publication mais aussi la promotion d'autres types d'écrits à la gloire du pouvoir médicéen[46]. Elle suit les différents acteurs de cette activité historienne, une démarche analogue à celle mise en œuvre par C. Jouhaud pour saisir le rapport de la monarchie à l'écriture de sa propre histoire dans la France du Grand Siècle[47]. D'autres travaux ont été consacrés à des figures d'hommes de lettres impliquées dans le contrôle de l'imprimé par le pouvoir monarchique français[48].

AFFRONTEMENTS PAR L'IMPRIMÉ

Dans *Ordres et désordres biographiques*, Jean-Luc Chappey étudie les dictionnaires historiques, et plus généralement les listes imprimées de noms propres, comme des outils dans des combats aux enjeux intellectuels ou politiques. Il consacre par exemple un chapitre au dictionnaire biographique Michaud, dont il montre qu'il opère une remise en ordre politique du temps de l'Empire et de la Restauration, notamment par l'éclatement du récit, fractionné en biographies, figeant des visions très négatives de l'événement révolutionnaire. Marion Brétéché a porté à la lumière un objet jusque là inaperçu : des périodiques français imprimés

---

46   Caroline Callard, *Le Prince et la République. Histoire, pouvoir et société dans la Florence des Médicis au* XVIIᵉ *siècle*, Paris, PUPS, 2007.

47   Christian Jouhaud, *Les Pouvoirs de la littérature. Histoire d'un paradoxe*, Paris, Gallimard, 2000.

48   Nicolas Schapira, *Un professionnel des lettres au* XVIIᵉ *siècle. Valentin Conrart, une histoire sociale*, Seyssel, Champ Vallon, 2003 ; Anastasia Iline, *François Le Métel de Boisrobert. Faveur et défaveur dans la France du premier* XVIIᵉ *siècle*, thèse de doctorat, dir. C. Jouhaud, EHESS, 2008.

en Hollande qui, à partir des années 1680 et jusqu'aux années 1730, relatent l'actualité politique européenne, avec une tonalité anti-française, et sous la forme de récits d'histoire qui les distinguent des gazettes[49]. Tatiana Debbagi Baranova, pour sa part, a consacré sa thèse aux libelles de la France des guerres de Religion, tandis qu'Héloïse Hermant a étudié une guerre de plumes fondatrice dans l'Espagne du XVIIe siècle[50].

Ces études donnent à voir, selon la formule de Roger Chartier, un « ordre des livres », qui encadre dans une certaine mesure le combat politique par la plume[51]. Les libelles sont un objet très identifié dans la culture de la deuxième moitié du XVIe siècle. Leur rédaction et leur publication obéissent à des codes culturels et politiques, tandis que le combat par la plume est une nouveauté dans l'Espagne du XVIIe siècle. Tatiana Debbagi Baranova repère ainsi un partage entre le manuscrit et l'imprimé du point de vue de la violence politique des textes. Les Dictionnaires renvoient à l'actualité de la mise en ordre du monde sous la forme de grilles classificatoires. Leur forme secrète des débats, notamment le choix de l'ordre alphabétique qui contrevient, non sans susciter des controverses, à une vision hiérarchique de la société.

Tous ces objets produisent de la croyance dans l'existence d'une sphère de l'information qui serait en même temps un espace de discussion. Ils construisent l'espace des publications – principalement imprimées – comme espace de débat politique. Tatiana Baranova montre cependant comment le libelle est avant tout un outil entre les mains des grands acteurs politiques du temps, qui débattent moins qu'ils n'agissent avec les libelles. La reconstitution de la trajectoire et du statut social des auteurs des mercures historiques hollandais se révèle précieuse pour la compréhension de cet objet : il s'agit de Français installés en Hollande autour de la révocation de l'édit de Nantes, qui vivent de l'écriture de l'actualité, soit grâce aux opérations de librairie que constituent les Mercure, soit en fournissant directement de l'information aux diplomates et aux gouvernements, grâce à la crédibilité acquise dans des opérations

49 Marion Brétéché, *Les Compagnons de Mercure. Jounalisme et politique dans l'Europe de Louis XIV*, Ceyzérieu, Champ Vallon, 2015.
50 Tatiana Debbagi Baranova, *À coups de libelles. Une culture politique au temps des guerres de religion (1562-1598)*, Genève, Droz, 2012 ; Héloïse Hermant, *Guerres de plumes. Publicité et cultures politiques dans l'Espagne du XVIIe siècle*, Madrid, Casa de Velázquez, 2012.
51 Roger Chartier, *L'Ordre des livres. Lecteurs, auteurs et bibliothèque en Europe entre XIVe et XVIIIe siècles*, Aix-en-Provence, Alinea, 1992.

de publication de l'actualité tout azimuts. Qu'est-ce que l'espace politique révélé par les batailles de dictionnaires étudiées par Jean-Luc Chappey ? Le fourmillement des auteurs au XVIIIe siècle permet sans doute d'ériger en combats politiques des politiques de visibilité qui, selon les temps, se substituent à ou bien rencontrent d'autres combats menés par les acteurs politiques légitimes.

En matière d'information et de communication politique, il est bien normal de travailler sur des objets écrits. Mais ces études le font à partir d'un socle historiographique qui est celui de l'histoire socioculturelle ou de l'histoire du livre et de l'imprimé, ce qui les rend particulièrement aptes à dialoguer avec des travaux portant sur d'autres types de mise en jeu de la culture écrite. C'est là un aspect non négligeable de la conjoncture historiographique que cet essai a visé à dégager.

Nicolas SCHAPIRA

L'IMAGE DU ROI

Pour parler de l'image du roi, de son historiographique récente, de l'évolution méthodologique de son étude et de ses grandes orientations actuelles, je souhaiterais introduire mon propos par un triple écart[1]. En ne parlant pas d'un monarque tout d'abord mais de ceux-là mêmes qui renversèrent la royauté ; en ne citant pas ensuite immédiatement un historien mais en m'appuyant sur une œuvre de fiction ; en évoquant enfin, non pas un travail de moderniste, mais une étude d'histoire médiévale.

Comme le montre Pierre Michon dans *Les Onze*, un roman publié en 2009, il est peut-être de l'essence même du Pouvoir d'être représenté, comme l'avait suggéré en 1981 l'historien, philosophe et sémiologue Louis Marin, dans *Le Portrait du roi*, déclarant, dans une formule aussi radicale que provocatrice, que le roi n'était vraiment roi que dans les images. Dans ce roman, il est alors question du tableau de groupe que doit réaliser François-Élie Corentin — le peintre imaginé par Pierre Michon — des membres du Comité de Salut Public de 1794. Je citerai le moment de l'engagement du peintre par trois révolutionnaires dont l'*enragé* et esthète Proli :

> Et que dois-je peindre ? dit-il. Cette fois il regarda Proli franchement, comme si Proli était un laquais. Proli le regardait de même. Celui-ci lâcha d'une voix flûtée et aiguisée, qui ressembla un instant à celle de Robespierre :

---

1   Ma présentation se veut un développement complémentaire du travail de Nicole Hochner proposé justement dans ce contexte scientifique et éditorial, « Historiographie de l'imaginaire royal », dans Mathieu Da Vinha, Alexandre Maral et Nicolas Milovanovic (dir.), *Louis XIV. L'image et le mythe*, Rennes, PUR, 2014, p. 339-354. Pour une présentation de cette thématique pour les périodes encadrant notre sujet, Emmanuelle Santinelli-Foltz et Christian-Georges Schwentzel, « Images et pouvoir monarchique : représentation de la puissance royale de l'Antiquité au Moyen Age », dans *Id.* (dir.), *La Puissance royale. Image et pouvoir de l'Antiquité au Moyen Age*, Rennes, PUR, 2012, p. 11-25, et Annie Duprat, « Iconographie historique : une approche nouvelle ? », dans Jean-Clément Martin (dir.), *La Révolution à l'œuvre. Perspectives actuelles dans l'histoire de la Révolution française*, Rennes, PUR, 2005, p. 293-304.

– Tu sais peindre les dieux et les héros, citoyen peintre ? C'est une assemblée de héros que nous te demandons. Peins-les comme des dieux ou des monstres, ou même comme des hommes, si le cœur t'en dit. Peins Le Grand Comité de l'an II. Le Comité de salut public. Fais-en ce que tu veux : des saints, des tyrans, des larrons, des princes. Mais mets-les tous ensemble, en bonne séance fraternelle, comme des frères[2].

Marjolaine Raguin a récemment publié sa thèse sur le continuateur anonyme de la *Chanson de la croisade* de Guillaume de Tulède – une seconde partie destinée dans le premier quart du XIIIe siècle à défendre la position des comtes de Toulouse contre le roi français – sous un titre intéressant directement mon propos : *Lorsque la poésie fait le souverain*[3]. Son titre fait écho au stimulant travail de David Hariman, *Le pouvoir est une question de style*, éclairant, du point de vue de la théorie rhétorique, les différentes mises en spectacle de la persuasion et de l'autorité politiques[4]. Cette intertextualité pourrait se poursuivre jusqu'au petit essai, publié en 2013, de Christian Salmon, *La cérémonie cannibale*, dans lequel le vulgarisateur du *storytelling* dans l'espace intellectuel français démontre l'entreprise contemporaine de dévoration du politique par l'art et les manières qui précisément devaient le rendre maître et possesseur de la vie publique[5].

Mis en regard avec le portrait académique de Charles Le Brun, peint par Nicolas de Largillierre en 1686, figurant le premier peintre du roi en authentique *king-maker* tenant le souverain dans sa main, le titre de la thèse de Marjolaine Raguin met en évidence, dans les processus de publicité et de légitimité du monarque, la dimension artistique, poétique au sens large, de la réalisation de la souveraineté.

---

2   Pierre Michon, *Les Onze*, Paris, Verdier, 2009, p. 90-91.
3   Marjolaine Raguin, *Lorsque la poésie fait le souverain. Étude sur la Chanson de la Croisade albigeoise*, Paris, H. Champion, 2015.
4   Robert Hariman, *Le Pouvoir est une question de style. Rhétoriques du politique* [1995], trad. fr., Paris, Klincksieck, 2009 (la traduction rend imparfaitement compte du sens du mot *artistry* utilisé par l'auteur : *Political Style : The Artistry of Power*).
5   Christian Salmon, *La Cérémonie cannibale. De la performance politique*, Paris, Fayard, 2013. Dans ce nouveau régime de publicité politique, le chef de l'État doit désormais « simuler une incarnation qui n'est plus possible » et répondre à cette impuissance par une exhibition compensatrice de sa personne (p. 117).

Fig. 1 – Nicolas de Largillierre, *Charles Le Brun*, 1686
(Paris, Musée du Louvre).
Photo © RMN-Grand Palais (musée du Louvre) / Franck Raux.

Dévoyée aujourd'hui dans la spectacularisation médiatique de l'arène politique, la scène du pouvoir royal n'est pas simplement un lieu d'exposition de l'autorité mais, pour reprendre, les mots du juriste Jean Domat dont l'œuvre monumentale est publiée dans le dernier quart du XVIIᵉ siècle, elle constitue un droit « de ceux qui ont le gouvernement souverain » (avant même celui de « lever les tributs nécessaires » ou encore celui de « lever des troupes pour la guerre et pourvoir aux dépenses qu'elle demande ») ; un droit auquel revient la charge de « faire éclater l'autorité et dignité d'une puissance de cette étendue et de cette élévation, et [d'en] imprimer la vénération dans les esprits de tous les sujets[6]. » Ce que Georges Balandier, soucieux de mettre en évidence la part spectaculaire du pouvoir, a désigné comme la « théâtrocratie » soit l'obligation qu'aurait tout pouvoir de « payer son tribut quotidien à la théâtralité » déplacée aujourd'hui dans l'espace vidéo-médiatique[7].

La métaphore dramaturgique est cependant à poursuivre car elle peut éclairer précisément l'une des évolutions historiographiques de l'analyse des images du prince en distinguant une première temporalité qui serait celle d'un mode de relation fondée, depuis l'image du prince, sur le dévoilement de ses qualités et de ses vertus – qu'elles s'expriment dans le portrait historié, dans le portrait allégorisé ou dans le portrait au naturel –, d'une seconde régie quant à elle par la reconnaissance de l'agentivité d'une image ne se réduisant pas à la neutralité d'un medium ou à l'indifférence et à la transparence d'un reflet.

---

6   Jean Domat, *Les Loix civiles dans leur ordre naturel*, Paris, Vᵛᵉ Cavalier, 1745, t. II, livre I, titre II, section 2, p. 9 et p. 13.
7   Georges Balandier, *Le Pouvoir sur scènes*, Paris, Balland, 1980, p. 13.

Fig. 2 – Diego Velázquez, *Les Ménines ou la Famille de Philippe IV*,
vers 1656 (Madrid, Musée du Prado).
Photo © Museo Nacional del Prado, Dist. RMN-GP / image du Prado.

Quand Nicolas de Largillierre, en 1686, explicite avec une certaine audace la subtilité du message esthétique des *Ménines* de Diego Velázquez (1656) dont la tension – aussi picturale que poétique – est toute entière contenue dans la relation intellectuelle et graphique qu'entretiennent la main du peintre suspendant la réalisation du portrait du couple royal espagnol (placé au centre de la relation horizontale entre les deux polarités), et celle, alors placée au point de fuite de la composition, de ce double du peintre qu'est l'autre Velázquez du tableau, José Nieto y Velázquez – le chambellan de la reine, à plus proprement parler ici le *sumiller de cortina* (soit le « manipulateur de rideau ») – écartant en effet celui de la porte du fond donnant accès à l'intimité de la famille du souverain, quand Largillierre fait donc le portrait de Charles Le Brun entouré des œuvres emblématiques de l'encomiastique royale, il s'agit exactement de dévoiler à travers cette image le pouvoir royal dans un rapport d'illustration des vertus et des qualités du prince déclinées dans l'interpellation référentielle des œuvres citées[8]. Ce à quoi s'est engagé le travail historique lui-même dans un large moment historiographique soucieux de scruter à travers les reflets iconographiques du souverain la *geste* monarchique dans ses principes et ses actions à la manière de l'école des « cérémonialistes » anglo-saxons découvrant dans la dramaturgie des principaux rituels de la royauté la constitution non écrite de la monarchie française. À ce mouvement de dévoilement considérant comme inerte la médiation iconographique s'ajoute un travail plus informé de ce que réalise également dans la transmission d'une idée la matière imaginale elle-même à la suite des travaux aussi différents qu'ils puissent être de Daniel Arasse, Georges Didi-Huberman ou Horst Bredekamp, pour ne citer que ces artisans essentiels du profond renouvellement de l'histoire de l'art ces trente dernières année[9]. Un déplacement et une complexification du rapport à l'image dont témoigne, et dans son titre et dans son contenu, l'approche de l'imaginaire singulier, étonnant et hétérodoxe, d'Henri III par Isabelle Haquet où le support iconographique n'est pas dans un rapport de traduction visuelle d'une réalité textuelle

---

8   Anne Surgers, *Et que dit ce silence ? La rhétorique du visible*, Paris, Presses Sorbonne Nouvelle, 2007, p. 140-142 ; Victor I. Stoichita, *L'Instauration du tableau. Métapeinture à l'aube des temps modernes*, Genève, Droz, 1999 [1993], chap. VIII ; Yves Dubois, « *Les Ménines* de Velázquez : l'unité retrouvée ? », *Art&Fact*, n° 27, 2008, p. 105-127.
9   Alain Dierkens, Gil Bartholeyns et Thomas Golsenne (dir.), *La Performance des images*, Bruxelles, Éd. de l'Université de Bruxelles, 2010.

dont il ne constituerait que le reflet ou l'ombre portée, mais dans une production, une fabrication à part égale, voire seule autorisée et apte surtout à réaliser la majesté théologico-politique du prince : il s'agit bien alors de comprendre ce que « révèlent les images[10] ».

Car, en dépit de leur proximité, *révéler* n'est pas *dévoiler*. Il y a dans ce dernier verbe une idée d'action qui se réalise sur un objet qu'elle ne modifie pas mais dont elle aménage les conditions de visibilité : dévoiler, ce n'est pas faire réaliser l'objet en lui ôtant le voile qui le dérobait à la vue ; l'action est ici seulement adjuvante à l'objet qu'elle fait apparaître. Elle aide à sa visibilité mais elle se trouve dans un rapport ontologique d'extériorité par rapport à ce sur quoi elle se porte. Autrement dit, elle ne réalise pas l'objet mais le montre différemment et souvent mieux que dans son état précédent. C'est au contraire une puissance d'actualisation que porte le verbe révéler car il fait surgir quelque chose pour le spectateur qui sans cette action l'ignorait, ne soupçonnant pas – à la différence du voile qui montre la dissimulation d'un objet – qu'il puisse exister quelque chose avant que la révélation ne le constitue sur un mode quasi entéléchique. Elle instruit un régime d'existence de l'objet qui le rend manifeste : elle ne permet pas de le voir différemment ou mieux mais elle le fait être. Quand dévoiler se rapporte aux attributs de l'objet, révéler a affaire à la nature même de celui-ci. Entre la transfiguration du Christ sur le mont Thabor et sa reconnaissance par Judas dans le jardin de Gethsémani, il y a toute la distance entre la révélation d'un côté et le dévoilement de l'autre.

En interrogeant ce que dévoilent les images et ce qu'elles ont en puissance de révéler, c'est comprendre différents régimes de visibilité mobilisant les imaginaires d'un côté et l'imagination de l'autre dans la fabrication et la réception de l'image du roi. Une tension qu'illustre l'œuvre contemporaine du peintre Georges Mathieu, mort en 2012, associant dans l'Abstraction lyrique une liberté créatrice et l'assignation à l'œuvre d'une reconnaissance provoquée et normée, d'une certaine manière, par un titre.

Et ce de manière plus particulièrement pédagogique en 1974 dans la réalisation de la couverture de la biographie de Louis XIV par Pierre Gaxotte aux éditions Flammarion – illustration d'une matière picturale

---

10   Isabelle Haquet, *L'Énigme Henri III. Ce que nous révèlent les images*, Paris, Presses universitaires de Paris-Ouest, 2011.

dans laquelle on peut citer *Le Grand Dauphin* en 1960 ou l'*Entéléchie carolingienne V* de 1956. Avec le mot de ce dernier titre, il y a bien l'indice d'un faire artistique qui n'est pas la redondance ou l'exposition d'une antériorité visible. L'image du roi est peut-être alors pour l'historien comme le célèbre « lapin-canard » du psychologue Joseph Jastrow : s'il est impossible de dire qu'il s'agit en même temps d'un volatile et d'un rongeur, l'image le montre pourtant bien. Comme le rappelle Guillaume Cassegrain, cette image ambiguë peut servir à prévenir, comme placée au seuil de sa réflexion méthodologique, l'historien des images contre l'illusion d'une « saisie aspectuelle » désengagée de « certains présupposés conceptuels, voire idéologiques » car « la saisie aspectuelle d'une œuvre ne tient pas seulement à la "réalité" visuelle que l'historien a sous les yeux mais aussi à des choix descriptifs[11]. »

Avant d'aborder le sujet de l'image du roi, il conviendra tout d'abord de replacer son étude au sein d'une discipline plus large, l'iconographie historique, dont la reconnaissance épistémologique et académique a été faite au début des années 2000. À la lumière des réflexions renouvelées en histoire de l'art, il s'agira ensuite de voir quels infléchissements sont à l'œuvre dans le regard des historiens sur l'iconographie des souverains et l'inscription possible de ce dernier dans une histoire du visuel. Enfin, que l'on prenne l'image dans le sens d'une spectacularisation, d'un dévoilement ou d'une révélation du prince, il s'agit toujours de mettre en œuvre la publicité de la souveraineté royale comme une « poétique de l'exception » pour emprunter à Hélène Visentin et Jean-Vincent Blanchard leur belle expression[12].

---

11 Guillaume Cassegrain, « Jouer le jeu. Questions de méthode, question de méthodes », *Revue de l'art*, n° 150, 2005, p. 75-80 (p. 76) ; Daniel Arasse, *Le Détail. Pour une histoire rapprochée de la peinture*, Paris, Gallimard, 1992 ; Patrick Boucheron, *Conjurer la peur. Sienne 1338. Essai sur la force politique des images*, Paris, Éd. du Seuil, 2013, p. 20.
12 Jean-Vincent Blanchard et Hélène Visentin, « La souveraineté est-elle une poétique de l'exception ? », dans *L'Invraisemblance du pouvoir. Mise en scène de la souveraineté au XVIIᵉ siècle*, Paris, PUPS, 2005, p. 9-28.

RECONNAISSANCE D'UNE DISCIPLINE

Trois ans avant que, dans la suite logique de la volonté – officialisée à l'été 2008 – du ministère de l'Éducation nationale d'inscrire l'enseignement obligatoire de l'« histoire des arts » à tous les niveaux de l'enseignement primaire et secondaire, il ait été décidé en 2010 de mettre au programme la question du « Prince et des arts dans la France et l'Italie des XIVe-XVIIIe siècles » au Capes d'histoire-géographie, Annie Duprat, l'une des principales actrices de l'acculturation de notre discipline à l'image, faisait paraître, en 2007 donc, aux éditions Belin un manuel qui était aussi une forme heureuse de point final à la longue quête de légitimité académique de tout un pan de la recherche historique[13]. Il revenait à cette historienne connue pour ses importantes études sur l'imagerie politique de proposer ainsi une visibilité éditoriale forte à ces travaux historiques sur l'image dont, à relire certains d'entre eux, la réception au sein de la tribu des historiens oscillait alors entre l'indifférence et le mépris du fait de la labilité de sa qualification documentaire et de sa recevabilité incertaine en tant que source[14]. En nommant les « historiens iconographes » et « l'iconographie historique », Annie Duprat réalisait une opération de publicisation disciplinaire attendue par beaucoup car son statut historiographique n'était pas encore pleinement assuré. S'il n'est pas question, naturellement, de prétendre ici à l'exactitude de cette date au risque en effet de provoquer le spectre des origines de toute démarche généalogique, il s'agit de conclure sur l'accès d'une légitimité universitaire de cette discipline, somme d'un processus d'affirmation épistémologique, opiniâtre et conquérant, dont on peut suivre, avec une régularité décennale, l'affirmation à partir de 1976[15].

---

13 Annie Duprat, *Images et Histoire. Outils et méthodes d'analyse des documents iconographiques*, Paris, Belin, 2007.
14 Michel Cadé, *L'Écran bleu. La représentation des ouvriers dans le cinéma français*, Perpignan, Presses Universitaires de Perpignan, 2000, p. 7 ; Christian Delporte, « De la légitimation à l'affirmation », dans Christian Delporte, Laurent Gervereau et Denis Maréchal (dir.), *Quelle est la place des images en histoire ?*, Paris, Nouveau-monde éditions, 2008, p. 8-12 (p. 10).
15 Dans cette généalogie, le point de départ de la qualification de l'image comme « source à part entière » pourrait être le colloque tenu en juin 1976 sous l'égide du Centre Méridional

À l'automne 2001, dans leur présentation d'un numéro de la revue d'histoire contemporaine *Vingtième siècle*, consacré au rapport entre l'image et l'histoire, les coordonnateurs rappelaient qu'il ne s'agissait plus de présenter les articles alors réunis comme un « manifeste » pour favoriser « le rapprochement des historiens avec le territoire des images ». Ce rapprochement, observaient-ils, s'affirmant en effet d'année en année. Ils souhaitaient seulement procéder alors à « une piqûre de rappel » entendue comme « une incitation pour les historiens du contemporain à poursuivre leurs travaux dans une direction balisée de longue date par les médiévistes ou les antiquisants[16]. » Ils auraient pu ajouter les modernistes qui ont contribué de manière importante à cette acclimatation de l'image parmi les historiens comme le montre leur rôle dans les colloques fondateurs, principalement celui de Paris-Censier, en mai 1986, précisément intitulé « Images et histoires » et généralement reconnu comme l'acte inaugural d'une relation croissante[17].

Une seconde étape de ce progrès est marquée, dix ans plus tard, par le colloque manceau de mars 1996 placé sous le titre « Histoire, Images, Imaginaires du XVe au XXe siècle[18] ». Il se tient précisément quand

---

d'Histoire Sociale des Mentalités et des Cultures de l'Université de Provence, qui mit en évidence les ressources constituées par l'iconographie pour une histoire des mentalités sensible à l'analyse de la culture populaire et cherchant une alternative à l'approche classique et textuelle (*Iconographie et Histoire des Mentalités*, Paris, CNRS, 1979). Fort de ses premiers fruits, une table ronde organisée en novembre 1981 par Claude Quétel et Michèle Ménard, proposa une nouvelle rencontre pour prendre date d'un moment historiographique affirmé et permettre à certains intervenants de 1976 de faire le point sur les réflexions préliminaires et autres prolégomènes qu'ils avaient formulés (*Les Historiens et les sources iconographiques*, Paris, CNRS, 1982).

16   Laurence Bertrand Dorléac, Christian Delage et André Gunthert, « Présentation », *Vingtième Siècle. Revue d'histoire*, n° 72, 2001, p. 3-4.

17   Catherine Grünblatt et Jean-René Louvet (dir.), *Images et histoire*, Paris, Publisud, 1987. Joël Cornette a cependant raison de souligner que le cas particulier de l'histoire moderne dans ce processus d'affirmation est partagé entre une avant-garde réellement audacieuse et une puissante force d'inertie (« Images et histoire des temps modernes (de la Renaissance à la Révolution) », dans C. Delporte *et al.*, *Quelle est la place des images en histoire ?*, *op. cit.*, p. 43-54).

18   Annie Duprat et Michèle Ménard (dir.), *Histoire, Images, Imaginaires. Fin XVe siècle – début XXe siècle*, Le Mans, Presses de l'Université du Maine, 1998. Si j'ai fait le choix de repères décennaux pour une meilleure lisibilité de l'évolution opérée entre 1976 et 2016, il faut signaler le rôle important joué par le colloque organisé à Metz en mars 1994 dont le titre marque l'ambition programmatique : Hélène d'Almeida-Topor et Michel Sève (dir.), *L'Histoire et l'image. De l'illustration à la preuve*, Metz, Centre de recherche Histoire et civilisation de l'Université de Metz, 1998. Il est également l'occasion d'une plus grande

paraissent les actes du colloque automnal d'Erice de 1992 où furent présentées un certain nombre de propositions critiques fondamentales et au cours duquel fut notamment développée la notion d'« image-objet » en rupture essentielle avec le strict registre idéel traditionnel et la focale interne de l'analyse iconologique de l'image pour interroger les usages et les pratiques auxquels elle donne lieu depuis la considération de sa matérialité ou de sa « choséité[19]. » Le colloque manceau de 1996 pouvait ainsi s'appuyer sur un certain nombre de propositions critiques comme sur l'important travail de précision et de réflexion théoriques de Louis Marin publié trois ans plus tôt sous le titre *Des pouvoirs de l'image* poursuivant les pistes avancées dans *Le portrait du roi* une décennie auparavant. Il y développait plus particulièrement la prise en compte de la nécessité d'une distinction au sein de l'image entre ce qu'elle représente et ce qu'elle fait :

> D'où la tentative de cerner, par retour à la question « originaire », l'être de l'image, non en le renvoyant à l'être même, non en faisant, de l'être de l'image, la pure et simple, et cognitivement insuffisante, voire trompeuse image de l'être, son *mimène*, mais en interrogeant ses « vertus », comme on l'aurait dit jadis, ses forces latentes ou manifestes, bref, son efficace, fût-il même de connaissance. L'être de l'image, en un mot, serait sa force [...][20].

On trouvera une préoccupation méthodologique plus précoce dans cette familiarisation des historiens aux images chez les civilisationnistes avant qu'un premier manuel, publié l'année de l'important colloque manceau, destiné aux étudiants en histoire ne prenne en charge les enjeux d'analyse et de critique des images[21]. Les manuels édités à l'intention des étudiants préparant la question du Capes sur le prince et les arts ont ensuite favorisé la promotion de ce champ. Par ailleurs, on notera la proximité de la tenue

---

interdisciplinarité avec l'évocation de l'apport méthodologique de quelques disciplines intéressées à l'image comme la sémiologie.

19 Jérôme Baschet et Jean-Claude Schmitt (dir.), *L'Image. Fonctions et usages des images dans l'Occident médiéval*, Paris, Le Léopard d'Or, 1996. Par la suite, cette proposition d'image-objet formulée par Jérôme Baschet a été plus fermement réélaborée en articulation avec une analyse de sa puissance d'effet (*L'Iconographie médiévale*, Paris Gallimard, 2008, p. 25-64). Elle permet une articulation avec la « pensée figurative » de Francastel, notion reprise notamment par Jean-Claude Schmitt (« Conclusion », *Hypothèses*, n° 1, 2001, p. 159-165).

20 Louis Marin, *Des pouvoirs de l'image. Gloses*, Paris, Éd. du Seuil, 1992, p. 10.

21 Sophie Cassagnes *et al.*, *Le Commentaire de document iconographique en histoire*, Paris, Ellipses, 1996.

de ce colloque à l'université du Mans avec le lancement en novembre 1995 d'une nouvelle revue intitulée *L'Image,* dirigée par Laurent Gervereau, où l'on trouve parmi les principaux animateurs Maurice Agulhon, Régis Debray, Antoine de Baecque, Francis Haskell ou David El Kenz. Les années 1994-1996 jouent dans cette chronologie un rôle évident d'accélération. Outre l'actualité scientifique rappelée plus haut – colloque de Metz en 1994 et colloque du Mans en 1996, leurs actes respectifs étant publiés la même année 1998 – et cette activité éditoriale, il convient d'ajouter pour mesurer pleinement l'importance de ce moment la naissance en novembre 1995 de la revue *Sociétés & Représentations* dont le premier numéro contient un article signé par Annie Fourcaut et Danielle Tartakowsky sur « L'historien et les sources filmiques : réflexions d'une journée d'étude » – une revue comprenant dans son comité scientifique notamment Alain Corbin, Pascal Ory et Michel Vovelle[22]. C'est, par ailleurs, durant ces années que la revue *Critique* publie un numéro intitulé « Arrêts sur l'image » et que les éditions Gallimard, après le développement d'une collection appelée la « Bibliothèque illustrée des histoires », née en 1983, lance une nouvelle collection rangée résolument sous un rapport différent du document icono-graphique à l'histoire – « Le Temps des images » – dans laquelle il s'agit désormais de donner « la parole aux images, qui deviennent le moteur de l'enquête historique » comme l'annonce l'éditeur[23]. Pour terminer une recension impressionniste seulement destinée à témoigner d'une sensibilité particulière des relations entre l'image et l'histoire et non à inventorier exhaustivement ses manifestations, je signale la traduction en 1995 d'un des livres importants de cette évolution, la somme de Francis Haskell, *L'Historien et les images*[24].

---

22 *Sociétés & Représentations*, n° 1, 1995, p. 241-259.

23 *Critique*, n°s 589-590, 1996. On notera que sur le site internet de l'éditeur, la présentation du catalogue de la collection est accompagnée d'une citation extraite du premier volume qui en marqua la naissance : « Ayons l'imprudence d'avancer que nous croyons que les sources iconographiques, considérées dans l'optique de l'histoire des mentalités, apportent plus qu'une illustration ou un commentaire figuré à ce que disent les textes, porteuses qu'elles sont d'un discours sinon autonome, du moins spécifique, et qui a sa dynamique propre. L'image en dit souvent plus que l'écrit, il arrive qu'elle parle quand le texte se tait » (Michel Vovelle, *Les Âmes du purgatoire ou le travail du deuil*, Paris, Gallimard, 1996). Il faut mentionner également, à l'initiative de Sylvène Édouard, la revue en ligne *Europa Moderna. Revue d'Histoire et d'Iconologie.*

24 Francis Haskell, *L'Historien et les images* [1993], trad. fr., Paris, Gallimard, 1995 (le titre français ne traduit que partiellement le propos de l'original : *History and its Images : Art and the Interpretation of the Past*).

Enfin, en avril 2006, un autre colloque, organisé à Paris, mesurait le chemin accompli au cours de ces quatre décennies en se signalant plus particulièrement par la collaboration de l'université de Versailles-Saint-Quentin-en-Yvelines, l'Institut national de l'audiovisuel et l'Institut des Images à L'Agro-Paris Tech[25]. Assumant tout d'abord un héritage historiographique dont il prenait acte trente ans après les rencontres de Paris Censier, se posant ensuite en force de consolidation méthodologique et en relais, également, de proposition critique par le déplacement de la réflexion d'un savoir des images à une histoire du visuel, sa triple ambition pouvait se lire alors dans le titre de sa première demi-journée : « Recherches sur l'image : quel bilan ? De l'image-illustration à l'image-objet d'études », celle-ci ouvrant ensuite à l'analyse de la culture du *visuel* qui constituerait l'épistémè de notre contemporanéité[26]. La dernière partie donc de ce titre résume parfaitement cette longue familiarité de l'histoire aux images, la mutation récente de leur articulation, la requalification critique de leur relation et le « renversement épistémologique essentiel » en cours qu'il conviendra désormais de retracer[27]. Pour achever ce parcours décennal envisagé depuis 1976, l'année 2017 a vu la parution du troisième recueil édité par Emmanuel Alloa qui, après deux précédents volumes consacrés aux théories et aux logiques imaginales ainsi qu'aux anthropologies du visuel, a pour sous-titre : « Comment lire les images[28] ? »

Mais si la reconnaissance a eu lieu dans notre discipline pour ce champ, la tension et la polémique ont pu s'être déplacés aux frontières de celle-ci et la prise de position de Paul-Louis Rinuy, dans son éditorial de la *Revue de l'Art*, à l'automne 2014, semble ainsi raviver le jugement porté par Jean-Michel Leniaud en 2005 sur « l'absence de dialogue,

---

25   C. Delporte *et al.*, *Quelle est la place des images en histoire ?*, *op. cit.*

26   Ce que traduirait le « *pictorial* » ou « *iconic turn* » à l'œuvre dans les sciences humaines et sociales à propos duquel on trouvera une présentation pratique dans Bernd Stiegler, « *Iconic Turn* et réflexion sociétale », *Trivium*, n° 1, 2008 : http://trivium.revues.org/index308. html (consulté le 02/04/2020). Pour une approche fondatrice, W. J. Thomas Mitchell, *Iconologie. Image, texte, idéologie* [1986], trad. fr., Paris, Les Prairies ordinaires, 2009. Il faut également citer le travail de Gottfried Boehm (dir.), *Was ist ein Bild ?*, Munich, Fink, 1994, qui s'inscrit dans une continuité affirmée avec le *linguistic turn* ; Paul Gerhard (dir.), *Visual History. Ein Studienbuch*, Gottingen, Vandenhoeck, 2006.

27   Marie-France Auzépy et Joël Cornette (dir.), *Des images dans l'histoire*, Saint-Denis, Presses universitaires de Vincennes, 2008, p. 8.

28   Emmanuel Alloa (dir.), *Penser l'image III. Comment lire les images ?*, Dijon, Les Presses du Réel, 2017.

voire l'autisme savant » entre l'histoire et l'histoire de l'art, ou celui de
Jérôme Baschet et de Dominique Rogaux parlant en 2008 de « suspi-
cion et de jalousie » comme modes ordinaires de la relation entre ces
deux disciplines, quand Michel Pastoureau, en 1998, faisait état, plus
furieusement, d'une conflictualité et d'une méchanceté plus manifestes
encore entre elles[29]. Derrière la réaction de l'éditorialiste à l'aimable
provocation de Patrick Boucheron dans *Conjurer la peur. Sienne 1338.
Essai sur la force politique des images*, il faut retenir, comme le montre la
suite de son propos, l'idée d'un rapprochement de plus en plus fécond
des regards sur l'image et les porosités heureuses des disciplines, venant
de traditions épistémologiques différentes, étudiant désormais le « champ
élargi de l'art » étendu à celui du « visuel ».

Des confrontations heureuses fonctionnent en effet. À l'image du
modèle mis en œuvre par Peter Burke dans *Louis XIV. Les stratégies de
la gloire*, l'approche pluridisciplinaire a été, par exemple, garante de la
fécondité des échanges et de la qualité des productions provoquée par
le colloque, organisé en 2002, au Centre allemand d'histoire de l'art à
Paris sur *L'image du roi. De François Ier à Louis XIV*[30]. S'il ne s'agit pas
de confondre les disciplines, plusieurs évolutions respectives dans leur
champ propre favorisent ce jeu de l'indisciplinarité selon la proposition
de Laurent Loty comme, pour suivre ici l'analyse d'Olivier Christin,
le relâchement du magistère de « l'école du Louvre », préoccupée, en
histoire de l'art, par des questions de muséologie et d'attribution, et
animée par des exigences d'évaluation et d'expertise des œuvres d'art,
ou le dialogue accru entre historiens, sémiologues, politologues et littéraires dans l'évaluation de la médiatisation politique moderne pour
laquelle il faut évoquer les travaux de Régis Debray, de Jean-Marie
Apostolidès ou de Louis Marin, déjà cité. Des rapprochements qu'il faut

29   Paul-Louis Rinuy, « De l'interprétation des œuvres d'art », *Revue de l'Art*, n° 185, 2014/3,
     p. 5-8 ; Jean-Michel Leniaud et Isabelle Saint-Martin (dir.), *Historiographie de l'histoire de
     l'art religieux en France à l'époque moderne et contemporaine. Bilan bibliographique (1975-2000)*,
     Turnhout, Brepols, 2005, p. 5 ; Jérôme Baschet et Dominique Rigax, « Le médiéviste et
     les images à l'ère de l'écran global », *Actes des congrès de la Société des historiens médiévistes
     de l'enseignement supérieur public*, vol. 38, n° 1, 2007, p. 259-272 ; Michel Pastoureau et
     Claudia Rabel, « Histoire des images, des symboles et de l'imaginaire », dans Jean-Claude
     Schmitt et Otto Gerhard Oexle (dir.), *Les Tendances actuelles de l'histoire du Moyen Âge en
     France et en Allemagne*, Paris, Publications de la Sorbonne, 2002, p. 595-616 (p. 597).
30   Thomas W. Gaehtgens et Nicole Hochner (dir.), *L'Image du roi de François Ier à Louis XIV*,
     Paris, Éd. de la MSH, 2006.

travailler à susciter davantage auprès des futurs étudiants en histoire en imaginant, comme la réforme actuelle de la Licence peut le susciter, des appareillements disciplinaires plus propices à la promotion de ces nouvelles interrogations.

L'ILLUSTRATION DU ROI
COMME UN INVENTAIRE DE LA MONARCHIE
L'historien platonicien ?

Pour revenir comme l'ont fait plusieurs auteurs aux *Ménines* comme un miroir des princes et non comme *la représentation de la représentation* ou encore comme la « théologie de la peinture » selon le mot du peintre napolitain Luca Giordano, nous pouvons considérer tout d'abord l'image royale dans sa faculté illustrative des vertus du souverain[31] : que ce rapport soit descriptif ou prescriptif, peu importe au final, puisqu'il s'agit de montrer à travers l'image du roi les qualités nécessaires du bon gouvernement du prince. Qu'il les possède – ou qu'il les feigne selon la maxime machiavélienne – ou qu'il se les donne comme but ou encore que l'on lui assigne celui-ci, il s'agit toujours de faire cette image le double d'un texte, une sorte d'*ekprahis* inversée. Dans *Les Ménines* seraient donnés à l'Infante Marguerite-Thérèse, âgée de cinq ans, une leçon sur l'éminente vertu de prudence à travers le reflet du couple royal dans le miroir et un conseil pour que, se nourrissant de la mémoire de l'exemplarité du passé, elle ait dans le présent l'intelligence de préparer les choix futurs qui s'offrent, plastiquement ici comme un renouvellement féminin du motif classique de l'Hercule à la croisée des chemins, opposant non pas la jouissance à la vertu mais la Folie à la Sagesse. Refusant, par ailleurs, la collation que lui propose l'une de ses suivantes (*meninas*), l'Infante montre à travers ce geste – et sa représentation – la fermeté prometteuse de son âme et la force de caractère d'une princesse dont la sévérité effrayante est heureusement tempérée

---

31 J. A. Emmens, « *Les Ménines* de Velasquez, miroir des princes pour Philippe IV », *Nederlands Kunsthistorisch Jaarboek*, 1961, p. 50-79 ; Joel Snyder, « *Las Meninas* and the Mirror of the Prince », *Critical Inquiry*, vol. 11, n° 4, 1985, p. 539-572.

par la bonté de son visage d'enfant faisant justice à ce que le caractère de son âge doit faire concéder à la rigueur d'une discipline exagérée et possiblement monstrueuse, menace en effet alors de la dégradation d'une qualité en son contraire que le contraste des deux nains – l'un réduit à être vu et l'autre le sujet d'une action sans fruit – placés à l'extrémité de la scène suggère. Tableau des vertus princières – force, justice, prudence et tempérance –, il décline également la qualité du soin apporté par le roi à l'éducation de sa fille dont le rappel est fait par le peintre à travers le portrait, dans l'ombre, de la duègne en conversation avec l'un des gardes de la chambre. D'autres déclinaisons sont certainement possibles d'une lecture reconnaissant dans l'image du roi le catalogue des vertus du souverain : le motif du roi caché mais à la fois suggéré et représenté à travers un effet de présence médiatisée serait propice, par exemple, à une réflexion sur le nécessaire secret du prince et sur l'efficacité de la vice-royauté dans la gouvernance du plus fabuleux empire jusqu'alors possédé par un prince chrétien.

Sans prendre d'autres exemples, il s'agit seulement ici de présenter l'image du roi dans un premier rapport historiographique comme l'illustration des qualités du souverain et des vertus de son gouvernement, le regard de l'historien se coulant dans l'intention supposée d'une célébration et d'une glorification du prince que l'on considère comme les prolégomènes de nos propagandes et *public relations* contemporaines, autorisé en cela par les remarques sur l'image de Louis XIV formulées par l'un des principaux fondateurs de ces dernières, Edward Bernays, dans son livre *Propaganda* de 1928[32].

Tous les mérites, toutes les vertus, toutes les perfections de l'âme, toutes les bontés de l'esprit et toutes les beautés du corps, tous les exploits et toutes les grandeurs se disputent l'espace de la toile pour témoigner de la majesté du souverain que l'historien recense, classe, hiérarchise et étudie dans leur fréquence, leur variabilité (dans l'espace et dans le temps) et leur intensité. Les images du roi sont le territoire du pouvoir monarchique et de la souveraineté princière que l'historien scrute et explore et dont il dresse, dans ses livres et ses articles, les cartes avec leurs reliefs et promontoires, leurs saillants et leurs réseaux, leurs convergences et leurs isolats. Le roi est beau, le roi est bon ; il est le bien.

---

32   Edward Bernays, *Propaganda. Comment manipuler l'opinion en démocratie* [1928], trad. fr., Paris, La Découverte-Zones, 2007.

Tel est en substance, l'énoncé, infiniment décliné dans ses variations historiques, que donne l'historien du prince à partir des images qui le mettent en scène – qu'il soit critique, dupe ou qu'il adhère à celui-ci, peu importe. La monotonie guette car il y a peu de diversité au final dans les qualités exposées du prince : pas de François Ier, prisonnier, mélancolique et envisageant d'abdiquer, pas de Louis XIV édenté et chauve ou d'Henri IV suppliant ; pas davantage de Louis XV, tout « bien aimé » qu'il soit, au milieu d'une foule souriante, le cou chargé de colliers de fleurs que lui donnent des enfants rougissants et des jeunes filles enthousiastes.

Mais il y a des ratés. Peu nombreux, naturellement, mais leur anomalie permet de sortir de l'épuisement de l'étude d'un motif et de la relation de redondance entre le roi, son image et l'analyse par l'historien de son pouvoir. Des ratés qui montrent que bien plus qu'un simple mimétisme est alors en action dans la construction de l'image du roi et qui donnent à l'historien l'occasion de voir et de penser que quelque chose passe, comme en contrebande, dans cette paisible illustration en miroir. Véronique Meyer, dans son travail sur les thèses illustrées dédiées à Louis XIV (soit cent trente-six thèses entre 1638 et 1704), a attiré l'attention sur tout un corpus mal connu des historiens et pourtant essentiel dans l'encomiastique du souverain. Parmi ces thèses, celle en théologie du prêtre Philibert Madon, soutenue en 1685 au couvent des Minimes de Marseille et présidée par le Provincial Charles Guilhet (dessinée et gravée par Pierre Simon et éditée par Guillaume Vallet), illustre la complexité d'une image dont la matière, dans l'intention de célébrer le roi, peut provoquer contre lui le soupçon de l'idolâtrie.

FIG. 3 – *Louis XIV*, gravure de Pierre Simon (éditée par Guillaume Vallet),
pour la thèse de théologie de Philibert Madon, 1685 (BnF).

« Trop, c'est trop ». C'est avec ces mots en effet que Mme de Sévigné évoque, dans une lettre à sa fille du 13 juin 1685, cette thèse dans laquelle le roi est comparé à Dieu « mais – précise-t-elle – d'une manière où l'on voit clairement que Dieu n'est que la copie[33]. » L'ingéniosité iconographique de l'image confondant autour de la tête du roi le motif ardent de l'imaginaire solaire du monarque avec le rayonnement de la gloire des saints chrétiens fait se précipiter dans cette confusion visuelle la Majesté divine et le triomphe mondain en nourrissant, chez les protestants comme chez les catholiques, la dénonciation d'une idolâtrie menaçante – ou déjà triomphante – d'un roi contre laquelle on mobilise les termes de la controverse de Boniface VIII déjà rangés, par ailleurs, en ordre de bataille depuis l'annonce, en 1679, du projet de la statue pédestre de Louis XIV, place des Victoires, et inaugurée dans le contexte des suites de cette image « ratée » du roi. L'image proposée est orthodoxe d'une certaine manière, et elle s'inscrit dans une tradition datant, au moment de sa réalisation, de près d'un siècle puisqu'elle constitue une variation personnalisée de la représentation classique de la monarchie proposée par Cesare Ripa dans son *Iconologia*, livre fondateur d'une « science des images » comme le qualifient Marie-France Auzépy et Joël Cornette qui rappellent cette figure illustrée par « une jeune fille d'un visage altier, couronnée de rayons » lesquels « représentent encore ce haut lustre de grandeur et de majesté qui brille sur la personne des Monarques[34]. » Une orthodoxie imaginale comme celle dont s'efforce de convaincre ses lecteurs François Lemée pour justifier dans son *Traité des statues* de 1688 la représentation scandaleuse de Louis XIV place des Victoires[35]. Orthodoxes peut-être en effet à leur manière mais productrices d'une réalité qui, pour leurs spectateurs, pouvait ne pas l'être[36].

---

33   Véronique Meyer, *Pour la plus grande gloire du roi. Louis XIV en thèses*, Rennes-Versailles, PUR-Centre de recherche du château de Versailles, 2017, p. 62 et fig. 11.

34   M.-F. Auzépy et J. Cornette, « Entre Byzance et l'occident : quelques usages historiens de l'image », dans *Des images dans l'histoire*, *op. cit.*, p. 267-298 (p. 273-275).

35   François Lemée, *Traité des statues*, éd. Diane H. Bodart et Hendrik Ziegler, Weimar, VDG, 2012 ; Caroline Van Eck, *François Lemée et la statue de Louis XIV sur la place des Victoires. Les origines des théories ethnologiques du fétichisme*, Paris, Éd. de la MSH, 2013.

36   On peut évoquer également la plainte de Louis-Henri Loménie de Brienne rapportant ses désillusions à propos de la gravure qu'il fit faire en 1652 pour l'exercice de philosophie qu'il défendit au collège des Jésuites de Mayence : le graveur « ne fit rien que des Gotthlifichets sans nombre, qui oppressoient une tête encore plus mal faite et qui ressemblait aussi peu à Louis XIV qu'au grand Turc » (*Mémoires du jeune Brienne*, Paris,

Les images sont en effet dangereuses ; elles ne sont pas qu'une traduction en signes iconographiques d'un discours de grandeur qui bornerait rigoureusement la signification de chacun d'eux comme il contrôlerait la somme de leur association et la définition de leurs effets. Une pierre plate lancée avec art à la surface de l'eau ricoche sur celle-ci autant de fois que les conditions optimales de félicité physique sont réunies jusqu'à son inéluctable arrêt. Une image royale peut ainsi toucher plusieurs dimensions de l'encomiastique du pouvoir souverain et particulariser des expressions idéales de perfection comme elle peut toucher différemment différents publics. Toutefois, chaque ricochet n'envoie pas simplement la pierre un peu plus loin mais il crée à la surface de l'eau des ondes concentriques qui, s'élargissant, rencontrent celles faites par l'impact précédent : ces ondes, dans leur régularité initiale viennent alors à se brouiller produisant des effets que le lanceur de pierre ne pouvait pas anticiper du fait de la diversité des variables qui commandent au dessin de ces ondes. Les images montrent quelque chose de cette grandeur mais quelque chose se montre aussi à travers elles. Elles mettent en lumière les vertus du souverain mais cette illustration n'est pas réductible à une fonction de similitude. S'il faut dans cette représentation imaginaire *simuler* le roi au sens où l'on parle d'une simulation et que l'on accorde à ce verbe sa signification d'imitation et de ressemblance sans la lier à une intention fondamentalement et strictement frauduleuse, il s'y *dissimule* aussi autre chose que les réserves, plus ou moins fortes, des historiens de l'art portées à l'encontre d'une approche iconographique exclusive nous aident à découvrir[37].

Société de l'histoire de France, 1919, t. II, p. 139 ; V. Meyer, *Pour la plus grande gloire du roi, op. cit.*, p. 302) comme la critique par Diderot du portrait du roi par Louis Michel Van Loo au Salon de 1761 : « Il est beau, bien peint, et on le dit très ressemblant […]. Seulement ce volume d'hermine qui bouffe tout autour du haut de la figure, la rend un peu courte, et cette espèce de vêtement lui donne moins la majesté d'un roi que la dignité d'un président au Parlement » (Diderot, *Essais sur la peinture. Salons de 1759, 1761, 1763*, éd. J. Chouillet et G. May, Paris, Hermann, 1984, p. 113-114).

37   Daniel Arasse, *On n'y voit rien. Descriptions*, Paris, Denoël, 2000, p. 9-13.

UNE FABRICATION DU ROI
Sortir l'historien du reflet narcissique

Les images du roi donnent accès à des savoirs sur le roi. Cela est certain mais les savoirs qu'elles produisent ne se résument pas à la somme des intentions et des effets qui y ont été délibérément travaillés par leurs auteurs ni à leur explicitation par l'historien clairvoyant, armé de son érudition et tout « averti » des ensorcellements de l'image[38]. Ils ne sont pas seulement ce qui sert dans l'image car interroger ainsi celle-ci sous cet angle est, pour reprendre une formule bien connue, une question mal posée. Mal posée car elle déporte le travail d'analyse de ce que l'image est à ce qu'elle viserait, de ce qu'elle fait à son intentionnalité. Car analyser un tableau n'est pas dire seulement à quoi il sert[39]. Outre un important texte de Daniel Arasse de 1985, « L'art et l'illustration du pouvoir », une contribution de Georges Didi-Huberman de 1996, « Imitation, représentation, fonction. Remarques sur un mythe épisté-mologique », rappelle la nécessité de placer l'analyse du tableau sur ce qui le constitue : soit la mise en forme, d'une part, d'un contenu – « les conditions dans lesquelles est élaboré le message *dans l'œuvre d'art elle-même* » – et l'expression, d'autre part, de sa faculté dialectique de déprise vis-à-vis de ce contenu explicite et référentiel pour signifier quelque chose d'autre que sa conception en termes exclusifs de traduction ne peut prendre en charge entièrement[40]. À travers ce que Daniel Arasse désigne

---

38 Judith Lyon-Caen et Dinah Ribard, *L'Historien et la littérature*, Paris, La Découverte, 2010, p. 65-70 ; Georges Didi-Huberman, « L'exorciste », dans Roland Recht et Fabrice Douar (dir.), *Relire Panofsky*, Paris, Beaux-arts de Paris-Musée du Louvre, 2008, p. 69-87 (p. 71).
39 D. Arasse, *On n'y voit rien, op. cit.*, p. 112.
40 « En illustrant un texte, une illustration lui donne un lustre, un éclat particulier et c'est cet éclat qui, d'une manière très générale, assure et a toujours assuré la fonction propre de l'art », Daniel Arasse, « L'art et l'illustration du pouvoir », dans *Culture et idéologie dans la genèse de l'État moderne*, Rome, École française de Rome, 1985, p. 231-244 (p. 234). Georges Didi-Huberman, « Imitation, représentation, fonction. Remarques sur un mythe épistémologique », dans J. Baschet et J.-C. Schmitt, *L'Image, op. cit.*, p. 59-86 (il s'agit de combattre l'idée d'une fonction ramenée aux seules ambitions de l'imitation et de demander si « les œuvres d'art ne contiennent […] pas autre chose que de la signification [et s'il est] vraiment déraisonnable d'imaginer une histoire de l'art dont l'objet soit la sphère de tous les non-sens contenus dans l'image ? »).

comme « l'information » propre à l'œuvre d'art et la reconnaissance de son importance en tant qu'illustration – en ce qu'elle constitue sa principale économie ontologique et non pas considérée de façon triviale –, on touche ici aux éléments constitutifs de la performance des images et leur régime particulier d'existence mais aussi, peut-être, aux limites de la porosité ou de la proximité de nos disciplines.

Si l'histoire visuelle constitue un champ partagé entre historiens et historiens de l'art, le questionnement esthétique et la considération de l'œuvre – quelle que que soit sa qualité – comme un absolu ne peuvent être les préoccupations premières du regard de l'historien qui traduira – informé des considérations de Jean-Claude Passeron, Paul Veyne, Michel de Certeau ou encore de Richard Hoggart sur la labilité de l'attention – en termes de réception la problématique de l'action esthétique[41]. De même que le *linguistic turn* a été, en son temps, rendu soluble dans la discipline historique à travers le rappel de la considération des configurations et des dispositifs sociaux dans lesquels un certain nombre de phénomènes historiques ont pu être analysés à nouveaux frais à l'aune de ce paradigme, la pertinence épistémologique de l'*iconic turn* ne semble véritablement opérante que référée à la reconstitution par l'historien des conditions sociales de l'opérativité de l'acte d'image dont Horst Bredekamp a proposé en 2007 une théorisation récemment accessible au public français[42]. Les travaux menés par Daniel Arasse et Georges Didi-Huberman et leurs élèves sont d'une incroyable puissance de séduction, mais la fécondité de leur réception dans notre discipline est au prix certainement d'une euphémisation de leur ambition afin de préserver la puissance qu'ils portent de suggestion devant saisir l'historien pour le conduire au-delà de l'idée d'une répétition du monde par sa représentation et lui faire voir, aussi, ce que l'image produit de neuf dans celui-ci.

41 Richard Hoggart, *La Culture du pauvre. Étude sur le style de vie des classes populaires en Angleterre* [1957], trad. fr., Paris, Éd. de Minuit, 1970 ; Michel de Certeau, *L'invention du quotidien*, t. I, *Arts de faire*, Paris, Gallimard, 1990 [1980] ; Jean-Claude Passeron, *Le raisonnement sociologique. L'espace non-poppérien du raisonnement naturel*, Paris, Nathan, 1991, p. 285 ; Paul Veyne, « L'interprétation et l'interprète », *Enquête. Anthropologie, Histoire, Sociologie*, n° 3, 1996, p. 241-272 ; Olivier Christin, *Le Roi-Providence. Trois études sur l'iconographie gallicane*, Lyon, Laboratoire de Recherche Historique Rhône-Alpes, 2006.
42 Roger Chartier (dir.), *Les Usages de l'imprimé* (XVᵉ-XIXᵉ siècle), Paris, Fayard, 1987 ; *Id.*, *Au bord de la falaise. L'histoire entre certitudes et inquiétudes*, Paris, A. Michel, 2009 [1998] ; Horst Bredekamp, *Théorie de l'acte d'image* [2010], trad. fr., Paris, La Découverte, 2015.

Les catégories d'agentivité et de performance sont alors à considérer comme des outils pour poursuivre le travail d'approfondissement de la compréhension des effets des images élargis au-delà du seul inventaire des intentions présidant à leur production. On trouve dans le livre de Vincent Milliot, publié en 1995, la belle lucidité de Daniel Roche qui nomme et date ce dessillement du regard historien sur les images.

> L'on comprend ce qui unit cette recherche à d'autres déjà anciennes sur le *peuple de Paris* (1981), mais si l'on se reporte à ce dernier livre, on verra aisément ce qui a changé, grâce à Vincent Milliot et d'autres, dans notre façon de lire les phénomènes sociaux que traduisent les images. Là où je percevais l'illustration documentaire d'un mode de vie et de comportement vestimentaire typique, là où j'utilisais, prisonnier d'une longue tradition, l'image comme un témoignage et le texte comme un document positif livrant sa leçon presque clairement, là où je retrouvais les indices d'une évolution matérielle fortement soulignée par le style des images, les traits des crieurs, les caractéristiques de leur vêture, Vincent Milliot perçoit tout autre chose et met à mal la notion de reflet [...]. Les *Cris de Paris* enseignent alors la façon dont peuvent agir des formes artistiques pour transformer les acteurs sociaux et pour organiser la perception du réel [...][43].

Aussi avant de conclure sur la spécificité, parmi les images, de celle du roi, s'agira-t-il de suggérer la nécessité de penser, à côté de la reconnaissance de ce que l'image du roi dévoile de l'autorité et de la personne du prince, ce qu'à travers sa puissance de révélation elle donne à comprendre aussi de celles-ci. L'image du roi ne ressort pas des catégories du vrai et du faux ; en ce sens, elle n'est pas une entreprise de communication mais participe d'un processus d'information du prince l'immunisant de la critique du fallacieux ou du juste. Son image n'est pas assujettie non plus à l'efficacité de la délivrance d'un message qui pondérerait une hiérarchie d'images établie sur des gradients de performance. Ce serait dès lors replier l'image du roi sur les seules catégories de la propagande et de la communication qui pour être opérantes ponctuellement ne constituent pas le régime ordinaire d'une représentation royale suffisante dans sa seule production d'une information sur le pouvoir qui la suscite. La raison d'être fondamentale de cette manifestation imaginale du pouvoir du prince est moins dans le déploiement d'une rhétorique

---

43 Daniel Roche, « Préface », dans Vincent Milliot, *Les Cris de Paris ou le peuple travesti. Les représentations des petits métiers parisiens*, XVIᵉ-XVIIIᵉ *siècles*, Paris, Publications de la Sorbonne, 1995, p. 8-9 ; Bernard Darras (dir.), *Images et études culturelles*, Paris, Publications de la Sorbonne, 2008, p. 6.

de signes que dans son évidence, son existence comme performance continue et réalité *phénoménale*. À travers elle, le roi se dit moins comme une puissance sémantique offerte à la discussion qu'en tant que réalité pragmatique dont la fin n'est ni le *docere*, ni le *placere* ou encore le *movere* mais dans la recherche a-rhétorique de la plus grande sidération du sujet.

Il faut penser que l'image est dotée de *sens* et qu'elle a des *effets* dont la définition et l'évaluation ressortent de l'analyse des contextes, des enjeux et de l'intention des commanditaires et des artistes. Mais elle est aussi dotée d'une *force* dont la juste appréciation est comme empêchée par le travail précédemment évoqué qu'il faut donc, d'une certaine manière, suspendre pour laisser jouer ce qui dans l'image relève de processus déraisonnables. Penser les deux premières catégories (sens et effets), c'est se placer du côté d'une *production* considérée souveraine, maîtresse dans la définition de ses buts et la détermination des moyens judicieux mis en œuvre pour l'efficacité de celles-ci et qui seraient reçus quasi virginalement par un public respectueux de l'intégralité de leur contenu ou de leur message. Mais dans cette transmission idéale du sens – le programme de l'image en quelque sorte – et des effets de l'œuvre, voulus et reconstitués, il y a comme un passager clandestin : une force impropre aux rets de la raison est à l'œuvre qui fait de l'image reçue un document toujours singulier pour celui qui la regarde en dépit des cadres généraux imposés à sa consommation[44]. L'analyse donc de la *réception* de l'œuvre doit prendre en charge ce qui a un billet de traversée comme ce qui circule subrepticement et qui passe en contrebande, comme aussi ce qui préside à sa conception et qui n'a pas nécessairement le sens qu'on lui donne.

Jérôme Baschet a très bien exprimé ce nouvel âge de la relation de l'historien aux images, soit une herméneutique heureuse entre la naïveté du regard de l'historien sur l'image, enfermé dans la tautologie d'une relation narcissique, et une démarche critique de compréhension de l'image inquiète du seul *pathos* de l'œuvre :

> S'il a fallu batailler pour mettre l'image en situation et rompre ainsi le monopole que l'expertise stylistique et le tandem identification iconographique/déchiffrement iconologique exerçaient sur elle, nous n'en sommes sans doute plus aujourd'hui à devoir opposer performance et signification [...]. De même

---

44 Karine Lanini, « L'imaginaire gelé : codes, règles et modèles dans les traités de peinture du XVIIᵉ siècle », *Littératures classiques*, n° 45, 2002, p. 309-322 ; Carlo Ginzburg, *Peur révérence terreur. Quatre essais d'iconographie politique*, Dijon, Les Presses du Réel, 2013.

que l'époque des luttes où il convenait d'affirmer l'irréductibilité absolue de la pensée figurative afin de libérer l'image de l'hégémonisme logocentrique fait place à la compréhension de l'entrelacement de la pensée figurative et de la pensée verbale, saisies dans leurs spécificités et leurs tensions mais au sein d'un même univers social de sens, les avancées des décennies récentes conduisent à affirmer que l'approche performative des images et celle de leurs potentialités sémantiques ne peuvent se concevoir l'une sans l'autre. Il existe divers modes de branchement entre « l'acte iconique » et la puissance signifiante de l'image, mais cette dernière ne saurait être écartée, pour peu que l'on prétende cerner ce que peuvent les images : la puissance d'effet de l'œuvre n'en dénie pas la charge signifiante mais s'adosse, de diverses manières, à elle. En bref, l'image ne se réduit certainement pas à l'identification de ses significations, mais la puissance des images-objets resterait incompréhensible sans la charge active de significations dont elles sont porteuses, ou plutôt sans les processus de production relationnelle de signification qu'elles engagent[45].

C'est pour cela qu'il faut continuer à considérer la méthode iconologique comme une ressource essentielle, fondamentale, du travail de l'historien iconographe à condition que celui-ci ne la considère pas comme l'*ultima ratio* de son analyse. Dès lors, une approche plus efficace et plus juste des rapports entre l'image du roi et l'historien peut prendre place à l'égale de la maturité récente de notre discipline qui a appris dans sa relation à la littérature qu'elle ne pouvait conserver longtemps encore la quali-fication univoque de cette dernière comme une fiction ou la considérer techniquement comme un réservoir stylistique d'effets narratifs.

Pour en revenir à l'inépuisable tableau des *Ménines*, le dévoilement et la révélation sont présentées comme deux modalités conjointes de la représentation du roi : deux Velázquez sont bien présents dans le tableau, et à suivre le commentaire d'Hubert Damisch, le Velázquez peintre est *aposentador* du roi en charge des collections de peinture, quand le Velázquez chambellan est *aposentador* de la reine en charge des collec-tions de tapisserie : « L'un voit la scène de face en la peignant et l'autre en a une vue d'ensemble par l'arrière, l'un tient un rideau et l'autre un pinceau, tous les deux dans un geste suspendu, l'un indique le reflet royal par son avant-bras et l'autre par la direction de sa palette[46]. » Ainsi l'un donne à voir et ne voit pas tout, tandis que l'autre rend présent même ce qu'il ne voit pas.

---

45   Jérôme Baschet, « Prologue. Images en acte et agir social », dans G. Bartholeyns *et al.*, *La performance des images, op. cit.*, p. 9-14.
46   Hubert Damisch, *Les Origines de la perspective*, Paris, Flammarion, 1987, p. 439-457.

La production scientifique sur les images royales est aujourd'hui abondante ; nous pourrions retenir de celle-ci trois grandes orientations : une dimension comparative permise par les travaux de Diane Bodart, Sylvène Édouard, Naïma Ghermani, Barbara Stollberg-Rilinger, Kevin Sharpe et Joana Barreto ; la qualité polémique des images avec ceux de Hendrick Ziegler, Pierre Bonnet et d'Isabelle Boitel-Devauchelle ; la qualification de ces images dans l'espace de la réception avec les études de Nicole Hochner, Ran Halévi, Olivier Christin, Florence Alazard et l'ensemble des travaux suscités entre 2007 et 2010 par le programme du Centre de recherche du château de Versailles intitulé « Pouvoir et Histoire en Europe du XVe siècle au XVIIIe siècle : textes, images et légitimation politique ». À cela s'ajoute l'ambitieux inventaire, entrepris depuis les années 1990, de l'iconographie historique, animé par Uwe Fleckner, Martin Warnke et Hendrik Ziegler (Munich, 2014, 3e éd. [2011]) et dont il faut souhaiter la traduction française au plus vite[47]. Mais plutôt que de livrer pour finir ici une recension qui serait tout à la fois incomplète et datée, il me semble préférable de revenir sur la qualité particulière de l'image du roi.

À l'époque moderne, celle-ci n'est ni l'illustration pédagogique d'une didactique par laquelle son spectateur serait amené à comprendre la nature du pouvoir royal, ni l'illustration démonstrative d'une théorie politique argumentant positivement sur la légitimité de ce dernier. Quand l'une et l'autre de ces acceptations du verbe renvoient à une explication qui consiste à étendre et à déplier, pour gage de clarté, quelque chose qui serait plus obscur dans son premier état, l'illustration moderne est d'abord la préservation d'une distance et l'effet sensible d'une forme d'inaccessibilité. Le lustre, rappelons-nous le verbe « éclater » employé par Jean Domat que j'ai cité en introduction, le lustre donc est, selon la définition du *Dictionnaire de l'Académie française* de 1694, « l'éclat de quelque chose de poli, de luisant, de lisse et d'uni » pouvant aveugler par son intensité le regard et redoubler la difficulté du geste fait pour saisir l'objet dont il est l'attribut. L'image du roi a alors pour effet de donner à voir tout en aménageant l'invisibilité du monarque ; autrement dit, elle fait connaître le roi en manifestant l'interdit de sa compréhension.

D'où alors l'intérêt et la pertinence critique des notions avancées par Hélène Visentin et Jean-Vincent Blanchard pour qualifier cette

---

47   En attendant ce travail, voir Martin Warnke et Christian Joschke, « À quoi sert l'iconographie politique ? », *Perspective*, n° 1, 2012, p. 187-192.

forme à la fois d'oblation du prince (soit une forme de vulnérabilité radicale) et d'immunisation de son pouvoir par l'image en parlant de « l'invraisemblance du pouvoir » et de sa « poétique de l'exception » car elles dessinent les frontières d'une économie de la visibilité propre à la souveraineté du prince agie sous le mode de la simulation. Une simulation du prince qui n'est pas la représentation de son pouvoir, soit la représentation entendue comme une forme d'équivalence du signe et du réel, mais qui n'est pas, non plus, synonyme d'une fiction ou d'une action frauduleuse. La simulation n'est pas l'injonction machiavélienne à faire croire aux vertus dont ne dispose pas le roi qui dissimulerait leur absence par la simulation de leurs effets réels. Sur le mode d'une liminalité, la simulation, à suivre ici Jean Baudrillard, « remet en cause la différence du *vrai* et du *faux*, du *réel* et de l'*imaginaire*[48]. »

L'image royale est excessive ; elle est toujours au-delà des catégories qui lui assignent une vérité. Émargeant dans l'espace de la convenance due au statut du roi, dans celui de la communication de sa politique, de l'information sur son pouvoir, de la propagande de ses ambitions, de la publicité de ses effets et dans celui du témoignage donné pour la postérité, l'image royale heurte la discipline des méthodes et des écoles et appelle à emprunter des chemins de traverse comme à faire preuve, nous aussi, d'imagination.

Yann LIGNEREUX

---

48   Jean Baudrillard, *Simulacres et Simulation*, Paris, Galilée, 1981, p. 12-17.

LES SOCIÉTÉS DE COUR EN EUROPE

Au-delà de l'apport de la sociologie de Norbert Elias, indubitable et prolongé – particulièrement dans le cas français –, c'est à la confluence de toutes les sciences humaines et sociales (de la sociologie, de l'anthropologie et de l'ethnologie à la géographie et au droit, en passant par l'histoire de l'art et la musicologie) que la cour continue d'être élaborée dans le champ scientifique, notamment par le biais de programmes collectifs et pluriannuels[1]. La construction problématique de cet objet « cour » a donc nourri une historiographie qui a multiplié les approches disciplinaires et thématiques, comme les mises en relation de l'institution curiale avec d'autres espaces et phénomènes. Ce processus s'est accompagné d'un profond renouvellement des méthodes d'investigation et d'analyse, en lien avec une grande diversification des sources. Comptabilités, archives de la pratique, iconographie multi-supports, imprimés polémiques ou encore cartes et plans se sont ajoutés aux relations, aux mémoires et aux sources réglementaires – dont les usages et l'interprétation ont d'ailleurs aussi été largement réévalués, y compris en prenant en compte leur dimension matérielle[2].

Cette mutation épistémologique s'est opérée au prix d'une déconstruction faisant de la société de cour non seulement un objet, mais un terrain d'observation pour des études transversales. Le regain d'intérêt pour la cour

---

1   Parmi les organismes et programmes de recherche, citons *Europa delle Corti* (europadellecorti.it)*, The Society for Court Studies* (courtstudies.org) avec une nouvelle extension hispanique, *La Corte en la Europa* (iulce.es), le *Centre de recherche du château de Versailles* (chateauversailles-recherche.fr), *Rezidenzen-Kommission* de l'Académie des Sciences de Göttingen (resikom.adw-goettingen.gwdg.de), *Court Residences as Places of Exchange in Late Medieval and Early Modern Europe (1400-1700)* – PALATIUM (courtresidences.eu).
2   Bernard Teyssandier (dir.), *Le Roi hors de page et autres textes. Une anthologie*, Reims, Épure, 2012 ; « Écrits de Versailles », dans *Écriture et action, XVIIe-XIXe siècles : une enquête collective*, Paris, Éd. de l'EHESS, 2016 ; Pauline Lemaigre-Gaffier et Florence Berland (dir.), « Comptes et comptables : une nouvelle approche de la culture de cour du Moyen Âge et de l'époque moderne », n° thématique de *Comptabilités. Revue d'histoire des comptabilités*, 2018. Signalons aussi que le Centre de recherche du château de Versailles a mis en ligne un large dépouillement des règlements écrits conservés pour l'époque moderne.

ne s'est par exemple pas accompagné en France de l'émergence de *Court Studies* à proprement parler. Or ce phénomène académique peut s'expliquer par des résistances nationales à l'objet « cour », mais aussi par l'interrogation de la spécificité de la cour, de ses modalités d'articulation avec le reste du corps social et avec l'espace de souveraineté. *Qu'est-ce que la cour ?* demeure une question lancinante – la diversité de ses définitions par le discours et les pratiques des contemporains se réfractant dans la diversité des constructions historiographiques. C'est pourquoi la sémantique qui s'emploie à la saisir est foisonnante : institution, corps, forme sociale ou configuration, système, milieu, pôle, espace, constellation ou archipel d'espaces…

On peut de fait souligner la récurrence de la dimension spatiale dans la sémantique employée, par les contemporains comme par les historiens : la cour semble se penser plus que jamais comme un espace social emboîté – qui tantôt se dilate, tantôt se rétracte –, tout en s'expérimentant aussi bien matériellement que virtuellement. S'il ne faut minimiser la valeur d'aucune des entrées conceptuelles récemment forgées et qui ont pu contribuer au renouvellement de l'approche du phénomène curial – culture matérielle et consommation, écritures pratiques, genre… –, le *Spatial Turn* donne des moyens inédits pour l'appréhender à la fois dans sa globalité et dans sa plasticité. « Considérer les effets spatiaux », comme l'a écrit Marcello Fantoni, « procure un moyen de décoder les mystères des sociétés curiales modernes par la reconstitution des contraintes non écrites qui les ont façonnés de l'intérieur[3] ».

Spatialiser la société de cour et les différentes formes de « commerce » entre les hommes dont elle était le foyer s'est donc imposé comme une grille de lecture pertinente. Sans prétendre aucunement à l'exhaustivité, il s'agit de proposer une sélection multiscalaire d'éclairages méthodologiques et d'axes thématiques pour établir un état de l'art, inévitablement partiel et partial, mais aussi suggestif et heuristique que possible. À rebours des tendances à l'émiettement des *Court Studies*, encore largement monographiques et nationales, il devient ainsi possible de saisir la cour comme espace social dont la géométrie variable se révèle à travers son inscription dans ses environnements immédiats, les territoires de l'État, mais aussi la « société des princes » européenne.

---

3   « Focusing on spatial issues provides a way of decoding the mysteries of early modern court societies, by reconstructing the largely unwritten rules that shaped them from within » : Marcello Fantoni, Georg Gorce et Malcolm Smuts, « Introduction », dans *The Politics of Space : European Courts ca 1600-1750*, Rome, Bulzoni, 2009, p. 13.

COUR, CORPS ET ESPACE DU ROI

À la suite de l'exploration par Ernst Kantorowicz de l'histoire de la théorie des deux corps du roi, de nombreux travaux ont cherché à réévaluer la valeur politique et symbolique du corps princier[4]. Dans cette perspective, la cour peut être définie comme l'espace de la mise en scène du corps du roi, lequel devient le point focal de cette société choisie et ordonnancée autour de lui. Plus récemment, l'historiographie a doublement transformé cette question : d'une part, en en faisant l'enjeu d'une lecture non seulement politique, mais anthropologique et matérielle de l'institution de la vie de cour ; en soulignant d'autre part la nécessité d'intégrer la dimension physique et biologique à la compréhension d'un corps princier aux prises avec un environnement complexe – entre nature et culture[5].

Métaphore vivante du corps social, la cour est un lieu où le soin des apparences, le dressage des corps et la maîtrise de soi sont essentiels à la codification des gestes des courtisans dont la proximité réglée au corps du prince rend visibles les hiérarchies sociales. Elle nourrit et se nourrit d'une culture qui a pu être définie comme une « culture du corps[6] », dont l'exploration passe notamment par une analyse sociale de la culture matérielle[7]. Le vestiaire curial est ainsi un révélateur efficace des logiques et des tensions à l'œuvre dans la définition d'un paraître nécessaire à l'affirmation du modèle curial de distinction[8]. La construction sociale du corps est également au cœur de l'affirmation du rôle de la famille royale dans la structuration de la vie de cour autour du roi. Loin d'être négligée, la reine consort est non seulement mise en scène, mais aussi modelée pour participer à la liturgie dynastique qui s'affirme en France

4 Georges Vigarello, « Le corps du roi », dans *Id.* (dir.), *Histoire du corps*, t. I : *De la Renaissance aux Lumières*, Paris, Éd. du Seuil, 2005, p. 387-409.

5 Alain Boureau, *Le Simple Corps du roi ou l'impossible sacralité des souverains français. XVᵉ-XVIIIᵉ siècle*, Paris, Éd. de Paris, 2000 [1988].

6 Catherine Lanoë, Mathieu da Vinha et Bruno Laurioux (dir.), *Cultures de cour, cultures du corps, XIVᵉ-XVIIIᵉ siècle*, Paris, PUPS, 2011.

7 Frédérique Leferme-Falguières, *Le Monde des courtisans. La haute noblesse et le cérémonial royal aux XVIIᵉ et XVIIIᵉ siècles*, thèse de doctorat, Université Paris I, 2004, t. II.

8 Isabelle Paresys et Natacha Coquery (dir.), *Se vêtir à la cour en Europe. 1400-1815*, Villeneuve d'Ascq, Presses universitaires du Septentrion, 2011.

comme en Espagne[9]. Dans le contexte d'une exaltation croissante du sang royal, il en va de même pour les autres membres de la famille royale, notamment les princes de la dynastie des Bourbons appelés à prendre au XVIIe siècle le titre d'« Enfants de France[10] ».

L'attention portée par l'historien au corps et à l'éducation des princes participe d'une interrogation plus large sur la dimension physique du corps princier – notamment illustrée par la bio-histoire du corps de Louis XIV[11] – et, au-delà, sur la dimension naturelle de l'environnement curial. L'historiographie tend ainsi à replacer la société de cour dans un ensemble où les humains composent avec les non humains[12]. C'est ainsi que l'idée selon laquelle l'espace curial et palatial serait le prolongement policé d'un corps à la symbolique juridique et politique maîtrisée est largement nuancée dès lors que l'on écrit « une histoire naturelle de Versailles ». À la violence de l'impact de la cour sur l'espace – bouleversement des espaces cultivés, mise en place du plus grand chantier hydraulique d'Europe, éradication d'espèces –, se combine l'analyse de la résistance des corps et du milieu – naturel et social – à la mise en ordre curiale[13].

9   Fanny Cosandey, *La Reine de France. Symbole et pouvoir, XVe-XVIIIe siècles*, Paris, Gallimard, 2000 ; Jean-François Dubost, *Marie de Médicis. La reine dévoilée*, Paris, Payot, 2009 ; Sylvène Édouard, *Le Corps d'une reine. Histoire singulière d'Élisabeth de Valois, 1546-1568*, Rennes, PUR, 2009.

10   Pascale Mormiche et Stanis Pérez (dir.), *Naissance et petite enfance à la cour de France. Moyen Âge-XIXe siècle*, Villeneuve d'Ascq, Presses universitaires du Septentrion, 2016.

11   Stanis Pérez, *La Santé de Louis XIV : une bio-histoire du roi Soleil*, Seyssel, Champ Vallon, 2007.

12   Voir ainsi le développement des travaux sur les animaux à la cour : Joan Pieragnoli, *La cour de France et ses animaux*, Paris, PUF, 2016. Un colloque a été organisé sur ce thème par la branche allemande de la *Society of Court Studies* en 2017 ; un autre s'est tenu à Londres en 2018 sur « The Reins of Power. Horses and Courts ».

13   Grégory Quenet, *Versailles. Une histoire naturelle*, Paris, La Découverte, 2015.

CÉRÉMONIAL ET MATÉRIALITÉ
La cour dans le palais

Dans la lignée de la formulation par l'école cérémonialiste de la question des dispositifs spatiaux des cérémonies monarchiques, dont elle proposait une lecture juridique et symbolique, de nombreux travaux tentent aujourd'hui de cerner l'ensemble des enjeux propres à la spatialité de la demeure royale. L'analyse du caractère labile et réversible des programmes iconographiques comme de l'agencement intérieur contribue dès lors à l'approfondissement de la définition et de l'interprétation des rituels et des cérémonies de cour. Indissociable de la spatialité, la prise en compte de la matérialité met en évidence la plasticité des expressions cérémonielles du pouvoir, ce qui n'implique pas d'en minimiser la portée symbolique, mais permet d'éviter d'en faire une lecture univoque, parce qu'uniquement idéologique.

Ces travaux sont parmi ceux qui sont le plus marqués par une forte dimension comparatiste, soucieuse de confronter les pratiques cérémonielles et de dépasser l'illusion d'optique forgée par l'institution historiographique de quelques grandes cours en modèles normatifs. C'est le parti pris stimulant adopté par des programmes de recherche comme celui que le Centre de recherche du château de Versailles a consacré aux funérailles princières ou le projet PALATIUM financé par la *European Science Foundation* et précisément consacré aux « court residences as places of exchange » en Europe[14].

L'approche matérielle a favorisé des formes renouvelées de collaboration avec d'autres sciences[15]. Unissant historiens, historiens de l'art et archéologues, une véritable archéologie de la résidence princière s'est développée dans le cadre d'enquêtes et de fouilles[16] qui n'ont pas seulement donné

14 Julius Chroscicki, Mark Hengerer et Gérard Sabatier (dir.), *Les Funérailles princières en Europe (XVIe-XVIIIe siècle)*, t. I : *Le Grand Théâtre de la mort*, Paris, Éd de la MSH, 2012 ; t. II : *Apothéoses monumentales*, Rennes, PUR, 2013 ; t. III : *Le Deuil, la mémoire, la politique*, Rennes, PUR, 2015.

15 Le *Material Turn* des sciences humaines, inspiré de la sociologie pragmatique, met la matérialité au cœur de ses interprétations et encourage les collaborations interdisciplinaires, y compris avec les sciences exactes – à l'instar par exemple du LabEx PatriMa ou du DIM Matériaux anciens et patrimoniaux.

16 Par exemple, le site de l'ancien palais des comtes de Flandre au Coudenberg (Bruxelles) : Vincent Heymans (dir.), *Le Palais du Coudenberg à Bruxelles. Du château médiéval au site archéologique*, Bruxelles, Mardaga, 2014.

lieu à des publications scientifiques – comme sur la Hofburg[17] –, mais aussi à différents types d'entreprises de restauration, de reconstitution et de valorisation. C'est ainsi que le château de Versailles a fait à la fois l'objet de restitutions – meubles, éléments décoratifs, « grille royale » en 2008[18] – et du programme de reconstitution virtuelle VERSPERA[19]. De même, si l'équipe de recherche du musée du château de Lunéville a pu en reconstituer virtuellement les aménagements intérieurs successifs[20], se sont multipliées en Allemagne les restitutions et même des reconstructions – comme celle des résidences de Dresde (depuis 1991) et de Potsdam (2014), du château de Herrenhausen (Hanovre, 2013) ou du château royal de Berlin (2019). Largement débattues, elles s'accompagnent d'un appareil scientifique plus ou moins dense[21].

Travaux et projets de recherche ont également pu s'élargir à des problématiques nouvelles comme celle du « paysage sonore » : l'analyse d'un environnement sonore complexe révèle la cour comme un lieu

---

17   Sont pour l'instant parus trois volumes : Mario Schwarz (dir.), *Die Wiener Hofburg im Mittelalter : Von der Kastellburg bis zu den Anfängen der Kaiserresidenz*, Vienne, Verlag der österreichischen Akademie der Wissenschaften, 2015 ; Herbert Karner (dir.), *Die Wiener Hofburg 1521-1705 : Baugeschichte, Funktion und Etablierung als Kaiserresidenz*, Vienne, Verlag der Österreichischen Akademie der Wissenschaften, 2014 et Werner Telesko (dir.), *Die Wiener Hofburg 1835-1918 : der Ausbau der Residenz vom Vormärz bis zum Ende des « Kaiserforums »*, Vienne, Verlag der Österreichischen Akademie der Wissenschaften, 2012.

18   Voir les notices « Restauration » et « Restitution » d'Alexandre Gady dans Mathieu da Vinha et Raphaël Masson (dir.), *Versailles. Histoire et dictionnaire*, Paris, R. Laffont, 2015, p. 600-603.

19   Ce projet s'appuie sur la numérisation et la modélisation des plans de Versailles (château, dépendances et ville) réalisés par les agences des premiers architectes du roi et conservés dans la sous-série O¹ (département du secrétaire d'état de la Maison du roi sous l'Ancien Régime) aux Archives Nationales : https://chateauversailles-recherche.fr/francais/recherche/recherche-appliquee/projet-verspera (consulté le 02/04/2020).

20   Thierry Franz (dir.), *Éclat et scintillement. Lumière sur le décor de la chambre de la duchesse à Lunéville*, catalogue d'exposition, musée du château des Lumières, Lunéville, 2 août-2 novembre 2014, Ars-sur-Moselle, S. Domini, 2014.

21   Pour Berlin : sous l'égide de la Gesellschaft Berliner Schloss (historisches-stadtschloss. de), Guido Hinterkeuser, *Das Berliner Schloss. Die erhaltene Innenausstattung : Gemälde, Skulpturen, dekorative Kunst*, Ratisbonne, Schnell & Steiner, 2012. À Dresde, la reconstruction du château électoral s'est accompagnée d'un travail approfondi sur les collections des Wettin, et notamment de la Voûte verte (*Grünes Gewölbe*) qui les abritait : Dirk Syndram, *Das Schloss zu Dresden : von der Residenz zum Museum*, Munich-Berlin, Koehler & Amelang, 2001 ; *Das Grüne Gewolbe im Schloss zu Dresden : Rückkehr eines barocken Gesamtkunstwerkes*, Staatliche Kunstsammlungen Dresden, Staatsbetrieb Sachsisches Immobilien- und Baumanagement, Leipzig, E.A. Seemann, 2006. Pour Potsdam : Hans-Joachim Giersberg, *Das Potsdamer Stadtschloss*, Potsdam, Potsdamer Verlagsbuchhandlung, 1998.

d'expériences sensorielles et non seulement esthétiques. C'est l'objet du programme MUSI2R (« Musique dans les résidences royales ») porté par le Centre de musique baroque de Versailles[22] : s'esquisse ici le souci de dépasser les seules entreprises de reconstitution des performances musicales suscitées par la réouverture de l'Opéra et la restitution de la scène qui avait disparu lors de la restauration de 1957[23].

C'est aussi sous l'impulsion de l'anthropologie historique que l'approche fonctionnelle du « palais d'État[24] » suscite désormais un intérêt croissant, dont témoigne par exemple la récente traduction en français de l'article précurseur de Hugh Murray Baillie[25]. La réflexion sur la relation entre fonctionnalité et symbolique des espaces s'avère tout particulièrement féconde dans une perspective comparatiste et de longue durée qui évite de naturaliser les systèmes d'organisation spatiale du palais[26]. De l'analyse de l'articulation entre espaces extérieurs et intérieurs, de la distribution des appartements, voire de l'aménagement de la pièce, et en particulier de la chambre considérée comme un point névralgique de la demeure princière, découlent des renouvellements majeurs dans la compréhension de la spatialité du cérémonial comme de l'agencement des espaces de la cour. Ces questionnements ont permis d'aborder à nouveaux frais l'étude des modalités de la visibilité du

---

22 http://www.cesr.cnrs.fr/recherche/projets-de-recherche (consulté le 02/04/2020). Des documentaires ont été réalisés sur la musique dans les chapelles des châteaux de Blois, Chambord, Fontainebleau et Saint-Germain-en-Laye, afin d'être diffusés *in situ*.

23 *Persée* de Lully a par exemple été joué en 2016 à l'Opéra du château de Versailles, puis enregistré par Le Concert Spirituel (Hervé Niquet) dans la version remaniée et les conditions de représentation lors du mariage du futur Louis XVI et de Marie-Antoinette en 1770 ; notons que les restitutions musicales suscitent de nombreux débats : une structure comme le Musée de la Musique invite à la rencontre des musicologues et des scientifiques spécialistes des sources matérielles, y compris instrumentales.

24 Gérard Sabatier, « Le palais d'État en Europe de la Renaissance au Grand Siècle », dans Marie-France Auzépy et Joël Cornette (dir.), *Palais et Pouvoir. De Constantinople à Versailles*, Saint-Denis, Presses universitaires de Vincennes, 2003, p. 81-107.

25 Hugh Murray Baillie, « Etiquette and the Planning of the State Apartments in Baroque Palaces », *Archeologia* (Second Series), vol. 101, 1967, p. 169-199 ; trad. fr. : « L'étiquette et la distribution des appartements officiels dans les palais baroques », *Bulletin du Centre de recherche du château de Versailles*, http://crcv.revues.org/12137 (consulté le 02/04/2020].

26 Parmi les nombreuses publications récentes, voir en particulier : Monique Chatenet et Krista De Jonge (dir.), *Le Prince, la princesse et leurs logis. Manières d'habiter dans l'élite aristocratique européenne (1400-1700)*, Paris, Picard, 2014 ; Michael Featherstone, Jean-Michel Spieser, Gülru Tanman, Ulrike Wulf-Rheidt (dir.), *The Emperor's House : Palaces from Augustus to the Age of Absolutism. Urban Spaces*, Band 4, Berlin-Boston, De Gruyter, 2015.

prince, de l'accès à ce dernier, et de l'articulation entre son intimité et sa publicité – lesquelles conditionnent un régime de représentation de la personne royale[27].

À la vision selon laquelle Versailles constituerait le paradigme du palais d'État, l'historiographie actuelle oppose un double décentrement, d'une part en mettant au jour les adaptations aux évolutions cérémonielles dont Versailles même a fait l'objet et, d'autre part, en multipliant les travaux sur d'autres résidences qui offrent d'utiles contrepoints. Des travaux comme ceux de Gérard Sabatier et de William R. Newton ont ainsi mis en lumière l'intrication des mutations esthétique et fonctionnelle des espaces intérieurs versaillais[28]. Cette plasticité spatiale infirme l'idée d'une conception globale *a priori* et d'une symbolique immuable, le château ayant au contraire été le lieu d'ajustements incessants qu'illustrent les tribulations de la chambre du roi tardivement placée au centre du palais[29]. Exemple pris sous d'autres cieux, la Chambre des Époux décorée par Mantegna dans la deuxième moitié du XVe siècle servit successivement aux Gonzague de chambre princière, de lieu de réception des ambassades et de logement pour des hôtes de marque avant d'être délaissée. À rebours d'une conception contemporaine qui tend à pérenniser la valeur collective attachée au patrimoine artistique, la Chambre des Époux subit donc une triple déqualification – esthétique, idéologique et rituelle – qui reflète les transformations de l'exercice d'un pouvoir princier requérant à partir du XVIe siècle des espaces à la fois plus grands et moins reculés[30].

---

27 Pour une comparaison des usages français et espagnols, voir Gérard Sabatier et Margarita Torrione (dir.), *¿Louis XIV espagnol ? Madrid et Versailles, images et modèles*, Paris-Versailles, MSH-Centre de recherche du château de Versailles, 2009. Sur l'historicisation des concepts de « public » et de « privé », nécessaire notamment à l'analyse de la distribution palatiale, voir la synthèse d'Aloys Winterling : « "Public" and "Private" », dans *Politics and Society in Imperial Rome*, Oxford, Wiley-Blackwell, 2009, p. 58-75 ; voir aussi Jeroen Duindam, « Introduction », dans Jeroen Duindam, Tülan Artan et Metin Kunt (dir.), *Royal Courts in Dynastic States and Empires : A Global Perspective*, Leyde, Brill, 2011, p. 18-19.

28 Gérard Sabatier, *Versailles ou la figure du roi*, Paris, A. Michel, 1999 ; Id., *Versailles ou la disgrâce d'Apollon*, Rennes-Versailles, PUR-Centre de recherche du château de Versailles, 2017 ; William R. Newton, *L'Espace du roi. La cour de France au château de Versailles, 1682-1789*, Paris, Fayard, 2000.

29 Vivien Richard, *La Chambre du roi à Versailles ou l'espace de la majesté. Intérieurs, institutions et cérémonial au XVIIe siècle*, thèse de l'École nationale des Chartes, 2010.

30 Delphine Carrangeot, « La Chambre des Époux : les usages politiques d'un espace rituel (fin XVe-début XVIIe s.), dans Delphine Carrangeot, Bruno Laurioux et Vincent Puech

Soulignons que plusieurs travaux ont notamment montré comment les modifications du cheminement cérémoniel entraînaient la redistribution des espaces. Sous l'influence française, vers laquelle bascule l'électorat de Bavière au cours du XVIIIe siècle, l'appartement de l'électeur à Munich est par exemple totalement reconfiguré et l'accès à la chambre princière amplement facilité : à la longue suite d'antichambres filtrantes sur le modèle des appartements habsbourgeois est substitué dans les décennies 1730 et 1740 un accès raccourci, mais luxueux, à la salle d'audience et à la chambre par une galerie d'apparat et une seule antichambre[31]. Dans les cas de souveraineté partagée ou de transition politique, les appartements deviennent de véritables miroirs des représentations politiques. Le cas de la distribution des appartements entre Marie-Thérèse d'Autriche, souveraine, et son époux François-Étienne de Lorraine, est révélateur : seule souveraine jusqu'à l'élection de son mari au trône impérial en 1745, Marie-Thérèse occupe l'appartement des dames – dont la distribution et la décoration sont manifestement genrées –, bien que les pièces de réception politique soient situées à l'opposé, à l'entrée de l'appartement des hommes. Après 1745, ce n'est pas sans difficulté que ces pièces servent à la représentation des deux souverains, tandis qu'à Schönbrunn, la salle d'audience devient à la fois le point d'aboutissement unique d'une enfilade de salles d'apparat et le point d'un départ d'un double cheminement cérémoniel desservant les appartements respectifs des deux souverains et se rejoignant dans la chambre commune[32].

Loin d'avoir l'objectif réducteur d'ouvrir les portes de l'intimité des appartements princiers et courtisans, l'approche par le prisme spatial contribue donc à la cristallisation d'une grille de lecture permettant

---

(dir.), *Rituels et cérémonies de cour, de l'Empire romain à l'âge baroque*, Villeneuve d'Ascq, Presses universitaires du Septentrion, 2018, p. 61-72.

31 Samuel J. Klingensmith, *The Utility of Splendor : Ceremony, Social life, and Architecture at the court of Bavaria, 1600-1800*, Chicago, University of Chicago Press, 1993 ; Henriette Graf, *Die Residenz in München. Hofzeremoniell, Innenräume und Möblierung von Kurfürst Maximilian I. bis Kaiser Karl VII.*, Munich, Bayerische Verwaltung der staatlichen Schlösser, Gärten und Seen, 2002 ; Eva-Bettina Krems, *Die Wittelsbacher und Europa : Kulturtransfer am frühneuzeitlichen Hof*, Cologne, Böhlau, 2012.

32 Elfriede Iby, « Schönbrunn als Residenzschloss Maria Theresias », dans Henriette Graf et Nadja Geißler (dir.), *Wie friderizianisch war das Friderizianische ? Zeremoniell, Raumdisposition und Möblierung ausgewählter europäischer Schlösser am Ende des Ancien Régime*, Friedrich 300 – Colloquien, 6, http://www.perspectivia.net/publikationen/friedrich300.colloquien/friedrich_friderizianisch/iby_schoenbrunn (consulté le 02/04/2020).

d'appliquer les apports des *gender studies* au milieu curial[33]. L'agencement intérieur du palais constitue ainsi un puissant révélateur de la configuration matérielle du cérémonial dont les contemporains cherchaient à renforcer l'efficacité en ne cessant d'agir sur un espace palatial, pourtant loin d'être jamais complètement maîtrisé.

ITINÉRANCE ET RÉSIDENCE
La cour dans ses environnements

Pensée dans une optique multiscalaire, la cour doit être replacée dans son environnement, ou, plus exactement, dans ses environnements, dont il convient de questionner les articulations. *Topos* structurant du discours contemporain comme du discours historiographique, la dualité entre la cour et la ville a longtemps été interprétée à l'aune de la configuration engendrée par l'installation finalement pérenne de la cour de France à Versailles et de la méfiance prêtée aux Bourbons envers Paris. Cette opposition suscite au contraire aujourd'hui d'importantes relectures qui jouent de la dimension à la fois concrète et métaphorique, spatiale et sociale de ces deux ensembles dont les travaux récents tendent tous à souligner l'étroite imbrication[34]. Masqué par la construction historiographique de Versailles – bien que le développement du château se soit accompagné d'un projet urbain[35] – l'environnement premier de la cour était en effet bel et bien la ville.

Avant tout architecturale et urbanistique, l'analyse des relations entre cour et ville permet dès lors d'articuler un large éventail de thématiques. Composant avec son espace autant qu'elle le transforme, la cour fait de la ville un creuset où interagissent métamorphoses pérennes et éphémères. Cérémonielle et festive, l'architecture éphémère n'est plus

---

33 Sur ce type d'approches : Hélène Becquet, *Marie-Thérèse de France. L'orpheline du Temple*, Paris, Perrin, 2012 ; Aurélie Châtenet-Calyste, *Une Consommation aristocratique fin de siècle, Marie-Fortunée d'Este, princesse de Conti (1731-1803)*, Limoges, PULIM, 2013.

34 Elena Russo, *La Cour et la ville de la littérature classique aux Lumières. L'invention de soi*, Paris, PUF, 2002.

35 Synthèse dans Olivier Zeller, *La Ville moderne (XVIe-XVIIIe siècles)*, Paris, Éd. du Seuil, 2012 [2003], p. 113-115.

le terrain des seuls historiens de l'art ou des spécialistes des rituels : elle participe de l'histoire d'un espace urbain qu'elle façonne en inspirant des aménagements pour résoudre les problèmes institutionnels posés par la présence de la cour[36]. Choisie comme résidence et capitale par Philippe II, Madrid s'affirme ainsi au XVIIe siècle[37] : les cérémonies qui s'y déroulent, comme la procession de la Fête-Dieu, manifestent à la fois la primauté de la maison du roi sur la municipalité et l'assimilation de la « Villa » à la « Corte » ; de même, les aménagements mis en œuvre sous Philippe IV se traduisent par une assimilation architecturale du palais royal et des principaux bâtiments municipaux réunis à proximité de la Plaza Mayor où s'offrait aux habitants un cérémonial commun[38]. Plus globalement, l'inscription des hommes et des ressources de la cour dans l'espace urbain est un révélateur du fonctionnement sociologique et logistique du système curial et, en conséquence, un moyen de discuter, si ce n'est d'évaluer, le caractère moteur ou parasite de ce dernier sur la ville et le royaume[39]. La présence de la cour devient donc l'un des facteurs à prendre en compte dans le décryptage des phénomènes complexes de développement urbain et de « capitalité[40] ». Les travaux

---

36   J. R. Mulryne, Krista De Jonge, Pieter Martens et R. L. M. Morris (dir.), *Architectures of Festival : Fashioning and Re-Fashioning Urban and Courtly Space in Early Modern Europe*, Londres, Routledge, 2018 ; J. R. Mulryne, Krista De Jonge, Pieter Martens et R. L. M. Morris (dir.), *Occasions of State : Early Modern European Festivals and the Negotiation of Power*, Londres, Routledge, 2018.

37   María José Río del Barredo, *Urbs regia. La capital ceremonial de la monarquía católica*, Madrid, Marcial Pons, 2000 ; signalons également les travaux de Fernando Checa Cremada et, pour une synthèse globale des conséquences de la sédentarisation de la cour de Philippe II dans la région madrilène, José Martínez Millán et Santiago Fernández Conti (dir.), *La corte de Felipe II. La casa del rey*, Madrid, Alianza Editorial, 2005, 2 vol.

38   Jesús Escobar, « A forum for the court of Philip IV. Architecture and space in seventeenth-century Madrid », dans M. Fantoni, G. Gorce et M. Smuts, *The Politics of Space, op. cit.*, p. 121-140.

39   Maurice Aymard et Marzio A. Romani (dir.), *La Cour comme institution économique*, Paris, MSH, 1998. Les enjeux immobiliers sont notamment au cœur de l'emprise économique de la cour sur la ville, voir par exemple Albane Cogné, « Palais urbains et villas de campagne : les résidences du patriciat milanais au XVIIIe siècle », dans John Dunne et Paul Janssens (dir.), *Living in the City : Elites and their Residences, 1500-1900*, Turnhout, Brepols, 2008, p. 79-107.

40   Sur la notion de « capitalité » : voir par exemple Christophe Charle et Daniel Roche (dir.), *Capitales culturelles. Capitales symboliques. Paris et les expériences européennes*, Paris, Publications de la Sorbonne, 2002, ou, dans une historiographie germanique particulièrement fertile sur l'élaboration des polarités curiales : Kurt Andermann (dir.), *Residenzen. Aspekte hauptstädtischer Zentralität von der frühen Neuzeit bis zum Ende der Monarchie*, Sigmaringen, Torbecke, 1992.

des médiévistes sur les villes de résidence curiale ont montré la voie[41], avant d'être réinvestis dans un temps plus long[42] – par exemple pour la période moderne sur les cas de Dresde[43], Vienne[44], Paris[45] ou Saint-Pétersbourg[46]. Interroger la relation entre la cour et la ville permet ainsi de rendre compte à la fois des continuités du phénomène curial entre Moyen Âge et temps modernes et des interactions que noue cet espace loin d'être clos avec d'autres milieux.

Une telle approche remet notamment en perspective la singularité versaillaise, les travaux sur l'itinérance de la cour de la France faisant apparaître l'existence d'une « région-résidence » structurant la vie de la cour autour de Paris, du XIVe au XVIIIe siècle[47]. Dès lors, la période qui se distingue n'est pas tant la fin de l'Ancien Régime que la Renaissance – par la concentration des séjours curiaux dans le Val de Loire. Même après 1682, la cour demeure non seulement mobile mais polarisée par Paris. L'installation de Louis XV à Vincennes, puis

---

41   Citons en premier lieux les multiples travaux et publications de la Residenzen-Kommission de l'académie des Sciences de Göttingen depuis 1992, portant sur la résidence et la cour dans l'espace germanique médiéval (1200-1600).

42   Florence Berland, *La Cour de Bourgogne à Paris (1363-1422)*, thèse de doctorat, Université Lille 3, 2011 ; Léonard Courbon et Denis Menjot (dir.), *La Cour et la ville dans l'Europe du Moyen Âge et des Temps Modernes*, Turnhout, Brepols, 2015. On trouve également une perspective comparatiste avec des contributions sur Madrid, Lisbonne et Londres dans Boris Bove, Murielle Gaude-Ferragu et Cédric Michon (dir.), *Paris, ville de cour, XIIIe-XVIIIe siècles*, Rennes, PUR, 2017.

43   Matthias Meinhardt, *Dresden im Wandel. Raum und Bevölkerung der Stadt im Residenzbildungsprozess des 15. und 16. Jahrhunderts*, Berlin, Akademie Verlag, 2009 ; Philippe Saudraix, *Dresde et les Wettin (1697-1756). Ascension d'une dynastie, construction d'une capitale*, thèse de doctorat, Université Paris-IV, 2011.

44   John P. Spielman, *The City & the Crown : Vienna and the Imperial Court, 1600-1740*, West Lafayette, Purdue University Press, 1993 ; Andreas Weigl (dir.), *Wien im Dreißigjährigen Krieg : Bevölkerung, Gesellschaft, Kultur, Konfession*, Vienne-Cologne-Weimar, Böhlau, 2001 ; Éric Hassler, *La Cour de Vienne, 1680-1740. Service de l'empereur et stratégies spatiales des élites nobiliaires dans la monarchie des Habsbourg*, Strasbourg, Presses universitaires de Strasbourg, 2013.

45   Laurent Lemarchand, *Paris ou Versailles ? La monarchie absolue entre deux capitales (1715-1723)*, Paris, CTHS, 2014.

46   Paul Keenan, *St Petersburg and the Russian Court, 1703-1761*, New York, Palgrave Macmillan, 2013.

47   Voir notamment les enquêtes conduites par Boris Bove (sur le bas Moyen-Âge) et Caroline zum Kolk (sur le XVIe siècle), dont les résultats ont été mis en ligne sous forme de bases de données sur la plateforme « Cour de France », http://cour-de-france.fr/rubrique434.html (consulté le 02/04/2020) ; Karima Mazingarbe, *L'Itinéraire de Louis XVI (mai 1774-juin 1791)*, mémoire de Master 2, dir. Mireille Touzery, Université Paris-Est-Créteil, 2015, 2 vol.

à Paris en 1715, n'étonne pas plus que son retour à Versailles en 1722 n'est présenté comme définitif[48]. Au XVIII siècle, c'est toujours dans la proximité de Paris que le souverain pérégrine entre plusieurs résidences – outre Versailles, en particulier Fontainebleau – et c'est toujours elle qui assure l'approvisionnement de la cour[49]. Au cœur de la ville, les anciennes résidences royales, toujours entretenues par les Bâtiments du Roi, demeurent des centres de la production des artisans, des artistes et des hommes de lettres privilégiés par le souverain, tandis que les hôtels des services de l'État et de la Maison du Roi s'ajoutent aux hôtels aristocratiques pour nourrir le dynamisme du tissu urbain[50]. À l'opposition, il faut donc substituer l'image d'un *continuum* socio-spatial entre cour et ville[51].

Ce système français s'inscrit en outre dans un phénomène européen de multi-résidence princière, dont de nombreux travaux ont mis en lumière la variété d'usages. Il peut tout d'abord s'agir de résidences secondaires dévolues aux princes ou aux branches cadettes – dont l'existence peut être une conséquence spatiale de la dispersion de la famille royale, comme c'est le cas à la cour de France du XVI siècle[52], ou de la dissociation des couples, comme c'est le cas dans le Berlin de Frédéric II. La pluralité résidentielle résulte aussi fréquemment de la préférence géographique du prince pour un lieu dont l'élection se matérialise par une identification personnelle – par exemple sous la forme du toponyme de la résidence – et qui peut être simplement récréative ou définitive – nécessitant alors le déménagement de la cour. L'archétype de ces villes nouvelles est indubitablement Karlsruhe, dont la perfection du plan radial – le château en constituant le centre géométrique – procure un modèle insurpassé

48 L. Lemarchand, *Paris ou Versailles ? op. cit.*
49 C'est la consommation de la cour comme groupe sociologique adossée au monde nobiliaire qui a été étudiée – plus que celle de la Maison : Natacha Coquery, *L'Hôtel aristocratique. Le marché du luxe à Paris au XVIII siècle*, Paris, Publications de la Sorbonne, 1998 ; Marjorie Meiss-Even, *Les Guise et leur paraître*, Rennes-Tours, PUR-Presses Universitaires François-Rabelais, 2013. Voir aussi note 72.
50 Natacha Coquery, *L'Espace du pouvoir. De la demeure privée à l'espace public (Paris, 1700-1790)*, Paris, Seli Arslan, 2000.
51 Antoine Lilti, *Le Monde des salons. Sociabilité et mondanité à Paris au XVIII siècle*, Paris, Fayard, 2005.
52 Caroline zum Kolk, « La maison des enfants d'Henri II et Catherine de Médicis (1543-1559) : du quotidien d'un service curial dédié à la petite enfance », dans P. Mormiche et S. Pérez, *Naissance et petite enfance à la cour de France, op. cit.*

à l'époque moderne, même si les contemporains pouvaient se montrer critiques à l'égard de ces créations *ex-nihilo*[53].

Ces altérations ou complexifications du système résidentiel modifient en conséquence en profondeur la géographie de la cour et nuancent l'impression de stabilité curiale de l'époque moderne, y compris pour la seconde modernité qui voit apparaitre une tendance au doublement de la capitale par le transfert de la résidence de la cour en périphérie. Ce phénomène s'observe non seulement à Versailles, Potsdam, Caserte ou Aranjuez où de véritables centres urbains – villes nouvelles de résidence – se développent sous l'impulsion de la cour, mais aussi dans une moindre mesure à Hampton Court ou à Vienne où le château de Schönbrunn acquiert progressivement sous le règne de Marie-Thérèse un statut de résidence d'État comparable à la Hofburg[54]. Ces géographies complexes demeurent donc tout au long de la période moderne animées par des logiques pérégrinatives qui tendent cependant à se restreindre et à se figer selon un rythme saisonnier indépendant du rythme politique, le renforcement de la représentation administrative du prince rendant moins nécessaire sa présence physique et lui permettant de gouverner à distance[55].

Très opératoire, la notion de « région-résidence » recouvre des réalités et des usages politiques différenciés, ce qui implique notamment de l'émanciper d'une association systématique avec une configuration de la pratique du pouvoir type centre-périphérie. Un groupe de chercheurs belges a ainsi proposé l'idée d'une constellation de cours dans le cadre habsbourgeois[56], replaçant les cours de Madrid et de Vienne, « cour-mère »

53   Voir par exemple l'avis mitigé de Montesquieu sur Louisbourg (Ludwigsbourg, Wurtemberg) dans *Voyages*, Paris, Arléa, 2003, p. 366-367.

54   Pour une orientation générale, voire notamment : Kurt Andermann (dir.), *Residenz. Aspekte hauptstädtischer Zentralität von der frühen Neuzeit bis zum Ende der Monarchie*, Sigmaringen, Jan Thorbecke, 1992 ; Alexandre Gady et Jean-Marie Pérouse de Montclos (dir.), *De l'esprit des villes : Nancy et l'Europe urbaine au siècle des Lumières, 1720-1770*, Versailles, Artlys, 2005.

55   On peut opposer ainsi dès le XVIe siècle, la mobilité de la reine Élisabeth Ire d'Angleterre et sa « court in progress » décrite par Mary Hill à celle de Philippe II figée dans la région madrilène et base d'un gouvernement à distance : Manuel Rivero Rodríguez, « La transformation de la cour itinérante en cour sédentaire et le modèle de la vice-royauté hispanique sous Philippe II », dans Josiane Barbier, François Chausson et Sylvain Destephen (dir.), *Le Gouvernement en déplacement. Troisième époque : temps modernes*, Rennes, PUR, 2018.

56   René Vermeir, Dries Raeymaekers et José Eloy Hortal Muñoz (dir.), *A Constellation of Courts : The Courts and Households of Habsburg Europe, 1555-1665*, Louvain, Leuven

ou centre dynastique pour Jeroen Duindam[57], dans un environnement curial plus large, à l'échelle des couronnes habsbourgeoises, et mettant en lumière les cours périphériques, et le rôle des substituts du souverain – vice-rois ou gouverneurs, cadets de la dynastie ou aristocrates.

À L'ÉCHELLE DU TERRITOIRE PRINCIER
Ordonner la cour pour construire l'État ?

S'il est indéniable que l'institutionnalisation de la cour au Moyen Âge s'est accompagnée d'une émancipation du service de l'État vis-à-vis du service domestique[58], l'articulation de la cour à l'État n'en a pas moins fait l'objet d'une véritable révision historiographique à partir de la fin des années 1980. À la suite de David Starkey, pour qui cour et gouvernement formaient encore une unité insécable dans l'Angleterre des Tudor[59], c'est l'idée d'une identification persistante dans l'Europe moderne de la Maison et du gouvernement, de la cour et de l'État qui fut avancée. La cour serait ainsi l'expression spécifique de l'État moderne et même son paradigme d'organisation[60]. En filigrane, gît un enjeu méthodologique majeur : l'historicisation du concept d'État et la substitution d'une lecture anthropologique, sociologique et culturelle à une histoire strictement institutionnelle de ses structures.

Terrain fécond pour le renouvellement de l'histoire de l'État moderne, la cour s'avère un multiple espace du politique : lieu de cérémonies,

---

University Press, 2014.

57 Jeroen Duindam, « Le centre dynastique en Europe et en Asie : une comparaison idéale », dans Marcello Fantoni (dir.) *The Court in Europe*, Rome, Bulzoni, 2012, p. 375-406.

58 Malcolm Vale, *The Princely Court : Medieval Courts and Culture in North-West Europe. 1270-1380*, Oxford, Oxford University Press, 2001, p. 56-68.

59 Geoffrey R. Elton, « Tudor Government. The Points of Contact, III : The Court », *Transactions of The Royal Historical Society*, 5ᵗʰ s., vol. 26, 1976, p. 211-228 ; David Starkey, « Introduction : Court History in Perspective », dans *Id.* (dir.), *The English Court from the Wars of the Roses to the Civil War*, Londres, Longman, 1987, p. 1-24.

60 Jeroen Duindam, *Vienna and Versailles : The Courts of Europe's Dynastic Rivals, 1550-1780*, Cambridge, Cambridge University Press, 2003, p. 3-7. Pour un bilan des évolutions et des débats historiographiques autour de la définition de la cour, de l'État et de leurs interactions, José Martinez Millán, « La sustitución del "sistema cortesano" por el paradigma del "estado nacional" en las investigaciones históricas », dans M. Fantoni, *The Court in Europe, op. cit.*, p. 193-219.

la vie de cour tend à devenir en elle-même une expression cérémonielle du pouvoir royal[61] ; le service du prince et celui de l'État y sont
durablement imbriqués par le système des charges[62] ; l'articulation
des logiques de la faveur princière et des réseaux de clientèle en fait
un espace où se négocie l'ordre sociopolitique à l'échelle des États du
prince[63]. Si c'est l'analyse des mécanismes de distribution et de redistribution des honneurs par le biais du patronage – ainsi des travaux
de Ronald G. Asch et de Nicolas Le Roux sur la faveur dans les cours
de Charles Ier d'Angleterre et de Henri III[64] – qui a ouvert la voie à un
changement de focale, il faut souligner l'importance heuristique de la
notion de « communication » – telle qu'elle a été travaillée par le sociologue Niklas Luhmann et remployée par les historiens modernistes de
l'espace germanique[65] –, dans le déplacement du regard du prince vers
les courtisans. C'est l'irréductibilité de la fabrique de l'État moderne à la
personne du prince que la cour elle-même donne à voir en fournissant un
terrain à l'analyse de la performativité, de la réception et des mutations
de la communication politique. Organisme vivant, la cour n'est plus
considérée comme un instrument de la domestication de la noblesse,
mais au contraire comme un révélateur du rôle des élites nobiliaires et
au-delà de l'ensemble de ses agents[66].

61 Ralph E. Giesey, *Cérémonial et puissance souveraine, France XVe-XVIIe siècles*, Paris, A. Colin, 1987.
62 Sophie de Laverny, *Les Domestiques commensaux du roi de France au XVIIe siècle*, Paris, PUPS,
    2002 ; Mathieu da Vinha, « Structures et organisation des charges de cour à l'époque
    moderne », dans M. Fantoni, *The Court in Europe, op. cit.*, p. 275-289.
63 Ronald G. Asch, *Der Hof Karls I. von England. Politik, Provinz und Patronage. 1625-1640*, Cologne,
    Böhlau, 1993 ; Nicolas Le Roux, *La Faveur du roi. Mignons et courtisans au temps des derniers
    Valois*, Seyssel, Champ Vallon, 2001 ; Andreas Pečar, *Die Ökonomie der Ehre. Der höfische Adel
    am Kaiserhof Karls VI. (1711-1740)*, Darmstadt, Wissenschaftliche Buchgesellschaft, 2003 ;
    Mark Hengerer, *Kaiserhof und Adel in der Mitte des 17. Jahrhunderts. Eine Mikrogeschichte der
    Macht in der Vormoderne*, Constance, UVK, 2004 ; Frédérique Leferme-Falguières, *Les Courtisans.
    Une société de spectacle sous l'Ancien Régime*, Paris, PUF, 2007 ; Hélène Chauvineau, *La Société
    des courtisans. Les camériers de la cour de Toscane de 1530 à 1650*, thèse de doctorat, EHESS,
    2007 ; Leonhard Horowski, *Au cœur du palais. Pouvoir et carrières à la cour de France, 1661-1789*
    [2012], trad. fr., Rennes-Versailles, PUR-Centre de recherche du château de Versailles, 2019.
64 R. Asch, *Der Hof Karls I. von England, op. cit.* ; N. Le Roux, *La Faveur du roi, op. cit.*
65 Barbara Stollberg-Rilinger, « La communication symbolique à l'époque pré-moderne.
    Concepts, thèses, perspectives de recherche », *Trivium*, n° 2, 2008, http://trivium.revues.
    org/1152 (consulté le 02/04/2020).
66 Sur la diversité sociologique du monde de la cour, corollaire de la difficulté historio-
    graphique à la définir et notamment à circonscrire le « courtisan », voir Jean-François
    Dubost, « Le peuple de cour à Paris au début du XVIIe siècle : quelques aperçus offerts
    par la Maison de Marie de Médicis », dans Philippe Guignet (dir.), *Le Peuple des villes dans*

Acteurs et non seulement spectateurs, les courtisans façonnaient la cour par l'interprétation qu'ils avaient de leur rôle en fonction de leurs stratégies sociales, économiques et politiques. L'interaction entre les logiques du service domestique, de la faveur royale et des réseaux familiaux se traduit par exemple dans les processus de revendication, d'attribution et de conservation de logements à la cour. Robert W. Newton révèle ainsi par l'agencement topographique des courtisans l'équilibre que le roi doit sans cesse ajuster pour mettre en scène sa cour[67]. Loin d'être strictement normalisée, la pratique de l'étiquette se réélabore aussi en fonction des usages, des contraintes (financières, matérielles, démographiques, esthétiques) et des conflits, comme en témoignent les registres des officiers des cérémonies. Ces sources étayent dans le cas français l'hypothèse d'un désordre entretenu par le roi pour mieux s'ériger en arbitre et en source unique d'un ordre social dont les relations imprimées de fêtes et de cérémonies perpétuent une trompeuse image de stabilité. Une telle stratégie n'en suppose pas moins des interactions constantes entre le souverain et les différents acteurs du cérémonial de cour, dont le souci du rang est l'écho d'une expérience sociale partagée à l'échelle du royaume[68]. S'élaborent et se réélaborent donc à la cour des hiérarchies *sui generis*[69] qui visent à résoudre les conflits (autant qu'elles en suscitent) : une cour qui fonctionne en articulation avec le territoire du prince est celle qui propose des pratiques de classification et de coexistence comme autant de réponses de l'État central aux défis posés par des contextes pérennes ou inédits. Certains travaux invitent par exemple à nuancer le processus de confessionnalisation au profit d'un « irénisme confessionnel » dont les cours allemandes situées sur la frontière religieuse purent être un espace d'expérimentation au début de l'époque moderne[70].

l'Europe du Nord-Ouest, fin du Moyen Âge-1945, Villeneuve d'Ascq, Université Charles-de-Gaulle-Lille 3, 2002, t. II, p. 55-68.

67 W. R. Newton, *L'Espace du roi, op. cit.* ; *Id.*, *La Petite Cour. Services et serviteurs à la Cour de Versailles au* XVIIIᵉ *siècle*, Paris, Fayard, 2006.

68 Fanny Cosandey (dir.), *Dire et vivre l'ordre social en France sous l'Ancien Régime*, Paris, Éd. de l'EHESS, 2004 ; *Ead.*, *Le Rang. Préséances et hiérarchies dans la France d'Ancien Régime*, Paris, Gallimard, 2016.

69 C'est l'une des caractéristiques majeures des cours de l'époque moderne d'après Aloys Winterling, « Cour sans État. L'*aula Caesaris* aux Iᵉʳ et IIᵉ siècles de notre ère », dans Nicole Belayche (dir.), *Rome, les Césars et la Ville aux deux premiers siècles de notre ère*, Rennes, PUR, 2001, p. 185-206.

70 André Bochynski et Tobias Zober, « Mixed Courts : Dynasty, Politics, and Religion in the Early Modern World. Conference Report », *German Historical Institute London Bulletin*, vol. 35, n° 2, 2013, p. 161-166.

Lieu de perpétuation de logiques dynastiques et patrimoniales d'exercice du pouvoir, la cour est donc aussi un laboratoire du gouvernement : la croissance de la cour en association avec celle de l'État central qu'elle incarne en nourrit notamment l'institutionnalisation administrative. L'élaboration d'une « Maison » amène à fixer des règles dont la mise en œuvre s'adosse à un système de relations personnelles, mais aussi à une formalisation des tâches, des compétences et des échanges avec les sujets. L'analyse de l'approvisionnement de la cour implique par exemple de prendre en compte les normes à la fois juridiques et anthropologiques qui encadrent les échanges au sein et aux marges de la cour pour prendre la mesure de la complexité de son organisation[71]. Sans basculer du côté d'une bureaucratisation bien réglée au XVIIIᵉ siècle, l'économie de la cour n'est plus alors du seul ressort de l'informel[72]. Au-delà, le service personnel du roi, au cœur de la vie de cour, peut être conçu comme une matrice du service du public[73]. L'exemple de la production culturelle est à cet égard frappant. L'analyse des pratiques matérielles et administratives de sa prise en charge par la cour depuis les derniers siècles du Moyen Âge[74] participe d'une archéologie de la construction curiale de l'espace public, du statut de l'artiste et de la culture comme domaine d'action publique. On peut ainsi historiciser les usages du gouvernement de la cour et de la ville par la fête et le divertissement de la Londres des Tudors[75] au Paris des théâtres privilégiés de plus en plus étroitement administrés par les Menus Plaisirs du Roi au XVIIIᵉ siècle[76]. Une perspective de longue durée permet donc tant

---

71 M. Aymard et M. A. Romani, *La Cour comme institution économique, op. cit.* ; Bénédicte Lecarpentier-Bertrand, *Du corps du roi au corps domestique. Les consommations de la cour de France au XVIIᵉ siècle (v. 1594 – v. 1670)*, thèse de doctorat, Université Paris-Est-Créteil, 2016.

72 Pauline Lemaigre-Gaffier, *Du Cœur de la Maison du Roi à l'esprit des institutions. L'administration des Menus Plaisirs au XVIIIᵉ siècle*, thèse de doctorat, Université Paris-I, 2011, t. II.

73 Dominique Margairaz, « Entreprise, privilège et service dans les transports publics parisiens, XVIIᵉ-XVIIIᵉ siècles », dans *Concevoir et agir. Énoncés techniques et économie de l'action, XVIᵉ-XXᵉ siècles*, Paris, Classiques Garnier, 2015.

74 Étienne Anheim, « L'artiste et l'office. Financement et statut des producteurs culturels à la cour des papes au XIVᵉ siècle », dans Armand Jamme et Olivier Poncet (dir.), *Offices, écrit et papauté (XIIIᵉ-XVIIᵉ siècles)*, Rome, École française de Rome, 2007, p. 393-406.

75 Mélanie Traversier, *Gouverner l'opéra. Une histoire politique de la musique à Naples, 1767-1815*, Rome, École Française de Rome, 2009 ; Olivier Spina, *Une ville en scènes. Politique et spectacles à Londres sous les Tudors, 1525-1603*, Paris, Classiques Garnier, 2013.

76 Pauline Lemaigre-Gaffier, *Administrer les Menus Plaisirs du Roi. La cour, l'État et les spectacles dans la France des Lumières*, Ceyzérieu, Champ Vallon, 2016.

d'écarter la théorie d'un engendrement naturel des institutions culturelles contemporaines par les institutions domestiques et curiales, que celle, forgée par les Lumières, de l'illégitimité esthétique et politique de la cour à formaliser l'encadrement de la production artistique.

LA COUR, UN ESPACE D'ATTRACTION À PENSER PAR-DELÀ L'ÉCHELLE NATIONALE

Ces jeux d'interaction sociale élaborent une cour gigogne qui combine un noyau curial effectif à une cour virtuellement plus large composée de tous ceux à qui leur qualité procure la possibilité de servir le prince. Se pose dès lors la double question de la médiatisation et de l'attractivité de la cour à l'échelle des États du prince, voire au-delà, en tout cas dans un espace qui ne coïncide pas avec les cadres nationaux élaborés au XIXᵉ siècle.

Les périodiques officiels qu'étaient les almanachs ont notamment attiré l'attention des chercheurs dans le cas des cours de France, de Vienne ou de certains États allemands. Ces imprimés jouent un rôle clef en publiant et diffusant largement des listes de tous les détenteurs des charges honorifiques ou réellement exercées de manière continue ou discontinue[77]. En palliant ainsi l'impossibilité de réunir tous les officiers et serviteurs en même temps, ces « cours de papier » conféraient aux cours une matérialité facilement exportable du fait de la grande maniabilité de l'objet et constituaient un vecteur essentiel de leur publicité. La publication de ces listes pose en creux la question de l'attraction exercée par la cour. Était-elle aussi forte qu'on le croit ? Par-delà le *topos* d'une décadence de l'attractivité de Versailles entre le règne de Louis XIV et le règne de Louis XVI[78], cette idée a pu être en effet discutée par les contemporains – en 1729 une mention dans

---

77 Nicole Brondel, « L'Almanach royal, national, impérial : quelle vérité, quelle transparence ? (1699-1840) », *Bibliothèque de l'École des Chartes*, vol. 166, nᵒ 1, 2008, p. 15-88. Pour une synthèse sur le cas germanique : Volker Bauer, « Publicité des cours et almanachs d'État dans le Saint Empire au XVIIIᵉ siècle », dans Christine Lebeau (dir.), *L'Espace du Saint Empire, du Moyen Âge à l'époque moderne*, Strasbourg, Presses universitaires de Strasbourg, 2004, p. 157-173.

78 Ce *topos* est également remis en question aujourd'hui : Alexandre Maral, *Le Roi, la cour et Versailles, 1682-1789. Le coup d'éclat permanent*, Paris, Perrin, 2013, p. 431.

les *Voyages* de Montesquieu réduit la pléthorique cour de Munich à seulement « 80 personnes des deux sexes » – ou dans l'historiographie[79]. Les stratégies sociospatiales des élites nobiliaires pour gérer leur visibilité à la cour – le jeu sur la présence et l'absence permettant à la fois d'illustrer sa personne et son lignage –, semblent en effet incontournables. Ce champ d'investigation demeure cependant encore peu présent dans les études, passée l'évocation des effectifs globaux de la cour dénombrés à partir des états de maison[80] ou lors des grandes festivités[81].

Le rayonnement de la cour se mesure également à sa capacité à exercer une attraction sur des élites nobiliaires exogènes et à mettre en œuvre des processus différenciés d'intégration curiale, par la faveur, les emplois, la discipline militaire ou encore l'exercice du droit[82]. Voyageurs et étrangers ont également fait l'objet de deux programmes de recherche récents au sein du Centre de recherche du château de Versailles[83]. Ces individus témoignent des circulations que cristallisent les cours à l'échelle transnationale de la société des princes[84]. Là encore, l'historiographie est passée d'une vision macro à une analyse parfois micro-historique de ces réseaux et de ces circulations – qui s'intéressent aux voies quotidiennes des relations bilatérales, par le jeu des dons, des cadeaux, des envois de portraits, des prêts de comédiens, des recommandations de fournisseurs, mobilisant d'ailleurs non seulement le corps diplomatique mais aussi les réseaux personnels[85].

---

79   Montesquieu, *Voyages, op. cit.*, p. 352. Sur la question des effectifs : F. Leferme-Falguières, *Le Monde des courtisans, op. cit.*, t. II ; É. Hassler, *La Cour de Vienne, op. cit.*

80   J. Duindam, *Vienna and Versailles, op. cit.*, p. 45-90.

81   Joël Cornette (dir.), *Versailles*, Paris, Fayard, « Pluriel-L'Histoire », 2010.

82   Karin J. MacHardy, *Aristocracy, Estates and Crown in Early Modern Europe : The Case of Low Austria, 1637-1711*, Berkeley, University of California Press, 1987 ; Hélène Chauvineau, « Ce que nommer veut dire. Les titres et charges de cour dans la Toscane des Médicis (1540-1650) », *Revue historique*, n° 1, 2002, p. 31-49 ; Jean-François Dubost, « La Cour de France face aux étrangers : la présence espagnole à la Cour des Bourbons au XVIIe siècle », dans Chantal Grell et Benoît Pellistrandi (dir.), *Les Cours d'Espagne et de France au XVIIe siècle*, Madrid, Casa de Velázquez, 2007 ; Christian Wieland, *Nach der Fehde : Studien zur Interaktion von Adel und Rechtssystem am Beginn der Neuzeit : Bayern 1500 bis 1600*, Epfendorf, Biblioteca Academica, 2014 ; Nicolas Le Roux, *Le Crépuscule de la chevalerie. Noblesse et guerre au siècle de la Renaissance*, Ceyzérieu, Champ Vallon, 2015.

83   Caroline zum Kolk, Jean Boutier, Bernd Klesmann et François Moureau (dir.), *Voyageurs étrangers à la cour de France (1589-1789). Regards croisés*, Rennes, PUR, 2014.

84   Lucien Bély, *La Société des princes, XVIe-XVIIIe siècle*, Paris, Fayard, 1999.

85   Corinne Thépaut-Cabasset, « Garde-robe de souverain et réseau international : l'exemple de la Bavière dans les années 1680 », dans I. Paresys et N. Coquery, *Se vêtir à la cour en*

La cour se trouve au cœur d'échanges plus ou moins symétriques qui en font le terrain d'appropriations diverses – des modes aux savoirs d'État en passant par des pratiques culturelles distinctives. Les cours de Parme ou de Vienne piochent ainsi dans le théâtre de cour versaillais, sans pour autant l'imiter servilement dans la seconde moitié du XVIIIe siècle : le « théâtre français » subit au contraire toutes sortes d'adaptations – de son hybridation avec l'opéra italien dans la Parme des Bourbons à une véritable dénationalisation dans la Vienne de Kaunitz[86].

L'analyse rapprochée de ces modalités d'échange et d'hybridation permet de remettre en débat la notion de « modèle curial » et de systèmes imposant successivement leurs codes à la société des princes. L'historiographie a longtemps entretenu, depuis la thèse de Ludwig Pfandl en 1938, le mythe d'un cérémonial espagnol, voire bourguignon, irriguant les modalités de mise en ordre de la majorité des sociétés curiales européennes. Les travaux d'Alexandra Beauchamp suggèrent aujourd'hui de remonter encore la chronologie en considérant le rôle initial de la cour d'Aragon dans la fixation de pratiques cérémonielles[87]. Au-delà, sans doute faut-il adopter l'idée de la plasticité d'un cérémonial ouvert à de multiples influences[88].

Les changements de dynasties et d'alliances, où les reconfigurations de l'ordre territorial et international trouvent d'immédiats échos dans un ordre curial censé les refléter et les garantir, sont des moments clefs pour étudier cette plasticité. Sont à cet égard exemplaires l'instauration d'une

---

Europe, op. cit. ; Rahul Markovits, *Civiliser l'Europe. Politiques du théâtre français au* XVIIIe *siècle*, Paris, Fayard, 2014.

86   R. Markovits, *Civiliser l'Europe, op. cit.*, chap. 4. Sur des thématiques similaires, voir Louis Delpech, « Les Musiciens français en Allemagne du Nord : questions de méthode », *Diasporas*, n° 26 : « Musiques nomades. Objets, réseaux, itinéraires (Europe, XVIIe-XIXe siècles) », 2015 ; Charlotta Wolff, « La Musique des spectacles en Suède, 1770-1810 : opéra-comique français et politique de l'appropriation », *Annales historiques de la Révolution française*, n° 379, 2015, p. 13-33.

87   Alexandra Beauchamp, « Ordonnances et réformes de l'hôtel royal au début du règne de Pierre IV d'Aragon », *Anuario de Estudios Medievales*, vol. 39, n° 2, 2009, p. 555-573.

88   Des éléments de réflexion ont notamment été rassemblés par les médiévistes : Agostino Paravicini Bagliani, « Conclusions », dans Murielle Gaude-Ferragu, Bruno Laurioux et Jacques Paviot (dir.), *La Cour du Prince. Cour de France, cours d'Europe, XIIe-XVe siècle*, Paris, H. Champion, 2011 ; Werner Paravicini (dir.), *La Cour de Bourgogne et l'Europe. Le rayonnement et les limites d'un modèle culturel*, Ostfildern, J. Thorbecke, 2013. Pour la période moderne : G. Sabatier et M. Torrione, *¿ Louis XIV espagnol ?, op. cit.* ; Anne Dubet et José Javier Ruiz Ibañez (dir.), *Las Monarquías española y francesa (siglos XVI-XVII), dos modelos políticos ?*, Madrid, Casa de Velázquez, 2010.

cour archiducale à Bruxelles[89], l'installation des Bourbons à Madrid[90] ou la réactivation de la cour de Lorraine en 1698[91]. Cette dernière voit s'élaborer de façon tout à fait pragmatique un cérémonial original, empruntant tant aux Habsbourg qu'aux Bourbons et dont l'objectif est de mettre fin aux désordres de la cour. L'analyse des sociétés curiales en termes de circulations et d'appropriations manifeste ainsi l'existence d'un espace commun aux princes tout en nuançant l'uniformité de leur société. Elle redouble donc les débats sur la spécificité de la « culture de cour » – laquelle serait dans la logique du « procès de civilisation » à la fois productrice de distinction et modèle à imiter. Quoi qu'il en soit, entre racines communes, hybridations locales et inventions nationales, les cours de l'époque moderne fournissent un terrain où discuter l'idée de culture européenne.

La cour est devenue un espace paradigmatique pour l'histoire connectée. Lieu de contacts, notamment diplomatiques, et d'échanges, elle fait en effet partie de ces espaces où mettre à l'épreuve l'incommensurabilité des cultures et les capacités des acteurs européens et non-européens à se rencontrer[92]. Comme en témoigne le désintérêt des dignitaires de la cour javanaise pour les marchands hollandais qui débarquèrent sur leurs rivages au XVIe siècle, tout contact ne se solde pas par une véritable rencontre : cet épisode n'en révèle pas moins un « antagonisme de conditions[93] » qui structure l'univers curial en Europe comme hors d'Europe.

---

89 Dries Raeymaekers, *One Foot in the Palace : The Habsburg Court of Brussels and the Politics of Access in the Reign of Albert and Isabella, 1598-1621*, Louvain, Leuven University Press, 2013.

90 Catherine Désos, *Les Français de Philippe V. Un modèle nouveau pour gouverner l'Espagne, 1700-1724*, Strasbourg, Presses universitaires de Strasbourg, 2009 ; Pablo Vázquez Gestal, *Una Nueva Majestad. Felipe V, Isabel de Farnesio y la identidad de la monarquia (1700-1729)*, Madrid, Marcial Pons, 2013.

91 Anne Motta (dir.), *Échanges, passages et transferts à la cour du duc Léopold (1698-1729)*, Rennes, PUR, 2017.

92 Sanjay Subrahmanyam, *L'Éléphant et le Pinceau. Histoire connectée des cours d'Europe et d'Asie, 1500-1700* [2012], Paris, Alma, 2016. Voir aussi les contributions du colloque PALATIUM organisé par Nuno Senos, « European courts in a globalized world. 1400-1700 » (Lisbonne, novembre 2013).

93 Romain Bertrand, *L'Histoire à parts égales. Récits d'une rencontre Orient-Occident (XVIe-XVIIe siècles)*, Paris, Éd. du Seuil, 2011, p. 446-449.

Phénomène politico-social universel, la cour ouvre donc la voie à des comparaisons des formes de concentration dynastique du pouvoir à l'échelle globale. C'est à une confrontation rapprochée qu'appellent les historiens pour mettre au jour la profondeur réelle des divergences ou des convergences supposées : elle fait en tout cas définitivement éclater une vision européo-centrée de l'univers curial, *a fortiori* versaillo-centrée, et doit donc inciter non pas à diluer ou uniformiser l'objet « cour », mais à forger de nouveaux outils pour historiciser plus encore l'analyse des sociétés de cour en Europe.

Éric HASSLER
et Pauline LEMAIGRE-GAFFIER

HISTOIRE(S) DE L'ÉTAT ROYAL (XVIIᵉ-XVIIIᵉ SIÈCLES)

Institutions, pratiques, officiers

L'expression d'État royal permet d'englober à la fois l'ensemble des institutions exerçant une autorité au nom du roi au sein du royaume de France et les membres de ces institutions[1]. La définition retenue ici l'est avant tout pour sa commodité afin d'établir, dans un périmètre de prospection raisonné, un panorama de l'importante et diversifiée production moderniste. Le choix comme date de départ de l'année 2000 se fonde, pour l'essentiel, à la fois sur la nouvelle édition de la dernière interprétation globale consacrée à l'État dans la France moderne, comportant une importante mise à jour bibliographique, et sur la parution concomitante du volume d'une histoire politique sur la monarchie française du XVIᵉ siècle au XVIIIᵉ siècle[2]. D'utiles bilans

---

1 Jean-Philippe Genet, « État », dans Claude Gauvard et Jean-François Sirinelli (dir.), *Dictionnaire de l'historien*, Paris, PUF, 2015, p. 251-253 ; Robert Descimon, « État », dans Michel Delon (dir.), *Dictionnaire européen des Lumières*, Paris, PUF, 2007 [1997], p. 501-503 ; Quentin Skinner, « From the state of princes to the person of the state », dans *Visions of the Politics. Vol. 2. Renaissance Virtues*, Cambridge, Cambridge University Press, 2002, p. 368-413. Nous laissons de côté des questions abordées dans d'autres contributions : les représentations du roi ; la cour ; les relations de l'État avec l'Église, la noblesse, les écrits ; les politiques économiques ; les institutions et acteurs de la diplomatie et de la guerre. Sur la dernière thématique en lien avec la construction étatique, Hervé Drévillon, *Les Rois absolus, 1629-1715*, Paris, Belin, 2011, en particulier p. 554-566. Deux autres volumes de cette collection sur l'histoire de France, dirigée par Joël Cornette, intègrent des apports de la recherche actuelle pour la période présentée : Nicolas Le Roux, *Les Guerres de Religion, 1559-1629*, Paris, Belin, 2009 ; Pierre-Yves Beaurepaire, *La France des Lumières 1715-1789*, Paris, Belin, 2011.

2 Robert Descimon et Alain Guéry, « Un État des temps modernes ? », dans André Burguière et Jacques Revel (dir.), *Histoire de la France. La longue durée de l'État*, Paris, Éd. du Seuil, 2000 [1989], p. 209-510 ; Joël Cornette (dir.), *La Monarchie entre Renaissance et Révolution, 1515-1792*, Paris, Éd. du Seuil, 2000. Voir aussi deux synthèses importantes et chronologiquement proches : Bernard Barbiche, *Les Institutions de la monarchie française à l'époque moderne*, Paris, PUF, 2001 (2ᵉ éd.) ; Christophe Blanquie, *Les Institutions de la France des Bourbons (1589-1789)*, Paris, Belin. Pour le XVIIᵉ siècle : Joël Cornette, « L'histoire

sectoriels à dimension historiographique et bibliographique concernant des pans de notre sujet sont parus depuis sur le pouvoir urbain présentant sa sociologie et ses relations avec les autorités monarchiques ; les parlements ; la police ; les liens entre loi, justice et État, ou encore la place de ce dernier dans les stratégies familiales de reproduction sociale des élites. Ils fournissent des points de repère pratiques sur la production historienne qui nous permettront d'être plus concis sur ces thématiques, notamment en termes de couverture bibliographique ou de les aborder via d'autres entrées[3].

La notion large, relativement neutre, d'État royal présente ici un double avantage. Elle permet d'une part de dissocier, en partie, le traitement historiographique de l'État, réduit dans ce cadre au seul travail pratique de la monarchie sur elle-même, des interrogations relatives à l'absolutisme qui impliqueraient une prise en compte de la construction politique et juridique du pouvoir monarchique sur une plus longue durée. Trois livres, l'un à l'orée du point de départ retenu pour le bilan et les deux autres récents, fournissent un vaste ensemble de références permettant de prendre la mesure – dans leur diversité et leurs débats – des lectures de l'absolutisme faites par les historiens et les historiens du droit et aboutissent à des conclusions majeures, en partie convergentes[4].

---

au travail. Le nouveau "siècle de Louis XIV" : un bilan historiographique depuis vingt ans (1980-2000)», *Histoire, économie et société*, n° 4, 2000, p. 561-620, et, butte-témoin d'un moment historiographique, Michèle Fogel, *L'État dans la France moderne de la fin du XVe siècle au milieu du XVIIIe siècle*, Paris, Hachette, 2000 (n^lle éd.).

3   Vincent Milliot, «Mais que font les historiens de la police ?», dans Jean-Marc Berlière, Catherine Denys, Dominique Kalifa et Vincent Milliot (dir.), *Métiers de police. Être policier en Europe, XVIIIe-XXe siècle*, Rennes, PUR, 2008, p. 9-34 ; Guy Saupin, «Le pouvoir municipal en France à l'époque moderne. Bilan historiographique des vingt dernières années », dans Philippe Hamon et Catherine Laurent (dir.), *Le Pouvoir municipal de la fin du Moyen Âge à 1789*, Rennes, PUR, 2012, p. 15-55 ; Isabelle Storez-Brancourt, « Avant-propos », dans Sylvie Daubresse, Monique Morgan-Bonnet et Isabelle Storez-Brancourt, *Le Parlement en exil ou histoire politique et judiciaire des translations du parlement de Paris (XVe-XVIIIe siècles)*, Paris, H. Champion, 2007, p. 7-32 ; Caroline Le Mao, « Introduction », *Histoire, économie et société*, n° 1, *Faire l'histoire des parlements d'Ancien Régime (XVIe-XVIIIe siècles)*, 2012, p. 3-9 ; David Feutry, *Plumes de fer et robes de papier. Logiques institutionnelles et pratiques politiques du parlement de Paris au XVIIIe siècle, 1715-1790*, Nanterre, Institut universitaire Varenne, 2013, p. 7-29 ; Jérôme Luther Viret, *Le Sol et le Sang. La famille et la reproduction sociale en France du Moyen Âge au XIXe siècle*, Paris, CNRS éd., 2014, p. 103-252.

4   Fanny Cosandey et Robert Descimon, *L'Absolutisme en France. Histoire et historiographie*, Paris, Éd. du Seuil, 2002 ; Fanny Cosandey, « L'absolutisme : un concept irremplacé », dans Lothar Schilling (dir.), *Absolutismus, ein unersetzliches Forschungskonzept ? Eine deutsch-französische Bilanz / L'absolutisme, un concept irremplaçable ? Une mise au point franco-allemande*,

La confrontation de ces ouvrages montre l'existence de convergences notables, ouvrant la voie à un éventuel accord minimal des historiens sur la conception théorique du pouvoir absolu. À l'issue des guerres de Religion et à partir du règne du premier Bourbon, il devient la norme : il intègre notamment la rupture doctrinale apportée par la conception bodinienne de la souveraineté législative du monarque, l'immédiateté divine du pouvoir monarchique et la sacralisation de la personne royale, la coexistence du gouvernement ordinaire et du gouvernement extraordinaire (devenant par la suite un nouvel ordinaire). Le terme d'État royal permet d'autre part d'écarter la notion d'État moderne qui renvoie à un double programme de recherche couvrant une chronologie et un espace plus larges[5]. Objet de critiques anciennes et multiples, le modèle empirique de l'État moderne n'a néanmoins pas suscité de bilan global de la part des historiens français, opéré conjointement par des médiévistes et des modernistes, afin d'envisager, de manière équilibrée et à l'aune des travaux actuels, ses apports et ses limites.

La prise en compte des travaux des historiens modernistes, sur une quinzaine d'années, conduit en préambule à poser trois observations d'ensemble. Premier constat : faire l'histoire de l'État monarchique consiste à envisager une pluralité de thématiques et d'objets. On peut distinguer parmi eux six centres d'intérêt majeurs : le fonctionnement du gouvernement central ; les finances de la monarchie, abordées en particulier par ses choix en matière financière et fiscale et par la question de la dette ; la place et le rôle des États provinciaux ; les relations des parlements et de leurs membres avec le pouvoir royal ; le monde de l'office royal appréhendé dans sa diversité (noblesse de robe et détenteurs d'offices anoblissants, officiers moyens, officiers subalternes) ; la justice royale et ses juridictions ; la police et les policiers au XVIIIᵉ siècle (thématique inscrite pour une part notable dans le champ de l'histoire

---

Munich, Oldenbourg, 2008, p. 33-51 ; Arlette Jouanna, *Le Pouvoir absolu. Naissance de l'imaginaire politique de la royauté*, Paris, Gallimard, 2013 ; *Ead.*, *Le Prince absolu. Apogée et déclin de l'imaginaire politique*, Paris, Gallimard, 2014.

5   Jean-Philippe Genet, « État, État moderne, féodalisme d'état : quelques éclaircissements », dans *Europa e Italia. Studi in onore di Giorgio Chittolini*, Florence, Firenze University Press, 2011, p. 195-206 (pour un retour récent sur la notion) ; *Id.* (dir.), *La Légitimité implicite*, Paris-Rome, Publications de la Sorbonne-École Française de Rome, 2015, 2 vol. (pour les prolongements actuels par le programme de recherches *Signs and States*, visant à la construction d'« une sémiotique de l'État moderne » et intégrant la première modernité).

urbaine)[6]. La progression du savoir historique se réalise ainsi à la fois par accumulation et par diversification des connaissances sans être régie par un programme, un modèle ou un paradigme fédérateur. En effet, la multiplicité des thématiques résulte aussi, sans toutefois de recoupement mécanique, de la diversité des orientations historiographiques.

Deuxième constat : faire l'histoire de l'État monarchique consiste pour les historiens français de la période moderne à inscrire leurs travaux, de manière plus ou moins prononcée selon les auteurs et sans forcément d'exclusive, dans différentes filiations historiographiques[7]. On peut *grosso modo* en distinguer trois : une tradition chartiste caractérisée par un fort intérêt pour les institutions du gouvernement central et ses serviteurs, attachée de façon dominante à la notion de monarchie administrative ; une histoire sociale des institutions ou des pouvoirs, qui relie fortement les phénomènes étatiques aux pratiques et aux dynamiques sociales, influencée à des degrés divers par les *Annales* et par le modèle de la « collaboration sociale » élaboré par William Beik[8] ; une histoire politique de la monarchie et de ses acteurs, attentive aux diverses cultures politiques et au poids de l'événement. Il convient par conséquent de ne pas lisser cette double diversité, thématique et historiographique, en la resituant au sein d'un bilan alors logiquement quelque peu kaléidoscopique.

---

6   Nous ne traitons pas du champ spécifique de l'histoire de la justice qui dispose de bilans assez récents : Benoît Garnot, *Histoire de la justice. France, XVIᵉ-XXIᵉ siècle*, Paris, Gallimard, 2009 ; Hervé Leuwers, *La Justice dans la France moderne*, Paris, Ellipses, 2010. Parmi les parutions postérieures, on peut noter : Hélène Fernandez-Lacôte, *Les Procès du cardinal de Richelieu. Droit, grâce et politique sous Louis le Juste*, Seyssel, Champ Vallon, 2010 ; Reynald Abad, *La Grâce du roi. Les lettres de clémence de Grande Chancellerie au XVIIIᵉ siècle*, Paris, PUPS, 2011 ; Albert N. Hamsher, *The Royal Financial Administration and the Prosecution of Crime in France, 1670-1789*, Newark, University of Delaware Press, 2012 ; Diane Roussel et Marie Houllemare (dir.), *Les justices locales et les justiciables. La proximité judiciaire en France du Moyen Âge à l'époque moderne*, Rennes, PUR, 2015.
7   Olivier Poncet, « L'histoire des institutions de l'époque moderne en France depuis le XIXᵉ siècle », dans Michael Hochedlinger et Thomas Winkelbauer (dir.), *Herrschaftsverdichtung, Staatsbildung, Bürokratisierung. Verfassungs-, Verwaltungs- und Behördengeschichte der Frühen Neuzeit*, Vienne-Munich, Böhlau-Oldenbourg, 2010, p. 105-132 (sur les orientations successives des recherches au sein d'une triple tradition originelle – juridique, chartiste et historienne – et leurs influences réciproques).
8   Philippe Minard, « Faire l'histoire sociale des institutions : démarches et enjeux », *Bulletin de la Société d'histoire moderne et contemporaine*, nᵒ 3-4, 2000, p. 119-123 ; William Beik, « The absolutism of Louis XIV as social collaboration », *Past & Present*, nᵒ 188, 2005, p. 195-224 prend en compte la nécessité de déplacer la focale vers la seconde moitié du règne louis-quatorzien et les pays d'élection.

Troisième constat : faire l'histoire de l'État royal implique aussi, en raison de l'internationalisation marquée de la recherche, de nous interroger, comme historiens modernistes français, sur la réception de nos travaux par les collègues étrangers. Or, en prenant comme référence quelques grandes collections anglaises qui constituent à la fois un test révélateur et un filtre efficace par leur suprématie linguistique et leur position dans le champ éditorial, la réception des recherches en langue française (donc émanant aussi des chercheurs francophones) apparaît sélective et parcellaire[9]. Elle délaisse des pans entiers de l'État royal, étudiés de longue date ou défrichés plus récemment par l'historiographie de langue française (sur les relations entre pouvoirs urbains et pouvoir monarchique, la police, les institutions judiciaires et financières de rang médian et inférieur ou bien encore sur la vénalité des offices). L'occultation résulte de la mise en exergue comme allant de soi d'une conception historiographiquement orientée de l'État royal, pensé et présenté de manière dominante en termes d'« État baroque » (Peter R. Campbell) ou de « monarchie baroque » (Ronald G. Asch). L'insistance sur le rôle politique prépondérant de la cour, les mécanismes de la décision monarchique, les processus de négociation entre le pouvoir royal, d'un côté, et les parlements et les États provinciaux, de l'autre, le poids durable du patronage tend à réduire à la portion congrue la place accordée à d'autres thématiques, objets et approches[10]. La circulation internationale des savoirs et des idées montre ici avec netteté ces limites.

---

9   Peter R. Campbell, « Absolute Monarchy », dans William Doyle (dir.), *The Oxford Handbook of the Ancien Regime*, Oxford, Oxford University Press, 2014 [2012], p. 11-38 ; Julian Swann, « Parlements and Provincial Estates », *ibid.*, p. 93-108 (focalisé sur le XVIIIᵉ siècle et sans référence aux débats historiographiques sur les deux institutions) ; Peter R. Campbell, « Rethinking the Origins of the French Revolution », dans Peter McPhee (dir.), *A Companion to the French Revolution*, Oxford, Wiley-Blackwell, 2012, p. 3-23, ici p. 15-18 (« Redefining the State and Power ») ; Joël Félix, « Monarchy », dans David Andress (dir.), *The Oxford Handbook of the French Revolution*, Oxford, Oxford University Press, 2015, p. 56-73 ; Ronald G. Asch, « Western European Monarchies », dans Hamish Scott (dir.), *The Oxford Handbook of Early Modern European History, 1350-1750. Vol. II. Cultures and Power*, Oxford, Oxford University Press, 2015, p. 355-384, ici p. 375-380 (sur la monarchie française de la période 1650-1750 comme « Baroque Monarchy ») ; Carlo Capra, « Governance », *ibid.*, p. 478-511 (ici p. 493-499) (s'inscrit toutefois en rupture avec les thèses prônant le rejet radical de la notion d'absolutisme).

10 James B. Collins, *The State in Early Modern France*, Cambridge, Cambridge University Press, 2009 [1995] intègre une partie des recherches récentes sur l'administration locale des finances et de la justice et sur le monde de l'office. L'auteur considère la notion d'absolutisme comme non opératoire et insiste sur la période 1690-1725, marquant le passage d'un État royal « immature » à un État royal « mature ».

Je présenterai dans une première partie la récente production historienne concernant les institutions étatiques. Dans une seconde partie, je m'attacherai à l'État monarchique saisi dans ses pratiques grâce à quelques notions et entrées, souvent transversales et récurrentes dans la recherche actuelle. Enfin, la troisième partie portera sur la vénalité légale, les offices et les officiers.

LES INSTITUTIONS DE L'ÉTAT ROYAL
Réévaluations multiples et approches diversifiées[11]

Le gouvernement central a fait l'objet de différents travaux qui ont réévalué ses modalités et ses logiques de fonctionnement[12]. Pour la période du ministériat de Richelieu, l'étude du partage des rôles entre le roi, détenteur de la prééminence essentielle et le principal ministre, situé dans une forte dépendance à l'égard de la confiance et du soutien du souverain permet de revaloriser la place tenue par Louis XIII au sein de la monarchie bicéphale[13]. La réévaluation porte surtout sur la seconde moitié du règne de Louis XIV et la Régence. Dans la perspective d'« une histoire des pratiques de gouvernement[14] », le tournant de

---

11   Deux récents dictionnaires, avec de nombreuses entrées par noms propres, fournissent des mises au point pour le XVIIᵉ siècle, Françoise Hildesheimer et Dénes Harai (dir.), *Dictionnaire Richelieu*, Paris, H. Champion, 2015 ; Lucien Bély (dir.), *Dictionnaire Louis XIV*, Paris, R. Laffont, 2015. Voir aussi l'importante synthèse d'Olivier Chaline : *Le Règne de Louis XIV*, Paris, Flammarion, 2005.

12   Michèle Fogel, *Roi de France. De Charles VIII à Louis XVI*, Paris, Gallimard, 2014, p. 324-335 : sur le travail des trois derniers Bourbons avec les ministres et, plus largement, sur la place du roi (et aussi de la reine) au sein de la monarchie dans la longue durée (avec une bibliographie conséquente sur la question à laquelle nous renvoyons). Sur la place spécifique de la reine dans la construction juridique et politique : Fanny Cosandey, *La Reine de France. Symbole et pouvoir, XVᵉ-XVIIIᵉ siècle*, Paris, Gallimard, 2000 ; Jean-François Dubost, *Marie de Médicis. La reine dévoilée*, Paris, Payot, 2009.

13   Françoise Hildesheimer, *Richelieu*, Paris, Flammarion, 2004 ; *Ead.*, *La Double Mort du roi Louis XIII*, Paris, Flammarion, 2007.

14   Thierry Sarmant et Mathieu Stoll, *Régner et gouverner. Louis XIV et ses ministres*, Paris, Perrin, 2010, p. 15 ; Thierry Sarmant, « Les pratiques gouvernementales de l'ancien au nouveau régime : une enquête dans l'histoire de l'État », dans *Id.* (dir.), *Les ministres de la Guerre, 1570-1792. Histoire et dictionnaire biographique*, Paris, Belin, 2007, p. 29-42. La nouvelle histoire administrative relativise aussi l'omnipotence traditionnellement

1690-1691, avec la fin des positions ministérielles prépondérantes des dynasties Colbert et Le Tellier, marque une évolution nette et durable, caractérisée par le renforcement de l'emprise du roi sur les affaires et le développement d'un organigramme gouvernemental défini par une rationalisation, certes encore imparfaite, mais sensiblement améliorée (renforcement de l'administration centrale grâce au nombre accru des commis et à la mise en place d'une répartition fonctionnelle des tâches, formation d'archives étatiques). Le Contrôle général des finances fonctionne alors comme une « administration collégiale[15] » au sein de laquelle les intendants des finances, plus nombreux, et les directeurs des finances, nouvellement créés, jouent un rôle majeur. La Régence instaure provisoirement un mode de gouvernement par conseils de gouvernement et conseils d'administration, fonctionnant comme des ministres collégiaux, dont l'efficacité est désormais réévaluée à la hausse, notamment par le travail assidu qu'ils effectuent et leurs capacités à assurer le fonctionnement ordinaire de l'État royal[16]. Elle constitue aussi une période d'innovations convergentes et durables, reposant sur un paradigme commun de la circulation et visant au contrôle et à l'enregistrement des populations mobiles par l'identification générali-sée[17]. Durant le XVIIIᵉ siècle, et surtout dans sa seconde moitié, d'autres politiques sectorielles inédites concernant des questions relatives aux circulations, qui comportent une notable dimension économique, sont

---

attribuée au contrôleur général : Mathieu Stoll, *Servir le Roi-Soleil. Claude Le Peletier (1631-1711), ministre de Louis XIV*, Rennes, PUR, 2011 ; Emmanuel Pénicaut, *Faveur et pouvoir au tournant au Grand Siècle. Michel Chamillart, ministre et secrétaire d'État de la guerre sous Louis XIV*, Paris, École des Chartes, 2004.

15   Michel Antoine, *Le Cœur de l'État. Surintendance, contrôle général et intendances des finances, 1552-1791*, Paris, Fayard, 2003, p. 345-385 (p. 381). Voir aussi Françoise Bayard, Joël Félix et Philippe Hamon, *Dictionnaire des surintendants et des contrôleurs généraux des finances du XVIᵉ siècle à la Révolution française de 1789*, Paris, Comité pour l'histoire économique et financière de la France, 2000 ; Mireille Touzery, « Le gouvernement des finances sous l'Ancien Régime. Organigrammes, listes et tableaux », *Annuaire-bulletin de la Société de l'histoire de France*, année 2004 (2006), p. 61-101.

16   Alexandre Dupilet, *La Régence absolue. Philippe d'Orléans et la polysynodie (1715-1718)*, Seyssel, Champ Vallon, 2011. Dans le même sens, Laurent Lemarchand, *Paris ou Versailles ? La monarchie absolue entre deux capitales (1715-1723)*, Paris, CTHS, 2014, p. 84-95 (sur la modernisation administrative).

17   Vincent Denis, *Une histoire de l'identité. France, 1715-1815*, Seyssel, Champ Vallon, 2008, p. 69-114. Voir aussi Daniel Roche, *Humeurs vagabondes. De la circulation des hommes et de l'utilité des voyages*, Paris, Fayard, 2003, p. 359-478 (sur la diversité des pratiques étatiques de contrôle et d'identification).

mises en œuvre, en particulier grâce à des commissions extraordinaires
(péages, navigation intérieure) : elles reposent sur une nouvelle conception,
unifiée et rationalisée, du territoire et contribuent à l'émergence, tardive
et incomplète, d'un champ administratif[18].

Toutefois, d'autres travaux montrent la coexistence, complexe et durable,
au sein d'un État royal lui-même composite, de logiques mixtes dans les
pratiques gouvernementales et administratives[19]. Ils invitent à discuter et
à nuancer les lectures de la monarchie louis-quatorzienne l'envisageant
avant tout comme définitivement fondatrice de l'« État administratif et
bureaucratique » ou de « l'État administratif "moderne[20]" ». Durant la
seconde moitié du règne personnel, les clientèles ministérielles continuent
à jouer un rôle essentiel au sein d'une administration monarchique reposant à la fois sur les relations impersonnelles et personnelles. Le chancelier Pontchartrain renforce et redouble ainsi sa « puissance politique »,
d'essence institutionnelle par une « autorité politique[21] », relevant du
gouvernement domestique et fondée sur des liens clientélaires auprès de
plusieurs parlements. Il occupe alors une position de *broker* entre le pouvoir
central et ses clients des provinces favorisant la réception plus attentive
de leurs requêtes par les bureaux. Par ailleurs, l'expansion numérique du
personnel ministériel et leur spécialisation croissante n'engendrent pas
ipso facto une autonomisation de la sphère étatique et administrative. En
effet, la position publique de commis de la monarchie dite administrative
peut tout à fait se concilier, via des pratiques de dissimulation, avec la

---

18 Anne Conchon, *Le Péage en France au* XVIIIe *siècle. Les privilèges à l'épreuve de la réforme*,
    Paris, Comité pour l'histoire économique et financière de la France, 2002 ; Éric Szulman,
    La Navigation intérieure sous l'Ancien Régime. Naissance d'une politique publique, Rennes,
    PUR, 2014.

19 Darryl Dee, « Wartime Government in Franche-Comté and the Demodernization of
    the French State, 1704-1715 », *French Historical Studies*, vol. 30, n° 1, 2007, p. 21-47 ; *Id.*,
    *Expansion and Crisis in Louis XIV's France : Franche-Comté and Absolute Monarchy, 1674-
    1715*, Rochester, University of Rochester Press, 2009, p. 150-169 (sur un cas, sans doute
    limite, de retour autoritaire aux expédients, notamment financiers, de la première moitié
    du XVIIe siècle).

20 T. Sarmant et M. Stoll, *Régner et gouverner, op. cit.*, p. 553 ; Joël Cornette, *La Mort de
    Louis XIV. Apogée et crépuscule de la royauté. 1*[er] *septembre 1715*, Paris, Gallimard, 2015,
    p. 308 et 137-154 (reprenant les analyses sur l'affirmation d'une monarchie administrative
    à partir de 1690-1691).

21 Sarah E. Chapman, *Private Ambition and Political Alliance : The Phélypeaux de Pontchartrain
    Family and Louis XIV's Government, 1650-1715*, Rochester, University of Rochester Press,
    2004. Voir aussi Charles Frostin, *Les Pontchartrain, ministres de Louis XIV. Alliances et
    réseau d'influence sous l'Ancien Régime*, Rennes, PUR, 2006.

défense de droits et d'intérêts privés : l'exemple de Jean-Jacques Guyenot de Châteaubourg, à la fois agent de la commission des péages et homme d'affaires de la noblesse à la fin du XVIIIᵉ siècle, le montre nettement[22]. La rationalisation, à un moment donné, d'une administration peut aussi être perturbée par le manque postérieur de moyens financiers et humains : c'est le cas pour le parquet du parlement de Paris lorsque, à partir de la décennie 1740, les méthodes de travail rationalisées par Guillaume-François Joly de Fleury s'avèrent insuffisantes pour traiter avec efficacité et célérité le flux croissant des affaires[23].

Les recherches actuelles sur les finances et le financement de l'État royal comprennent souvent une nette visée comparative, une large ouverture à des questions d'histoire politique et sociale et un dialogue soutenu avec l'historiographie de langue anglaise. Elles se déploient dans trois directions principales : la lecture affinée des choix financiers et fiscaux de la monarchie ; une attention particulière à la thématique du contrôle monarchique des différents acteurs du système fisco-financier et un intérêt marqué pour les modalités de formation et de gestion de la dette publique[24].

Plusieurs bilans sur les finances étatiques affinent, modulent et complètent sur les deux siècles les connaissances établies par les travaux antérieurs en intégrant les apports des recherches récentes. Ils fournissent les grandes lignes de l'histoire financière de la monarchie : mise en place durant le règne d'Henri IV « du versant financier de la construction absolutiste[25] » (rôle financier accru d'une partie des États

22 Anne Conchon, « Entre identité individuelle et détermination sociale : le cas de Guyénot de Châteaubourg (1743-1824) », *Genèses*, n° 47, 2002, p. 42-61 ; *Ead.*, *J.-J. Guyenot de Châteaubourg (1745-1824) ou le commerce des relations*, Paris, Publications de la Sorbonne, 2008.

23 David Feutry, *Guillaume-François Joly de Fleury (1675-1759). Un magistrat entre service du roi et stratégies familiales*, Paris, École des Chartes, 2011, p. 212-223 (sur « le rendez-vous manqué avec la monarchie administrative »).

24 Katia Béguin et Jean-Philippe Genet, « Fiscalité et genèse de l'État : remarques introductives », dans Katia Béguin (dir.), *Ressources publiques et construction étatique en Europe, XIIIᵉ-XVIIIᵉ siècle*, Paris, Comité pour l'histoire économique et financière de la France, 2015, p. 3-26, ici p. 15-24 (sur l'imbrication entre dette, impôt et construction étatique). Pour d'autres références, voir l'actualisation bibliographique par Aurore Chéry (fin 2013) de la version en ligne de Joël Félix, *Économie et finances sous l'Ancien Régime. Guide du chercheur, 1523-1789*, Paris, Comité pour l'histoire économique et financière de la France, 1994, p. 17-46.

25 Philippe Hamon, « Sous Henri IV : une "reconstruction financière" ? », dans Michel de Waele (dir.), *Lendemains de guerre civile. Réconciliations et restaurations en France sous Henri IV*, Paris, Hermann, 2015 [2011], p. 125-160 (p. 156).

provinciaux, financiarisation renforcée des offices avec la création de la Paulette, recours aux traitants comme prélude au système fisco-financier); mobilisation prépondérante durant le XVIIᵉ siècle de la fiscalité directe considérablement alourdie puis, priorité donnée à partir de 1661 à la fiscalité indirecte (les fermes)[26], couplée – dans le cadre de la mise en œuvre durable d'un *Fiscal-Military State* (notion reprise de John Brewer et désormais largement usitée) – au recours récurrent aux affaires extraordinaires, aux manipulations monétaires et à la création de nouveaux impôts; enfin, gestion délicate de ses finances au cours du siècle suivant par une monarchie confrontée à une dette en expansion[27]. Les nouvelles formes de fiscalité établies à partir de la fin du XVIIᵉ siècle produisent une figure inédite, celle du « contribuable privilégié[28] », et heurtent les modalités traditionnelles du classement fiscal.

Le contrôle problématique par l'État royal des différents acteurs du système fisco-financier constitue une thématique récemment travaillée par les historiens, avec des conclusions parfois différentes. L'administration louis-quatorzienne semble ainsi avoir la capacité d'appliquer différents mécanismes de surveillance des traités limitant les fraudes : les profits légalement procurés par les affaires extraordinaires apparaissent alors à la fois fort avantageux pour les financiers et coûteux pour la

26 Françoise Bayard, « Fiscalité directe, fiscalité indirecte : les choix raisonnés de la monarchie française au XVIIᵉ siècle », dans Simoneta Cavaciocchi (dir.), *La fiscalita nell'economia europea, secc. XIII-XVIII*, Florence, Firenze University Press, 2008, t. I, p. 320-349 (repris dans Françoise Bayard, *Des caisses du roi aux poches des cadavres. Une historienne à l'œuvre*, textes réunis et présentés par Anne Béroujon, Delphine Estier et Anne Montenach, Grenoble, Presses universitaires de Grenoble, 2015, p. 81-113); Daniel Dessert, *L'Argent du sel, le sel de l'argent*, Paris, Fayard, 2012, p. 33-71 (sur la ferme des gabelles de 1632 à 1662).

27 Gail Bossenga, « Financial Origins of the French Revolution », dans Thomas E. Kaiser et Dale van Kley (dir.), *From Deficit to Deluge : The Origins of the French Revolution*, Stanford, Stanford University Press, 2011, p. 37-66; Joël Félix et Frank Tallett, « The French Experience, 1661-1815 », dans Christopher Storrs (dir.), *The Fiscal-Military State in Eighteenth Century Europe : Essays in Honour of P.G.M. Dickinson*, Farnham, Ashgate, 2009, p. 147-166; François R. Velde, « French Public Finance between 1683 and 1726 », dans Fausto Piola Caselli (dir.), *Government Debts and Financial Markets in Europe*, Londres, Pickering and Chatto, 2008, p. 135-165.

28 Michael Kwass, *Privilege and the Politics of Taxation in Eighteenth-Century France*, Cambridge, Cambridge University Press, 2000, p. 314; Mireille Touzery, « Taxinomie des contribuables : le classement fiscal en France de 1695 à 1789 », dans Bernard Barbiche et Yves-Marie Bercé (dir.), *Études sur l'ancienne France offertes en hommage à Michel Antoine*, Paris, École des Chartes, 2003, p. 457-486; Gary B. McCollim, *Louis XIV's Assault on Privilege : Nicolas Desmaretz and the Tax on Wealth*, Woodbridge, University of Rochester Press, 2012 (sur la création du dixième comme expédient financier).

monarchie[29]. L'histoire du contrôle exercé par le pouvoir monarchique sur ses officiers comptables (receveurs généraux des finances, receveurs particuliers des tailles) montre un échec récurrent de la monarchie réformatrice du XVIIIᵉ siècle, soldé par trois renoncements successifs (à la vérification courante des comptes en 1726, au contrôle public en 1764 et à la municipalisation de la gestion locale en 1771)[30]. Le premier d'entre eux – l'abandon de l'introduction de la partie double initiée par les frères Pâris sous la Régence, l'une des nombreuses innovations du régime étudiées par l'historiographie récente – révèle avec netteté les oppositions sociales et professionnelles des officiers de finance à la mise en place d'un nouveau savoir comptable[31]. L'échec durable du pouvoir central confirme *a contrario* la puissance maintenue des intermédiaires financiers, dont les modalités précises d'activité font l'objet de diverses réorganisations et de fréquentes négociations avec le pouvoir royal, et la persistance du recours contraint et coûteux à leur intermédiation jusqu'à la fin de l'Ancien Régime[32].

Objet d'études d'économistes ou de politistes en forte résonance avec les interrogations contemporaines, la question des emprunts, forcés ou volontaires, et des dettes de l'État monarchique constitue la seconde

29 Joël Félix, « Profits, malversations, restitutions. Les bénéfices des financiers durant la guerre de la Ligue d'Augsbourg et la taxe de Chamillart », *Revue historique*, nº 4, 2015, p. 831-873. L'auteur présente aussi un utile bilan critique des travaux de ses devanciers dans l'histoire financière, classés en « fonctionnalistes », « politiques » et « utilitaristes », ce qui durcit quelque peu leurs positions. Pour une lecture différente d'un pouvoir royal contrôlant faiblement les financiers : Guy Rowlands, *The Financial Decline of a Great Power : War, Influence, and Money in Louis XIV's France*, Oxford – New York, Oxford University Press, 2012 ; Thierry Claeys, *Dictionnaire biographique des financiers en France au XVIIIᵉ siècle*, Paris, SPM, 2011 (3ᵉ éd.), 2 vol.
30 Marie-Laure Legay, *La Banqueroute de l'État royal. La gestion des finances publiques de Colbert à la Révolution*, Paris, Éd. de l'EHESS, 2011 : la troisième tentative avortée vise aussi à une cogestion associant les élites provinciales. Sur le contrôle administratif et judiciaire *a posteriori* des Chambres des comptes, voir Dominique Le Page (dir.), *Contrôler les finances sous l'Ancien Régime. Regards d'aujourd'hui sur les Chambres des comptes*, Paris, Comité pour l'histoire économique et financière de la France, 2011.
31 Marie-Laure Legay, « La science des comptes dans les monarchies française et autrichienne au XVIIIᵉ siècle. Le modèle colbertiste en cause », *Histoire & Mesure*, nº 1, 2010, p. 231-260 ; *Ead.* (dir.), *Dictionnaire de la comptabilité publique, 1500-1850*, Rennes, PUR, 2010.
32 Marie-Laure Legay, « Capitalisme, crises de trésorerie et donneurs d'avis : une relecture des années 1783-1789 », *Revue historique*, nº 3, 2010, p. 577-608 ; Joël Félix, « Modèles, traditions, innovations. Le Peletier des Forts et la renaissance de la finance sous le règne de Louis XV », dans Anne Dubet et Jean-Philippe Luis (dir.), *Les financiers et la construction de l'État, France, Espagne (XVIIᵉ-XIXᵉ siècle)*, Rennes, PUR, 2011, p. 125-154.

thématique récemment scrutée par les historiens[33]. Les rentes sur l'Hôtel de Ville, passant sous contrôle royal au XVIIe siècle, deviennent alors un instrument majeur de financement par l'emprunt perpétuel pour le pouvoir, lui assurant à la fois de la souplesse en termes de remboursement et des taux d'intérêt inférieurs aux prêts à court terme[34]. Comme l'office avec lequel elles contribuent à la formation de la dette composite de la monarchie et parfois en articulation avec cette autre forme d'emprunt, elles représentent l'une des modalités notables de participation à l'État royal comme entreprise. L'enjeu essentiel réside ici, comme c'est aussi le cas au siècle suivant avec d'autres instruments de paiement étatique[35], dans la crédibilité financière de la monarchie fondée sur l'acquittement régulier des intérêts. La détérioration de sa réputation au cours du siècle en raison de ses défauts multiformes (suspension, réduction des versements), en dépit de mesures visant à restaurer le crédit des rentes durant la décennie 1670, n'entame pas l'expansion numérique relative des rentiers volontaires, marquée toutefois par une forte polarisation sociale et géographique du marché sur les élites sociales de la capitale. En effet, les rentes sur l'Hôtel de Ville demeurent attractives par leur souplesse et leur cessibilité sur la pluralité des marchés secondaires de la revente. À l'issue de la profonde crise des finances publiques de la fin du règne de Louis XIV et de la Régence (expérience de Law et liquidation du système), l'expansion du nombre de rentiers d'État se poursuit au cours du siècle suivant[36].

---

33 Katia Béguin, « Des défauts arbitraires à la restauration de l'ordre juste des profits : la légitimation des banqueroutes du roi de France au XVIIe siècle », dans J.-P. Genet, *La légitimité implicite, op. cit.*, t. I, p. 209-222 (sur une forte relativisation de l'érection du roi par les approches néo-institutionnalistes en « parangon du banqueroutier en série », p. 210) ; voir aussi l'ouvrage collectif sur la dette publique indiqué à la note 80.

34 Katia Béguin, *Financer la guerre au XVIIe siècle. La dette publique et les rentiers de l'absolutisme*, Seyssel, Champ Vallon, 2012 ; *Ead.*, « Estimer la valeur de marché des rentes d'État sous l'Ancien Régime. Une contribution aux méthodes de l'histoire sociale », *Histoire & Mesure*, n° 2, 2011, p. 3-28.

35 Marie-Laure Legay (dir.), *Les modalités de paiement de l'État moderne. Adaptation et blocage d'un système comptable*, Paris, Comité pour l'histoire économique et financière de la France, 2007 (avec plusieurs études de cas en montrant l'enjeu au XVIIIe siècle).

36 Philip T. Hoffman, Gilles Postel-Vinay et Jean-Laurent Rosenthal, *Des Marchés sans prix. Une économie politique du crédit à Paris, 1660-1870*, Paris, Éd. de l'EHESS, 2001, p. 91-125 (sur les effets de la crise dans l'accession durable des notaires parisiens à un rôle de courtiers sur le marché du crédit privé) ; expansion, par exemple, avec l'émission de rentes viagères spécifiques connaissant un net succès durant le règne de Louis XV : Georges Gallais-Hamonno et Jean Berthon, *Les Emprunts tontiniers de l'Ancien Régime. Un exemple d'ingénierie financière au XVIIIe siècle*, Paris, Publications de la Sorbonne, 2010.

Dans le prolongement de l'historiographie anglo-saxonne antérieure, d'importants travaux portant sur différents États provinciaux (du nord de la France, de Bourgogne et de Languedoc) réévaluent à la hausse leur vitalité durant la seconde modernité, en particulier au XVIIIe siècle, et leur double utilité administrative et financière pour la monarchie[37]. Leurs analyses et leurs conclusions apparaissent convergentes sur quatre aspects majeurs : le rôle durable des assemblées représentatives comme lieux de négociation entre l'administration royale et les membres des assemblées représentatives ; les avantages réciproques d'une collaboration reposant sur l'acceptation d'une fiscalité monarchique alourdie en échange de la préservation, voire du renforcement, des positions sociales et économiques des élites provinciales (échange de privilèges collectifs provinciaux contre des privilèges personnels royaux dans le cas des États d'Artois, consentement à l'alourdissement de la fiscalité monarchique en contrepartie d'aliénation de revenus de la part du pouvoir royal au profit dominant des élites de la province dans le cas de la Bourgogne) ; l'élargissement généralisé, mais variable en ampleur selon les institutions provinciales, du champ de leurs compétences administratives et juridictionnelles ; leur sollicitation comme intermédiaires financiers majeurs au service du crédit d'État, renforcée à partir de la décennie 1740, et tenant compte de leur accès différencié aux marchés du crédit selon leur taille respective.

Ces travaux présentent néanmoins des conclusions différentes concernant le sens à accorder aux modalités de leur intégration dans la construction étatique et à sa portée en termes d'autonomie et de popularité des institutions. Pour les États provinciaux du nord de la France, le transfert de compétences, important après 1750, s'opère par « déconcentration administrative » (M.-L. Legay) en les transformant en agents administratifs au service de la monarchie ce qui obère leur capacité à

---

37 Marie-Laure Legay, *Les États provinciaux dans la construction de l'État moderne aux* XVIIe *et* XVIIIe *siècles*, Genève, Droz, 2001 ; Julian Swann, *Provincial Power and Absolute Monarchy : The Estates General of Burgundy, 1661-1790*, Cambridge, Cambridge University Press, 2003 ; *Id.*, « Les États provinciaux de la Bourgogne au siècle des Lumières », *Revue d'histoire moderne et contemporaine*, n° 2, 2006, p. 35-69 ; Stéphane Durand, Arlette Jouanna, Élie Pélaquier (avec le concours de Jean-Pierre Donnadieu et Henri Michel), *Des États dans l'État. Les États de Languedoc, de la Fronde à la Révolution*, Genève, Droz, 2014 ; Rafe Blaufarb, « The Survival of the *pays d'États* : the example of Provence », *Past & Present*, n° 209, 2010, p. 83-116 (pour une explication intégrant aussi leur utilité stratégique pour la défense des frontières).

porter des réformes et affaiblit précocement leur popularité auprès de la
population. La situation apparaît différente pour les États provinciaux de
Bourgogne, durablement capables d'initiatives autonomes de réformes
et subissant de manière plus tardive l'impopularité[38]. De leur côté, les
États provinciaux de Languedoc sont « plutôt des partenaires » pour le
pouvoir royal, élargissent de manière progressive leurs compétences à
son détriment et préservent « leur autonomie économique dans l'État »
(S. Durand, A. Jouanna, É. Pélaquier). Ils élaborent et défendent aussi
avec constance une identité politique spécifique, fondée sur un idéal
d'obéissance consentie et reposant sur des droits estimés contractuels
et historiquement légitimés.

L'histoire des parlements, à la fois comme institutions en forte relation avec le pouvoir royal et juridictions de premier rang, constitue un
champ foisonnant de recherches, quasi-autonome, donnant notamment
lieu à la parution à un rythme soutenu de publications collectives[39]. Au
sein d'une diversité de travaux difficilement résumable ici, une double
tendance dominante semble toutefois repérable : la prépondérance des
approches politiques[40] et, concernant le sens à donner à l'opposition
parlementaire au XVIIIe siècle, l'adoption majoritaire de l'interprétation
historiographique anglo-saxonne l'envisageant comme porteuse de
principes généraux et libéraux. Cette dernière orientation conduit ainsi
à se démarquer nettement d'autres lectures des relations entre les parlements et le pouvoir royal qui analysent l'idéologie de la noblesse de
robe comme une cohérente construction juridico-politique de longue
durée (le constitutionnalisme parlementaire), fondée et légitimée par la

---

38 Jérôme Loiseau, « Les États de Bourgogne à l'époque moderne : un bilan historiogra-
    phique » *Liame*, n° 23, 2011 (en ligne) ; *Id.*, « *Elle fera ce que l'on voudra* ». *La noblesse aux
    états de Bourgogne et la monarchie d'Henri IV à Louis XIV (1602-1715)*, Besançon, Presses
    universitaires de Franche-Comté, 2014 ; Dominique Le Page et Jérôme Loiseau (dir.),
    L'intégration de la Bourgogne au royaume de France (XVIe-XVIIIe siècle). Regards transatlantiques,
    Annales de Bourgogne, vol. 85, n° 1-4, 2013.

39 Publication collective récente : Gauthier Aubert et David Feutry (dir.), *Parlements de
    l'Ouest*, *Annales de Bretagne et des Pays de l'Ouest*, n° 3, 2015. Pour la cour parisienne, ample
    bibliographie dans Françoise Hildesheimer et Monique Morgat-Bonnet, *État méthodique
    des archives du parlement de Paris*, Paris, Archives nationales, 2011.

40 Gauthier Aubert et Olivier Chaline (dir.), *Les Parlements de Louis XIV. Opposition, coo-
    pération, autonomisation ?*, Rennes, PUR, 2010. Serge Dauchy et Hervé Leuwers notent
    cette prépondérance et l'intérêt moindre pour les approches sociales et économiques
    (« Introduction », dans Serge Dauchy *et al.* (dir.), *Les Parlementaires, acteurs de la vie pro-
    vinciale (XVIe-XVIIIe siècles)*, Rennes, PUR, 2013, p. 9-13).

« médiation patriarcale des juristes » et compatible avec une conception ancienne de la monarchie absolue[41]. Soucieux d'une étude affinée des pratiques et de la culture politiques parlementaires appréhendées à la fois dans leur cohérence et dans leur diversité, les travaux récents ont ainsi privilégié et placé au cœur de leur agenda scientifique trois thématiques majeures. L'étude détaillée du déroulement complexe des crises parlementaires, c'est-à-dire des phases de contestation à l'égard du pouvoir royal, permet d'appréhender la capacité de gestion du gouvernement monarchique et les configurations fluctuantes au sein des compagnies[42]. Fréquemment marquées par la relégation provinciale des magistrats récalcitrants, ces crises conduisent à des expériences de l'exil intérieur, qui toutefois perçues et présentées comme une « forme de martyre séculier[43] », peuvent servir l'action des cours souveraines. Le deuxième chantier porte sur l'étude des textes produits par les parlements et les parlementaires (en particulier les corpus de remontrances) afin notamment d'y repérer, par l'analyse fine du vocabulaire politique les « fragments d'un discours républicain » ou, autre voie proposée, d'y identifier « une culture française du politique[44] ». La troisième thématique consiste à mieux cerner la diversité interne au monde parlementaire en

---

41 Francesco Di Donato, « La puissance cachée de la robe. L'idéologie du jurisconsulte moderne et le problème du rapport entre pouvoir judiciaire et pouvoir politique », dans Olivier Cayla et Marie-France Renoux-Zagamé (dir.), *L'Office du juge, part de souveraineté ou puissance nulle ?*, Paris, LGDJ, 2002, p. 89-116 ; *Id.*, *L'ideologia dei robins nella Francia dei Lumi : costituzionalismo e assolutismo nell'esperienza politico-istituzionale della magistratura di antico regimo, 1715-1788*, Naples, Ed. scientifiche italiane, 2003. Dans le même sens : Jacques Krynen, *L'État de justice, France, XIIIe-XXe siècle, t. I : L'idéologie de la magistrature ancienne*, Paris, Gallimard, 2009. Sur les divergences d'interprétations avec Francesco Di Donato sur un acteur clé de l'opposition parlementaire, Catherine Maire, « Le Paige et Montesquieu à l'épreuve du vocabulaire des enragés de Bourges », dans Alain J. Lemaître (dir.), *Le Monde parlementaire au XVIIIe siècle. L'invention d'un discours*, Rennes, PUR, 2010, p. 169-191.

42 Julian Swann, « Repenser les parlements au XVIIIe siècle : du concept de l'"opposition parlementaire" à celui de "culture juridique des conflits politiques" », dans A. Lemaître, *Le Monde parlementaire, op. cit.*, p. 17-37 ; Peter R. Campbell, « Crises "politiques" et parlements : pour une micro-histoire des crises parlementaires au XVIIIe siècle », *Histoire, économie et société*, n° 1, 2012, p. 69-91.

43 Julian Swann, « Disgrace without dishonour : the internal exile of French magistrates in the eighteenth century », *Past & Present*, n° 195, 2007, p. 87-126.

44 Alain J. Lemaître, « Introduction. Fragments d'un discours républicain », dans *Id.*, *Le Monde parlementaire, op. cit.*, p. 9-16 ; Frédéric Bidouze, « Pour une autre histoire des parlements au XVIIIe siècle : discours et représentations, une culture française du politique », *Parlement[s]. Revue d'histoire politique*, n° 15, 2011, p. 114-132.

termes de cultures politiques et de positionnements différenciés vis-à-vis du pouvoir royal, en déplaçant notamment le curseur en direction des partisans de la monarchie : il s'agit à la fois d'identifier ses fidèles, relativement méconnus, et d'évaluer les coûts d'une fidélité, éprouvée par les revirements des politiques ministérielles successives qui engendrent *in fine* l'éloignement et le retrait des robins déçus[45]. Une autre direction, minoritaire, s'intéresse en priorité aux « logiques institutionnelles[46] » des parlements en tant que cours de justice : les finances du corps, les revenus des offices des magistrats, l'activité judiciaire ordinaire deviennent des thématiques centrales pour cette approche. Ainsi, « le mal-être des parlementaires » (D. Feutry) parisiens au XVIIIᵉ siècle résulte largement d'une maltraitance de fait de la part d'un pouvoir royal, délaissant les finances corporatives et aggravant l'affaiblissement de la rémunération des charges.

L'ÉTAT ROYAL EN PRATIQUES
Notions et questions transversales

Les notions et les entrées retenues offrent la possibilité d'un parcours en quelque sorte transversal à travers la production actuelle et permettent aussi de rapprocher des questionnements en partie convergents, quoique issus d'approches historiennes relevant de différents champs.

La recherche s'est récemment intéressée à nouveaux frais aux capacités de l'État royal d'une part à produire, maîtriser et utiliser l'information au sens large et d'autre part à mobiliser, par diverses modalités, une large palette de savoirs (érudits, techniques, économiques, scientifiques,

---

45 Olivier Chaline, « Les infortunes de la fidélité. Les partisans du pouvoir royal dans les parlements au XVIIIᵉ siècle » *Histoire, économie et société*, n° 3, 2006, p. 335-354 ; Clarisse Coulomb, « L'échec d'un serviteur du roi. Vidaud de la Tour, premier président du parlement Maupeou à Grenoble », *Histoire, économie et société*, n° 3, 2006, p. 371-386 ; Caroline Le Mao (dir.), *Hommes et gens du roi dans les parlements de France à l'époque moderne*, Bordeaux, MSH Aquitaine, 2011.

46 D. Feutry, *Guillaume-François Joly de Fleury, op. cit.* ; *Id.*, « La balance et le trébuchet : enjeux et perspectives de l'étude économique et financière du parlement de Paris dans le renouvellement de son historiographie », *Histoire, économie et société*, n° 1, 2012, p. 93-104.

académiques…)[47]. L'information, politique au premier chef, constitue évidemment un enjeu prioritaire et crucial pour le pouvoir monarchique. Ainsi, la maîtrise contrôlée de la circulation et de la diffusion au sein du royaume de la nouvelle de la mort du monarque en 1610, transformée en information par son officialisation, s'avère une réussite contribuant à écourter la période de « grande peur[48] », réduite à un laps de temps relativement bref de quatre à cinq semaines. Le contraste est logiquement patent si l'on envisage, à l'autre extrémité de la chronologie, l'incapacité monarchique durant la période pré-révolutionnaire à entraver les cheminements multiples (verticaux et horizontaux, par l'écrit et par l'oral) d'une information participant aux processus de politisation qui conteste ou raille les décisions officielles[49].

La collecte d'informations de diverse nature et leur mise en ordre, formant ce qui a été successivement qualifié d'« érudition d'État » (A. de Boislisle), de « savoir d'État » (M. Foucault) ou de « science de l'État » (P. Bourdieu), constitue une pratique gouvernementale essentielle visant à une meilleure connaissance du territoire et de ses populations, notamment par la réalisation d'enquêtes et de cartes[50]. Une récente synthèse sur l'histoire des sciences et des savoirs, guidée par le double souci de

---

47　Par exemple, dans une perspective d'histoire intellectuelle, Jeremy L. Caradonna, « Prendre part au siècle des Lumières. Le concours académique et la culture intellectuelle au XVIIIᵉ siècle », *Annales HSS*, n° 3, 2009, p. 633-662 ; *Id.*, *The Enlightenment in Practice : Academic Prize Contests and Intellectual Culture in France, 1670-1794*, Ithaca, Cornell University Press, 2012, p. 181-201 (sur le recours par l'État réformateur au savoir des experts via les concours académiques).

48　Michel Cassan, *La Grande Peur de 1610. Les Français et l'assassinat de Henri IV*, Seyssel, Champ Vallon, 2010 ; *Id.*, « Écrits du for privé et événements », dans Jean-Pierre Bardet et François-Joseph Ruggiu (dir.), *Les Écrits du for privé en France de la fin du Moyen Âge à 1914*, Paris, CTHS, 2014, p. 129-162 (sur les mentions d'événements politiques dans les livres de raison, en forte proximité avec les textes officiels).

49　Vivian R. Gruder, *The Notables and the Nation : The Political Schooling of the French, 1787-1788*, Cambridge (Mass.), Harvard University Press, 2007.

50　Dominique Margairaz, « La géographie des administrateurs », dans Hélène Blais et Isabelle Laboulais (dir.), *Géographies plurielles. Les sciences géographiques au moment de l'émergence des sciences humaines*, Paris, L'Harmattan, 2006, p. 185-215 (pour un bilan sur leurs diverses pratiques professionnelles : tournées, visites, listes, cartes, enquêtes) ; Michèle Virol, *Vauban, de la gloire du roi au service de l'État*, Seyssel, Champ Vallon, 2003. La publication poursuivie des mémoires de 1697-1698 fournit des sources majeures et éclaire l'élaboration des enquêtes pré-statistiques. Dernier volume paru : Antoine Cathala-Coture, *La Grande Généralité de Montauban, vol. 1 : Quercy, Rouergue, Gascogne, Pays de Foix sous Louis XIV ; vol. 2 : Mémoire historique de la généralité de Montauban des Païs en dependans*, éd. Patrick Ferté, Paris, CTHS, 2014, 2 vol. ; Stéphane Blond, *L'Atlas de Trudaine. Pouvoirs, cartes et*

VINCENT MEYZIE

l'historicisation des deux notions et de leur appréhension comme outils de gouvernement, fournit d'utiles bilans pour la France du XVIIIe siècle sur la production cartographique et statistique, les enquêtes, le recours à la quantification et à la formalisation, les usages d'une expertise scientifique et technique en fort lien avec le monde académique[51]. Toutefois, elle délaisse plusieurs savoirs (comptables, commerciaux, policiers en particulier) produits et/ou mobilisés par l'État royal, notamment au premier chef le droit, *scientia juris* et savoir technique par excellence, qui joue un rôle patent et éminent dans la construction étatique[52].

La collecte d'informations et leur structuration en savoirs de gouvernement représentent aussi un instrument majeur dans les luttes politiques intérieures et extérieures de la monarchie. Au croisement de l'histoire de l'État et de l'histoire des savoirs ou de la connaissance, l'étude du système d'informations établi par Colbert confirme ainsi les fortes imbrications entre la sphère étatique et la République des Lettres ; il montre surtout l'aptitude ministérielle à mobiliser, en fréquente association avec des administrateurs provinciaux (comme l'intendant Nicolas-Joseph Foucault) un vaste réseau d'érudits, d'antiquaires et de savants pour rassembler des archives dispersées dans les provinces concernant les droits de la monarchie, vis-à-vis de la papauté et des

---

savoirs techniques au siècle des Lumières, Paris, CTHS, 2014 (sur les savoirs cartographiques et une famille d'administrateurs éclairés).

51 Liliane Hilaire-Pérez, « État, science et industrie dans l'Europe moderne », dans Dominique Pestre (dir.), *Histoire des sciences et des savoirs, t. 1 : De la Renaissance aux Lumières*, Stéphane Van Damme (dir.), Paris, Éd. du Seuil, 2015, p. 411-429 ; Isabelle Laboulais, « La fabrique des savoirs administratifs », *ibid.*, p. 447-463 ; contribution moins convaincante de Nicholas Dew, « Un colbertisme scientifique ? », *ibid.*, p. 431-445.

52 Jacques Krynen et Bernard d'Alteroche (dir.), *L'Histoire du droit en France. Nouvelles tendances, nouveaux territoires*, Paris, Garnier, 2014 (sur l'apport des travaux des historiens du droit, notamment Géraldine Cazals, « Doctrine et pensée juridique, XIIe-XVIIIe siècle. La tentation globalisante », p. 95-115). Sur une controverse, dépassant le cas de la monarchie française, révélatrice de l'importance du droit : Simona Cerutti, « À qui appartiennent les biens qui n'appartiennent à personne ? Citoyenneté et droit d'aubaine à l'époque moderne », *Annales HSS*, n° 2, 2007, p. 355-383 ; Peter Sahlins, « Sur la citoyenneté et le droit d'aubaine à l'époque moderne. Réponse à Simona Cerutti », *Annales HSS*, n° 3, 2008, p. 385-398 ; Arnault Skornicki, « L'État, l'expert et le négociant : le réseau de la "science du commerce" sous Louis XV », *Genèses*, n° 65, 2006, p. 4-26 (sur les liens entre savoirs économiques et sphère étatique dans le cas du cercle de Gournay) ; Pascal Laborier *et al.* (dir.), *Les Sciences camérales. Activités pratiques et histoire des dispositifs publics*, Paris, PUF, 2011 (plusieurs contributions sur les conceptions, savoirs et techniques de la police dans la France du XVIIIe siècle).

parlements, et ses finances[53]. Une partie significative des enquêtes de l'administration monarchique, combinant plusieurs logiques souvent délicates à reconstituer, s'inscrit aussi dans le souci de l'État royal d'accroître et d'affiner son savoir pratique sur lui-même (les modalités de son déploiement dans le royaume ; ses dysfonctionnements éventuels ; le nombre, le statut et la fiabilité de son personnel). Elles peuvent être alors à la fois les instruments d'une rationalisation, d'une meilleure gestion ou d'une réformation, mais aussi, dans le même temps, un outil d'identification, selon une perspective clientélaire, des serviteurs les plus fidèles ou de ceux pouvant le devenir[54].

La recherche actuelle envisage aussi l'expansion de l'État royal au sein des provinces et le renforcement de son autorité, dans leurs modalités et leurs rythmes, en intégrant pleinement la variété des privilèges, la diversité des configurations sociales et le pluralisme juridique et institutionnel[55]. Par des approches différentes, elle permet ainsi une appréhension affinée des relations entre le pouvoir central, les institutions provinciales et les différents corps et groupes formant la société. L'expansion étatique passe par une première modalité majeure : le renforcement de l'État d'offices. Celui-ci, patent au XVIIᵉ siècle et scruté avec précision par les travaux portant sur les enquêtes sur les offices, s'effectue surtout au profit des pays d'élection dont l'armature institutionnelle est nettement accrue (comme le révèle l'enquête de 1665) et à l'avantage du rang moyen de l'office (élections, présidiaux entre autres)[56]. L'implantation d'une vingtaine de présidiaux durant le

53 Jean Boutier (dir.), *Étienne Baluze, 1630-1718. Érudition et pouvoirs dans l'Europe classique*, Limoges, PULIM, 2008 (sur un personnage central dans le dispositif colbertien).
54 Marc Boulanger, « Justice et absolutisme : la grande Ordonnance criminelle d'août 1670 », *Revue d'histoire moderne et contemporaine*, nᵒ 1, 2000, p. 7-36 ; Christophe Blanquie, *Une enquête de Colbert en 1665. La généralité de Bordeaux dans l'enquête sur les offices*, Paris, L'Harmattan, 2012 ; Jacob Soll, *Information Master : Jean-Baptiste Colbert's Secret State Intelligence System*, Ann Arbor, University of Michigan Press, 2009.
55 Anne Zink, *Pays ou circonscriptions. Les collectivités territoriales de la France du Sud-Ouest sous l'Ancien Régime*, Paris, Publications de la Sorbonne, 2000 (sur la géographie complexe et fluctuante des « pays officiels » dans cette partie du royaume) ; Didier Catarina, *Les Justices ordinaires, inférieures et subalternes de Languedoc. Essai de géographie judiciaire 1667-1789*, Montpellier, Publications de l'Université de Montpellier-III, 2003 ; Jack Thomas, « Toulouse, capitale judiciaire à l'époque moderne : un essai de bilan historiographique et cartographique », dans Jacques Poumarède (dir.), *Territoires et lieux de justice*, Paris, La Documentation française, 2011, p. 49-82 (sur la complexité des ressorts juridictionnels à l'échelle d'une province et d'une capitale provinciale).
56 Jean Nagle, *Un orgueil français. La vénalité des offices sous l'Ancien Régime*, Paris, O. Jacob, 2008 ; C. Blanquie, *Une enquête de Colbert, op. cit.*

ministériat de Richelieu montre une politique monarchique attentive à l'équilibre local et provincial des pouvoirs (avec le souci notable de renforcer la justice royale au détriment des justices épiscopales) et se révèle très majoritairement en adéquation avec la demande sociale et les intérêts des villes, portés par les élites urbaines[57]. En revanche, le devenir des offices de lieutenants généraux de police créés en 1699 dévoile l'attachement des élites sociales des pays d'États et des élites municipales des capitales provinciales, avec succès dans la très grande majorité des cas, à la préservation de leur autonomie en matière policière[58].

Le renforcement étatique passe aussi par une seconde modalité majeure : l'intervention du pouvoir central à la faveur des clivages au sein des élites provinciales, en particulier autour de la fiscalité et des privilèges. Les conflits récurrents en Provence entre le corps de la noblesse et l'assemblée générale des communautés autour de la terre noble exemptée de taille et des droits afférents (droit de compensation pour les nobles) placent ainsi le monarque et la législation royale en position d'arbitrage. En favorisant le rôle normatif de la loi du roi, ils montrent aussi l'importance durable de la dimension judiciaire de la monarchie pour les différents groupes sociaux en concurrence[59].

Plusieurs travaux collectifs publiés sous l'égide du Comité pour l'histoire économique et financière de la France envisagent la dimension fiscale et financière de l'expansion étatique en l'appréhendant jusqu'à l'échelle des institutions les plus proches des contribuables[60]. Ils offrent en particulier

---

57　Christophe Blanquie, *Les Présidiaux de Richelieu*, Paris, Christian, 2000 ; *Id.*, *Libourne, ville présidiale*, Libourne, Éd. de l'Entre-Deux-Mers, 2007 (pour un cas d'adhésion décalée des élites locales à la nouvelle institution).

58　Catherine Clément-Denys, *Police et sécurité au XVIIIe siècle dans les villes de la frontière franco-belge*, Paris, L'Harmattan, 2002, p. 32-37 ; Andréa Iseli, *« Bonne Police ». Frühneuzeitliches Verständnis von der guten Ordnung eines Staates in Frankreich*, Epfendorf/Neckar, Bibliotheca Academica Verlag, 2003, p. 106-111 (sur les cas de Lyon, Marseille et de la Provence).

59　Rafe Blaufarb, « Vers une histoire de l'exemption fiscale nobiliaire. La Provence des années 1530 à 1789 », *Annales HSS*, n° 6, 2005, p. 1203-1228 ; *Id.*, *The Politics of Fiscal Privilege in Provence, 1530s-1830s*, Washington, The Catholic University of America Press, 2012 ; *Id.* (dir.), *Une lutte de deux siècles et demi contre l'exemption fiscale 1530-1789. Le procès des tailles de Provence, textes et documents*, Aix-en-Provence, Presses universitaires d'Aix-Marseille, 2010.

60　Françoise Bayard (dir.), *Les Finances en province sous l'Ancien Régime*, Paris, Comité pour l'histoire économique et financière de la France, 2000 ; *Ead.* (dir.), *Pouvoir les finances en province sous l'Ancien Régime*, Paris, Comité pour l'histoire économique et financière de la France, 2002 ; Antoine Follain, Gilbert Larguier (dir.), *L'Impôt des campagnes, fragile fondement de l'État dit moderne, XVe-XVIIIe siècle*, Paris, Comité pour l'histoire économique et financière de la France, 2005 (avec un état des lieux historiographique : Antoine Follain et Gilbert

à la fois une lecture affinée du fonctionnement pratique de la répartition et du prélèvement de la taille et du rôle respectif tenu par les différents administrateurs qui en sont chargés. Ils permettent en premier lieu de relativiser une vision souvent négative de la fiscalité de la France moderne : ils montrent ainsi – ce qui nuance fortement son caractère supposé foncièrement inéquitable – l'aspect majoritairement dominant de l'adéquation entre le taux de l'impôt royal et la richesse relative des paroisses en pays de taille personnelle[61]. Ils révèlent en second lieu, notamment, le travail concret des receveurs particuliers des tailles dans le recouvrement fiscal, opération cruciale pour la monarchie et dont les modalités de contrôle se renforcent plutôt au cours du XVIIIe siècle (en particulier par le recours aux inspections). Par ailleurs, les expériences de réforme cadastrale de la taille réelle menées dans plusieurs généralités dans la seconde moitié du siècle, dont le bilan effectif s'avère modeste, s'inscrivent plus largement dans les débats contemporains sur la question de l'association des élites sociales au pouvoir monarchique et de ses modalités[62].

L'expansion de l'État royal, extension de ses champs d'intervention et propension à imposer un ordre commun dans le royaume, apparaît toutefois relative et incomplète. Plusieurs travaux, dans différents registres, le montrent avec netteté en attirant l'attention sur les temporalités et les spatialités variables selon les objets et les pratiques étudiés. La fiscalité royale indirecte (les fermes), dont le poids augmente au cours du XVIIIe siècle, demeure l'objet d'une hostilité durable et généralisée qui se traduit par la fréquence et l'importance de la fraude, de la contrebande et de la rébellion. Ces pratiques de dissimulation, de transgression et de contestation montrent ainsi les réticences, croissantes durant le siècle, des populations envers des formes d'imposition étatique ressenties comme injustes ou inappropriées[63].

Larguier, « L'État moderne et l'impôt des campagnes : rapport introductif », p. 5-66) ; et sur l'impôt royal au sein des communautés d'habitants : Antoine Follain, *Le village sous l'Ancien Régime*, Paris, Fayard, 2008 (comportant une large bibliographie sur la fiscalité).

61 Entre autres, les contributions d'Alain Blanchard, Brigitte Maillard et Pierre Charbonnier sur les généralités de Soissons, de Tours et d'Auvergne dans A. Follain et G. Larguier, *L'Impôt des campagnes, op. cit.*

62 Mireille Touzery (dir.), *De l'estime au cadastre en Europe. L'époque moderne*, Paris, Comité pour l'histoire économique et financière de la France, 2007 (plusieurs contributions sur la France : Alsace, Corse, Dauphiné, Haute-Guyenne).

63 Jean Nicolas, *La rébellion française. Mouvements populaires et conscience sociale 1661-1789*, Paris, Gallimard, 2008 [2002]. De même, les pratiques contrebandières et frauduleuses

Dans un autre domaine, la prise en charge des catastrophes naturelles, l'intervention monarchique apparaît encore très limitée durant la période louis-quatorzienne. Fondée à la fois sur un dispositif d'assistance en partie régularisé et sur la grâce royale, elle laisse les communautés assumer les mesures d'urgence et gérer la reconstruction[64]. Les acteurs sociaux montrent par ailleurs, dans leurs pratiques collectives, des capacités de mise à distance et d'adaptation à l'égard de l'expansion étatique. Ainsi, à la différence du reste de la province, les communautés d'habitants du Haut-Gévaudan demeurent réticentes au siècle des Lumières à l'adoption du compoix, version langue-docienne du cadastre : usant de leur liberté légale en termes de répartition fiscale, elles pratiquent fréquemment une « taille confuse » qui repose sur « un éventail très large de techniques micro-locales d'accommodement » et s'avère mieux adaptée à leur système agro-pastoral[65].

En prolongeant des pistes ouvertes par des travaux antérieurs, l'historiographie récente a aussi mis l'accent sur les choix de l'État royal, successifs et en partie concomitants, de recourir à des intermédiaires politiques et sociaux privilégiés afin de faciliter et d'assurer l'ordre monar-chique dans les provinces[66]. La pacification et la réorganisation sociale durant le règne d'Henri IV apparaissent ici fondatrices : la première nécessite de s'appuyer sur des « hommes-relais », appartenant souvent aux élites municipales ou/et à l'administration locale et provinciale du roi et en capacité de diffuser efficacement, notamment par la parole d'autorité, une dynamique de paix ; la seconde, marquée par la création de la Paulette, repose sur une « alliance entre l'État et l'office royal[67] »,

---

des populations littorales se poursuivent dans le cadre d'une délimitation plus nette des frontières étatiques durant le XVIIIe siècle : Renaud Morieux, *Une mer pour deux royaumes. La Manche, frontière franco-anglaise (XVIIe-XVIIIe siècles)*, Rennes, PUR, 2008, p. 241-273.

64 Grégory Quenet, *Les Tremblements de terre aux XVIIe et XVIIIe siècles. La naissance d'un risque*, Seyssel, Champ Vallon, 2007 (qui conclut dans ce registre à « un État lointain », p. 263).

65 Bruno Jaudon, *Les Compoix de Languedoc. Impôt, territoire et société du XIVe au XVIIIe siècle*, Caen, Association d'histoire des sociétés rurales, 2014, p. 435-455 et 530. Sur un autre pays de confins, avec des modalités durables d'autorégulation sociale (par les prêtres filleuls et l'émigration) : Michel Cassan, « La Xaintrie des Temps modernes : une société autorégulée en marge de l'État ? », dans Édouard Bouyé et Samuel Gibiat (dir.), *La Xaintrie. Identité(s) d'un pays aux marges du Limousin et de l'Auvergne*, Limoges, PULIM, 2014, p. 159-172.

66 Martial Gantelet, *L'Absolutisme au miroir de la guerre. Le roi et Metz (1552-1661)*, Rennes, PUR, 2012, p. 147-170 (sur le cas, dans l'autre sens, de la recherche par la ville d'intercesseurs au sein de l'appareil monarchique).

67 Michel Cassan, « Conclusion », dans M. de Waele, *Lendemains de guerre civile, op. cit.*, p. 241-258 (p. 246 et 250) ; Robert Descimon, « Le changement social à Paris de la fin

contribuant à la modification rapide et conjointe des cadres de référence politiques et sociaux et favorisant les modes de reproduction empruntant prioritairement la voie étatique. L'adhésion active et la participation des élites urbaines (membres des corps de ville, officiers moyens de judicature, avocats) au nouvel ordre sociopolitique bourbonien et la diffusion d'une culture politique de l'obéissance est attestée, avec des rythmes et des degrés variables, dans des villes au profil distinct : cités de petite taille (Senlis), de rang médian (Poitiers) ou capitales provinciales (Dijon)[68].

Marqueurs de l'expansion étatique, l'intégration progressive de fait des villes dans l'administration royale, entamée durant la seconde moitié du XVIIᵉ siècle, et le recours croissant de la monarchie à d'autres catégories de serviteurs modifient durablement les règles du jeu politique entre les autorités locales et le pouvoir central et marginalisent irrésistiblement les intermédiaires traditionnels, collectifs et citadins[69]. Ces deux évolutions engendrent aussi corrélativement, sur la durée, une réduction tendancielle des soutiens sociaux actifs de la monarchie parmi les élites urbaines et officières. Une partie d'entre elles réussissent toutefois, à titre individuel le plus souvent et, parfois, selon une dynamique familiale, à s'insérer dans les circuits privilégiés du pouvoir monarchique en

---

de la Ligue aux États généraux (1594-1615) », dans *ibid.*, p. 189-216 ; Michel Cassan, « Guerres de religion, pacification, réconciliation », dans Franck Collard et Monique Cottret (dir.), *Conciliation, réconciliation aux temps médiévaux et modernes*, Nanterre, Presses de l'Université Paris-Ouest, 2012, p. 119-139 ; Nicolas Lestieux, « Servir le roi, servir l'État : la remontrance d'ouverture d'André de Nesmond à Nérac (1600) », dans Jérôme Grévy (dir.), *Sortir de crise. Les mécanismes de résolution de crises politiques (XVIᵉ-XXᵉ siècle)*, Rennes, PUR, 2010, p. 17-28 (sur les harangues comme discours de pacification et d'obéissance dès la décennie 1590) ; Robert Descimon, « Guillaume Du Vair (7 mars 1556 – 3 août 1621) : les enseignements d'une biographie sociale. La construction symbolique d'un grand homme et l'échec d'un lignage », dans Bruno Petey-Girard et Alexandre Tarrête (dir.), *Guillaume Du Vair. Parlementaire et écrivain (1556-1621)*, Genève, Droz, 2005, p. 17-77 (sur un important intermédiaire de la monarchie bourbonienne).

68 Thierry Amalou, *Le Lys et la Mitre. Loyalisme monarchique et pouvoir épiscopal pendant les guerres de religion (1580-1610)*, Paris, CTHS, 2007, p. 468-469 (sur un « loyalisme d'affection ») ; *Id.*, « Obedience to the King and Attachment to the Tradition : Senlis under the Early Bourbons (1598-1643) », dans Alison Forrestal et Eric Nelson (dir.), *Politics and Religion in Early Bourbon France*, Basingstoke, Palgrave Macmillan, 2009, p. 221-245 ; Antoine Coutelle, *Poitiers au XVIIᵉ siècle. Les pratiques culturelles d'une élite urbaine*, Rennes, PUR, 2014.

69 Michael P. Breen, *Law, City and King : Legal Culture, Municipal Politics, and State Formation in Early Modern Dijon*, Rochester, University Rochester Press, 2007 (sur la marginalisation des avocats comme intermédiaires après 1668). Sur l'intégration des villes à l'administration royale, voir le bilan de Guy Saupin indiqué en note 3.

soutenant activement les nouvelles décisions (notamment en matière de politique vénale) et en intégrant durablement les clientèles ministérielles ou administratives au prix d'une situation de porte-à-faux et d'une conflictualité patente vis-à-vis de leurs corps et de leurs communautés d'appartenance[70]. La promotion de nouvelles figures de l'intermédiation correspond surtout, à l'échelle provinciale, au recours aux intendants, archétype bien connu du commissaire, dont l'historiographie actuelle confirme le rôle d'informateur, de médiateur et d'administrateur de plus en plus polyvalent au cours du XVIIIᵉ siècle[71]. Leurs capacités à agir avec efficacité apparaissent toutefois amoindries à la fin de la période en raison des blocages de l'État royal et de politiques monarchiques valorisant et expérimentant d'autres instances et corps intermédiaires entre le pouvoir central et les provinces.

La question de la professionnalisation, notion sous-jacente ou explicite dans des travaux concernant des groupes en fort lien avec la sphère étatique, apparaît surtout centrale dans les recherches concernant la police au XVIIIᵉ siècle[72]. Rétive à toute conceptualisation, le concept de police délimite « une rationalité technico-instrumentale » relevant avant tout de l'ordre réglementaire et d'un empirisme fondamental[73]. Il permet ainsi d'appréhender dans leur spécificité les pratiques professionnelles

70 Pour des cas proches dans le monde parlementaire et présidial : Darryl Dee, « Judicial Politics, War Finance and Absolutism : The Parlement of Besançon and venality of office, 1699-1705 », *French History*, n° 4, 2005, p. 440-462 ; *Id.*, *Expansion*, *op. cit.*, p. 109-128 ; Vincent Meyzie, « Officiers "moyens" et monarchie absolue : un conflit à Limoges au XVIIᵉ siècle », *Revue d'histoire moderne et contemporaine*, n° 3, 2006, p. 27-58.

71 Michel Biard, *Les Lilliputiens de la centralisation. Des intendants aux préfets : les hésitations d'un « modèle » français*, Seyssel, Champ Vallon, 2007, p. 46-124 (pour une synthèse démontrant la caducité des thèses tocquevilliennes sur l'intendant omnipotent, « fantasme historiographique », p. 8, et la centralisation administrative). Voir aussi Julien Vasquez, *Nicolas Dupré de Saint-Maur ou le dernier grand intendant de Guyenne*, Bordeaux, Fédération historique du Sud-Ouest, 2008 ; Michel Boiron, *L'Action des intendants de la généralité de Limoges de 1683 à 1715*, Limoges, PULIM, 2009. En fréquent partenariat avec les intendants, les gouverneurs des provinces intérieures voient leur rôle d'administrateurs revalorisé : Stéphane Pannekoucke, *Des princes en Bourgogne. Les Condé gouverneurs au XVIIIᵉ siècle*, Paris, CTHS, 2010.

72 Claire Dolan, *Les Procureurs du Midi sous l'Ancien Régime*, Rennes, PUR, 2012 (sur la professionnalisation inachevée et partielle d'officiers subalternes de judicature exerçant un « métier-carrefour ») ; Hervé Leuwers, *L'Invention du barreau français, 1660-1830. La construction nationale d'un groupe professionnel*, Paris, Éd. de l'EHESS, 2006 (sur les liens entre structuration des barreaux et État).

73 Paolo Napoli, *Naissance de la police moderne. Pouvoir, normes, société*, Paris, La Découverte, 2003, p. 17 ; Vincent Milliot, « Histoire des polices : l'ouverture d'un moment historiographique »,

d'une administration policière qui s'autonomise nettement de la justice au cours du siècle[74]. L'étude de l'institution policière parisienne, caractérisée par son statut étatique, et de ses policiers constitue le laboratoire historiographique essentiel pour l'analyse des modalités complexes de la professionnalisation[75]. Celle-ci trouve sa légitimation dans une conception élargie de la police, porteuse d'une dimension préventive et amélioratrice (défendue notamment par le lieutenant général Lenoir). Elle apparaît aussi plus largement révélatrice des débats et des clivages au sein de l'administration royale pendant la seconde moitié du XVIIIᵉ siècle à propos des rôles dévolus à l'État (État libéral *versus* État interventionniste et protecteur). Cette conception large s'incarne notamment dans les figures des commissaires au Châtelet, qui privilégient de manière croissante, à partir de la décennie 1750, le versant actif du travail policier sur la police juridictionnelle et connaissent des profils de carrières contrastés, marqués par une nette spécialisation pour certaines d'entre elles dans des missions répressives (celle du commissaire du quartier du Louvre, Pierre Chénon, en étant l'archétype)[76]. À l'échelle du royaume, l'autonomisation pratique de la police à l'égard de la justice demeure toutefois relative et partielle : les officiers de judicature ou les cours locales des villes de rang moyen se portent fréquemment acquéreurs des offices de lieutenants généraux de police en 1699 et réussissent, parfois durablement, à préserver leurs compétences policières[77].

Revue d'histoire moderne et contemporaine, n° 2, 2007, p. 162-177 (sur l'importance de cette analyse pour penser la police).
74 Nicole Dyonet, « Le commissaire Delamare et son *Traité de la police* (1639-1723) », dans Claire Dolan (dir.), *Entre justice et justiciables. Les auxiliaires de la justice du Moyen Âge au XXᵉ siècle*, Québec, Presses de l'Université Laval, 2005, p. 101-119 ; Vincent Milliot (dir.), *Les Mémoires policiers, 1750-1850. Écritures et pratiques policières du Siècle des Lumières au Second Empire*, Rennes, PUR, 2006 (sur les mémoires comme « une catégorie de l'action policière », p. 17).
75 Vincent Milliot, *Un policier des Lumières. Suivi de Mémoires de J. C. P. Lenoir ancien lieutenant de police à Paris écrits en pays étrangers dans les années 1790 et suivantes*, Seyssel, Champ Vallon, 2011 (avec une synthèse des acquis historiographiques sur la police parisienne).
76 Justine Berlière, *Policer Paris au siècle des Lumières. Les commissaires du quartier du Louvre dans la seconde moitié du XVIIIᵉ siècle*, Genève-Paris, Droz-École des Chartes, 2012.
77 Séverine Desbordes-Lissilour, *Les Sénéchaussées royales de Bretagne. La monarchie d'Ancien Régime et ses juridictions ordinaires*, Rennes, PUR, 2006, p. 283-315.

LE MONDE DES OFFICIERS ROYAUX
Vénalité, offices, officiers

Les travaux actuels sur le monde de l'office royal vénal l'appréhendent dans sa triple dimension de dignité, de fonction publique et de patrimoine par des approches souvent fortement articulées à l'histoire sociale et aux dynamiques des institutions, sans négliger la place occupée par les compagnies officières au sein du système étatique de crédit[78]. Ils portent majoritairement sur les détenteurs de charges anoblissantes, en particulier la noblesse de robe, et sur les officiers moyens, notamment pour ce second groupe sous la forme de publications collectives thématiques[79].

La recherche récente a approfondi la compréhension historique des logiques, des rythmes et de la portée politique et sociale de l'expansion de la vénalité légale dans la France des XVIIe et XVIIIe siècles érigeant l'État royal en « une sorte de compagnies par actions[80] ». En effet, l'instauration du droit annuel (Paulette), innovation fondamentale du règne de Henri IV, contribue fortement à la construction cohérente d'un appareil étatique, par l'unification juridique et économique des offices de finance et de justice et par l'articulation de la dette publique sur le crédit privé des particuliers. Fortement liée aux rythmes guerriers de la monarchie, la politique vénale alterne, principalement au XVIIe siècle,

---

78   Nous laissons ici de côté la vénalité des offices militaires fondée sur d'autres logiques : Hervé Drévillon, *L'Impôt du sang. Le métier des armes sous Louis XIV*, Paris, Tallandier, 2006, p. 179-211 ; Hervé Drévillon et Jean Chagniot, « La vénalité des charges militaires sous l'Ancien Régime », *Revue historique de droit français et étranger*, n° 4, 2008, p. 483-522.

79   Christophe Blanquie, Michel Cassan et Robert Descimon (dir.), *Officiers « moyens » (II). Officiers royaux et officiers seigneuriaux, Cahiers du Centre de Recherches historiques-EHESS*, n° 27, 2001 ; Michel Cassan (dir.), *Offices et officiers « moyens » en France à l'époque moderne. Profession, culture*, Limoges, PULIM, 2004 ; Id. (dir.), « État et administrateurs de rang moyen à l'époque moderne », *Histoire, économie et société*, 2004, n° 4 ; Christophe Blanquie (dir.), *Dénombrements. Officiers « moyens » (III), Cahiers du Centre de Recherches historiques-EHESS*, n° 38, 2006.

80   Robert Descimon, « La vénalité des offices comme dette publique sous l'Ancien Régime français. Le bien commun au service des intérêts privés », dans Jean Andreau, Gérard Béaur et Jean-Yves Grenier (dir.), *La Dette publique dans l'histoire*, Paris, Comité pour l'histoire économique et financière de la France, 2006, p. 177-242 (p. 180) (pour une analyse globale et un bilan critique de l'historiographie sur le sujet).

les créations et les suppressions conjoncturelles des offices[81]. Au siècle suivant, la politique des réunions du chancelier d'Aguesseau associe une réduction du nombre des offices moyens de judicature avec des préoccupations réformatrices de simplification et de rationalisation de la géographie et de la hiérarchie judiciaires[82]. Les travaux ont scruté le marché, imparfait, des charges de manière approfondie pour différents types de fonctions, notamment pour les offices royaux anoblissants de cours souveraines parisiennes[83]. De manière simplifiée, ce dernier se caractérise par une forte hausse du prix des charges (de conseillers au Parlement et à la Cour des aides) jusqu'au milieu de la décennie 1660 (fixation et consignation), suivi d'une nette baisse puis d'une chute durable à partir de la décennie 1720. Sa phase de forte augmentation, constitutive de la promotion sociopolitique d'une noblesse de service élargit les horizons matrimoniaux des robins, partis attractifs, et implique des montages financiers, souvent complexes, pour acquérir une marchandise d'État de plus en plus onéreuse. La crise de l'économie politique des offices des cours souveraines atteint son acmé lors de la réforme Maupeou. En supprimant leur vénalité, celle-ci constitue une rupture majeure dans la politique monarchique et oppose la conception royale de l'office, érigeant le monarque en unique propriétaire éminent des charges à la conception parlementaire, mettant en avant le principe ancien de l'inamovibilité[84].

---

81   Olivier Poncet, « La monarchie et les offices royaux de 1648 à 1665. Un discours du retour à la raison ? », dans Lucien Bély, Bertrand Haan et Stéphane Jettot (dir.), *La Paix des Pyrénées (1659) ou le triomphe de la raison politique*, Paris, Classiques Garnier, 2015, p. 167-186 ; William Doyle, « Colbert et les offices », *Histoire, économie et société*, nᵒ 4, 2000, p. 469-480 ; Hubert Carrier, *Le Labyrinthe de l'État. Essai sur le débat politique en France au temps de la Fronde (1648-1653)*, Paris, H. Champion, 2004, p. 328-343 (sur la condamnation d'essence morale de la vénalité des offices dans les mazarinades).

82   Christophe Blanquie, *Les Présidiaux de Daguesseau*, Paris, Publisud, 2004.

83   Pour des études portant sur des offices de rang modeste : Samuel Gibiat, « Les notaires royaux de Montluçon à l'époque moderne : l'institution, les offices, la pratique et les hommes », *Revue historique*, nᵒ 1, 2004, p. 81-120 ; Robert Descimon, « Les auxiliaires de justice du Châtelet de Paris : aperçus sur l'économie du monde des offices ministériels (XVIᵉ-XVIIIᵉ siècle) », dans C. Dolan, *Entre justice et justiciables, op. cit.*, p. 301-325. Sur des offices de forte valeur : Samia Ait Elhadj « Acheter un office dans la France de Louis XIV : le cas de l'office de payeur des rentes sur l'hôtel de ville », *Annuaire-bulletin de la Société de l'histoire de France*, année 2006 (2008), p. 19-54 ; Samuel Gibiat, *Hiérarchies sociales et ennoblissement. Les commissaires des guerres de la Maison du roi, 1691-1790*, Paris, École des Chartes, 2006, p. 173-215.

84   R. Descimon, « La vénalité des offices », art. cité ; Martine Bennini, *Les Conseillers à la Cour des aides (1604-1697). Étude sociale*, Paris, H. Champion, 2010 ; Robert Descimon

Les travaux récents permettent aussi de mieux appréhender la différenciation des enjeux sociaux et politiques de la vénalité légale selon les offices et les groupes concernés[85]. Les recherches concernant des acteurs de l'État de finance et du système fisco-financier saisis à différents niveaux montrent ainsi l'attractivité de ces charges, liée à leur rentabilité économique : celle-ci repose souvent sur l'accumulation, à l'échelle locale ou provinciale, de fonctions potentiellement lucratives (mais comportant aussi une part de risque) et sur l'imbrication ordinaire entre service du roi et logiques des intérêts privés[86]. Les ressources procurées par l'exercice des offices de finance, notamment en termes financiers et de relations, apparaissent toutefois difficiles à convertir en une solide considération sociale et en une forte honorabilité locale, même sur plusieurs générations[87].

La recherche actuelle scrute aussi à nouveaux frais le rôle d'intermédiaires financiers et politiques des compagnies d'officiers. En premier lieu, elle aborde les coûts multiples de l'intermédiation financière au service du crédit d'État dans la perspective essentielle d'évaluer la validité de la thèse d'un renforcement tendanciel et concomitant de la monarchie et de l'ensemble des corps[88]. Instrument de leur mobilisation pécuniaire, la politique vénale

et Martine Bennini, « Économie politique de l'office vénal anoblissant », dans Robert Descimon et Élie Haddad (dir.), *Épreuves de noblesse. Les expériences nobiliaires de la haute robe parisienne (XVIe-XVIIIe siècles)*, Paris, Les Belles Lettres, 2010, p. 31-45 ; Éric Viguier et Mathieu Marraud, « La réforme Maupeou, un révélateur de la question officière (1771-1774) », dans *ibid.*, p. 61-82.

85 Nicolas Schapira, « Occuper l'office. Les secrétaires du roi comme secrétaires au XVIIe siècle », *Revue d'histoire moderne et contemporaine*, n° 1, 2004, p. 36-61 (pour un office instrument et justification du pouvoir par sa proximité avec le roi et ses compétences intellectuelles).

86 Daniel Dessert, *Les Daliès de Montauban. Une dynastie protestante de financiers sous Louis XIV*, Paris, Perrin, 2005 (sur la position de domination financière construite en Dauphiné par le receveur général des finances Daliès de la Tour) ; Marc Perrichet, « Les receveurs des tailles de la généralité de Caen, 1661-1715 », dans F. Bayard, *Les finances, op. cit.*, p. 29-122 ; Michel Cassan, « Isaac Chorllon, un officier "moyen" de finance au XVIIe siècle », dans *Id.*, *Offices, op. cit.*, p. 95-126.

87 Michel Cassan et Noël Landou (dir.), *Écrits de Jean-Baptiste Alexis Chorllon. Président au Présidial de la Haute-Marche au XVIIe siècle*, Paris, H. Champion, 2002.

88 Mark Potter, « Good Offices : Intermediation by Corporate Bodies in Early Modern French Public Finance », *Journal of Economic History*, vol. 60, n° 3, 2000, p. 599-626 ; *Id.*, *Corps and Clienteles : Public Finance and Political Change in France, 1688-1715*, Aldershot, Ashgate, 2003 (sur les modèles d'emprunt distincts des États provinciaux et des compagnies officières et la différence structurelle de leur crédit corporatif) ; Vincent Meyzie (dir.), *Crédit public, crédit privé et institutions intermédiaires. Monarchie française, monarchie hispanique, XVIe-XVIIIe siècles*, Limoges, PULIM, 2012 (pour un bilan historiographique, une discussion critique de l'argumentation de David Bien et des contributions sur les États

intensive de la seconde moitié du règne de Louis XIV (augmentations de gages, création d'offices) constitue un moment déterminant pour les relations entre le pouvoir royal et les compagnies. Elle engendre tensions et clivages en leur sein, accentue nettement l'affaiblissement de la valeur économique des offices parlementaires et fragilise, peut-être notablement, l'assise patrimoniale d'une partie des familles robines[89]. Elle contribue aussi à fragiliser durablement l'économie politique des offices moyens (magistrats présidiaux, élus) et à pénaliser, parfois de façon irrémédiable, leurs finances corporatives. En second lieu, la recherche actuelle met en évidence des capacités durables de mobilisation officière qui témoignent à la fois de la prégnance et des évolutions discrètes, durant la seconde modernité, des relations corporatives entre pouvoir monarchique et compagnies[90]. Confrontées aux différents coûts de l'intermédiation financière, de nombreuses élections tentent ainsi d'obtenir des aménagements gracieux de la part de l'administration monarchique louis-quatorzienne : les négociations, en ordre dispersé, demeurent vaines pour la majorité d'entre elles ne bénéficiant pas des puissants courtiers nécessaires à l'appui de leurs requêtes[91]. En revanche, les bureaux des finances établissent un système de députation générale, au début du règne de Louis XV, formant et agissant comme un groupe de pression permanent auprès du pouvoir central qui coordonne à l'échelle du royaume la défense de leurs droits et privilèges et contribue en particulier à préserver une partie de leurs compétences en matière de voirie[92].

---

provinciaux, les élections, la chambre des comptes de Bretagne) ; *Id.*, « Endettement d'une compagnie seconde et coûts de l'intermédiation financière : l'élection de Valence au XVIIIe siècle », *Histoire & Mesure*, n° 2, 2013, p. 129-164.

89   John J. Hurt, *Louis XIV and the Parlements : The Assertion of Royal Authority*, Manchester, Manchester University Press, 2002 ; Julian Swann, « Coopération, opposition ou autonomie ? Le parlement de Dijon, les états de Bourgogne et Louis XIV », dans G. Aubert et O. Chaline, *Les Parlements, op. cit.*, p. 117-132 (critique la thèse avancée par John Hurt du net appauvrissement des familles officières).

90   Claire Dolan, *Délibérer à Toulouse au XVIIIe siècle. Les procureurs au Parlement*, Paris, CTHS, 2013 (sur des pratiques corporatives essentielles : vote, délégation de pouvoirs, représentation).

91   Vincent Meyzie, « Les compagnies d'officiers "moyens" entre déplorations collectives et mobilisations corporatives au début du XVIIIe siècle », *French Historical Studies*, vol. 35, n° 3, 2012, p. 477-507 ; *Id.*, « Les mobilisations provinciales réussies de compagnies secondes : les négociations des élections d'Auvergne et du Dauphiné avec la monarchie louis-quatorzienne », *Histoire, économie et société*, n° 4, 2012, p. 23-43.

92   François Caillou, *Une administration royale d'Ancien Régime. Le bureau des finances de la généralité de Tours (1577-1790)*, Tours, Presses universitaires François-Rabelais, 2005, 2 vol. ; plus ponctuellement, Karine Deharbe, *Le Bureau des finances de la généralité de*

La dignité, partie prenante de la question de la vénalité et enjeu primordial pour les officiers royaux, a aussi suscité plusieurs travaux importants[93]. Une approche institutionnelle montre ainsi pour les magistrats présidiaux le souci récurrent de la préservation de leur dignité, en lien avec le maintien de leurs fonctions et de leurs revenus dans leur intégralité. Dans leur diversité participant du pluralisme juridique de la France moderne, les règlements jouent ici un rôle majeur : souvent issus de conflits de préséances ou/et de compétences entre officiers de judicature, ils règlent les conditions d'exercice des différentes charges et traduisent les « ajustements » pratiques au sein de chaque compagnie[94]. Une approche différente, dans la perspective d'une histoire des valeurs et des sentiments moraux sur la longue durée, montre le rôle essentiel des officiers royaux de judicature comme porteurs et diffuseurs d'une notion morale et sociale de la dignité personnelle, à partir de leurs fonctions pourvoyeuses d'une dignité d'État, en tension avec l'éthos d'essence chevaleresque de l'honneur. Par la forte personnalisation et intériorisation inhérente à la conception officière, ils contribuent alors à la diffusion de la civilisation des mœurs comme « médiateurs » de la dignité, en particulier le rang médian de l'office bénéficiant de sa dissémination dans de nombreuses villes[95].

L'historiographie actuelle étudie aussi, en les articulant aux évolutions étatiques et politiques, les logiques et les dynamiques sociales de compagnies d'officiers royaux de rang différent, par des portraits collectifs attentifs aux pratiques familiales et dynastiques. L'étude de la Cour des

---

Lyon, XVIIᵉ-XVIIIᵉ siècles. Aspects institutionnels et juridiques, Paris, Comité pour l'histoire économique et financière de la France, 2010.

93 Voir aussi Marie-France Renoux-Zagamé, *Du droit de Dieu au droit de l'homme*, Paris, PUF, 2003 (sur la déqualification fondamentale de la place du magistrat dans l'ordre judiciaire par la monopolisation par la personne du roi de la médiation à partir de la seconde moitié du XVIIᵉ siècle).

94 Christophe Blanquie, *Justice et finance sous l'Ancien Régime. La vénalité présidiale*, Paris, L'Harmattan, 2001, p. 317 (l'ouvrage présente les fonctions précises de chaque office).

95 J. Nagle, *Un orgueil français, op. cit.*, p. 347 ; *Id.*, « Notes sur l'honneur, la dignité et la mort. À propos d'un cours de Lucien Febvre », dans Hervé Drévillon et Diego Venturino (dir.), *Penser et vivre l'honneur à l'époque moderne*, Rennes, PUR, 2011, p. 175-186 ; Robert Descimon, « Dignité contre vénalité. L'œuvre de Charles Loyseau (1564-1627) entre science du droit et science des saints », dans Peter Burschel *et al.* (dir.), *Historische Anstöße. Festschrift für Wolfgang Reinhard*, Berlin, Akademie Verlag, 2002, p. 326-338 ; *Id.*, « La dignité du dignitaire », dans H. Drévillon et D. Venturino, *Penser et vivre l'honneur, op. cit.*, p. 351-358 (pour une approche sensiblement différente, mettant en exergue la forte articulation entre dignité et détention de la fonction publique chez Loyseau).

aides de Paris au XVIIᵉ siècle révèle ainsi à la fois l'importance des liens de parenté et d'alliance et l'existence de mobilités sociales différenciées, reposant sur des attentes distinctes à l'égard de l'institution[96]. Les travaux sur les parlementaires, bordelais au Grand Siècle et grenoblois au Siècle des Lumières, montrent aussi le rôle structurant de familles, fortement enracinées dans la ville (Bordeaux) ou dans la province (noblesse de robe terrienne en Dauphiné), et attentives, face au pouvoir monarchique, à la préservation de la place et du rôle des cours souveraines dans les espaces politiques urbains et provinciaux[97]. À l'échelon inférieur, le bureau des finances de Tours représente, en dépit du net amoindrissement de ses compétences (concomitante de la progression de l'administration par l'extraordinaire), une institution à l'attractivité maintenue, traduite par les prix élevés de ses offices durant le XVIIIᵉ siècle, car elle offre des espérances sociales plausibles d'anoblissement graduel[98]. En revanche, les compagnies présidiales d'officiers moyens de judicature, qui procurent seulement un rang honorable, subissent un net déclassement, initié par la politique vénale louis-quatorzienne et à son apogée au mitan du siècle. Ce déclassement engendre un fort renouvellement des corps, marqué par l'entrée inédite d'hommes neufs issus de milieux sociaux relativement modestes, et plusieurs mobilisations nationales auprès du pouvoir royal, porteuses en vain de leurs demandes de revalorisation institutionnelle et sociale[99].

Pourvoyeuse d'un statut variable dans la société et de divers revenus, l'intégration durable dans l'État d'offices comporte aussi des coûts multiples et s'articule fréquemment avec d'autres types d'appartenance, deux dimensions mises en exergue par les recherches récentes. La formation de la noblesse de robe implique ainsi des contraintes sociopolitiques

96 M. Bennini, *Les Conseillers, op. cit.*, p. 341 (identification de « trente cinq familles pivots »).

97 Caroline Le Mao, *Parlement et parlementaires. Bordeaux au Grand Siècle*, Seyssel, Champ Vallon, 2007 ; Clarisse Coulomb, *Les Pères de la patrie. La société parlementaire en Dauphiné au temps des Lumières*, Grenoble, Presses universitaires de Grenoble, 2007. Les deux ouvrages mobilisent différents types d'écrits du for privé. Voir aussi Caroline Le Mao (éd.), *Chronique du Bordelais au crépuscule du Grand Siècle. Le Mémorial de Savignac*, Pessac, Presses universitaires de Bordeaux-Société des bibliophiles de Guyenne, 2004.

98 F. Caillou, *Une administration, op. cit.*

99 Vincent Meyzie, *Les Illusions perdues de la magistrature seconde. Les officiers « moyens » de justice en Limousin et en Périgord (vers 1665 – vers 1810)*, Limoges, PULIM, 2006 ; *Id.*, « Malaise dans l'institution. Les représentations du déclassement chez les officiers "moyens" de justice au XVIIIᵉ siècle », dans Gilles Chabaud (dir.), *Classement, déclassement, reclassement*, Limoges, PULIM, 2011, p. 195-228.

nouvelles pour les officiers des cours souveraines, en rupture avec leurs pratiques sociales antérieures : mobilisant sur la durée des stratégies familiales attentives aux évolutions du marché des fonctions, la reproduction sociale passe désormais de manière dominante en ligne directe, c'est-à-dire nécessite à la fois de favoriser un fils au détriment des autres enfants et de protéger la transmission au sein du lignage[100]. Elle recouvre par ailleurs des logiques socialement différenciées d'investissement dans les offices selon leur nature précise et les projets ou les motivations des familles[101]. À un échelon moindre, les officiers moyens de judicature concilient fréquemment le service du roi, sous des formes elles-mêmes parfois multiples, et le service de la cité comme le montrent deux cas de magistrats célèbres : Scipion Dupleix, connu surtout comme historiographe, associe ainsi un statut durable d'officier royal dans les présidiaux de Nérac et de Condom et un rôle actif dans la défense des intérêts de sa ville natale tandis que, à Orléans, le jurisconsulte Daniel Jousse construit à la fois une position sociale de magistrat royal, dont la réputation s'étend à l'échelle du royaume, et de notable urbain, fortement impliqué dans l'illustration érudite du patriotisme local[102].

La pluralité des histoires de l'État royal constitue un fait marquant de l'historiographie actuelle. La diversité des filiations et perspectives historiographiques, la variété des objets d'étude et la multiplicité des

---

100 Robert Descimon, « *Nobles* de lignage et *noblesse* de service. Sociogenèses comparées de l'épée et de la robe (XVᵉ-XVIIIᵉ siècles) », dans R. Descimon et É. Haddad, *Épreuves de noblesse, op. cit.*, p. 277-302 (p. 286-287) ; Martine Bennini, « Mémoire, implantation et stratégies familiales : les Leclerc de Lesseville (XVIᵉ-XVIIIᵉ siècles) », *Revue d'histoire moderne et contemporaine*, n° 3, 2007, p. 7-39 ; Claire Chatelain, *Chronique d'une ascension sociale. Exercice de la parenté chez de grands officiers (XVIᵉ-XVIIᵉ siècles)*, Paris, Éd. de l'EHESS, 2008 (sur l'attachement pénalisant d'un lignage robin aux pratiques traditionnelles de transmission des offices au sein d'une large parenté).

101 D. Le Page, *Contrôler les finances, op. cit.* ; Mathieu Marraud, *De la Ville à l'État. La bourgeoisie parisienne, XVIIᵉ-XVIIIᵉ siècle*, Paris, A. Michel, 2009 (sur l'accès à l'office anoblissant comme mobilité sociale apparente, dissimulant des positions de relégation familiale).

102 Christophe Blanquie, *Un magistrat à l'âge baroque. Scipion Dupleix (1569-1661)*, Paris, Publisud, 2008 ; Corinne Leveleux-Teixera (dir.), *Daniel Jousse. Un juriste au temps des Lumières*, Limoges, PULIM, 2007, en particulier Nicole Dyonet, « Daniel Jousse en son temps (1704-1781) », p. 17-31 ; Zoë A. Schneider, *The King's Bench. Bailiwick Magistrates and Local Governance in Normandy, 1670-1740*, Rochester, University of Rochester Press, 2008, p. 47-48 et 68-74 (sur l'accumulation de fonctions administratives par des juges royaux et seigneuriaux du pays de Caux au fondement de leur pouvoir local).

approches choisies concourent à une écriture plurielle de la construction étatique. En dressant un bilan, mon propos a été de proposer en quelque sorte à la fois une cartographie des savoirs engrangés par l'important travail historien depuis vingt ans, un repérage de points de divergences et une identification d'éventuelles voies de confluences.

Vincent MEYZIE

AU-DELÀ ET EN DEÇÀ
DE LA POLITIQUE ÉTRANGÈRE ?

Écrire l'histoire des relations internationales et de la diplomatie à l'époque moderne

L'histoire des relations internationales a longtemps pu être assimilée à l'étude d'un océan observé du rivage, immense, en perpétuel mouvement avec ses tempêtes et ses accalmies plus ou moins précaires. Le regard a changé depuis les années 1990. On cherche à dépasser la description des soubresauts de la surface et du mouvement perpétuel des flots pour comprendre les logiques profondes, les influences exercées et subies, en adoptant des échelles et des points de vue variés. La légitimité de l'expression « relations internationales » pour la période de l'Ancien Régime a fini par s'imposer, sans pour autant que son champ sémantique fasse l'unanimité[1]. Afin d'établir plus solidement les différentes réalités qu'elle recouvre, certains historiens ont proposé de faire des franchissements transfrontaliers de tous types, et de ce qu'ils impliquent, l'objet même des relations internationales[2]. Selon moi, si cette approche a le mérite d'élargir l'horizon épistémologique, elle génère, par glissement, une confusion avec l'étude des circulations internationales. Elles ont été l'objet d'une récente question d'agrégation qui a permis de les définir plus précisément comme des échanges effectués de part et d'autre d'une frontière[3]. Cette définition identique pour deux dénominations différentes invite à donner quelques précisions.

---

1 Pour ma part, je l'adopterais en me fondant sur la définition des nations donnée par Emer de Vattel : « corps politiques, des sociétés d'hommes unis ensemble pour procurer leur salut et leur avantage, à forces réunies », *Le droit des gens ou principes de la loi naturelle appliqués à la conduite & aux affaires des nations & des souverains*, t. I, Londres, 1758, p. 1.

2 « Les relations engagées lorsque des individus, des groupes, des biens, des institutions ou des idées traversent une frontière politique », Claire Gantet, *Guerre, paix et construction des États*, Paris, Éd. du Seuil, « Nouvelle Histoire des Relations internationales », 2003, p. 9.

3 Pierre-Yves Beaurepaire et Pierrick Pourchasse (dir.), *Les circulations internationales en Europe, années 1680-années 1780*, Rennes, PUR, 2010 ; *Les circulations internationales en Europe (1680-1780)*, Paris, PUPS (*Bulletin de l'Association des historiens modernistes des universités*

D'une manière ou d'une autre, les rapports entre États, leurs modalités et leurs implications s'inscrivent dans l'horizon de l'étude des relations internationales. Son objet est la réflexion sur les formes, les déclinaisons et les moyens du dialogue, de la coexistence et de la sociabilité des pouvoirs représentant des communautés disposant, sinon d'une souveraineté intégrale, du moins d'une certaine autonomie de droit ou de fait. C'est dans ce cadre que se développe la diplomatie qui peut être définie comme l'ensemble des activités de représentation, de négociation et d'information reliant ces entités. L'histoire des relations internationales et de la diplomatie porte donc sur les interactions et les médiations de tous types envisagées à différentes échelles entre unités disposant d'un pouvoir politique, ainsi que sur les pratiques de leurs acteurs. Cette approche qui se veut élargie permet de porter le regard en amont du XVIᵉ siècle, comme le montrent les travaux récents de médiévistes et d'antiquisants sur les relations internationales et la diplomatie[4]. La distinction entre relations et circulations internationales, qui n'est sans doute pas parfaite, n'établit pas de hiérarchie en dignité ou en intérêt entre les deux domaines, mais elle doit servir à mieux appréhender les objets de recherche. Il n'y a d'ailleurs, dans mon esprit, ni exclusivité, ni étanchéité, ni incompatibilité entre ce qui relèverait de l'un ou de l'autre.

C'est dans cette perspective générale que je souhaiterais proposer un bilan de la recherche actuelle en histoire des relations internationales et de la diplomatie, principalement orienté sur la production française. L'exercice appelle quelques précisions liminaires. La sensibilité personnelle et les

françaises, n° 35), 2011 ; Albane Cogné, Stéphane Blond et Gilles Montègre, _Les circulations internationales en Europe (1680-1780)_, Paris, Atlande, 2011. L'étude des circulations internationales était aussi au cœur du programme ANR CITERE (Circulations, Territoires et Réseaux en Europe de l'âge classique aux Lumières) dirigé par Pierre-Yves Beaurepaire.

4   Parmi les travaux de l'école française, je signalerais Lucien Bély (dir.), _L'invention de la diplomatie. Moyen Âge-Temps modernes_, Paris, PUF, 1998 ; _Les relations diplomatiques au Moyen Âge. Formes et enjeux_, Paris, Publications de la Sorbonne, 2011 ; Audrey Becker et Nicolas Drocourt (dir.), _Ambassadeurs et ambassades au cœur des relations diplomatiques. Rome-Occident médiéval-Byzance (VIIIᵉ avant J.-C.-XIᵉ après J.-C.)_, Metz, Centre de recherche universitaire lorrain d'histoire, 2012 ; Dieter Berg, Martin Kintzinger et Pierre Monnet (dir.), _Auswärtige Politik und internationale Beziehungen im Mittelalter (13.-16. Jahrhundert)_, Bochum, Winkler, 2002 ; Jean-Marie Moeglin et Stephane Péquignot, _Diplomatie et « relations internationales » au Moyen Âge (IXᵉ-XVᵉ siècle)_, Paris, PUF, 2017 ; Nicolas Drocourt (dir.), _La figure de l'ambassadeur entre mondes éloignés. Ambassadeurs, envoyés officiels et représentations diplomatiques entre Orient islamique, Occident latin et Orient chrétien (XIᵉ-XVIᵉ siècle)_, Rennes, PUR, 2015.

compétences particulières conditionnent autant la manière d'envisager les pratiques historiennes que d'écrire les bilans. Celui-ci n'échappe pas à la règle, n'étant que l'expression d'un regard par nature subjectif. Le propos se concentrera sur la période dite de la seconde modernité et ne portera donc sur pas sur le temps de la Révolution. L'ambition est de rendre compte du profond décloisonnement et du renouvellement des méthodes touchant à l'étude des relations internationales et de la diplomatie, puis de mettre en lumière quelques-uns des développements les plus récents.

LE RENOUVEAU DE L'HISTOIRE
DES RELATIONS INTERNATIONALES
ET DE LA DIPLOMATIE

Les critiques autrefois adressées à l'histoire diplomatique portaient sur sa déconnection avec son environnement culturel, économique, social, matériel et technique. Si ces reproches ont pu paraître justifiés, il ne faut pas négliger pour autant l'apport des travaux anciens. Malgré, ou en raison de, leur caractère classique et factuel, ils constituent dans bien des cas une base précieuse pour commencer de nouvelles recherches. C'est pourquoi, à mon sens, il faut les considérer comme une étape nécessaire, mais pas suffisante, de la connaissance des relations internationales qui permet aux générations suivantes d'adopter des perspectives de recherche plus analytiques et plus transversales. À partir de la décennie 1990, l'historiographie des relations internationales et de la diplomatie de l'époque moderne connaît une sorte de résurrection se manifestant par de nouveaux travaux en France (Lucien Bély), au Royaume Uni (Jeremy Black), en Italie (Daniela Frigo) et en Allemagne (Heinz Durchhardt). Ces historiens redonnent une légitimité à un champ historiographique délaissé, voire dédaigné, en achevant la mutation de l'histoire diplomatique classique vers l'histoire des relations internationales. Cette transition permet de reconsidérer certaines des grandes questions relatives à la guerre et à la paix, aux rapports entre les États et au rôle des individus dans la vie internationale. Plusieurs articles méthodologiques publiés ces dernières années permettent de faire un tour d'horizon de l'évolution de la recherche[5]. L'étude la diplomatie, proprement dite, tend à se dégager de l'emprise de la seule négociation pour être l'objet d'une approche plus large par le prisme de la culture, de la sociologie et de l'anthropologie[6].

La mutation de l'histoire diplomatique en une « nouvelle » histoire diplomatique et des relations internationales procède d'un profond changement de paradigme. Son objet n'est pas d'étudier la politique étrangère en tant que telle, entendue comme une stratégie d'action vis-à-vis d'autres puissances, mais de se concentrer sur l'objet « diplomatie » comme une interaction et une pratique sociale pour passer à une histoire thématique faite, comme l'écrit Lucien Bély, « de recoupements et de convergences qui n'obéissent pas à la logique temporelle[7] ». Cette approche tourne le dos à l'idée selon laquelle la diplomatie serait une activité hors-sol procédant d'une rationalité mécanique. Faire ce choix, c'est emprunter un chemin incertain sortant de l'explicite de la dépêche diplomatique pour faire une place au hasard, aux incertitudes, aux non-dits, aux contradictions, aux retournements et aux hésitations. Il s'agit de se concentrer sur certains éléments structurants permettant de comprendre comment fonctionnent la représentation des pouvoirs à l'étranger, la circulation de l'information, la promotion et la défense des intérêts des États comme des diplomates, les rituels de la « société des princes » et de leurs représentants. Il faut également s'interroger sur les rapports de la diplomatie avec le monde dans lequel elle prend place, ses

5   Lucien Bély, « Les larmes de Monsieur de Torcy, essai sur les perspectives de l'histoire diplomatique, à propos des conférences de Gertruydenberg, mars-juillet 1710 », Histoire, économie et société, n° 3, 1983, p. 429-456 ; Id., « Méthodes et perspectives dans l'étude des négociations internationales à l'époque moderne », dans Rainer Babel (dir.), Frankreich im europäischen Staatensystem der Frühen Neuzeit, Sigmaringen, 1995, p. 219-233 ; Id., « Représentation, négociation et information dans l'étude des relations internationales à l'époque moderne » dans Serge Berstein et Pierre Milza (dir.), Axes et méthodes de l'histoire politique, Paris, PUF, 1998, p. 213-229 ; Id., « Les relations internationales des temps modernes : essai de bilan historiographique pour la France », dans Jean-François Sirinelli, Pascal Cauchy et Claude Gauvard (dir.), Les historiens français à l'œuvre, 1995-2010, Paris, PUF, 2010, p. 261-275 ; Marc Belissa, « Diplomatie et relations "internationales" au 18e siècle : un renouveau historiographique ? » Dix-huitième siècle, n° 37, 2005, p. 31-47.
6   Le travail pionnier à cet égard est Lucien Bély, Espions et ambassadeurs au temps de Louis XIV, Paris, Fayard, 1990.
7   Ibid., p. 11.

institutions, ses normes, ses réseaux et ses pratiques[8]. Le développement et l'intensification du dialogue et de la négociation directe, comme indirecte, entre les souverainetés sont une manière d'améliorer le monde en évitant ou en limitant la guerre, en conservant ou en rétablissant la paix. Sur le fond, l'interrogation porte sur les conditions toujours changeantes de la vie internationale et sur la capacité de la diplomatie à en amortir et à en absorber les chocs et les tensions par le recours à la force et à la menace, mais aussi par la mobilisation complexe de savoirs d'ordre juridique, économique, géographique, ainsi que par le talent de certains individus.

Écrire l'histoire de la diplomatie, c'est écrire l'histoire de sociétés qui, d'une manière ou d'une autre, sont saisies par la guerre et la paix[9]. Les échecs des diplomates laissent place au canon et à son cortège de violences, à la contraction des échanges commerciaux, ainsi qu'à l'accroissement de la pression fiscale. Comment dire, dans ces conditions, que la diplomatie ne concerne pas les peuples ? Les interrogations sur les rapports entre opinion publique et affaires internationales se retrouvent d'ailleurs dans de nombreux travaux. De ce point de vue, la guerre de Trente Ans marque un changement important par l'usage des pamphlets destinés à justifier ou à condamner l'attitude des belligérants, voire même de pays qui veulent demeurer en dehors du conflit[10]. La circulation de plus en plus importante des informations amène les souverains à vouloir convaincre de leur bonne foi et de leurs droits bafoués. Les moments de tensions et les conflits s'accompagnent d'une inflation de productions écrites qui mobilisent les meilleurs plumes du moment pour répondre au besoin et à la demande d'informations des gouvernements et, de

---

8   Depuis 2005 les thèmes étudiés lors du séminaire d'histoire des relations internationales et de la diplomatie de l'Université Paris-Sorbonne organisé par Lucien Bély et Géraud Poumarède attestent ce nouvel élan. Au cours de la dernière décennie, les intervenants ont présenté leurs réflexions sur les sujets suivants : l'incident diplomatique, les femmes en diplomatie, les lieux de la négociation, la culture de la diplomatie, le rôle de l'argent dans la diplomatie, espionnage et information dans les relations internationales, enfin les figures de diplomates.

9   Lucien Bély, *L'art de la paix en Europe. Naissance de la diplomatie moderne*, XVIᵉ-XVIIIᵉ siècle, Paris, PUF, 2007.

10 John Roger Pass, « The changing image of Gustavus Adolphus on German broadsheets, 1630-1633 », *Journal of the Warburg and Courtauld Institutes*, vol. 59, 1996, p. 205-244 ; Axel Gotthard, *Der liebe und werthe Fried. Kriegskonzepte und Neutralitätsvorstellungen in der Frühen Neuzeit*, Weimar, Böhlau, 2014.

plus en plus, du public[11]. C'est la raison pour laquelle de nouveaux questionnements sont apparus sur l'écho que pouvaient avoir les affaires internationales auprès des opinions publiques. Il y avait de nombreux supports de diffusion de l'information sur la politique étrangère : la presse, les pamphlets, les *Te Deum*, les proclamations royales.

Dans les pays dotés d'instances délibératives, les historiens se sont penchés sur les débats intérieurs nourris par les questions de politique étrangère et sur l'influence des groupes de pression sur la conduite des affaires diplomatiques, notamment en Grande-Bretagne ou aux Provinces Unies[12]. En France, par exemple, ce type d'étude est plus difficile à conduire, même si des travaux anciens et récents ont montré l'importance de la propagande en particulier pendant le règne de Louis XIV[13].

Il s'agit aussi de réfléchir à la mise en discours de l'action diplomatique : que dit-on ? À qui le dit-on ? Comment le dit-on ? Au XVIIIe siècle, les questions relatives à la politique étrangère intègrent l'espace public ce qui, si l'on suit le raisonnement de Jürgen Habermas, montrerait qu'elle relève d'un intérêt commun. À ce titre, il faut considérer les diplomates, non pas uniquement comme des collecteurs d'informations destinées à leur gouvernement, mais aussi comme des diffuseurs de nouvelles dans des pays étrangers pour promouvoir la cause de leur souverain. À l'intérieur, ils doivent aussi servir à répondre à la demande croissante d'information du public sur les pays étrangers[14]. Mais en

11   Marion Brétéché, *Les compagnons de Mercure. Journalisme et politique dans l'Europe de Louis XIV*, Ceyzérieu, Champ Vallon, 2015.
12   Voir notamment les travaux de Jeremy Black : *The English Press in the Eighteenth Century*, Philadelphie, University of Pennsylvania Press, 1987 ; *Parliament and Foreign Policy in the Eighteenth Century*, Cambridge, Cambridge University Press, 2004 ; *Debating Foreign Policy in Eighteenth Century* et *Politics and Foreign Policy in the Age of George I, 1714-1727*, Farnham, Ashgate, 2011 et 2014. Du côté français : Stéphane Jettot, *Représenter le Roi ou la Nation ? Les parlementaires dans la diplomatie anglaise, 1660-1702*, Paris, PUPS, 2012. Pour les Provinces-Unies : Femke Deen, David Onnekink et Michel Reinders (dir.), *Pamphlets and Politics in the Dutch Republic*, Leyde, Brill, 2010.
13   Joseph Klaits, *Printed Propaganda under Louis XIV : Absolute Monarchy and Public Opinion*, Princeton, Princeton University Press, 1976 ; Solange Rameix, *Justifier la guerre. Censure et propagande dans l'Europe du XVIIe siècle (France-Angleterre)*, Rennes, PUR, 2014 ; Anna Maria Forssberg, *The Story of War : Church and Propaganda in France and Sweden 1610-1710*, Lund, Nordic Academic Press, 2016.
14   En 1761, Choiseul envoie une circulaire aux diplomates en poste à l'étranger pour leur demander de lui adresser des bulletins contenant « tout ce qui vous paroitra capable d'interesser ou de satisfaire la curiosité du public », Archives des Affaires étrangères, CP, Danemark, vol. 146, fol. 286, 11 avril 1761.

contexte de guerre, l'un des enjeux de la propagande interne n'est pas tant de convaincre l'opinion de la pertinence des choix diplomatiques que de justifier la guerre et l'accroissement de la pression fiscale[15]. Ce que l'on appelle en anglais le *fiscal military state* est une réponse à une combinaison de nécessités impérieuses liées à un climat international incertain et à un renforcement de la pression fiscale[16]. Le discours sur le monde extérieur hostile participe de la consolidation d'une cohésion que l'on commence à qualifier de nationale au XVIIIe siècle[17].

Parmi les menaces représentées par l'étranger, se trouvent celles touchant à l'économie et au commerce. La prise en compte de ces deux champs par les historiens des relations internationales et de la diplomatie n'est, d'abord, pas allée sans susciter certaines réserves[18]. La difficulté vient du discours qui dissimule souvent l'intérêt mercantile derrière des motivations plus louables[19]. À l'époque du colbertisme puis de la naissance de l'économie politique, il est nécessaire de s'interroger sur l'influence des questions économiques et commerciales dans les rapports internationaux, dans la décision de faire la guerre et dans les dispositions

15 John Shovlin, « Selling American Empire on the Eve of the Seven Years War : The French Propaganda Campaign of 1755-1756 » *Past & Present*, vol. 206, n° 1, 2010, p. 121-149 ; Edmond Dziembowski, « Les négociations franco-britanniques de 1761 devant le tribunal de l'opinion : le duc de Choiseul et la publicité de la diplomatie française », dans Jean-Pierre Jessenne, Renaud Morieux et Pascal Dupuy (dir.), *Le négoce de la paix. Les nations et les traités franco-britanniques (1713-1802)*, Paris, Société des études robespierristes, 2008, p. 47-67.
16 John Brewer, *The Sinews of Power : War, Money and the English State, 1688-1783*, Londres, Unwin Hyman, 1989 ; Jan Glete, *War and the State in Early Modern Europe. Spain, the Dutch Republic and Sweden as Fiscal-Military States, 1500-1600*, Londres, Routledge, 2002.
17 Ces questions ont été particulièrement bien étudiées dans le cas des relations franco-anglaises au XVIIIe siècle : Jeremy Black, *Natural and Necessary Enemies : Anglo-French Relations in the Eighteenth Century*, Athens, The University of Georgia Press, 1986 ; Edmond Dziembowski, *Un nouveau patriotisme 1750-1770. La France face à la puissance anglaise à l'époque de la guerre de Sept Ans*, Oxford, Voltaire Foundation, 1998 ; Linda Colley, *Britons : Forging the Nation, 1707-1837*, New Haven, Yale University Press, 2009.
18 « Economic advantage played only a modest role in the competing currents of alliance diplomacy. Trade played only a minor role in the French foreign policy, despite the strong interest in commerce, particularly that of Spain and her empire », Jeremy Black, *The Rise of the European Powers*, Londres, Edward Arnold, 1990, p. 182. L'opinion de l'historien anglais a évolué sur ce point comme en témoigne la publication de *Trade, Empire and British Foreign Policy, 1689-1815 : The Politics of a Commercial State*, Londres, Routledge, 2007.
19 C'est par exemple le cas pour les relations avec l'Empire ottoman, Géraud Poumarède, *Pour en finir avec la Croisade. Mythes et réalités de la lutte contre les Turcs aux XVIe et XVIIIe siècles*, Paris, PUF, 2004, p. 307-380.

des traités de paix. Dans ce domaine, comme dans d'autres, les guerres anglo-hollandaises du XVIIe siècle ont joué un rôle considérable en plaçant au cœur de la lutte, non pas des acquisitions de territoires ou des revendications religieuses, mais la supériorité maritime et, *in fine*, la puissance commerciale[20]. Les spécialistes du XVIIIe siècle, en particulier, se sont penchés sur le rôle du commerce dans l'organisation des relations internationales, entendues au sens large, pour voir comment l'intérêt mercantile a pu influencer l'action extérieure des puissances européennes[21]. Comme dans le champ politique, les affaires économiques poussent à s'accorder sur les modalités de la coexistence maritime et commerciale. Le XVIIIe siècle marque, de ce point de vue, une nette évolution avec un accroissement significatif du nombre de traités de commerce et de dispositions concernant les espaces non-européens qui intègrent par ce biais le champ de la diplomatie[22]. Le règlement des contentieux commerciaux est envisagé à l'échelle du monde, car c'est bien dans ce cadre que s'inscrit la rivalité entre puissances européennes, que chacun pense sa propre stratégie et opère ses choix diplomatiques[23].

L'approche économique et commerciale est non seulement nécessaire pour comprendre la cohérence et la pertinence d'un positionnement dans

---

20 Gijs Rommelse, *The Second Anglo-Dutch War (1665-1667) : Raison d'État, Mercantilism and Maritime Strife*, Hilversum, Verloren, 2006. Les guerres anglo-hollandaises ont peu attiré les historiens français, ce qui a conduit à sous-estimer leur importance. Cette lacune a toutefois été comblée par Charles-Édouard Levillain, *Vaincre Louis XIV. Angleterre, Hollande, France : histoire d'une relation triangulaire, 1665-1688*, Seyssel, Champ Vallon, 2010.

21 Istvan Hont, *Jealousy of Trade : International Competition and the Nation-State in Historical Perspective*, Cambridge (Mass.), Harvard University Press, 2005 ; Antonella Alimento et Koen Stapelbroek (dir.), *The Politics of Commercial Treaties in the Eighteenth Century*, Cham, Springer, 2017 ; Éric Schnakenbourg, *Entre la guerre et la paix. Neutralité et relations internationales, XVIIe-XVIIIe siècles*, Rennes, PUR, 2013. Signalons également une thèse récemment soutenue : Sylvain Lloret, *Entre princes et marchands. Les agents généraux de France à Madrid dans les interstices de la diplomatie (1702-1793)*, thèse de doctorat, Sorbonne Université, 2018.

22 Pour la France, par exemple, il y a 32 traités internationaux portant, au moins partiellement, sur le commerce entre 1610 et 1715, soit une convention tous les 3,3 ans. Pour la période suivante, 1715-1789, il y en a 60, soit un accord tous les 1,2 an. Ce dénombrement a été effectué à partir de Pierre Louis d'Hauterive et Ferdinand de Cussy, *Recueil des traités de commerce et de la navigation de la France*, Paris, 1844, 3 vol.

23 David Ormord, *The Rise of Commercial Empires : England and the Netherlands in the age of Mercantilism, 1650-1770*, Cambridge, Cambridge University Press, 2003 ; Philip J. Stern and Carl Wennerlind (dir.), *Mercantilism Reimagined : Political Economy in Early Modern Britain and its Empire*, Oxford, Oxford University Press, 2013.

les relations internationales, mais aussi pour élargir la connaissance des acteurs impliqués dans la diplomatie[24]. On a peu travaillé sur la dimension commerciale de l'activité des diplomates, sur leurs compétences ou leurs incompétences dans ce domaine. Leur rôle dans l'intelligence économique est encore méconnu en France faute d'une étude approfondie des documents conservés aux Archives nationales[25]. L'importance des questions économiques et commerciales dans les relations internationales passe davantage, depuis une dizaine d'années, par l'intérêt porté aux consuls. Leur étude relève bien d'un intérêt pour les acteurs des relations internationales qui ne seraient pas des diplomates *stricto sensu*, autant que pour les questions qui ne sont pas étroitement politiques[26]. De même, il faudrait s'intéresser davantage à la diplomatie des compagnies de commerce et à l'autonomie dont elles jouissent dans des espaces lointains[27]. On pourrait ainsi se poser la question de l'existence de plusieurs espaces diplomatiques, l'un européen polarisé par des ambassades et des consulats, l'autre extra européen qui serait davantage animé par des gouverneurs et des marchands.

Comme d'autres sciences humaines, l'histoire a été marquée par le *cultural turn* qui fait de la culture, dans son sens le plus large, un des prismes de l'analyse. Il permet de ne plus considérer uniquement la diplomatie comme un art de la négociation politique, mais aussi comme une mise en scène autant qu'une rencontre, voire une confrontation, de cultures différentes. Ce type d'approche privilégie les perspectives à « hauteur d'homme » à travers l'examen d'ambassades singulières, qui relèvent fréquemment d'une lecture sociologique de l'étude des diplomates, plus que de la diplomatie. Par ce biais, les historiens tendent à souligner l'importance des connaissances, de la compréhension et des perceptions des acteurs, mais invite, au-delà, à s'interroger sur la

24 Guillaume Hanotin, *Au service de deux rois. L'ambassadeur Amelot et l'Union des couronnes (1705-1709)*, thèse de doctorat, Université Paris-Sorbonne, 2011.
25 Je pense en particulier aux archives conservées dans les fonds Affaires étrangères, Marine et Commerce et Industrie.
26 Jörg Ulbert et Gérard Le Bouëdec (dir.), *La fonction consulaire à l'époque moderne*, Rennes, PUR, 2006 ; Marcella Aglietti, Manuel Herrero Sánchez et Manuel Zamora Rodríguez (dir.), *Los cónsules de extranjeros en la Edad Moderna y a principios de la Edad Contemporánea*, Madrid, Ediciones Doce Calles, 2013 ; Roberto Zaugg, *Stranieri di antico régime. Mercanti, giudici et consoli nella Napoli del Settecento*, Rome, 2011 ; Fabrice Jesné (dir.), *Les consuls, agents de la présence française dans le monde, XVIIIᵉ-XIXᵉ siècles*, Rennes PUR, 2017.
27 Edward Cavanagh, « A Company with Sovereignty and Subjects of its Own ? The Case of the Hudson's Bay Company, 1670-1763 », *Canadian Journal of Law and Society*, vol. 26, n° 1, 2011, p. 25-50.

manière dont la conception des relations internationales s'enracine dans une culture propre à une époque. Cette perspective impose une lecture attentive des archives pour y relever les éléments relatifs aux comportements et aux manières de penser, afin d'explorer des terrains qui ne sont pas strictement diplomatiques. L'ouverture sur la culture est le fait d'historiens des relations internationales, mais aussi de chercheurs de différentes spécialités qui se plongent dans les archives diplomatiques pour en proposer une lecture originale[28]. Ils font, en quelque sorte, de l'histoire de la diplomatie inversée par rapport à la perspective classique, c'est-à-dire qu'ils envisagent l'étude de la diplomatie comme un moyen de réfléchir à d'autres objets et non comme une fin en soi[29].

Dès le XVIe siècle, le renforcement de la présence des diplomates et des consuls crée un maillage servant de support à la formation de réseaux de communications et d'échanges entre États qui s'étoffe sur fond du dynamisme général des échanges internationaux. Diplomates et consuls sont alors des acteurs à part entière de la circulation des informations, des idées, des savoirs et des objets[30]. De ce point de vue, le cas des envoyés suédois en France commence à être bien connu et pourrait servir de modèle à des études similaires. Des chercheurs ont montré le rôle que les diplomates ont pu jouer dans la diffusion en Suède d'idées politiques, mais aussi de la physiocratie ou encore de la franc-maçonnerie et, plus généralement, de la culture artistique[31]. Cette dimension de l'activité des diplomates

---

28 Mary Lindemann, « The Discreet Charm of the Diplomatic Archive », *German History*, vol. 29, n° 2, p. 283-304. L'auteur signale l'intérêt des archives diplomatiques pour la connaissance de la politique intérieure, de la société, du genre, de l'ethnicité, de l'altérité, de l'économie, de la culture, de l'art, de la littérature, de l'architecture, de la musique. Pour la culture matérielle voir par exemple Helen Jacobsen, *Luxury and Power : The Material World of the Stuart Diplomat, 1660-1714*, Oxford, Oxford University Press, 2011.

29 Voir par exemple Timothy Hampton, qui étudie l'impact du développement de la diplomatie sur la littérature : *Fictions of Embassy : Literature and Diplomacy in Early Modern Europe*, Londres, Cornell University Press, 2009. Voir également John Watkins (dir.), « Toward a New Diplomatic History of Medieval and Early Modern Europe », n° spécial, *Journal of Medieval and Early Modern Studies*, vol. 38, n° 1, 2008 ; Tracey A. Sowerby et Jan Hennings (dir.), *Practices of Diplomacy in the Early Modern World, c. 1410-1800*, Londres, Routledge, 2017.

30 Marc Bélissa et Éric Schnakenbourg, « Les circulations diplomatiques en Europe au XVIIIe siècle : représentation, information, diffusion des modèles culturels », dans P.-Y. Beaurepaire et P. Pourchasse, *Les circulations internationales en Europe, op. cit.*, p. 279-295. Pour les consuls, voir Silvia Marzagalli (dir.), *Les Consuls en Méditerranée, agents d'information, XVIe-XXe siècle*, Paris, Classiques Garnier, 2015.

31 Erik Thomson, « Le travail du diplomate et la diffusion des idées politiques à l'époque moderne : la Fronde vue par le résident suédois Schering Rosenhane (1648-1649) », *Histoire,*

rappelle qu'ils sont avant tout des informateurs[32]. Si leur tâche première est de transmettre des renseignements sur la situation politique, militaire, économique et financière du pays dans lequel ils résident, ils agissent aussi comme des individus curieux de ce qu'ils découvrent à l'étranger. Ils sont également intégrés à des réseaux personnels pour lesquels ils peuvent servir de courtier pour l'acquisition de produits culturels. Par les échanges d'informations et de biens qu'ils animent, les diplomates et les consuls participent, avec d'autres, à la construction savante du monde. Inversement, des individus possédant une capacité d'expertise peuvent aussi participer à la diplomatie en assistant une négociation ou en éclairant une prise de décision. Leur étude permet de montrer que la diplomatie n'est pas une activité déconnectée de son environnement, mais qu'elle draine les compétences et les savoirs de son temps[33].

L'approche culturelle ne se limite pas à l'analyse du comportement des acteurs, elle permet aussi de mieux comprendre le fonctionnement de la société des États à travers l'étude de la communication non verbale. Longtemps relégués au rang de vaines querelles, les incidents protocolaires ont été l'objet d'une nouvelle attention. L'apport de l'anthropologie sociale a permis de considérer le cérémonial comme un langage symbolique mettant en scène l'ordre implicite ou explicite de la société des États. Cette approche est une invitation à réfléchir aux préséances ainsi qu'à la place des symboles et des codes dans les relations internationales[34]. Une étude récente s'interroge sur la culture de la représentation au-delà du cercle des ambassadeurs en examinant la manière dont le pouvoir du

économie et société, n° 1, 2010, p. 5-15 ; Antonella Alimento, « Entre "les mœurs des Crétois et les loix de Minos" : la pénétration et la réception du mouvement physiocratique français en Suède (1767-1786) », *ibid.*, p. 68-80 ; Pierre-Yves Beaurepaire, *L'Autre et le Frère. L'Étranger et la Franc-maçonnerie en France au* XVIIIᵉ siècle, Paris, H. Champion, 1998 ; Gustave Philippe Creutz, *La Suède et les Lumières. Lettres d'un ambassadeur à son roi (1771-1783)*, éd. M. Molander Beyer, Paris, M. de Maule, 2006 ; Charlotta Wolff, *Vänskap och makt. Den svenska politiska eliten och upplysningstidens Frankrike* [Amitié et pouvoir. L'élite politique suédoise et la France des Lumières], Helsingfors, Svenska litteratursällskapet, 2005.

32 L. Bély, *Espions et ambassadeurs, op. cit.*

33 Stanislas Jeannesson, Fabrice Jesné et Éric Schnakenbourg (dir.), *Experts et expertises en diplomatie. La mobilisation des compétences dans les relations internationales du congrès de Westphalie à la naissance de l'ONU*, Rennes, PUR, 2018.

34 Lucien Bély, « Souveraineté et souverains : la question du cérémonial dans les relations internationales à l'époque Moderne », *Annuaire Bulletin de la Société de l'Histoire de France*, 1993, p. 43 ; Niels F. May, *Zwischen Fürstlicher Repräsentation und Adliger Statuspolitik. Das Kongresszeremoniell bei den westfälischen Friedensverhandlungen*, Ostfildern, Thorbecke, 2016.

prince se manifeste en son absence[35]. L'importance de normes cérémonielles et des coutumes ressort par contraste des moments où elles sont négligées. Dès lors, la quête de la considération bafouée peut conduire à des incidents plus ou moins graves[36].

La coexistence des puissances impose un certain nombre de règles renvoyant à une réflexion sur la formation, les mutations, la performativité et les limites du droit des gens. L'idéal juridique en diplomatie s'inscrit dans l'horizon d'attente d'une scène internationale qui ne serait pas régie par le jeu des intérêts particuliers des puissances ne reconnaissant d'autres lois que celle du plus fort, mais par une cohabitation, sinon harmonieuse, du moins pacifique des États. En ce sens, le discours de droit en relations internationales manifeste, avec des degrés de sincérité variable, la foi en un imaginaire pratique autant qu'en un lien social qui unit, de fait, les différents États. L'intérêt renouvelé des historiens des relations internationales pour le droit rencontre une évolution similaire du côté des juristes qui ne se concentrent plus seulement sur l'étude de la doctrine, mais cherchent à rapprocher leur objet de réflexion des sciences humaines[37]. Pour l'historien, Thémis doit être au service de Clio. Le droit international l'intéresse en sa qualité de construction intellectuelle et savante, mais aussi dans ses dysfonctionnements, dans la confrontation de la règle avec la réalité, par les accommodements, les interprétations, les manipulations qu'il autorise. L'enjeu est ici de parvenir à instaurer un dialogue entre, d'une part, les

---

35 Daniel Aznar, Guillaume Hanotin et Niels F. May (dir.), *À la place du roi. Vice-rois, gouverneurs et ambassadeurs dans les monarchies française et espagnole (XVIᵉ-XVIIIᵉ siècles)*, Madrid, Casa de Velázquez, 2015.

36 Lucien Bély et Géraud Poumarède (dir.), *L'incident diplomatique, XVIᵉ-XVIIIᵉ siècle*, Paris, Pedone, 2010. Le dédain dont a été victime Gustave II Adolphe au début de son règne serait l'un des éléments ayant conduit la Suède à entrer dans la guerre de Trente Ans. C'est la démonstration plutôt convaincante d'un ouvrage qui n'a pas eu le retentissement qu'il méritait : Eric Ringmar, *Identity, Interest and Action : A Cultural Explanation of Sweden's Intervention in the Thirty Years War*, Cambridge, Cambridge University Press, 1996.

37 Randall Lesaffer, « International Law and its History : The Story of an Unrequited Love », dans Matthew Craven, Malgosia Fitzmaurice et Maria Vogiatzi (dir.), *Time, History and International Law*, La Haye, Nijhoff, 2006, p. 27-41 ; *Id.*, « Law and History : Law between Past and Present », dans Bart van Klink et Sanne Taekema (dir.), *Law and Method : Interdisciplinary Research in Law*, Tübingen, Mohr Siebeck, 2011, p. 133-152 ; Frederik Dhondt, « Looking Beyond the Tip of the Iceberg : Diplomatic Praxis and Legal Culture in the History of Public International Law », *Zeitschrift für Europäische Rechtsgeschichte / European Journal of Legal History / Journal européen d'histoire du droit*, n° 2, 2013, p. 31-42 ; *Id.*, *Balance of Power and Norm Hierarchy : Franco-British Diplomacy after the Peace of Utrecht*, Leyde-Boston, Brill, 2015.

pratiques et les discours diplomatiques et, d'autre part, les règles et les principes du droit des gens. Les immunités sont un objet central de la réflexion des théoriciens de la diplomatie et une préoccupation tant pour les envoyés étrangers que pour les gouvernements qui les reçoivent[38]. L'usage du droit est au cœur de la pratique diplomatique, il fonde aussi bien les arguments et les contre-arguments utilisés lors des négociations[39]. En ce sens, les compétences juridiques des diplomates sont un élément important à prendre en compte pour connaître leur culture professionnelle et comprendre leurs manières d'agir. L'idée est de faire une histoire du droit appliquée aux relations internationales et à la diplomatie. Elle permet de réfléchir à la régulation de la vie internationale par l'invention et l'adaptation permanente d'un *modus vivendi* fait de transactions et d'accommodements. Le nouveau regard des juristes et des historiens permet aussi de mesurer l'évolution épistémologique de l'histoire diplomatique. Les traités, par exemple, sont désormais moins étudiés dans le détail de leurs dispositions, que dans leur matérialité et leur fonctionnement et leur rôle dans l'organisation des relations internationales et de la coexistence des États[40].

Depuis la commémoration des 350 ans des traités de Westphalie, en 1998, une série de colloques célébrant les grandes paix du XVIIᵉ siècle a permis de rassembler et de valider les différentes perspectives de recherche en histoire des relations internationales et de la diplomatie. L'étude des grandes réunions diplomatiques permet d'observer la mise en scène du protocole diplomatique, de voir en action l'art subtil de la négociation et d'estimer l'influence des différents types de facteurs qui concourent à la conclusion de la paix. Au-delà de la résolution de contentieux particuliers et de l'élaboration d'accords de paix, les congrès diplomatiques, par la concentration du dialogue qu'ils permettent, favorisent une réflexion sur l'organisation du monde qui s'inscrit dans une promesse de paix

38 Sur les immunités, voir Linda Frey et Marsha Frey, *The History of diplomatic Immunity*, Colombus, Ohio State University Press, 1999, et Géraud Poumarède (dir.) *Résidences d'ambassadeurs et immunités diplomatiques (XVIᵉ-XXᵉ siècle)*, Rome, École française de Rome, 2007.
39 Maarti Koskenniemi, *From Apology to Utopia : The Structure of International Legal Argument*, Cambridge, Cambridge University Press, 1989 ; Nicolas Drocourt et Éric Schnakenbourg (dir.), *Thémis en diplomatie. Droit et arguments juridiques dans les relations internationales de l'Antiquité tardive à la fin du XVIIIᵉ siècle*, Rennes, PUR, 2016.
40 Randall Lesaffer (dir.), *Peace Treaties and International Law in History*, Cambridge, Cambridge University Press, 2004 ; Olivier Poncet, *Diplomatique et diplomatie : les traités (Moyen Âge – début du XIXᵉ siècle)*, Paris, École des Chartes, 2015.

pérenne. La réunion de représentants de différentes souverainetés en un lieu, et pour un temps donné, symbolise la sociabilité transnationale qui manifeste autant la réalité d'une société des États que celle d'une société cosmopolite des diplomates[41].

LE SECOND SOUFFLE DE LA NOUVELLE HISTOIRE DES RELATIONS INTERNATIONALES ET DE LA DIPLOMATIE ?

Ces dernières années sont marquées une nouvelle évolution historiographique de l'histoire des relations internationales et de la diplomatie avec des travaux qui s'inscrivent dans deux perspectives particulières, l'une à l'échelle des individus (*actor centered*) et l'autre réputée globale. Sur le fond, dans un contexte contemporain qui amène à reconsidérer le rôle réel des États sur la scène mondiale, il s'agit de s'interroger sur la pertinence du cadre étatique dans les relations internationales des époques anciennes. Parallèlement, certains historiens dénoncent la conception classique des rapports interétatiques comme un héritage du XXe siècle conduisant à regarder le passé de manière téléologique dans une perspective nationale. La volonté des gouvernements n'étant plus considérée comme le principe le plus important de la vie diplomatique, le regard des chercheurs se tourne d'abord vers les acteurs pour adopter une perspective dite « par en-dessous » (*from below*).

Une première série d'interrogation a porté sur les conditions de travail et de vie des hommes de la diplomatie. Il a fallu se placer en amont et en aval de la négociation pour comprendre le milieu dans lequel ils évoluaient ainsi que les moyens dont ils disposaient pour mener à bien leur tâche, en particulier pour acquérir et faire circuler l'information[42]. L'étude des

---

41 C'est également le cas pour les grandes cours européennes comme Rome : Albane Pialoux, *Négocier à Rome au XVIIIe siècle. Ambassade et ambassadeurs du Roi Très-Chrétien dans la cité pontificale (1724-1757)*, thèse de doctorat, Université Paris-Sorbonne, 2009.

42 Joycelyne G. Russell, *Diplomats at Work : Three Renaissance Studies*, Stroud, Sutton, 1992 ; Alain Hugon, *Au service du roi catholique : « honorables ambassadeurs » et « divins espions ». Représentation diplomatique et service secret dans les relations hispano-françaises de 1598 à 1635*, Madrid, Casa de Velázquez, 2004 ; Rainer Babel, *Le diplomate au travail. Entscheidungsprozesse,*

relations internationales et de la diplomatie par le biais des acteurs repose sur le postulat que chaque individu a des identités multiples. Ce qui est vrai en général, l'est en particulier pour les princes qui sont les animateurs essentiels de la vie internationale[43]. Il s'agit de s'interroger sur le double corps du diplomate qui est tout à la fois porteur officiel de la parole d'un prince et individu privé. L'attention portée aux consuls, qui sont en relation avec leur gouvernement, avec les autorités du pays dans lequel ils résident, avec leurs compatriotes négociants et avec les marchands locaux a contribué à nourrir des interrogations sur les stratégies personnelles des agents diplomatiques. À l'opposé d'une histoire faisant des divers envoyés de simples rouages, cette perspective postule la primauté des motivations et des influences singulières inscrites dans des dynamiques sociales. La diplomatie est alors envisagée comme un champ d'interactions personnelles et ses acteurs ne sont plus seulement ceux qui sont accrédités, mais aussi divers individus intégrés à des réseaux transnationaux et cosmopolites[44]. L'étude des relations épistolaires permet de connaître ce type de réseaux et de mieux comprendre le sens et les modalités de l'action diplomatique[45]. Pour autant, on ne saurait dédaigner la correspondance officielle au motif qu'elle ne conserverait qu'une parole convenue et un discours attendu à la différence des papiers privés et de la correspondance personnelle réputés être plus authentiques. Le service diplomatique doit alors être envisagé dans une perspective de conservation ou d'accroissement du capital, qu'il soit économique ou social, non seulement d'un individu, mais aussi de sa parentèle et de son lignage[46].

Information und Kommunikation im Umkreis des Westfälischen Friedenskongresses, Munich, Oldenbourg, 2005 ; Éric Schnakenbourg, *La France, le Nord et l'Europe au début du* XVIIIe *siècle*, Paris, H. Champion, 2008 ; Anne-Simone Rous et Martin Mulsow, *Geheime Post. Kryptologie und Steganographie der diplomatischen Korrespondenz europäischer Höfe während der Frühen Neuzeit*, Berlin, Duncker & Humblot, 2015.

43   Lucien Bély, *La Société des princes,* XVIe-XVIIIe *siècle*, Paris, Fayard, 1999 ; Bertrand Haan, *L'amitié entre princes. Une alliance franco-espagnole au temps des guerres de Religion (1560-1570)*, Paris, PUF, 2010.

44   Daniel Riches, *Protestant Cosmopolitanism and Diplomatic Culture : Brandenburg-Swedish Relations in the Seventeenth Century*, Leyde-Boston, Brill, 2013 ; Sébastien Schick « Des liaisons avantageuses. Action des ministres, liens de dépendance et diplomatie anglaise dans le Saint-Empire romain germanique (années 1720-1750) », thèse de doctorat, Université Paris I, 2015.

45   Matthieu Gellard, *Une reine épistolaire. Lettres et pouvoir au temps de Catherine de Médicis*, Paris, Classiques Garnier, 2014.

46   Ainsi, au XVIIe siècle, les familles de l'aristocratie suédoise de La Gardie et Sparre bénéficient des largesses françaises pendant six générations. Plusieurs de leurs membres

Au-delà de la dimension fonctionnelle, l'approche anthropologique de l'usage des gratifications permet de montrer l'ampleur des réseaux que constituent les diplomates et la manière dont ils fonctionnent selon des logiques de réciprocité immédiate ou plus lointaine, de dons et de contre-dons rappelant la relation de clientèle qui est courante dans les sociétés d'Ancien Régime[47]. Dans cette perspective, la primauté est donnée aux fidélités personnelles qui sont considérées comme le véritable moteur de l'activité diplomatique, et non le cadre étroit des missions officielles, en raison de l'immaturité des structures d'États qui ne seraient que des « squelettes » auxquels échapperait la réalité complexe des relations internationales[48].

La perspective *actor centered* a le mérite d'introduire de la nuance et de la souplesse dans une histoire longtemps placée sous le sceau du rationalisme mécanique des échanges entre personnages transparents. Elle permet également d'ouvrir la réflexion sur des acteurs non diplomatiques qui peuvent, d'une manière ou d'une autre, influer sur les relations entre États, comme les corsaires, les entrepreneurs de guerre, les compagnies de commerce, les marchands, les femmes[49], sans oublier une foule composite d'aventuriers, d'espions et d'individus cherchant à vendre leurs services[50].

Si la prise en compte des appartenances réticulaires est effectivement importante pour mieux comprendre l'action et le comportement des diplomates, la tendance à opposer la fonction officielle aux réseaux permettant de satisfaire des intérêts personnels mérite d'être discutée. Les

entrent au service de Louis XIV dans l'armée et la diplomatie, Peter Lindström et Svante Norrhem, *Flattering Alliances : Scandinavia, diplomacy, and the Austrian-French balance of power, 1648-1740*, Lund, Nordic Academic Press, 2013. Pour les réseaux diplomatiques français et italiens dans la première moitié du XVIIᵉ siècle, voir Anna Blum, *La Diplomatie de la France en Italie du nord au temps de Richelieu et de Mazarin*, Paris, Classiques Garnier, 2014.

47 Heiko Droste, *Im Dienst der Krone. Schwedische Diplomaten im 17. Jahrhundert*, Berlin, LIT, 2006 ; Daniel Legutke, *Diplomatie als soziale Institution. Brandenburgische, sächsische und kaiserliche Gesandte in Den Haag 1648-1720*, Münster, Waxmann, 2010 ; Hillard von Thiessen, *Diplomatie und Patronage die spanisch-römischen Beziehungen 1605-1621 in akteurszentrierter Perspektive*, Epfendorf, Bibliotheca Academica, 2010.

48 D. Riches, *Protestant Cosmopolitanism and Diplomatic Culture, op. cit.*, p. 78.

49 Glenda Sluga et Carolyn James (dir.), *Women, Diplomacy and International Politics since 1500*, Londres, Routledge, 2016.

50 L. Bély, *Espions et ambassadeurs, op. cit.* ; Stéphane Genêt, *Les espions des Lumières. Actions secrètes et espionnages militaire sous Louis XV*, Paris, Nouveau monde, 2013 ; Éric Schnakenbourg, *Entre espionnage et curiosité. Le voyage du marquis de Poterat vers la mer Noire (1781)*, Paris, Classiques Garnier, 2011.

ambassadeurs sont en effet intégrés dans des réseaux professionnels qui leur servent à remplir leur fonction. Faute d'archives clairement identifiées, on connaît par exemple assez mal la correspondance qu'entretiennent les diplomates entre eux et avec les consuls[51]. Les relations horizontales et verticales peuvent servir des intérêts personnels mais aussi être utiles pour remplir la tâche assignée à un diplomate. D'ailleurs, au XVIIᵉ siècle, certains diplomates étrangers sont employés par Louis XIV précisément en raison des relations personnelles dont ils disposent dans leur pays d'origine. Il serait erroné de ne considérer les réseaux des diplomates que comme la manifestation d'accointances purement privées. En effet, la constitution de réseaux, d'amis et d'obligés, fait partie de la tâche d'un envoyé en pays étranger comme le précisent les théoriciens de la diplomatie[52]. Enfin, on peut s'interroger sur les limites du caractère opératoire de l'approche réticulaire. Tout d'abord parce qu'un diplomate, comme n'importe quel individu, peut appartenir à plusieurs réseaux plus ou moins actifs, confessionnels, professionnels, familiaux, au sein desquels ses intérêts ne seront pas également répartis et qui peuvent être animés par des logiques contradictoires. Ensuite, il est difficile de déduire de manière sinon automatique, du moins fortement induite, un comportement de l'intégration à un réseau. Entre le déterminisme et l'influence de l'appartenance réticulaire, il y a plus qu'une nuance que l'historien doit prendre en compte pour observer une démarche véritablement *actor centered*.

L'autre dimension du nouveau souffle de l'histoire des relations internationales et de la diplomatie est l'approche dite « globale » qui s'inscrit dans une tendance historiographique générale. La démarche « globale » consiste à dépasser les perspectives nationales pour envisager de manière décentralisée, et à différentes échelles, les interactions de tous types pour relier les éléments relatifs à un même objet d'étude. Cette approche très féconde dans l'étude des circulations inspire des questionnements dans d'autres spécialités.

---

51 À ce sujet, il faut signaler François Brizay, *Des informateurs méconnus. L'exemple de la correspondance entre le chargé d'affaires à Rome et les consuls de France à Naples et en Sicile (1706-1724)*, mémoire d'habilitation à diriger des recherches, Université Paris-Sorbonne, 2010.

52 « Un envoyé qui réside constamment à une cour, a le tems de s'y faire des amis, des habitudes, & des liaisons, qui le mettent au fait de tout ce qu'il a besoin de sçavoir ; il contracte des allures, il paye des espions qui l'avertissent a tems de tout ce qui s'y passe d'interressant, de tous les changemens qui arrivent, & de tous les projets qui s'y trament », Jacob Friedrich von Bielfeld, *Institutions politiques*, vol. 2, La Haye, P. Gosse, 1760, p. 147.

L'histoire des relations internationales de la période très contemporaine est un champ partagé entre les historiens, proprement dits, et les spécialistes de science politique. Dans leur réflexion sur l'organisation des relations internationales, ces derniers ont recours à la notion de système. Elle permet de dépasser les cas particuliers des États pour réfléchir, dans la longue durée et à large échelle à la structuration de leurs relations, à ce qui transcende les singularités pour animer une vie collective comme, par exemple, l'idéal de l'équilibre[53]. Ces dernières années, le paradigme westphalien a été remis en cause par l'intérêt porté aux dynamiques transnationales. Elles amènent à repenser la réalité des frontières, de l'état de guerre et de paix, de l'autorité d'un gouvernement central au sein de son propre territoire et du lien des individus à leur souverain. L'étude globale du fonctionnement de la société des souverainetés permet d'adopter un regard plus différencié qu'on ne le fait généralement sur les différents postes diplomatiques. On peut ainsi se poser la question d'une diplomatie de « basse intensité » s'écoulant à un rythme lent. Elle concernerait des envoyés de second ordre qui, même s'ils ne sont pas impliqués dans de grandes négociations, remplissent néanmoins des fonctions d'informateurs et participent aux circulations culturelles[54]. Il faudrait également s'interroger sur la pertinence de la notion de *small states* que les historiens contemporanéistes utilisent déjà[55]. Elle serait une entrée dans une réflexion sur la typologie des puissances et de leur action sur la scène européenne et mondiale, aussi bien en matière de diplomatie politique, commerciale ou coloniale comme le font les contemporains.

L'approche globale des relations internationales impose de varier les échelles d'analyse pour comprendre, d'une part, comment des enjeux

---

53 Bertrand Badie et Marie-Claude Smouts, *Le retournement du monde. Sociologie de la scène internationale*, Paris, 1999 ; Andreas Osiander, *The States System of Europe, 1640-1990 : Peacemaking and the Conditions of International Stability*, Oxford, Clarendon Press, 1994 ; Id., *Before the State : Systemic political change in the West from the Greeks to the French Revolution*, Oxford, Oxford University Press, 2007.

54 Stéphane Yerasimos, « Explorateurs de la modernité. Les ambassadeurs ottomans en Europe », *Genèses*, n° 35, 1999, p. 65-82 ; Fabrice Brandli, *Le Nain et le Géant. La République de Genève et la France au XVIIIᵉ siècle. Cultures politiques et diplomatie*, Rennes, PUR, 2012.

55 Christine Ingebritsen, Iver Neumann, Sieglinde Gstöhl et al. (dir.), *Small States in International Relations*, Seattle, University of Washington Press-Reykjavik University of Iceland Press, 2006 ; Herman Amersfoort et Wim Klinkert (dir.), *Small Powers in the Age of Total War, 1900-1940*, Leyde-Boston, Brill, 2011. Pour l'époque moderne, la réflexion a été initiée par Indravati Félicité : *Négocier pour exister. Les villes et les duchés du nord de l'Empire face à la France (1650-1730)*, Munich, De Gruyter-Oldenbourg, 2016.

locaux pouvaient s'inscrire dans le champ des rivalités d'États[56] et, d'autre part, considérer la manière dont les contemporains concevaient l'organisation de la société des États envisagée comme un ensemble sinon cohérent, du moins constitué. C'est un domaine fécond relevant du champ culturel par la rencontre de l'histoire de la pensée et de l'histoire du droit. L'aspiration à l'établissement d'une paix durable ou, du moins, à la limitation des conflits a inspiré de nombreux auteurs[57]. L'ensemble de ces écrits témoigne de la vigueur de la réflexion sur la coexistence pacifique des États. Au XVIIIᵉ siècle, le cosmopolitisme, la promotion de l'idéal de paix et l'importance économique, autant que symbolique, du commerce fondent la réflexion sur la vie commune des États et des peuples[58]. Elle s'inscrit dans un idéal de régulation des rapports de force par le droit des gens trouvant ses fondements dans le droit naturel et dans les accords internationaux. Si cette réflexion concerne avant tout le cadre européen, elle s'inscrit aussi dans un horizon plus large, à travers les interrogations sur l'éligibilité des peuples non européens, notamment américains, au droit des gens et sur l'intégration de la jeune république des États-Unis dans un système international qui s'étend aux deux rives de l'Atlantique[59].

Comme d'autres spécialités historiques, l'histoire des relations inter-nationales et de la diplomatie doit aussi être envisagée sinon dans une perspective véritablement mondiale, du moins extra-européenne. La diplomatie porte une parole par laquelle les Européens construisent leur organisation du monde en se reconnaissant des territoires lointains, généralement mal connus aux limites sont plus ou moins bien établies[60]. La commémoration du tricentenaire de la paix d'Utrecht a été l'occasion de s'interroger sur l'émergence d'une « diplomatie monde » au début du

---

56   Fabrice Micallef, *Un désordre européen. La compétition internationale autour des « Affaires de Provence » (1580-1598)*, Paris, Publication de la Sorbonne, 2014.

57   Jean-Pierre Bois, *La paix. Histoire politique et militaire*, Paris, Perrin, 2012.

58   Marc Belissa, *Fraternité universelle et intérêt national (1713-1795). Les cosmopolitiques du droit des gens*, Paris, Kimé, 1998.

59   Nancy Green et Olive Patricia Dickason, *The Law of Nations and the New World*, Edmonton, University of Alberta Press, 1989 ; Peter Onuf et Nicholas Onuf, *Federal Union, Modern World : The Law of Nations in an Age of Revolution, 1776-1814*, New York, Madison House, 1993 ; Eliga H. Gould, *Among the Powers of the Earth : The American Revolution and the Making of a New World Empire*, Cambridge (Mass.), Harvard University Press, 2012.

60   Lauren Benton, *A Search for Sovereignty : Law and Geography in European Empires, 1400-1900*, Cambridge, Cambridge University Press, 2010 ; François Ternat, *Partager le monde. Rivalités impériales franco-anglaises (1748-1756)*, Paris, PUPS, 2015.

XVIIIe siècle[61]. Autrement dit, il s'est agi de savoir si, et comment, les enjeux du lointain ont pu peser dans le cours des négociations de 1713. Plus largement, se profile la question de la mondialisation des relations internationales et de l'intégration de l'espace diplomatique par-delà les limites de l'Europe[62]. Ce type de problématique renvoie, notamment, à la question de l'empire.

La construction des empires relève d'une concurrence pour les ressources qui doit être pensée dans le cadre des rivalités entre puissances européennes animées par une volonté d'État, mais aussi par les intérêts privés des compagnies de commerce qui jouissent d'une grande liberté d'action dans les régions les plus éloignées de l'Europe[63]. Dans ce cadre, la question de l'équilibre des forces n'est plus pensée uniquement en Europe, mais à l'échelle du monde conférant à la puissance maritime de nouveaux enjeux[64]. Si les dispositions des grands traités portant sur les territoires ultramarins sont bien connues, certains aspects de cette diplomatie à l'échelle mondiale demanderaient encore quelques recherches. Parmi ceux-ci, se trouve sans doute la question des informations disponibles et des compétences mobilisées pour traiter des contentieux et des enjeux ultramarins en amont et en aval des grandes négociations.

Le passage de l'histoire coloniale, récit de la domination d'une puissance européenne sur des régions lointaines, à l'histoire impériale et aux *postcolonial studies*, permet également d'ouvrir de nouvelles réflexions en histoire des relations internationales. Si l'on considère que les empires sont avant tout des constructions animées par les intérêts des acteurs locaux, il convient d'adopter une approche transimpériale davantage appuyée sur les proximités géographiques et les réseaux que sur les

---

61 Lucien Bély, Guillaume Hanotin et Géraud Poumarède (dir.), *La diplomatie-monde. Autour de la paix d'Utrecht*, Paris, Pédone, 2019.

62 Armin Reese, *Europäische Hegemonie und France d'outre-mer : koloniale Fragen in der französischen Aussenpolitik 1700-1763*, Stuttgart, Steiner Verlag, 1988 ; Éric Schnakenbourg et François Ternat (dir.), *Une diplomatie des lointains. La France face à la mondialisation des rivalités internationales, XVIIe-XVIIIe siècle*, Rennes, PUR, 2020 ; Éric Schnakenbourg, « La géographie des diplomates : la mondialisation de la diplomatie à l'époque moderne » *Revue d'histoire moderne et contemporaine*, vol. 67, n° 1, 2020, p. 139-162.

63 Elisabeth Heijmans, *The Agency of Empire : Connections and Strategies in French Overseas Expansion (1686-1746)*, Leyde, Brill, 2019.

64 Jeremy Black, *Fighting for America : The Struggle for Mastery in North America, 1516-1871*, Bloomington, Indiana University Press, 2011 ; Paul W. Mapp, *The Elusive West and the Contest for Empire, 1713-1763*, Chapel Hill, The University of North Carolina Press, 2011.

critères de nationalités[65]. Il faudrait aussi s'interroger sur l'existence d'une paradiplomatie locale et sur son degré d'autonomie. Ses acteurs n'en seraient pas des diplomates accrédités, mais des gouverneurs appuyés sur des marchands qui négocient, à leur échelle, des arrangements avec leurs homologues étrangers[66]. Cette approche permettrait de poser la question d'une dimension extra-européenne des relations internationales échappant, pour tout ou partie, aux gouvernements métropolitains.

L'étude des relations internationales à l'époque moderne a longtemps été considérée comme trop européocentrée. Elle est, en fait, occidentalocentrée, faisant des pays de l'ouest de l'Europe les agents du décloisonnement du monde grâce à la fondation d'établissements ultra-marins. Dans une perspective de longue durée allant de la fin du XVe siècle au XIXe siècle, l'histoire diplomatique du monde serait celle d'une extension progressive d'un type d'organisation internationale[67]. C'est une idée contestable, car elle sous-entend une maîtrise européenne des formes de dialogues avec des puissances non européennes, dans la logique d'une histoire du triomphe mondial des codes, des pratiques et des valeurs occidentales. Actuellement, la tendance est davantage à une approche, autant que possible, « à part égale » de la rencontre diplomatique, en la considérant comme une mise en relation de systèmes ayant des normes spécifiques. Elle est un des terrains de l'interculturalité permettant d'observer la manière dont apparaissent des formes protocolaires hybrides. La nécessité et l'intérêt de chacun permet de s'entendre pour mener des négociations dans lesquelles le rapport de force n'est pas en faveur des Européens[68]. La relation diplomatique entre agents de mondes différents est avant tout une rencontre culturelle, une « expérience de l'autre », se déclinant

---

65 Andrew Jackson O'Shaughnessy, *An Empire Divided : The American Revolution and the British Caribbean*, Philadelphie, University of Pennsylvania Press, 2000.
66 David Chaunu, « Sortir de la guerre dans la Caraïbe coloniale : l'application du traité de Breda à Saint-Christophe (1667-1678) », *Revue d'histoire diplomatique*, n° 3, 2015, p. 197-224.
67 Matthew Anderson, *The Rise of Modern Diplomacy, 1450-1919*, Londres, Longman, 1993.
68 C'est le cas par exemple en Afrique : Makhroufi Ousmane Traoré, *Lat-Sukaabé Faal et l'océan Atlantique. L'émergence de l'État-ethnie Wolof dans le système des relations internationales, 1488-1720*, Paris, PUPS, 2017 ; Randy J. Sparks, *Là où les nègres sont maîtres. Un port africain à l'époque de la traite*, Paris, Alma, 2017. Pour l'Amérique du Nord : Richard White, *Le Middle Ground. Indiens, empires et républiques dans la région des Grands Lacs, 1650-1815* [1991], trad. fr., Toulouse, Anacharsis, 2009 ; Gilles Havard, *La grande paix de Montréal de 1701. Les voies de la diplomatie franco-amérindienne*, Montréal, Recherches amérindiennes au Québec, 1992 ; Id., *Empire et métissages. Indiens et Français dans le Pays d'en Haut, 1660-1715*, Québec-Paris, Septentrion-PUPS, 2003.

à plusieurs niveaux, de l'ambassade extraordinaire et ponctuelle aux accommodements que doivent accepter les diplomates et les consuls séjournant hors d'Europe[69]. La rencontre diplomatique met certes en scène les difficultés de compréhension et de communication entre civilisations, mais montre, même si elle ne débouche sur aucun accord, la capacité à finalement inventer des formes de dialogue[70].

L'étude des relations internationales et de la diplomatie a été marquée ces dernières décennies par des décloisonnements épistémologiques, thématiques et spatiaux. En ce sens, cette pratique historienne dépasse, sans pour autant devoir la nier, la perspective sinon unique du moins principale de la parole de l'État et de ses agents. L'histoire des relations internationales fait dialoguer les singularités avec les perspectives globales, mais aussi les faits avec les échanges et les idées. Si l'on doit se défaire du « fétichisme du concret » qui a longtemps caractérisé la discipline, il ne faut pas pour autant céder à la tentation d'une histoire éthérée de la pensée et des concepts sans se poser la question de leur effectivité. La méthode de travail impose à l'historien de faire preuve d'inventivité dans la manière dont il exploite ses sources pour faire une histoire des relations internationales et de la diplomatie qui soit à « l'écoute du monde », en voyant comment les considérations personnelles, politiques, économiques, juridiques et culturelles s'influencent réciproquement.

Pour l'historien, l'enjeu est de caractériser et de comprendre les permanences et les mutations des phénomènes qu'il étudie, autant que d'écrire une histoire compréhensive portant sur la manière dont les hommes percevaient le monde dans lequel ils vivaient. Ces formes d'intelligence du passé ouvrent des perspectives variées alors même qu'il n'y a pas de temporalité historique unique. À ce titre, autant que le changement d'échelles spatiales, il semble nécessaire de s'interroger

---

69   Christian Windler, *La diplomatie comme expérience de l'autre. Consuls français au Maghreb (1700-1840)*, Genève, Droz, 2002 ; Jeremy Black, *A History of Diplomacy*, Londres, Reaktion Books, 2011.

70   C'était le sujet de la journée d'études « Louis XIV et les souverains du bout du monde : diplomatie, rituel de cour et expérience de l'autre dans la France moderne », organisée par Lucien Bély et Géraud Poumarède au château de Versailles en 2007. Voir également Kate Lowe, « "Representing" Africa : Ambassadors and Princes from Christian Africa to Renaissance Italy and Portugal, 1402-1608 », *Transactions of the Royal Historical Society*, 6th Series, vol. 17, 2007, p. 101-128.

sur les échelles temporelles pour « casser » l'horizontalité du temps. Il faudrait considérer et articuler les rythmes propres des différents objets mobilisés dans une recherche pour rendre compte des réalités emboitées des relations internationales. Le temps de l'action individuelle, n'est pas celui des stratégies politiques et commerciales et, encore moins, celui des idées et des représentations. Il ne s'agit pas d'établir une hiérarchie entre les temporalités, mais de les considérer comme des niveaux de lecture qui se complètent et s'éclairent mutuellement. Cette approche méthodologique est un moyen de tenir dans une même réflexion, principes, théories, pratiques et comportements. Les articulations et les interactions entre différentes approches d'un même questionnement permettant ainsi d'envisager une histoire des relations internationales et de la diplomatie ouverte et dynamique.

Éric SCHNAKENBOURG

L'HISTOIRE RELIGIEUSE DE LA FRANCE SAISIE PAR LE THÉOLOGICO-POLITIQUE ?

Un bilan historiographique
(1990-2015)

Il m'a été demandé de faire un panorama historiographique de l'histoire religieuse de la France moderne depuis une vingtaine d'années. Bref, non pas de dresser une bibliographie, c'est à dire un utile cimetière de titres, mais de livrer un témoignage, forcément subjectif, qui sera un peu celui d'un historien entré dans cette profession il y a 25 ans. Mais ce n'est pas le bilan d'une génération historienne que je livre, car une historiographie est toujours un mélange intergénérationnel. Voici donc une proposition qui s'étend jusqu'en 2015 et démarre en 1990, après les grandes commémorations de la Révocation (1985) et de la Révolution (1989), après la parution en 1988 de *l'Histoire religieuse de la France*, qui faisait le point sur les travaux des décennies précédentes[1].

La notion d'histoire religieuse de la France est-elle toujours pertinente ? La France, qui est diversité, appartient à une catholicité de plus en plus romanisée et en voie de dilatation hors de l'Europe. Elle appartient aussi à une chrétienté frappée par la division confessionnelle en Europe, marquée les phénomènes de refuges, tant de huguenots hors de France que de catholiques anglais et irlandais en France. Dès lors chacun comprend qu'il est impossible de faire l'histoire religieuse du pays sans voir ce qui se déroule à Rome, ou à Genève, ni sans pister la circulation des réformes[2]. Tout le monde comprend que le statut dévotionnel

---

1 Voir le décompte de la production sur le protestantisme des masters, maitrises, DEA, thèses et habilitations, dans *Bulletin de la Société de l'histoire du protestantisme français (BSHPF)*, t. 150, n° 1, 2004, p. 185-206. Un bilan historiographique des études sur le protestantisme depuis 1945 a été réalisé dans le t. 148 de la même revue en 2002 pour le 150e anniversaire de la Société de l'histoire du protestantisme français.

2 Voir par exemple, Philip Benedict, Silvana Seidel Menchi et Alain Tallon (dir.), *La Réforme en France et en Italie*, Rome, École française de Rome, 2007.

de l'image en milieu catholique, largement mis en lumière par Hans Belting est un phénomène largement transnational, de même que bien des objets de recherches en histoire religieuse, dévotions ou reliques[3]. Voilà pourquoi des historiens comme Alain Tallon ont invité à regarder un peu plus la France depuis Rome, ou depuis la Milan de Borromée, ce qu'avait déjà en son temps réalisé Marc Venard depuis l'enclave pontificale d'Avignon. La vitalité des études sur l'antiromanisme catholique (S. De Franceschi ; B. Hours) conforte ce point de vue. Bref, l'histoire religieuse de la France ne peut faire l'économie de l'historiographie internationale sur le catholicisme moderne développée par Mario Rosa, Paolo Prodi, Adriano Prosperi, Wolfgang Reinhardt ou John Bossy. De même, depuis les travaux pionniers de Nicola Mary Sutherland, Béatrice Nicollier et Hugues Daussy ont montré que le protestantisme français doit être replacé dans sa dimension internationale, pas seulement avec les diasporas et les échanges intellectuels, mais aussi à travers les réseaux diplomatiques, les soutiens politiques, les « partis » et les alliances protestantes. Seules peut-être les études sur le jansénisme français de Catherine Maire ou de Monique Cottret restent assez hexagonales, alors que c'est un phénomène religieux qui concerne non seulement la Sorbonne, mais aussi Louvain, Rome, Utrecht ou Naples, comme l'a montré Sylvio De Franceschi dans son étude sur la controverse de la grâce. Mais on aimerait en savoir plus sur les relations entre les réseaux jansénistes provinciaux et internationaux.

Si les sources étrangères et les points d'observation extérieurs sont donc importants et nécessaires, faut-il alors, dans un mouvement de balancier, décréter l'abolition de l'objet histoire religieuse de la France pour l'insérer dans une vaste catholicité, où les variations sociales, spatiales et politiques seraient moins essentielles que les constantes générales ? Rendre périphérique l'objet « histoire religieuse de la France » serait postuler une centralité romaine ou genevoise et tenir les marges religieuses pour passives. Or il existe une centralité et une dynamique des « périphéries » car le centre n'impulse pas tout. Ce centralisme pontifical, que peut induire le point d'observation romain, est d'autant plus à nuancer que l'on sait, par exemple, combien la France religieuse du XVIIᵉ doit beaucoup à l'Espagne en matière de théologie morale et de

3   Bernard Dompnier, *I linguaggi della convinzione religiosa : una storia culturale della riforma cattolica*, Rome, Bulzoni, 2013.

spiritualité et que les échanges intellectuels ne s'enferment nullement dans un face à face entre Paris et Rome. De même les milieux gallicans ont été dans un dialogue permanent avec l'Angleterre au XVIIᵉ siècle autour de la patristique et des questions ecclésiologiques comme l'ont montré Jean-Louis Quantin, Bernard Bourdin ou Sylvio De Franceschi.

Il est donc légitime de poser la spécificité d'une histoire religieuse de la France puisque même les jésuites qui y exercent leur apostolat sont loin de s'aligner systématiquement sur Rome. En outre, la réforme catholique en France ne commence pas à Trente car il existe une tradition gallicane, dont on trouve bien des traits rassemblés dans le concile de Sens de 1528. De même les séminaires qui se développent dans le royaume au XVIIᵉ siècle ne ressemblent nullement à la formule envisagée par le concile de Trente. Les gallicanismes du Roi Très-Chrétien et de l'Église de France font que le recours à Rome est aussi moins nécessaire. La nomination des évêques et des abbés est affaire du prince, les visites *ad limina* sont rares, les villes recourent peu à la congrégation des rites pour valider l'élection d'un saint patron, peu de saints français sont canonisés à l'âge classique. Enfin, la mission étrangère n'a pas en France l'importance qu'elle joue dans les pays ibériques. À l'exception de Caroline Galland sur les récollets de Nouvelle France, de Giovanni Pizzorusso sur la mission aux Antilles, ou d'Andréa Daher sur l'histoire de la mission capucine au Brésil vers 1612-1615, les spécialistes français de missiologie lointaine comme Charlotte de Castelnau-L'Estoile ou Aliocha Maldavsky sont plutôt portés vers les mondes ibériques tandis que Pascale Girard analyse les religieux en Chine, Hélène Vu Thanh les missions au Japon et Hervé Pennec les jésuites en Éthiopie. Enfin, si la France n'a pas d'inquisition active, elle a pourtant des protestants, ce qui nécessite de faire de l'histoire religieuse avec d'autres questions et d'autres sources que les procès inquisitoriaux dont on sait combien ils alimentent l'histoire sociale, culturelle et religieuse des péninsules de la Méditerranée occidentale.

Penchons-nous donc sur l'histoire religieuse de la France en cernant le milieu qui la fabrique, et en étudiant les permanences, les épuisements et les nouveaux chantiers.

LE MILIEU DES HISTORIENS FRANÇAIS DU RELIGIEUX
Un essai de pesée globale du champ

Rappelons, tout d'abord que l'histoire religieuse de la France n'est pas le seul fait des Français. Les étrangers y jouent leur rôle. Évoquons ici, sans exhaustivité et dans le désordre, les noms de Natalie Zemon Davis, Philip Benedict, Mack P. Holt, James K. Farge, Jonathan Reid, Joseph Bergin, Mark Greengrass, Jonathan Israel, Dale van Kley, Francis Higman, Robert M. Kingdon, Barbara Diefendorf, Penny Roberts, Mark Konnert, Philip Conner, Ellen Weaver, Jacques Gres-Gayer, Larissa Taylor, Andrew Pettegree, Malcolm Walsby (professeur à l'ENSSIB), Keith P. Luria, Raymond Mentzer, Alfred Soman, E. William Monter. Au point que Marc Venard a pu écrire que « l'histoire religieuse de la France s'écrit aux États-Unis » et, j'ajouterai, dans les îles Britanniques[4]. Mais il ne faudrait pas oublier le rôle des Italiens, Marina Caffiero (sur la fabrique d'un saint, Benoît Labre, au siècle des Lumières), Paolo Cozzo (pour la Savoie), Giancarlo Mori (sur Bayle), Stefano dall'Aglio (sur le savonarolisme en France), Guillaume Alonge (sur les rapports entre hétérodoxies italiennes et milieux diplomatiques français), Giovanni Ricci (sur les rapports avec les Ottomans), Simona Negruzzo (sur l'éducation en Alsace), de Vincenzo Lavenia (sur les missions aux armées) ou de Corrado Vivanti, dont l'ouvrage sur les luttes politiques au temps des guerres de Religion, publié en 1963, n'a été traduit qu'en 2005. Lors de sa publication initiale, seuls Yves-Marie Bercé et Marc Venard, avaient accordé attention à ce travail.

Il faudrait aussi évoquer les contributions de chercheurs suisses, comme Alain Dufour, Olivier Fatio, Irena Backus, Max Engammare, Maria Cristina Pitassi, François Walter, de Belges, comme Jean-François Gilmont, Jean-Pierre Massaut, Marie-Élisabeth Henneau, Annick Delfosse, d'Espagnols, comme José Javier Ruiz Ibáñez ou Bartolomé Clavero, de Néerlandais comme Wilhem Frijhoff, d'Allemands, comme Eckart Birnstiel (maître de conférences à Toulouse), Cornel Zwierlein, Albrecht Burkardt (professeur à Limoges), de Canadiens, comme Dominique Deslandes, Megan Armstrong, Michel De Waele, Elizabeth

---

Rapley, d'Australiens, comme David Garrioch, d'Israéliens, comme
Alexandre Haran, Elie Barnavi, Myriam Yardeni, Moshe Sluhovsky...
Travailler sur l'histoire religieuse de la France n'est donc pas qu'une
préoccupation hexagonale.

À l'inverse, nombre de chercheurs français en histoire religieuse ont
arpenté d'autres territoires que celui du royaume. Il faut évoquer ici les
apports de Viviane Barrie Curien, Bernard Cottret, Jean-Louis Quantin,
Liliane Creté, Bernard Bourdin à l'histoire religieuse de l'Angleterre, de
Bernard Van Ruymbeck sur l'Amérique du Nord à l'époque moderne,
de Bartolomé Bennassar, Ignasi Fernandez Terricabras, Jean-Pierre
Dedieu, Bernard Vincent, Serge Gruzinski, Isabelle Poutrin, Charlotte
de Castelnau-L'Estoile, Pierre Ragon, Aliocha Maldavsky, Natalia
Muchnik, Pierre-Antoine Favre, Antoine Mazurek, Boris Jeanne et
Cécile Vincent-Cassy pour le monde ibérique, de Bernard Vogler, Étienne
François, Gérald Chaix, Matthieu Arnold, Olivier Chaline, Olivier
Christin, Marie-Élizabeth Ducreux, Christophe Duhamelle, Claire
Gantet, Mathilde Monge, mais aussi de littéraires, comme Jean-Marie
Valentin, ou de philosophes, comme Philippe Buttgen, pour l'Empire,
de Daniel Tolet, Bernard Heyberger, Yves Tatarenko et Aurélien Girard
pour le christianisme oriental, de Lucette Valensi, Gilles Veinstein, Nicolas
Vatin, Michel Fontenay et Géraud Poumarède pour les rapports avec
les Ottomans, de Gérard Labrot, Jean-Michel Sallmann, Alain Tallon,
Antonella Romano, Olivier Poncet, Jean-Pascal Gay, Marie Lezowski et
Benoît Schmitz pour l'Italie et notamment Rome, mais pas seulement
si l'on pense aux travaux d'Anne Brogini sur Malte ou de Marie Viallon
sur Venise, enfin d'Évelyne Oliel Grausz pour le monde juif européen.
Les historiens du religieux en France ne s'enferment donc pas dans le
cadre du seul gallicanisme catholique.

Peut-on alors réaliser une pesée de ce milieu ou de ce champ français des modernistes spécialiste du religieux ? Je l'ai tentée à partir de
l'annuaire papier de l'Association des historiens modernistes des universités françaises (AHMUF) de 2010-2011, qui compte des retraités,
des décédés, parfois des Attachés temporaires d'enseignement et de
recherche, mais pas systématiquement recensés. Sur les 745 membres,
plus ou moins actifs de cette association des modernistes français,
123 déclarent faire de l'histoire religieuse. C'est un minimum car certains en font sans le dire comme Wolfgang Kaiser, Robert Descimon,

Bertrand Haan, Arlette Jouanna ou Jean-Michel Sallmann. Adoptant toutefois pour délimiter le champ une posture nominaliste fondée sur le déclaratif, je ne les ai pas décomptés. Sur ces 123, 47 sont retraités, ce qui souligne tout d'abord que l'histoire religieuse est inscrite depuis longtemps dans le paysage institutionnel français. Ensuite, les historiens du religieux ne sont pas concentrés dans lieu central, et il est bon de le rappeler à l'heure où certaines grandes manœuvres de Communautés d'universités et d'établissements (COMUE) et d'unités de recherche veulent faire croire qu'il n'y a pas d'histoire religieuse hors d'un seul laboratoire, d'une seule revue, d'une seule COMUE[5]. 45 institutions abritent au moins un chercheur moderniste du religieux, témoignant de la dispersion et de la dissémination de cet objet d'étude. Certains pôles – Unités mixtes de recherche (UMR) ou Équipes d'accueil (EA) – se détachent avec Clermont-Ferrand, l'EPHE, l'EHESS (avec le défunt Care, fondé par Alphonse Dupront), Lyon, Nancy, Paris I, Paris IV, Rennes 2, Tours. L'histoire religieuse est le fait d'universités septentrionales plus que méridionales, même s'il faut souligner l'importance du Centre Jean-Boisset à Montpellier. Ce milieu est aussi largement masculin puisqu'il ne compte que 32 femmes. Il faudrait connaître le sex-ratio du monde des modernistes pour savoir si l'histoire religieuse est plus ou moins féminisée que les autres champs de recherches. Enfin, 46 chercheurs sur 123 se focalisent sur la première modernité. C'est l'époque pour laquelle l'on trouve le plus de spécialistes du protestantisme, marginalisé et persécuté après 1685. 72 chercheurs englobent les XVIIᵉ et XVIIIᵉ siècles, avec l'attrait pour le jansénisme. Enfin, 5 s'installent dans la longue durée, comme Jean Delumeau.

Cette photographie à partir d'un annuaire de société professionnelle ne rend cependant pas totalement justice à l'histoire religieuse de l'époque moderne dont les historiens de l'université n'ont pas le monopole. Il faut en effet noter le rôle éminent que jouent certains littéraires, latinistes, civilisationnistes, ou musicologues, comme Xavier Bisaro, qui ne sont pas forcément membres de l'AHMUF. N'oublions pas les historiens d'art, comme Sophie Duhem et Christine Gouzi sur la peinture religieuse des

---

5   Un bel exemple de cette stratégie d'invisibilisation des universités et de valorisation d'un lieu central et d'un réseau dans Dominique Iogna-Prat, « Le religieux et le sacré », dans Jean-François Sirinelli, Pascal Cauchy et Claude Gauvard (dir.), *Les historiens français à l'œuvre, 1995-2010*, Paris, PUF, 2010, p. 143-160.

XVIIᵉ et XVIIIᵉ siècles et sur l'art paroissial. Toutes et tous contribuent à l'édition de textes, à la traduction d'œuvres latines, à l'approfondissement de la bibliographie matérielle, à la réflexion sur la littératurisation du religieux et de la théologie, ou sur le rapport des institutions cléricales face à la poésie ou au théâtre, à la compréhension de la commande picturale ou statuaire, à l'appréciation des usages et de la signification des œuvres d'art qui sont autant des supports de dévotion que des vecteurs de la pastorale. Ce dialogue des historiens avec les autres, sur les questions religieuses, est ancien. Que serait notre connaissance de Marguerite de Navarre sans l'étude fondatrice de Pierre Jourda ? Et celle de la prédication sans les études de Marc Fumaroli sur la rhétorique ? La sensibilité janséniste de figures canoniques de la littérature française a toujours impliqué les littéraires dans la connaissance du jansénisme et la Société de Port-Royal reste un carrefour de rencontres disciplinaires au même titre que la Société de l'histoire du protestantisme français. Sans exhaustivité donc, il convient de souligner pour le XVIᵉ siècle religieux français, les apports de travaux, français ou étrangers, de Frank Lestringant, Daniel Ménager, Claude-Gilbert Dubois, Michael Screech, Richard Cooper, Philip Ford, Loris Petris, Jean Dupèbe, Jacques Chomarat, Alexandre Tarrête, Marie Madeleine Fontaine, Olivier Millet, Gary Ferguson, Michel Magnien, Bruno Petey-Girard, Jean Balsamo, Elsa Kammerer et Véronique Ferrer. L'histoire religieuse du XVIIᵉ siècle doit beaucoup aux travaux de Sophie Houdard sur la mystique, de Laurent Thirouin sur le théâtre, de Sylviane Albertan-Coppola sur l'apologétique, d'Anne Régent-Susini sur la prédication ou de Gérard Ferreyrolles sur le jansénisme. Le renouvellement des études sur le milieu libertin et l'écriture libertine doit beaucoup à l'historien de la philosophie de Jean-Pierre Cavaillé et pas seulement aux historiens Didier Foucault et Stéphane Van Damme. On doit à François Moureau l'édition des *Difficultés sur la religion proposée au père Malebranche*, qui est un des bréviaires du déisme. Pour le XVIIIᵉ siècle, Didier Masseau a fait la lumière sur les anti-Lumières. Les sociétés savantes comme les sociétés des seiziémistes, des dix-septiémistes et des dix-huitiémistes sont largement dominées par les littéraires et les civilisationnistes.

Enfin, il ne faut jamais oublier le rôle que tiennent encore les facultés de théologie, catholiques ou protestantes, ainsi que la part des ecclésiastiques, des pasteurs et des chercheuses et chercheurs du dimanche dans la recherche. Le CNRS a accueilli jadis des clercs, plus ou moins en rupture de ban, comme Louis Pérouas, François Laplanche, André Godin et le père Bernard Plongeron. Mais l'histoire religieuse demeure encore alimentée par des amateurs de haute volée. Chez les femmes, citons, Marie-Louise Gondal auteure de travaux sur Madame Guyon ou sur les sœurs de Saint-Joseph. La visitandine Marie-Patricia Burns a été la cheville ouvrière de l'édition de la correspondance de Jeanne de Chantal. Les luthériens de Paris doivent beaucoup à Janine Driancourt. Chez les hommes, évoquons des ecclésiastiques comme Michel Veissière, Guy Bédouelle (O.P) et le père Blet (S.J). Jacques Gres-Gayer, auteur essentiel sur le jansénisme du XVIIe siècle, est professeur à l'université catholique de Washington. Le meilleur connaisseur de la faculté de théologie de Paris au XVIe siècle, James K. Farge, est au Pontifical Institute de Toronto. Sans oublier le carme Stéphane-Marie Morgain, professeur à la faculté de théologie de Toulouse, qui a renouvelé la lecture de Bérulle. Irénée Noye, de Saint-Sulpice, a été un clerc érudit engagé notamment dans la valorisation du fonds de Saint-Sulpice, en publiant la correspondance du fondateur Jean-Jacques Olier. La raréfaction de ces figures d'ecclésiastiques érudits jette une inquiétante incertitude sur la connaissance et la conservation des fonds privés de nombre de congrégations.

Peut-être plus que dans d'autres secteurs de l'histoire moderne, la part des amateurs est grande et cela sans nul amateurisme. Il faut donc tenir compte de ce milieu afin de cerner la réalité de la production et ne pas se focaliser sur quelques noms qui auraient eu une fonction déterminante.

CONTINUITE, RENOUVELLEMENT ET ÉPUISEMENT

Il me semble en effet difficile de dresser un bilan historiographique en le limitant à quelques grandes figures inaugurant des changements de paradigme. Faire une galerie de portraits serait mal venu et arbitraire car si dans l'historiographie religieuse, des grands noms, il y en a, aucun ne peut prétendre à la place de maître à penser révolutionnant le champ et le dominant.

LES HISTORIENS DU RELIGIEUX :
DIEU PEUT-ÊTRE, MAIS SANS MAÎTRE À PENSER

En 1960, Thomas Samuel Kuhn a expliqué qu'il existe deux modes de développement des sciences : l'un, normal, est cumulatif ; l'autre, exceptionnel, repose sur la rupture épistémologique appelée révolution scientifique. Depuis quelques années, fleurissent quelques récits historiographiques non dénués de promotions hagiographiques et jalonnés de ruptures paradigmatiques, soulignant le moment de l'histoire des *Annales*, l'histoire des mentalités, le passage de la cave au grenier, le tournant critique du *linguistic turn* puis le *global turn* en plein essor. Peut-on identifier des phénomènes semblables en histoire religieuse et identifier quelques auteurs charnières ?

Il y a indubitablement eu vers 1950 un moment Gabriel Le Bras qui a inspiré tout un ensemble de recherches d'inspiration quantitative et sociologique comme l'a récemment montré Guillaume Cuchet en prenant les enquêtes du chanoine Boulard[6]. Mais ensuite, d'autres penseurs ont-ils déterminé une telle rupture méthodologique et épistémologique ?

Dans son bilan réalisé en 2000 sur le groupe de la Bussière, Bruna Filippi, mais aussi François Dosse ont fait de Michel de Certeau une figure majeure non seulement du groupe, mais de l'histoire religieuse[7]. Pour avoir fréquenté ce cénacle amical et informel entre 1992 et 2007, et m'être renseigné auprès d'un plus ancien dans le groupe, Jean-Pierre Massaut, il me semble réducteur d'amalgamer le groupe et le jésuite. Il y est peu venu, il n'était pas, autant qu'il m'en souvienne, l'autorité sans cesse invoquée, même si certains membres du groupe ont été fortement inspirés par lui, comme Dominique Julia ou Claude Langlois[8]. Il est du reste significatif que la pratique originaire du groupe d'inviter un conférencier avait disparu lorsque je l'ai fréquenté. Seul Jean Delumeau est venu à l'occasion d'un anniversaire de fondation, pour dire qu'il avait toujours suivi avec intérêt ce qui s'y faisait, mais qu'il n'en avait jamais fait partie, confirmant ainsi que ce cénacle informel n'a jamais été le lieu central ni obligé de l'histoire religieuse (Pierre Chaunu et

---

6 Guillaume Cuchet, *Comment notre monde a cessé d'être chrétien*, Paris, Éd. du Seuil, 2018.
7 Bruna Filippi, « Le groupe de la Bussière : quelques étapes d'un parcours collectif », *Revue d'histoire de l'Église de France*, n° 217, 2000, p. 735-745.
8 Claude Langlois, « Michel de Certeau et le groupe de la Bussière », *Recherches de sciences religieuses*, vol. 76, n° 2, 1988, p. 227-231.

plus tard Denis Crouzet n'y sont pas venus), même s'il a été un foyer vivant de réflexion.

En 2002, Bernard Hours et Catherine Maire ont organisé un colloque sur Groethuysen, publié en 2003 dans les cahiers du Centre de recherche historique. Ils constataient qu'il a peu inspiré les historiens des années 1960-2000 même ceux qui évoquaient la déchristianisation et les rapports entre bourgeoisie et religion. Il est significatif que la thèse de Nicolas Lyon-Caen ne le cite pas en bibliographie.

Comme dit Daniel Roche, « Alphonse Dupront fut un mage », avec son style inspiré, quasi pythique, à nul autre pareil, ses intuitions géniales, son empathie pour une approche jungienne des inconscients collectifs[9]. Il a transmis à ses élèves des objets et une invitation, lancée dans son essai sur Muratori, à la démarche sérielle, même si lui-même n'a jamais été très pratiquant de la démarche quantitative. On peut voir dans les enquêtes collectives ou individuelles sur les pèlerinages, les vœux et les reliques qui ont fleuri sous l'impulsion de Dominique Julia, l'accomplissement d'un plan de recherches pensé par le maître, faisant de celui-ci, avec Lucien Febvre, l'un des grands programmateurs de l'histoire religieuse moderne hexagonale. Pourtant, il y a trente ans, l'un des seuls livres accessibles de ce grand historien mort en 1990 était *Du sacré* (1987), passablement obscur pour de jeunes lecteurs. Du moins cet ouvrage a-t-il eu pour effet d'élargir la notion de religieux au sacré dans une perspective anthropologique[10]. Denis Crouzet comme Bernard Heyberger ont utilisé les textes de Dupront sur la croisade avant leur publication et Alain Tallon ceux sur le concile. À partir de 1993, la publication posthume de ses œuvres, notamment de sa thèse sur la croisade en 1997, a été un moment décisif de l'évolution de l'histoire religieuse. Mais il ne faut pourtant pas trop forcer la constitution de filiation rétrospective. Les travaux de Michel Fontenay sur le corso chrétien sont antérieurs à l'édition du mythe de croisade, thèse que Michel Fontenay avait lue à l'état manuscrit, mais qui l'inspira moins que les problématiques braudéliennes. La seconde vie de Dupront, éditoriale, a cependant réverbéré et amplifié son aura après sa mort mais je ne crois

---

9   Sylvio Hermann De Franceschi, *Les intermittences du temps. Lire Alphonse Dupront*, Paris, Éd. de l'EHESS, 2014.

10   Sur la prise en compte du sacré par les sciences sociales, voir Michel Carrier, *Penser le sacré. Les sciences humaines et l'invention du sacré*, Montréal, Liber, 2005.

pas qu'on puisse en faire la référence centrale des réflexions du champ vers 1990. C'est l'édition de ses œuvres, qui a fait de Dupront un auteur incontournable après 2000 largement encouragé par l'engouement pour le théologico-politique sur lequel on reviendra.

Enfin, si Alain Guerreau ou Dominique Iogna-Prat ont établi en histoire médiévale ce qu'Étienne Anheim a qualifié d'*ecclesia turn*, celui-ci n'a guère retenu l'attention des modernistes, qui y voient peut-être une manière trop commode de développer le thème d'un Moyen Âge qui n'est long que pour qui ne voit que de loin. La Réforme empêche de penser l'Église comme la totalité englobante et matricielle du social et de l'État, malgré les œuvres au combien importantes de Heinz Schilling, sur la confessionnalisation, ou de John Bossy. Mais leur réflexion n'est compréhensible que dans un contexte inconnu au Moyen Âge, de pluralisme des églises, engagées dans des processus mimétiques d'émulation et de rivalité. Et ce pluralisme est encore plus marqué en France où ne s'applique pas avant 1685 le principe du *cujus regio, ejus religio*. L'institution ecclésiale ne peut être la matrice du social car elle n'est plus en situation de monopole.

En faisant appel à ma mémoire, il me semble finalement que les auteurs les plus lus et cités en histoire moderne entre 1990 et 2000 dans le champ de l'histoire religieuse, étaient Lucien Febvre, Pierre Chaunu, Marc Venard, Jean Delumeau, Michel Vovelle, Philippe Ariès et Alain Croix sur la mort, Louis Châtellier, Maurice Agulhon. C'était avec eux, plus qu'avec Certeau, Groethuysen ou même Dupront que s'abordait l'histoire religieuse. Et les nouvelles références débattues étaient Hans Schilling sur la confessionnalisation, qu'Étienne François et Thierry Wanegffelen ont largement contribué à faire connaitre, Wolfgang Reinhardt sur la modernité tridentine et le népotisme romain, Reinhardt Koselleck sur l'autonomisation du politique, sans oublier les réflexions anthropologiques de René Girard, aujourd'hui au purgatoire, et les sociologies de Durkheim et Max Weber, ou encore d'Ernst Troeltsch, que Jean Seguy promouvait inlassablement[11].

L'histoire religieuse n'a donc pas connu de tournant paradigmatique et vit, me semble-t-il, plus de l'accumulation de travaux et de déplacements des regards que de révolutions permanentes.

---

11 Les années 1990 ont été marquées par de nombreuses traductions de l'œuvre de Troeltsch jusqu'ici seulement accessible en allemand et en anglais.

LA PERMANENCE DE LA TRANSMISSION ÉDITORIALE DES SOURCES

Parmi les continuités, soulignons tout d'abord la permanence de l'édition des sources, voire de travaux historiques anciens restés à l'état manuscrit, comme nous venons de le signaler pour Alphonse Dupront[12]. L'histoire religieuse n'a pas de monopole du phénomène, si l'on songe à la relance, par exemple, de l'édition des mémoires des intendants. Mais assurément l'histoire religieuse de l'âge moderne est fort active dans ce domaine. La fin du XXᵉ siècle renoue avec l'érudition éditrice du XIXᵉ siècle. Assurément, ce retour de crédit de la publication de sources tient à l'intérêt pour l'imprimé. À un chercheur, il n'est plus fait grief *hic et nunc* de travailler sur des imprimés, ni de relire des sources qui ne sont pas inédites comme c'était naguère le cas. Denis Crouzet a bâti son *opus magnum* en exploitant non seulement les imprimés du XVIᵉ siècle, mais aussi ceux édités par l'érudition du XIXᵉ siècle. Dans ce *revival* éditorial, les éditions du CTHS, la Librairie Droz, les éditions Classiques Garnier, Champion, le Cerf, les Belles Lettres ou Jérôme Millon jouent un rôle essentiel.

Dans ces entreprises, les correspondances sont fort prisées et font l'objet de réflexions sur la diversité des épitres, selon qu'elles sont imprimées, manuscrites, dédicatoires, *ad lectorem*… Évoquons donc, sans exhaustivité, la relance ou la poursuite de la publication de la correspondance des nonces (série des *acta nuntiaturae* lancée au début du XXᵉ siècle, stimulée après 1960, relancée dans les années 2000 avec les publications de Bertrand Haan), du cardinal d'Armagnac (Nicole Lemaitre et Marc Venard ont repris le flambeau de Charles Samaran), du cardinal Du Bellay (R. Scheurer et L. Petris), du cardinal de Lorraine (D. Cuisiat), du cardinal de Bérulle (J. Dagens et M. Dupuy), de Rancé (A. J. Krailsheimer), de Fénelon (engagée par J. Orcibal en 1972 et achevée après 18 volumes par J. Le Brun et I. Noye en 2006), du général des chartreux Innocent Le Masson (A. Devaux). Même engouement dans l'historiographie protestante pour l'édition des correspondances de Bèze (entamée en 1968 sous la direction de H. Meylan et A. Dufour et presque achevée avec 43 volumes parus), de Capiton (O. Millet), des 15 tomes de la correspondance de Bayle (É. Labrousse et A. McKenna)

---

12   Voir par exemple l'édition, par Arnaud Laimé, de la thèse d'École des Chartes de Pierre
     Caron sur Noël Beda (Les Belles lettres, 2005).

ou de La Beaumelle à la Voltaire Foundation. Les échanges épistolaires de Madame Guyon (D. Tronc) ou ceux de Madame de Maintenon (H. Bots) sont aussi livrés au lecteur.

Les chercheurs ont été aussi soucieux d'éditer, parfois sur nouveaux frais, des Mémoires de clercs, comme ceux de Claude Haton, curé des Ormes, près de Provins (L. Bourquin), du prêtre ligueur chartrain Sébastien Le Pelletier (X. Le Person), de Jean de La Fosse (M. Venard), de Jean-Baptiste Raveneau (M. Veissière), du victorin Jean de Thoulouze (J.-B. Capit), du victorin Gourreau de La Proustière (B. de Buffévent), du chanoine Jean-Gaspard de Grasse (F. Meyer), ou les *Annales briochines* du chanoine Ruffelet (O. Charles). Alain Croix a édité les remarques des « curés journalistes » glanées dans les registres paroissiaux. Évoquons aussi les Mémoires des solitaires de Port-Royal de Nicolas Fontaine (P. Thouvenin), de Robert Arnauld d'Andilly et de son fils aîné, l'abbé Antoine (R. Pouzet), une famille fascinée par la guerre et le jansénisme. Les Mémoires des protestants font l'objet d'une même attention, avec l'édition des Mémoires de Jacques Fontaine, parti au Refuge en Angleterre, par Bernard Cottret. Ces éditions sont le plus souvent scientifiques, mais il ne faut pas négliger les rééditions anastatiques, comme celle du *Traité de la lecture des pères* de Bonaventure d'Argonne aux éditions de La Fontenelle. La mise en ligne d'éditions anciennes, par exemple par Gallica, n'a pas tué la publication papier. Signalons enfin que les éditions Chandeigne ont stimulé la diffusion de récits de voyages, dont bon nombre sont écrits par des clercs, ou qui portent des mentions importantes sur la religion et la mission. Dominique Julia a édité les journaux de pèlerinage de Gilles Caillotin, Serge Brunet la relation de la mission des Pyrénées du jésuite Jean Forcaud (1635-1649) et Anne-Sophie et Jérôme Cras ont traduit les relations de mission en Bretagne du père Maunoir entre 1631 et 1650. Le matériel iconographique pastoral a aussi fait l'objet d'édition, comme les *taolennou*, ou tableaux de mission du père Michel Le Nobletz, édités en 1989 par Alain Croix et Fañch Roudaut, et réédité en 2018 par le bibliothécaire diocésain de Quimper, Yann Celton.

La législation des églises retient aussi les éditeurs de textes. François Fancillon a livré le journal des délibérations de l'église réformée d'Albenc entre 1606 et 1682. Philippe Chareyre, Yves Krumenacker, Didier Boisson et Raymond Mentzer répertorient et promeuvent la publication des registres de consistoires, sur le modèle de celle des registres de

Genève au temps de Calvin et travaillent sur un « nouveau Aymon », à savoir une nouvelle édition des synodes nationaux avec Bernard Roussel. Un « nouvel Anquez », sur les assemblées politiques des protestants est attendu. Certains synodes provinciaux sont aussi édités (D. Boisson) ainsi que des registres des consistoires des églises du Refuge comme Hubert Bost l'a fait en 2008 en publiant les registres consistoriaux de l'église wallonne de Rotterdam.

Tout historien travaillant sur l'histoire religieuse de la France tirera profit de la consultation des 11 volumes de *l'Index librorum prohibitorum* de Rome, de Louvain et des diverses inquisitions italiennes et ibériques publiés par Jésus Martinez de Bujanda[13] et du livre d'Ingeborg Jostock sur la censure à Genève entre 1560-1625, paru chez Droz en 2007. Les sources législatives sont aussi fréquentes dans les ordres religieux. Combien sont précieuses les éditions des chapitres de Cluny ou Cîteaux par dom Gaston Charvin et dom Joseph-Marie Canivez ! Dans cette tradition, Orest et Patricia Ranum ont édité les *Instructions du noviciat jésuite de Paris* de 1685, qui permet de voir le rôle des jésuites dans l'apprentissage de la civilité et la civilisation des mœurs. Le cistercien Placide Vernet a sorti en 2005 les règlements généraux du Val des Chous et de Sept Fons édictés par l'abbé Dorothée Jalloutz au xviiie siècle. Citons aussi l'édition des constitutions de Port-Royal par Ellen Weaver en 2002. La compréhension de la législation ecclésiale dans le domaine pictural est aussi éclaircie par l'édition et la traduction du *Traité des saintes images* de Molanus par François Boespflug, Olivier Christin et Benoît Tassel.

La norme se construit et s'apprécie aussi dans les procès et dans les sources de la transgression. On le sait depuis la publication par Gabriel Audisio en 1979 du procès de Pierre Griot par Jean de Roma. James K. Farge a récemment publié près de 1 200 extraits du parlement de Paris évoquant les affaires religieuses entre 1515 et 1547. En 2006, Daniel Rigaud a produit le rapport judiciaire d'un huissier du parlement de Toulouse relatant une soi-disant révolte protestante à Cahors, le massacre des Soubirous en 1561. Une équipe dirigée par Marc Autran a aussi livré en 2010 le récit partial de Guillaume de Monge intitulé *Des excès des hérétiques ou phanatiques du Vivarais* qui décrit le phénomène prophétique en Vivarais en 1689.

---

13   Une réflexion sur la censure dans Bruno Neveu, *L'erreur et son juge. Remarques sur les censures doctrinales à l'époque moderne*, Naples, Bibliopolis, 1993.

Devant la raréfaction de la compréhension du latin, mais aussi de l'étrangeté de la langue allemande du XVIᵉ pour la plupart des Français, certains historiens jouent aussi un rôle important dans la traduction des œuvres d'Érasme (A. Godin, J. Chomarat et J.-C. Margolin), de Ulrich von Hutten (J.-C. Saladin et B. Gauvin) ou de Luther (M. Arnold). Irena Backus a aussi édité et traduit une brève vie inédite de Jean Calvin[14].

Enfin la littérature proprement spirituelle, controversiste ou pamphlétaire fait l'objet d'éditions : traduction des sermons de Calvin par Max Engammare, édition de *L'Instruction chrétienne* de Pierre Viret par Arthur-Louis Hofer à Lausanne en 2004, mise à jour des œuvres de spiritualité de Jacques Bertot, disciple de Jean de Bernières, de Louise de La Vallière (*Réflexion sur la miséricorde de Dieu*, éd. S.-M. Morgain), du *Traité de la perfection du chrétien* de Richelieu ou, du même cardinal, du *Traité pour convertir les hérétiques* (S.-M. Morgain), de la vie de la bienheureuse Agnès de Langeac faite en 1675 par Charles de Lantage, un sulpicien, ou l'édition de la vie de Dom Mabillon par Dom Ruinart. Ces œuvres, que l'on juge utile d'éditer ou de rééditer, témoignent d'un renouveau d'attention à la spiritualité et à son histoire, chez les historiens comme chez les littéraires. En attestent les œuvres séminales de Jacques Le Brun sur le pur amour, d'Yves Krumenacker sur l'école française de spiritualité, de Sophie Houdard sur les mystiques et la réédition, sous l'impulsion d'Émile Goichot, de la classique et monumentale *Histoire littéraire du sentiment religieux* de l'abbé Bremond chez Jérôme Millon en 2006.

Les instruments de travail permettant la maîtrise de sources aussi nombreuses et diverses sont indispensables. On sait l'importance qu'eut jadis le répertoire des visites pastorales. Il est peut-être actuellement moins utilisé, mais il rendra toujours des services. D'autres outils procédant du même esprit d'inventaire continuent d'être produits, comme le *corpus vitrearum*, qui ne concerne pas que l'époque moderne, l'édition des inventaires des bibliothèques des prémontrés de France sous l'Ancien Régime fabriqué par Anne Bondéelle-Souchier, la bibliographie et la prosopographie génovéfaines livrées par Nicolas Petit, le corpus de la statuaire médiévale et de la Renaissance, le catalogue des catéchismes diocésains dans les bibliothèques françaises (2002 ; 1 260 références), le catalogue des 4 825 bibles imprimées du XIVᵉ au XVIIIᵉ siècle conservées à Paris, réalisé entre 1984 et 2003 par Martine Delaveau et Denise Hillard,

---

14   *BSHPF*, t. 155, p. 185-207.

qui vient judicieusement compléter les grandes enquêtes et synthèses de Bernard Roussel, Guy Bédouelle, Jean-Robert Armogathe ou François Laplanche sur la Bible. Les inventaires peuvent être plus circonscrits géographiquement, comme le catalogue les confréries normandes produit par Marc Venard. Fernand Gerbaux et Françoise Hildesheimer ont publié en 2001 l'indispensable et attendu répertoire de la série G8 des papiers de l'agence générale du clergé. Daniel-Odon Hurel a dirigé un *Guide pour l'histoire des ordres et des congrégations religieuses (France, XVIe-XXe siècle)*.

Réalisées par des universitaires ou non, parfois avec le soutien des sociétés savantes locales (comme celle de Provins pour Claude Haton), des congrégations religieuses, des musées, ces entreprises savantes participent aussi à la transmission d'un patrimoine, d'une mémoire, parfois non dépourvus d'objectifs identitaires. Si l'érudition se doit nécessairement d'être au rendez-vous, la finalité n'est pas toujours dénuée d'intention religieuse et mémorielle. Car si les historiens du religieux ont échappé à la figure du maître à penser, certains sont croyants, mais pas tous, et de confessions diverses[15]. Certains s'en sont expliqués en 1996 dans *L'historien et la foi*, un recueil dirigé par Jean Delumeau.

PERMANENCE DE L'HISTOIRE ECCLÉSIASTIQUE

L'histoire religieuse, comme l'histoire en général, est marquée par les commémorations au rayonnement local ou universel : installation d'une statue de Jacques Lefèvre d'Étaples à Étaples en 1992, à l'initiative d'une municipalité qui avait mauvaise conscience de n'avoir jamais honoré ce grand homme ; guerre des camisards en 2003 ; année Théodore de Bèze en 2005 ; année Jean Sturm en 2007, particulièrement fêtée à Strasbourg ; année Calvin en 2009 ; publication du *Novum instrumentum* d'Érasme en 2016 ; année Luther en 2017... Un anniversaire ou une canonisation peuvent stimuler l'organisation de colloques, d'expositions par des services d'archives ou des musées, comme celui du Désert, et enfin la publication de biographies. Ainsi la béatification d'Agnès de Langeac en 1994

---

15 On peut suggérer que ce sont surtout des catholiques qui travaillent sur le catholicisme, des protestants sur le protestantisme, des juifs sur le judaïsme. Mais il y a des contre exemples et enfin le rôle des agnostiques. Il n'est pas possible d'aller plus loin dans l'analyse en raison d'une absence de déclaration individuelle des convictions religieuses, sauf à assigner extérieurement des identités confessionnelles et des appartenances communautaires, qui ne sont peut-être qu'héritées, mais nullement revendiquées.

donne lieu l'édition de différentes biographies rédigées au XVIIᵉ siècle sous l'égide de Bernard Peyrous et du dominicain Jean-Claude Sagne. L'anniversaire du demi-millénaire de la mort de Jeanne de France en 2005 provoque l'organisation de deux colloques sur les Annonciades, à Paris et Bourges. Anamnèse, commémoration et érudition font bon ménage. Le deux-centième anniversaire de la mort de Jean Baptiste de La Salle en 1719 voit la publication d'une biographie du fondateur des Écoles chrétiennes par Bernard Hours.

L'histoire religieuse reste évidemment marquée par la publication de biographies sur des figures dotées d'autorité et de charisme. Les grands noms du protestantisme font l'objet de livres : Calvin (D. Crouzet ; B. Cottret ; M. Carbonnier-Burkard), Duplessis-Mornay (H. Daussy ; D. Poton), Casaubon (A. Grafton et J. Weinberg), Paul Ferry (J. Léonard), Henri de Rohan (P. et S. Deyon), de Bayle (H. Bost)… Mais les pasteurs ordinaires sont aussi inventoriés dans différents dictionnaires réalisés depuis 2001 par Albert Sarrabère, qui concernent les pasteurs en Pays basque, en Béarn, en Anjou, dans le Maine, la Touraine, la Bretagne… Un dictionnaire des pasteurs de la France du XVIIIᵉ siècle a aussi été réalisé sous la direction d'Yves Krumenacker. Des études de type biographique sont aussi consacrées à des évêques : Guillaume Briçonnet père et fils (B. Chevalier et M. Veissière), le cardinal de Lorraine (B. Restif et al.), du cardinal et grand aumônier Coislin (M. Cuénin), du dernier évêque de Nancy avant la Révolution La Fare (B. de Brye), de l'abbé Grégoire (R. Hermont-Belot)… Mais l'approche peut aussi être plus collective. Olivier Andurand a étudié les prélats français face à l'Unigenitus et Joseph Bergin a mené une véritable enquête prosopographique sur l'épiscopat français du XVIIᵉ siècle.

L'histoire des ecclésiastiques a donc dépassé, sans l'abandonner, la biographie individuelle pour devenir une histoire socio-profession-nelle de l'institution et des différents groupes la composant. Grace à Frédéric Meyer, on en sait davantage sur la maison épiscopale, faite de secrétaires, domestiques, vicaires et gens d'argent. On en sait plus sur les systèmes de nomination aux cures (S. de Dainville-Barbiche ; V. Angelo ; L. Balavoine), sur le rôle qu'y tiennent la faveur, le mérite, le patrimoine, les liens familiaux et la formation. On en sait davan-tage sur la sociabilité cléricale (conférences, presbytères, jardins) mais aussi, à partir des sources des officialités ou de police, jadis mises en lumière par Érica-Marie Benabou, sur le clergé débauché et délinquant (M. Deniel-Terrant ; K. Saule ; A. Bonzon ; G. Deregnaucourt), sur la fonction médiatrice du clergé dans les diffusions culturelles ou dans les pratiques d'accommodements infra ou extra judiciaires (A. Bonzon). Les prêtres filleuls sont mieux appréhendés après les travaux de Stéphane Gomis. La somme des études locales a permis des synthèses sur les curés (N. Lemaitre ; P. Cozzo).

L'histoire socio-professionnelle des milieux cléricaux s'est aussi largement enrichie d'études sur des ordres et communautés religieux, alors peu étudiés, sinon dans une perspective internaliste. Peu d'études avaient été entreprises dans une perspective universitaire, sinon sur les Pères de la doctrine chrétienne par Jean de Viguerie et la congrégation de Saint-Vanne par Gérard Michaux. Les années 1990 voient se développer un intérêt pour les réguliers, les génovéfains (I. Brian), les capucins (B. Dompnier), les récollets (F. Meyer), les feuillants (B. Pierre), l'ordre de la Merci (H. Cocard), les carmélites (B. Hours), les oratoriens (F.-X. Carlotti), les prémontrés (X. Lavagne d'Ortigue), les hospitalières et leurs 1 770 établissements (M.-C. Dinet-Lecomte), les visitandines (M.-A. Duvignacq-Glessen), les Filles de la Charité (M. Bréjon de Lavergnée). L'exploration du monde capitulaire engagée par Philippe Loupès se poursuit grâce aux travaux sur les chanoines de Bretagne par Olivier Charles. Faisons enfin un sort aux jésuites, qui sont loin d'être le monopole des historiens du religieux, au point que certains travaux semblent oublier les logiques de l'ordre pour en faire une préfiguration de la république des sciences. Pierre Antoine Fabre a livré une étude sur la fin et la restauration des jésuites (1773-1814). Ce même auteur a aussi organisé avec Catherine Maire un colloque sur l'anti-jésuitisme qui témoigne que cet ordre, très présent dans l'éducation, les sciences, la mission et la politique suscite aussi un anticléricalisme et un anti-romanisme qui a pris la place que l'anti-franciscanisme occupait à la Renaissance. Mais l'ordre jésuite attend une grande synthèse des recherches récentes et foisonnantes qui le concernent.

Outre l'établissement des acteurs, et des dynamiques de recrutement et d'implantation, ces études sur les clergés réguliers, plus ou moins tenus par des vœux simples ou solennels, permettent maintenant de livrer des synthèses sur leur place dans la cité à l'époque moderne (B. Hours), que ce soit par la prédication (I. Brian ; S. Simiz), dans la charité (J. Depauw), par la mission (D. Deslandes ; B. Dompnier ; L. Châtellier), dans l'éducation et par la présence dans les réseaux savants. Les années 2000 ont été marquées, sous l'égide de Bernard Dompnier et de Marie-Hélène Froeschlé-Chopard par de vastes enquêtes sur les religieux et leurs livres, à travers l'étude des bibliothèques des réguliers qui complète les enquêtes que Jean Quéniart avait menées sur les séculiers[16].

Cette sociologie du clergé et de ses pratiques conduit à s'interroger finalement sur la question de la séparation cléricale avec le monde et du repli sur un entre-soi intervenu à l'époque moderne où le clergé séculier a été régularisé. Répondre à cette interrogation nécessite le sens de la nuance, de la périodisation et de la complexité. Si l'on se place globalement au niveau des groupes (les curés et leurs bibliothèques, tel ou tel ordre) des études prouveront un certain repli sur une culture cléricale alimentée par un *habitus* acquis au séminaire ou au noviciat. Cette *forma mentis* isole, sépare et singularise. Mais si l'on prend pour foyer d'observation les collèges, les sociétés d'agronomie, les académies de province, l'aventure de l'*Encyclopédie*, la participation aux concours ou au dépôt de brevets d'invention, les clercs sont bien présents dans la république des lettres et des sciences. Ils sont aussi, comme l'avaient souligné François Lebrun ou Michèle Fogel, des auxiliaires du pouvoir dans la collecte ou la transmission d'informations ou de remèdes. Mais ces éléments de réponse nécessitent aussi d'établir une certaine périodisation. Nul ne doute plus maintenant que les temps des Réformes puis des confessions ont été, par-delà les massacres et l'intolérance, un formidable moment d'émulation où les religions et les églises ont été un facteur de modernisation européenne tant au niveau de l'acculturation, de la disciplinarisation et du contrôle social, bref de la civilisation des mœurs, que des progrès des sciences et de l'érudition. Sans les églises, les États modernes n'auraient pu affirmer leur autorité sur la société, même si cela s'est fait parfois contre elles, mais jamais sans elles. La rupture d'une grande partie du clergé avec ce processus de la modernité se dessine davantage au siècle des Lumières et plus encore lors de la Révolution.

---

16 *Revue d'histoire de l'Église de France*, t. 83, 1997.

PERMANENCE DE L'HISTOIRE QUANTITATIVE ET RÉGIONALE

Un trait persistant de l'historiographie française tient à la départementalisation de la recherche et à l'analyse sérielle, deux traits imprimés
par Ernest Labrousse en histoire économique et par Gabriel Le Bras en
sociologie religieuse. Le premier avait l'habitude de répéter qu'il n'est de
bonne histoire sociale que locale. À l'image des grandes thèses régionales
d'histoire rurale ou urbaine, et des enquêtes sur les fluctuations des prix,
des salaires ou du produit de la dîme, l'histoire religieuse a été découpée en
diocèses et marquée par le souci de compter et de cartographier. Certains
objets ne se prêtent pas à cette méthode, et certains historiens y répugnent.
Mais les approches diocésaines (A. Bonzon ; E. Martinazzo) et quantitatives
restent pertinentes et fructueuses pour trancher des débats scolastiques :
compter les ordinations sacerdotales ou les professions à partir des matri-
cules monastiques alimente le débat sur la « déchristianisation », comme
fixer la géographie des terres à prêtres et des zones déficitaires. Compter
les livres par genre, permet de cerner les cultures cléricales. Dénombrer les
types d'images, comme jadis le fit Michèle Ménard, permet de comprendre
les points saillants de la pastorale et de la dévotion. Inventorier les testaments par type de clauses permet d'évaluer l'évolution de la piété des
fidèles, de leur rapport aux saints, aux messes ou aux dévotions. Chiffrer
les objets de dévotion (livres, images...) dans les inventaires après décès
permet de cerner la religion vécue. On peut aussi évaluer le nombre de
pèlerins à partir des sources hospitalières pour apprécier la vitalité d'un
culte et son rayonnement géographique, calculer le produit des quêtes,
des legs testamentaires pour les pauvres, faire la répartition par ordres
religieux des prédicateurs de carême ou d'avent, quantifier et cartographier des correspondants d'une grande figure religieuse, comme le firent
André Godin, un disciple d'Alphonse Dupront, pour les correspondants
d'Érasme, ou Louis Châtellier pour Mersenne. Il est utile aussi de faire la
sociologie des confréries ou des clergés, pour appréhender la ruralisation
des vocations sacerdotales. On peut mesurer la fréquence des synodes, des
chapitres généraux, et des visites comme le nombre de paroisses ou de
monastères inspectés pour évaluer la dynamique pastorale. On a compté
et cartographié les origines, catégorisé les statuts sociaux des béatifiés, des
canonisés et des témoins impliqués dans les procès de béatification pour
voir les dynamiques sociales qui poussent à la promotion sur les autels

(A. Burkardt). On a décompté les vies de saints publiées (É. Suire). De même ont été recensés les miracles et dressée une typologie des miraculés. Les processions urbaines (G. Rideau) ou rurales (Ph. Martin) ont été inventoriées, comme les reliques, les brefs d'indulgence, les locations de chaises, les hosties consommées... Compter et cartographier, encore et toujours, caractérise la *forma mentis* des travaux de Dominique Julia et de l'équipe du Care, d'Isabelle Brian, Albrecht Burkardt, Marie-Hélène Froeschlé-Chopard et Bernard Dompnier, mais aussi d'Alain Croix, Jean Quéniart, François Lebrun, Georges Provost ou Bruno Restif, bref de tous ceux que Marc Venard avait un jour regroupé sous l'éponyme « école de Rennes » de l'histoire religieuse, à laquelle il faudrait ajouter Michel Lagrée pour l'histoire contemporaine.

Compter le nombre d'églises réformées s'avère aussi indispensable et a constitué un enjeu politique dès 1560 comme l'ont rappelé récemment Philip Benedict et Nicolas Fornerod[17]. Mais l'approche régionale et quantitative du protestantisme ne découle pas que de cet esprit d'inventaire. Elle résulte aussi pour le protestantisme de la prise en compte de situations totalement différentes, selon que les réformés sont localement plus ou moins minoritaires, plus ou moins dominants, plus ou moins protégés par des élites aristocratiques ou marchandes. La clandestinité contrainte après 1685 nécessite enfin de circonscrire spatialement le périmètre d'investigation pour mieux pister les protestants contraints au nicodémisme et à la clandestinité.

De sorte que l'approche du protestantisme français reste fortement régionalisée, sur les protestants au siècle des Lumières à Lyon (Y. Krumenacker), sur les protestants en Bretagne (J.-Y. Carluer), sur ceux de Normandie (L. Daireaux), du Béarn (Ph. Chareyre), de Provence (C. Borello) ou de Paris (D. Garrioch). Ces études ne sont pas toujours sans enjeux identitaires. Dans un livre de 2009, Jacques Marcadé a rappelé que la Vendée, ce département qui a acquis en 1793 une identité historique quasi provinciale, ne fut pas toujours toute catholique mais compta des protestants. De son côté, Robert Sauzet a publié en 2002, à la veille des commémorations du soulèvement camisard, un livre sur les Cévennes catholiques, alors que ces montagnes sont mémoriellement associées aux camisards comme l'a rappelé un colloque qui leur était consacré paru en 2002.

---

17   Philip Benedict et Nicolas Fornerod, « Les 2 150 "églises" réformées de France de 1561-1562 », *Revue historique*, n° 311, 2009, p. 529-560.

L'histoire religieuse reste donc encore majoritairement centrée sur un territoire et une société : certains pourraient s'interroger sur la pertinence de continuer de mener ces enquêtes monographiques. Mais derrière ces permanences méthodologiques se dégagent des renouvellements d'interprétation de questions anciennes. L'accumulation de données permet de poser de nouvelles interrogations et de modifier les interprétations.

L'espace français n'est pas religieusement homogène, et pas seulement en raison d'une biconfessionnalité. Il révèle des variations de pratiques et des polarisations spirituelles différentes. Il existe une France des usages liturgiques romains et une France plus réfractaire. On note aussi pour les pèlerinages un tropisme romain et italien de la France de l'Est tandis que celle de l'Ouest est davantage aimantée par le pèlerinage de Saint-Jacques de Compostelle. Si le croissant protestant semble avoir une corne qui pointe vers Genève, la « dorsale catholique » qui va de la Savoie aux Flandres, en passant par la Lorraine, fait l'objet de recherches qui visent à discuter de la pertinence d'un concept qui n'est pas sans évoquer une transposition religieuse de la notion politique des « pays de l'entre-deux », entre Empire et royaume, entre Meuse, Rhône et Rhin.

De même insiste-t-on davantage que naguère sur le rôle que les laïcs ont joué dans une réforme catholique d'essence très cléricale et qui vise à renforcer le prêtre comme séparé des fidèles, par sa soutane, sa chasteté, ses manières et son presbytère. Non qu'il faille nier l'importance des clercs dans la Compagnie du Saint-Sacrement (A. Tallon), dans la création des congrégations mariales ou les missions (L. Châtellier), le contrôle des confréries (S. Simiz), des fabriques ou dans la production des livres de piété (Ph. Martin). Mais Denis Crouzet, à travers son étude sur les processions blanches, Michel Cassan dans le Limoges des guerres de Religion, comme Thierry Amalou à Senlis, soulignent le rôle des laïcs dans la réforme catholique post conciliaire qui commence vers 1580. Cette dynamique est souvent associée à la Ligue, mais pas partout. La Ligue elle-même fait l'objet de débats : est-elle le sursaut d'un catholicisme corporatif agonisant, qui se sent déraciné par la conjugaison des forces de la monarchie absolue et de la dynamique romaine, ou au contraire le terreau d'un renouveau catholique qui va se nourrir à l'eschatologie politique et au *revival* dévotionnel (pénitents…) ?

Les laïcs sont aussi largement décisifs, comme l'a montré Grégory Goudot, dans les fondations conventuelles auvergnates à la charnière des

XVIᵉ et XVIIᵉ siècles, ou dans l'organisation de missions (A. Maldavsky). La nébuleuse dévote, avec ses congrégations mariales, ses AA (*associatio amicorum* d'anciens élèves des jésuites) et ses confréries de dévotion, étudiée par Jean-Pierre Gutton, et plus récemment par Louis Châtellier, Catherine Martin, Barbara Diefendorf, Elizabeth Rapley, Jacques Depauw. Ce monde dévot exerce une pression sociale qui n'hésite pas à encourager la charité mais aussi à recourir aux autorités pour promouvoir la religion catholique contre les libertins et hérétiques. Les études sur les paroisses, réalisées à travers l'examen des registres des fabriques, plutôt que des seules visites épiscopales, révèlent l'importance des marguilliers, aussi bien dans la Bretagne de la fin du XVIᵉ siècle (B. Restif) que dans le pays de Caux (Ph. Goujard), l'Orléanais (G. Rideau) ou Paris (L. Crocq et N. Lyon-Caen). Cet investissement paroissial des notables n'est plus seulement étudié pour le monde rural, dans le cadre de la politique au village, mais aussi dans le milieu citadin. Les marguilliers jouent un rôle important dans le choix des prédicateurs (I. Brian) qu'ils disputent au curé. Même la liturgie paroissiale implique des laïcs, sous la figure des chantres, installés en chape au lutrin pour conduire le plain chant (X. Bisaro). Il s'agit souvent du maître d'école car la formation au plain chant accompagne l'apprentissage de la lecture, de l'écriture et de l'art de compter. Bref, la messe paroissiale tridentine n'est pas un spectacle pieux animé par le clergé devant un auditoire de laïcs passifs. Les hommes chantent.

L'approche théologique et sociale du jansénisme, ce visage particulier de la réforme catholique, est ancienne. Mais les interprétations peuvent avoir radicalement changé. Que l'on songe à Lucien Goldmann qui voyait dans la vision tragique du Dieu *pantocrator* et caché de Pascal et Racine, l'expression d'une noblesse d'office en voie de marginalisation politique et sociale devant l'essor de l'absolutisme bureaucratique. Aujourd'hui, pour le XVIIIᵉ siècle parisien, Nicolas Lyon-Caen a fait de cette sensibilité religieuse l'expression parisienne d'une bourgeoisie de notables installés dans les institutions municipales et paroissiales, caste plutôt que classe. Cette bourgeoisie semble en fait plus marquée par une définition socio-politique ancienne de la capitale que par une identité capitalistique. L'étude par Michel Zylberberg de la grande banque catholique des Le Couteulx suggère en effet une très grande discrétion du lignage envers « le parti », *business* oblige. Voilà des thèses qui interrogent plus généralement la modernité du jansénisme.

Les études de Bruno Neveu et de Jean-Louis Quantin nous ont tout d'abord appris à ne pas amalgamer érudition et jansénisme, pas plus que rigorisme et jansénisme. Dès lors l'hypothèse de Pierre Chaunu sur la déchristianisation provoquée par le jansénisme semble mal attestée dès lors que l'on ne s'en tient pas qu'aux simples flux de vocations sacerdotales. Paola Vismara a certes fait du rigorisme un vecteur de dissociation du profane et du sacré, notamment entre l'économie et la morale. Mais est-ce le cas des jansénistes ? L'affaire des convulsionnaires de Saint-Médard, magistralement décryptée par Catherine Maire en 1985, témoigne que cette sensibilité religieuse persiste à aimer les martyrs et les reliques, comme l'Église en général, bref n'a rien d'une sensibilité réticente à ce que d'aucuns dénoncent alors comme des superstitions. Si philosophes des Lumières et jansénistes peuvent converger, c'est dans l'anti-jésuitisme et dans l'épreuve commune de la persécution, plus que dans une sensibilité « moderne ». Monique Cottret souligne cependant que cette position de victimes les a conduits à réclamer la tolérance, alors que les jansénistes avaient été, au XVIIᵉ siècle, farouchement opposés au protestantisme. Il faut enfin souligner la pluralité du jansénisme, traversé selon les lieux, les milieux et les époques de sensibilités et d'enjeux divers.

Enfin des études comme celles de Louis Châtellier, Bernard Hours, Dominique Dinet et Paul Chopelin, ont présenté un siècle des Lumières plus dévot, comme y invitait depuis longtemps Mario Rosa[18]. À la suite de Michel Vovelle et de son interprétation de l'évolution des sensibilités religieuses devant la mort, saisies à travers les testaments, nombre de recherches ont suggéré une routinisation de la réforme catholique, un épuisement ou un détachement des pratiques, au point que l'on a pu parler de « déchristianisation ». Bref, la campagne voulue par les autorités révolutionnaires en 1794 ne serait pas née de rien. Les indicateurs de ce déclin étaient la chute des ordinations sacerdotales, leur ruralisation dans une France qui s'urbanisait, l'affaissement des vocations religieuses, la sécularisation des confréries devenues, selon l'analyse de Maurice Agulhon, les lieux de sociabilités ou de solidarités professionnelles plus que de dévotion, ce qui inquiète les pouvoirs et conduit à la suppression des confréries de métier (S. Kaplan ; D. Garrioch). Mais l'interprétation de certains critères a été discutée : le christianisme s'enterre-t-il avec

---

18   Mario Rosa, *Settecento religioso. Politica della ragione e religione del cuore*, Venise, Marsilio, 1999.

les morts, avait demandé Michel de Certeau ? En d'autres termes, une nouvelle culture de la mort suppose-t-elle un abandon de la croyance chrétienne ? Surtout d'autres marqueurs sont venus troubler cette lecture du XVIIIᵉ siècle. Tout d'abord Dominique Dinet ou Gilles Deregnaucourt ont constaté dans la dernière décennie avant la Révolution un essor des vocations dans certains ordres religieux et dans certaines régions. Si le rythme de création de fondations de confréries ralentit, probablement par saturation du réseau, et que leur profil a évolué entre le XVIᵉ et le XVIIIᵉ siècle, elles restent avec la paroisse, les vecteurs de formation des catholiques (M.-H. Froeschlé-Chopard ; S. Simiz ; M. Venard). La demande d'indulgences romaines (M.-H. Froeschlé-Chopard) ou de reliques romaines ne disparaît pas, malgré un fléchissement, les commandes d'art religieux non plus (C. Gouzi), pas davantage que les obtentions de privilèges d'édition en province pour les livres religieux. Philippe Martin a souligné la bonne santé des ouvrages de piété au XVIIIᵉ siècle. La dévotion au Sacré-Cœur connaît un grand essor qu'attestent l'essor des confréries et des images (A. Sauvy ; M.-H. Froeschlé-Chopard), tandis que Georges Provost souligne la persistance des miracles en Bretagne, même si les autorités ecclésiastiques sont plus réticentes que jadis à publier la chose pour en faire un événement.

Toutes ces recherches constatent aussi une mutation des sensibilités vers moins d'ostentation et plus d'intériorisation : le souci de soi se fait plus présent dans la vie confraternelle, les processions paroissiales se font moins fréquentes, moins longues selon Philippe Martin, le pèlerinage lointain (Rome, Saint-Jacques) cède le pas à des pérégrinations de plus en plus locales, à domicile selon l'heureuse expression de Georges Provost, les objets religieux se font enfin plus familiers dans les intérieurs aussi bien parisiens (D. Roche ; A. Pardailhé-Galabrun) que provinciaux (G. Rideau).

LES ÉCLIPSES

Par rapport à la production historiographique antérieure, et notamment aux grands travaux réalisés en histoire religieuse entre 1950 et 1990, il semble cependant que certains chantiers sont laissés en friche. L'économie cléricale retient peu l'attention en France sauf dans l'étude d'Émilie-Anne Pépy sur le territoire de la Grande Chartreuse, son exploitation et sa perception. La contribution du clergé au système fisco-financier, jadis étudiée par Claude Michaud semble également peu prisée, même si Joseph Bergin a fourni une carte fort utile des revenus épiscopaux au XVIIᵉ siècle. La question des origines sociales de la Réforme est aussi largement abandonnée, sauf chez quelques historiens américains. Mais ce n'est pas parce que Lucien Febvre a décrété que la question était mal posée qu'il a interdit de la poser.

La religion populaire n'est plus d'actualité, car les croyances partagées par le plus grand nombre concernent aussi les élites. Le choc entre religion de tous et religion des clercs, jadis largement souligné, y compris dans les études sur la sorcellerie (R. Muchembled) est minimisé car le clergé a su s'appuyer sur les croyances ou sur la culture de la mort (A. Croix et F. Roudaut) pour déployer la réforme catholique et lutter contre le danger de l'hérésie. Mais il ne faut pas tenir le dossier pour clos. Les approches récentes sur les phénomènes de possession ou de sorcellerie semblent cependant moins marquées par l'anthropologie religieuse que par une lecture des usages apologétiques et politiques de ces phénomènes. Pensons aux interprétations qu'Irena Backus a données du miracle de Laon ou que Stéphane-Marie Morgain a livrées de la possession de Marthe Brossier. Enfin la porte semble à ce jour fermée au renouvellement de l'anthropologie religieuse de la France moderne par les approches des neurosciences ou de la psychologie sociale alors qu'il y avait eu jadis des tentatives d'utiliser la psychanalyse pour éclairer certains phénomènes religieux.

L'histoire des femmes inspire davantage de travaux, car les réformes catholiques, en même temps qu'elles creusent le dimorphisme sexuel, s'appuient de plus en plus sur un socle social féminin. Les études de Marcel Bernos sur les femmes et les gens d'Église, d'Elizabeth Rapley sur les dévotes, d'Agnès Walch sur les spiritualités conjugales, de Scarlett Beauvalet-Boutouyrie sur le veuvage, de Natalie Z. Davis sur les manières d'être femme dans différentes religions de l'âge moderne, les colloques de la SIEFAR enfin, attestent de la vitalité de ces approches qu'il serait toutefois hâtif de qualifier de ralliement à l'histoire du genre. Celle-ci, en permettant de comprendre la construction des identités féminine mais aussi masculine, a peu retenu l'attention des historiens modernistes du religieux, sinon dans un bref chapitre de l'histoire de la virilité. Mais des colloques récents organisés par Jean-Pascal Gay et Daniele Maira montrent que le genre est en France en train d'être pris au sérieux dans l'histoire religieuse de l'époque moderne en interrogeant la construction des masculinités sacerdotales et leur confrontation avec d'autres visages sociaux de la virilité.

LES NOUVEAUX HORIZONS

L'historiographie religieuse n'a pas seulement été marquée par le renouvellement d'interprétations dans un cadre méthodologique et problématique hérité des recherches des années 1950-1990. Elle s'est aussi saisie des nouveaux objets que l'histoire en général s'est donnés au cours de cette période, témoignant ainsi que l'histoire religieuse n'est pas un isolat mais participe de l'évolution globale de la discipline.

LES LIEUX SACRÉS

La notion de lieu a fait l'objet de nombreuses études en histoire religieuse où la notion se révèle particulièrement complexe : ce peut être un lieu de mémoire, tel que l'entend de façon extensive Pierre Nora, mais aussi un lieu sacré dans la perspective anthropologique d'Alphonse Dupront, ou encore un topos dans les arts de la mémoire étudiés par Frances Yates ou un lieu commun dans la rhétorique. Enfin, le lieu peut devenir synonyme de notes de l'Église, au sens de postulat dogmatique, puisqu'elle doit être « une, sainte, catholique et apostolique ».

Les années de commémoration de la Révocation ont été marquées par diverses études sur le Refuge, comme lieu de mémoire. On assiste depuis 1990 à un regain d'intérêt pour l'étude du sanctuaire comme lieu sacré, pôle de miracles, d'acquisition d'indulgences, de rencontre du ciel et de la terre, de foyer pastoral investi par les ordres religieux, et comme capital symbolique et topographique mobilisé dans les controverses. L'intérêt des historiens français s'est porté tout autant sur des lieux étrangers – Rome (G. Labrot), Cologne (G. Chaix), Lorette (Y.-M. Bercé) – ou les montagnes sacrées d'Europe (N. Lemaitre ; D. Julia ; S. Brunet), que sur des sanctuaires français : Bruno Maes a étudié les grands sanctuaires de pèlerinages mariaux, Philippe Boutry, André Godin et Dominique Julia ont investi la polysémique colline d'Alise-Sainte-Reine, Philippe

Martin la colline de Sion, Marie-Odile Munier le sanctuaire de Sorèze, Patrick Corbet le grand pardon de Chaumont, Georges Provost, Saint-Anne d'Auray, Jean-Marie Le Gall les abbayes de Saint-Denis et de Lérins. Sous l'égide de Catherine Vincent, et à l'imitation de ce qui a été réalisé aux Pays-Bas et en Italie, un inventaire des sanctuaires et lieux de pèlerinage est en cours et a déjà recensé près de 600 lieux sacrés. Cette attention à la géographie mentale religieuse s'est accompagnée d'éditions de listes et de descriptions des topographies sacrées, réalisées à l'époque moderne pour valoriser et défendre les dévotions par leur fréquentation puisqu'elles ont valeur de signe et de preuve. Nicolas Balzamo, Olivier Christin et Fabrice Flückiger ont édité l'*Atlas Marianus* du jésuite Gumppenberg, et Bruno Maes a publié un inventaire marial français réalisé par un dominicain angevin, Vincent Laudun, entre 1665 et 1668, appelé *Pèlerinages mariaux*.

Dans une autre perspective mais en prenant le lieu comme foyer central de célébrations, les historiens se sont repris d'intérêt pour l'édifice religieux à l'âge moderne, sa signification dans l'espace social, son architecture. L'époque moderne a en effet été un vaste chantier ecclésiastique. Il a fallu reconstruire des églises ou des temples détruits par les guerres ou les actes iconoclastes. Il a fallu bâtir de nouveaux couvents dans le cadre des hautes eaux de la réforme catholique. Il a fallu enfin réaménager les espaces et les décors pour satisfaire des exigences nouvelles, définies par le concile et récapitulées par Charles Borromée dans ses *Instructionum fabricae et supellectilis ecclesiasticae libri* rééditées et traduites à Rome en 2000.

Dès 1991, de façon novatrice, le pasteur Bernard Raymond a proposé une belle réflexion sur l'architecture protestante en Europe, distinguant les réaménagements d'églises existantes, comme en Suisse, en Angleterre ou dans l'Allemagne luthérienne, et les pays où la tolérance du protestantisme dans le cadre d'une domination catholique a nécessité l'édification de temples ex nihilo. Un colloque organisé à Montpellier en 2003 a approfondi le sujet[19], tout comme les travaux de Christine Pignon-Feller et Nicolas Pinier sur l'architecture protestante en Moselle. Pour les édifices catholiques, les spécialistes des ordres religieux se demandent souvent s'il existe une architecture spécifique, par exemple aux mauristes ou aux visitandines, sans parvenir à vraiment le

---

19   *BSHPF*, t. 152, 2006.

démontrer. Bernard Chedozeau a en revanche attiré l'attention en 1998 sur un débat qui agita les XVIIᵉ et XVIIIᵉ siècles : faut-il ouvrir ou non le chœur des églises, et notamment des cathédrales en abattant les jubés, au risque d'abolir ainsi un peu le mystère de la messe ? Mathieu Lours, qui a systématiquement étudié la question dans toutes les cathédrales de France, a montré l'importance des réflexions et des aménagements inspirés par la liturgie, le bon goût, l'attachement à la tradition, la volonté de revenir à la forme de la basilique romaine : la place des reliques, l'attachement à la suspense eucharistique dans le nord du royaume sont autant de raisons de faire des choix différents. Le XVIIIᵉ siècle marque l'apogée de ces chantiers cathédraux dont sont victimes les jubés, sauf dans le Sud-Ouest. Un éditeur strasbourgeois, la Nuée bleue, a enfin lancé une collection nationale livrant de nouvelles monographies sur les cathédrales de France.

Cet intérêt pour les édifices religieux est étroitement associé aux usages liturgiques que les historiens n'entendent pas laisser à des liturgistes. Il faut lire les derniers chapitres, essentiels, de la thèse de Jean-Louis Quantin pour mesurer combien le renouveau patristique au XVIIᵉ siècle n'a pas seulement été motivé par la controverse avec les protestants, mais a aussi inspiré la réflexion sur la liturgie ou les dévotions et sur ce qu'il faut épurer ou restaurer, pratiquer ou abandonner, pour se conformer au mieux à *l'ecclesia antiqua*. Bref les sanctuaires et leur environnement sont le cadre d'une liturgie que certains réinvestissent. La messe et les sacrements font l'objet de synthèses de la part de Philippe Martin et de Marcel Bernos, rappelant qu'ils ont une histoire et ne sont pas enfermés dans des formes intangibles. Bernard Dompnier a organisé un colloque sur les cérémonies extraordinaires du catholicisme au carrefour de l'histoire liturgique, sociale, politique, éditoriale, architecturale, avec l'importance des constructions éphémères. Régis Bertrand, Alain Cabantous et François Walter se sont penchés sur les visages de Noël. La vieille question des liturgies gallicanes soulevée par Dom Guéranger au XIXᵉ siècle a été reprise. Thomas d'Hour a montré que la romanisation liturgique a été précoce, mais limitée et sans forcément abolir des propres diocésains.

Les historiens de la musique, comme Jean-Yves Hameline ou Xavier Bisaro, ont joué un rôle essentiel, avec Bernard Dompnier, dans cette réévaluation des débats et des enquêtes liturgiques de la France moderne soulevés par Lazare Bocquillot, Claude de Vert, l'abbé Lebeuf et Pierre Lebrun. La musique est en effet pleinement associée à la célébration et à l'éducation religieuses. Les manécanteries sortent ainsi de l'ombre. Sébastien Gaudelus a travaillé sur les offices des ténèbres où se mêlent l'histoire du culte et de la mondanité, une réflexion sur la présence ou non d'instruments et l'histoire des musiciens : Rousseau lui-même a composé des offices des ténèbres. Cet intérêt pour la liturgie conduit à corriger, par exemple, l'idée d'un monde réformé sans culte, alors que la cène, le baptême, la prédication, le culte dominical dans un temple sont essentiels pour faire église, comme l'a montré Christian Grosse[20].

À travers ces analyses des lieux se jouent la sacralisation et la hiérarchisation des espaces, même si c'est à des échelles différentes. Très localement, Marie-Hélène Froeschlé-Chopard a montré la recomposition des polarisations des sacralités dans les églises, avec la valorisation du Saint Sacrement et la relégation de certains cultes de saints vers les portes. À une autre échelle, l'écriture de l'histoire des sièges épiscopaux, souvent réalisée par des chanoines, se comprend par le souci de défendre l'honneur de l'église et de la ville, de prouver la continuité apostolique, de réparer les collapsus introduits parfois dans la *memoria* par les destructions d'archives et de livres liturgiques lors des guerres civiles[21]. Outre le siège épiscopal, les historiens modernistes ont aussi investi, sous l'impulsion de Gérald Chaix, l'espace juridictionnel, mais aussi vécu, du diocèse, dont la départementalisation en 1790 sera douloureuse. Enfin, à l'heure de la confessionnalisation mais aussi de la montée d'un sentiment dynastico-territorial, les historiens prennent en compte la constitution d'hagiographies régionales, de tentatives et de réalisation d'une *Gallia christiana*, comme il existe une *Bavaria sacra* ou une *Italia sacra*. Les impulsions données par Sofia Boesch Gajano ont été décisives pour renouveler cette approche de l'hagiographie[22].

---

20   Christian Grosse, *Les rituels de la cène. Le culte eucharistique réformé à Genève*, XVIᵉ-XVIIᵉ siècles, Genèse, Droz, 2008.

21   François Bougard et Michel Sot (dir.), *Liber, Gesta, histoire. Écrire l'histoire des évêques et des papes, de l'Antiquité au XXIᵉ siècle*, Turnhout, Brepols, 2009.

22   Il faut ici souligner l'importance des impulsions et orientations données par Sofia Boesch Gajano : *Luoghi sacri e spazi della santità* (en collaboration avec Lucetta Scaraffia), Turin, Rosenberg e Sellier, 1990 ; *Raccolte di vite di santi dal XIII al XVIII secolo : strutture, messaggi, fruizioni*, Fasano, Schena, 1990. On verra aussi Katherine Van Liere, Simon Ditchfield et Howard Louthan (dir.), *Sacred History : Uses of the Christian Past in the Renaissance World*, Oxford, Oxford University Press, 2012.

Dans une conversation, Marc Venard s'étonnait de ce regain d'intérêt pour ces objets, jadis chasse gardée de l'érudition ecclésiastique, ce que Caroline Walker Bynum a qualifié de *Christian materiality*. N'y avait-il pas un risque d'abandonner l'ambition de placer l'histoire religieuse dans l'histoire sociale, et de la faire retomber dans une histoire ecclésiastique, même si elle ne sera plus écrite par des clercs, devenus fort rares, et plus encore les clercs érudits ? Cet intérêt pour tout ce qui touche de près ou de loin aux rites, aux cultes, aux dévotions est la conséquence d'une exculturation religieuse et donc d'une distance avec un monde perdu qu'il faut se réapproprier dans sa quotidienneté, sa gestualité et sa matérialité dévotionnelles. Le croire ne peut être dissocié du faire et du paraître dans une société moderne où l'identité religieuse ne va plus de soi.

LES IDENTITÉS

La question du voile à l'école qui surgit en 1989, mais aussi l'invasion des discours identitaires (nationalistes ou religieux) ont correspondu avec une réflexion historique sur la notion d'identité, un concept récent dans les sciences sociales. Les identités confessionnelles sont devenues objet de réflexion. La définition des *habitus* religieux vise moins à identifier des clivages sociaux (religion populaire *vs* religion des élites) que de cerner des clivages confessionnels, car on sait depuis Durkheim que le religieux fabrique du social, et n'est pas seulement une superstructure idéologique légitimant un ordre social construit sur des rapports de production. Bref il s'agit de cerner l'homme catholique *vs* l'homme protestant, pour citer un titre célèbre de Janine Garrisson.

Cette quotidienneté et cette matérialité s'apprécient de façon temporelle. Car, outre l'espace, les historiens du religieux se sont saisis du temps. Marjorie Reeves, Ottavia Niccoli, Jean Delumeau et Denis Crouzet ont investi le champ des eschatologies, protestante et catholique, et de l'apocalyptique pour cerner comment la représentation du temps présent et futur était à la fois travaillée par la sensibilité religieuse mais pouvait aussi conditionner celle-ci. Marie Barral-Baron a interrogé l'évolution d'Érasme devant l'histoire de son époque, passant des espérances de la rénovation par la *philosophia christi* à la déploration devant un monde déchiré. D'autres, comme Alain Cabantous, ont interrogé le partage des temps sacré et profane selon les confessions, analysant ainsi les différences entre le dimanche catholique, puritain ou « anglican ».

Alain Cabantous a aussi accordé une importance à la nuit, qui est un moment qu'il faut mystiquement mais aussi rituellement occuper afin de lutter contre le mal, contre le carnaval, par exemple. À travers l'étude du calendrier, Francesco Maiello a montré combien se substituait peu à peu à une perception qualitative des jours placés sous l'astral et le sanctoral, une mesure plus quantitative du temps. Mais y lire un détachement religieux serait erroné car dans le même temps le calendrier a aussi été un marqueur confessionnel, à travers l'adoption ou le refus de la réforme de Grégoire XIII et l'iconoclasme calendaire imposé par le passage à la Réforme. D'autant que la mesure précise du temps a peut-être été un effet de la rivalité confessionnelle. Max Engammare a mis ainsi en lumière l'importance accordée à Genève à la ponctualité, par exemple dans l'assistance et la durée du sermon, tandis que Sylvio De Franceschi vient de publier une étude sur le carême et l'abstinence, marqueur catholique par excellence. Se met en place à l'âge moderne une casuistique alimentaire pour déterminer où se placent les nouvelles boissons et les nouvelles denrées dans le partage entre le gras et le maigre.

Les usages du temps sont un marqueur des identités confessionnelles. Celles-ci ne doivent cependant pas être essentialisées mais inscrites dans des constructions sociales qui ont des déclinaisons locales en fonction des environnements sociaux et politiques. Si certains historiens du religieux se focalisent sur les grandes controverses théologiques, qu'ils semblent parfois prolonger dans un infini commentaire, au mieux en investissant sur nouveaux frais les dispositifs de la controverse, de la publication et des méthodes de la polémique), d'autres auteurs, à travers ces études des signes confessionnels, ont rappelé que des points qui sembleraient être des choses indifférentes, des *adiaphora*, peuvent constituer des objets de crispation plus ou moins temporaire d'appartenance religieuse. La chambre de l'édit de Castres, étudiée par Stéphane Capot, émet des arrêts de partage, ainsi dénommés parce qu'adoptés par une commission paritaire de magistrats catholiques et protestants, sur les lieux de prêches, la légalité d'un temple, le chant à voix haute des psaumes. Voilà les éléments constitutifs de la ligne de front des affrontements confessionnel. Denis Crouzet et Olivier Christin, après Alain Lottin et Solange Deyon, ont montré l'importance des images et mieux permis de comprendre la signification de l'iconoclasme, qui n'est pas vandalisme, mais pédagogie religieuse visant à chasser les supports de la superstition. Marianne Ruelle a vu dans la condamnation de la danse par les réformés l'expression non seulement d'un interdit moral devant le mélange des sexes, mais surtout d'un loisir qui signe une identité papiste qu'il faut abandonner. Denise Turrel a étudié la signification politico-religieuse des couleurs, et notamment du blanc, mais aussi des signes (croix...) au temps des troubles du XVIe siècle. Les travaux menés par les équipes entraînées par Philippe Boutry, Dominique Julia et Christophe Duhamelle sur les reliques, leur ostension, leur translation, leur destruction, leurs échanges, participent de cette prise au sérieux des sémiophores confessionnels, de même que les recherches menées par Jean-Marie Le Gall ou le sociologue Christian Bromberger sur la barbe, et par Giuseppina Muzarrelli ou Nicole Pellegrin sur l'histoire du voile.

Mais diverses études dévoilent aussi la labilité, l'instabilité voire les limites de ces identités. Les publications sont nombreuses sur les conversions, y compris des clercs catholiques au protestantisme (D. Boisson). Les mécanismes de la conversion, son caractère plus ou moins durable ou transitoire sont largement explorés, de même que les rituels (abjuration, parfois même rebaptême) qui l'accompagnent[23]. Dans le cadre des mariages mixtes, qui place la frontière de catholicité au sein de la famille, ou de la captivité, une expérience fréquente sur les rives de la Méditerranée en raison de la course ou des inquisitions, les travaux d'Élisabeth Labrousse, Gregory Hanlon, de Keith P. Luria, de Bartolomé et Lucile Bennassar sur les chrétiens d'Allah, puis de Wolfgang Kaiser, ont montré le caractère parfois opportuniste des conversions, la pluralité des identités, leur inter-changeabilité, leur porosité, et révélé finalement peut-être des formes de résistance à l'adoption de signes d'appartenance trop marqués. À travers ces itinéraires de vie, c'est le cœur de la croyance qui est interpelé. S'y découvre une capacité d'*agency* qu'on aurait tort de lire exclusivement comme de l'indifférence religieuse, puisqu'on peut aussi y voir un atta-chement à une religion à soi, bricolée, où l'on ne croit pas également à tout, tout en appartenant à une communauté, convaincu finalement que Dieu reconnaitra les siens, par-delà les embrigadements terrestres.

On pourrait dénoncer cette interpellation du passé en terme identi-taire par nos problèmes contemporains, mais ce n'est pas pour rien que

---

23   Maria-Cristina Pitassi et Daniela Solfaroli Camillocci (dir.), *Les Modes de la conversion confessionnelle à l'Époque moderne. Autobiographie, altérité et construction des identités religieuses*, Florence, Olschki, 2010.

l'époque moderne s'appelle ainsi. Si l'anachronisme ou le présentisme est un péché d'historien, une histoire qui n'est pas contemporaine et qui se contenterait de répéter le passé pour le prolonger serait du psittacisme. Les historiens de l'âge moderne sont attentifs aux signes par lesquels se construit, dans un contexte donné, une identité religieuse et les modalités par lesquelles elle se négocie. L'histoire moderne de la France est en effet marquée, et c'est une rupture majeure avec le Moyen Âge, par une cohabitation confessionnelle inédite, parfois sanglante, et qu'il a fallu inventer. Cela a fortement stimulé le retour du théologico-politique.

THÉOLOGICO-POLITIQUE : LE RETOUR

Regardez les thèmes des rencontres du groupes de la Bussière, listés en annexe : avant 1999 et l'inscription de la guerre sainte au menu, aucune session ne porte sur des questions politiques sauf en 1969 Messianisme et hérésies. Ouvrez les thèses de Marc Venard, Robert Sauzet ou Nicole Lemaitre, vous n'y trouverez pas davantage de place accordée à la politique. Elle a disparu de l'histoire religieuse comme de l'histoire en général dans ces décennies. Si ce qu'on appelle l'école des *Annales* l'avait congédiée parce qu'elle renvoyait à l'histoire bataille traditionnelle et à la vaine écume des jours, les historiens du religieux actifs dans les années 1960 avaient une autre raison d'écarter le politique. Rendant compte en 2001 de l'ouvrage du livre d'Alexandre Haran sur le messianisme politique des rois de France, Marc Venard témoignait de son scepticisme devant ce « fatras mystico historique[24] ». Pour ceux qui comme lui ont fait en sorte que l'histoire religieuse échappe au clergé et conquière pleinement sa place à l'université, alors assez dominée par les paradigmes marxistes et jugée trop moderniste par l'Église, il convenait de se dégager de l'histoire théologico-politique, trop marquée par des considérations apologétiques et les engagements cléricaux. En outre, le théologico-politique sentait le souffre depuis la condamnation romaine de l'Action française, des prêtres ouvriers, plus tard de la théologie de la libération. Ce terrain était donc par excellence celui des engagements partisans et des conflits. Même si elle n'était pas sans enjeu, faire la sociologie du religieux permettait d'esquiver ces embarras, le social permettant de fuir l'ecclésial. Seuls les spécialistes du jansénisme,

---

24 *Revue d'histoire de l'Église de France*, t. 87, 2001, p. 218.

comme Edmond Préclin et plus tard Jean Orcibal ou René Taveneaux ne pouvaient totalement abandonner le terrain théologico-politique.

Mais le retour du politique dans l'histoire a conduit des philosophes-historiens comme Marcel Gauchet, Yves-Charles Zarka, Jean-François Courtine, à redonner crédit à ces problématiques théologico-politiques. La publication en 1988 de la traduction par Jean-Louis Schlegel de la théologie politique de Carl Schmitt alimente le débat sur la sécularisation qu'éclaire l'ouvrage capital de Jean-Claude Monod sur les conceptions différentes que recouvre ce mot galvaudé[25] : s'agit-il d'une sortie et d'une critique du religieux, un simple transfert, un processus inscrit dans la pensée chrétienne, à moins que ce ne soit qu'un leurre et une illusion de la modernité ? De son côté, l'école cérémonialiste américaine a été reçue tardivement en France, puisque la traduction des *Deux corps du roi* d'Ernst Kantorowicz ne paraît qu'en 1989. La même année, Michèle Fogel publie ses *Cérémonies de l'information*, dont la deuxième partie est largement consacrée à l'organisation des Te Deum. Le théologico-politique revient donc sur la scène historiographique[26]. Le groupe de la Bussière réfléchit en 1999 sur la guerre sainte (deux ans après la publication du *Mythe de croisade* de Dupront), en 2011 sur la justice de Dieu et des hommes, sur le rapport entre violence et religion en 2017.

Cette notion de théologico-politique ne fait évidemment pas l'unanimité. Olivier Christin et Jérémie Foa ont défendu l'idée d'une totale autonomisation et autolégitimation de l'ordre juridique et politique par rapport à l'ordre théologico-politique, en étudiant à partir de 1562 les mécanismes juridiques, judiciaires et sociaux qui permettent la mise en place d'une tolérance civile dans l'intolérance religieuse, pour reprendre une belle formule de Bernard Roussel. Mais d'autres auteurs ont au contraire dévoilé l'imbrication étroite du théologique, de l'ecclésial et du politique, comme Alain Tallon, dans ses analyses sur la monarchie et le concile de Trente puis de la place de l'imaginaire catholique dans

25 Jean-Claude Monod, *La querelle de la sécularisation. De Hegel à Blumenberg*, Paris, Vrin, 2002. La même année sort chez Gallimard la traduction d'*Histoire et salut : les présupposés théologiques de la philosophie de l'histoire* de Karl Löwith. Ces débats philosophiques alimentent la réflexion historique en histoire religieuse, plus que les querelles sociologiques d'un champ dominé par la figure de Bourdieu, ses disciples, ses contradicteurs.
26 Sur le rapport des protestants à la politique au XVIᵉ siècle : Hugues Daussy, « Protestants et politique au XVIᵉ siècle. État de la question et perspectives », *BSHPF*, t. 150, nᵒ 1, 2004, p. 15-32.

la conscience nationale. Analysant le pouvoir des clés du pontife romain, Benoît Schmitz revisite les conflits entre Rome et les souverains, avec les excommunications d'Henri de Navarre et Henri III. Benoist Pierre a déchiffré le père Joseph et montré, comme Cédric Michon dans son étude sur les prélats d'État, l'importance idéologique du clergé de cour, au point de forger la notion de monarchie ecclésiale. Tous les ressorts théologiques, ecclésiaux et cérémonialistes sont utilisés pour construire la majesté royale. Sylvio De Franceschi a scruté la médiation de la France dans l'affaire de l'interdit vénitien de 1606, qui n'était pas que diplomatique mais aussi ecclésiologique. Au cœur de cette querelle étaient en jeu les prétentions romaines au pouvoir indirect du pape en raison de la supériorité du spirituel sur le temporel et le pouvoir des clés. L'affaire qui est contemporaine du serment d'allégeance imposé aux catholiques anglais par Jacques Ier met le gallicanisme en ébullition, et notamment Edmond Richer. Géraud Poumarède a de son côté revisité l'imaginaire de croisade, révélant les justifications religieuses de l'alliance impie et montrant que, si les rapports entre la monarchie et les Ottomans ne relevaient pas de la croisade, mais avant tout du commerce, ils n'étaient pas pour autant dépourvus d'intérêts religieux. La publication en 1995 du livre de Jörg Wollemberg, *Les trois Richelieu : servir Dieu, le roi et la raison*, a été décisive dans la reconsidération de cette grande figure nationale du cardinal ministre. Ce prélat, initialement proche des dévots, viscéralement hostile aux protestants, a su servir la Contre-Réforme en France tout en luttant contre l'Espagne catholique avec l'appui des protestants. Ce n'est cependant pas dans des ouvrages de droit mais de théologie morale et de casuistique espagnole qu'il a trouvé à justifier la politique du roi dévot Louis XIII.

Bref, l'historiographie semble rouvrir des dossiers qui avaient parfois été fermés depuis un demi-siècle. Il est désormais possible de proposer des synthèses comme celle de Joseph Bergin[27]. La religion apparaît être un élément de légitimation ou de contestation de la construction étatique. Pour le XVIe siècle, l'action de la monarchie est réévaluée dans les réformes monastiques et dans la réforme de l'Église, paradoxalement grâce au concordat, mais aussi dans la définition, les usages et la réception ambigüe du concile. La monarchie est aussi appréhendée

---

27   Joseph Bergin, *The Politics of Religion in Early Modern France*, New Haven, Yale University Press, 2014.

dans sa criminalisation de l'hérésie puis dans sa difficile pacification des rapports confessionnels. Au XVIIᵉ siècle, les études ont conduit à définir une raison catholique d'État afin d'éviter de confondre raison d'État et raison d'enfer. Enfin au XVIIIᵉ siècle, le jansénisme revisité par Catherine Maire montre que le figurisme théologique fonde une défense des droits inaliénables du Parlement, dépôt des lois, contre un absolutisme qui invente un despotisme bureaucratique et des pratiques qui menacent les libertés ancestrales de la nation. Autant d'analyses qui relisent l'histoire politique de la France non pas comme l'essor d'une raison et d'une sécularisation triomphantes, mais comme un processus tout à la fois d'autonomisation du politique et de sursacralisation du pouvoir[28], dans un dispositif intellectuel, moral, textuel, symbolique où le politique conserve une forte matrice théologique et religieuse permettant tout autant la construction que la dénonciation de l'absolutisme.

Cette articulation du politique et du religieux n'est pas cantonnée au rapport des églises à la royauté. Elle féconde aussi les approches renouvelées de l'histoire urbaine. Si celle-ci a été chez Pierre Deyon, Jean-Pierre Poussou, Jean-Claude Perrot et Jean-Pierre Bardet largement inspirée par les analyses démographiques et sociales, si l'histoire urbaine s'est renouvelée par l'analyse des pouvoirs urbains, force est de constater que des historiens du religieux ont investi l'histoire des villes (T. Amalou ; O. Carpi ; Y. Lignereux ; M. Sluhovsky), via notamment la notion de religion civique qui permet la construction de l'unanimisme corporatif autour d'un saint ou d'un sacralité (reliques, images), tandis que les historiens des villes ne font plus l'impasse sur l'importance du religieux dans la gestion de la cité.

Ne faut-il pas alors redouter un impérialisme de l'explication par le religieux ? L'omniprésence des cadres religieux dans la vie politique et sociale de la France moderne ne doit pas empêcher de peser et de hiérarchiser la place effective qu'ils occupent dans les phénomènes socio-politiques. Sous couvert de religion, les conflits du second XVIᵉ siècle ne sont-ils pas animés par des enjeux plus déterminants, tel que la défense de la communauté, plutôt que par la défense de telle ou telle sensibilité politico-confessionnelle (Ph. Hamon) ? À moins que les engagements religieux ne participent à des identités lignagères et

---

28   Voir les chapitres sur la sacralisation du prince dans Robert Descimon et Fanny Cosandey, *L'absolutisme en France. Histoire et historiographie*, Paris, Éd. du Seuil, 2002.

clientélaires (A. Boltanski) ou ne relèvent d'ingérences internationales (N. M. Sutherland ; S. Brunet) ? Robert Descimon a montré combien la Ligue parisienne était l'expression d'un attachement à la bonne ville telle que définie par Bernard Chevalier. De même les violences des guerres de Religion sont-elles le fruit d'une culture panique (D. Crouzet) ou d'une violence militaire (P.-J. Souriac)[29] ? Les génocides contemporains ont conduit à réinterroger les nombreux massacres de l'âge moderne. David El Kenz a tout à la fois souligné l'importance de la culture des martyrs au XVIe siècle et rappelé que les victimes protestantes des guerres de Religion ne sont pas tenues pour des martyrs de la foi. Les historiens italiens, comme Gianclaudio Civale et Vincenzo Lavenia, allemands, comme Cornel Zwierlein[30], mais aussi français, comme Georges Bischoff sur la guerre des Paysans, Ariane Bolstanki sur l'encadrement catholique des troupes pontificales et royales en 1568 ont constaté la composition multiconfessionnelle des armées, analysé les entreprises de confessionnalisation et de difficile disciplinarisation de la soldatesque qui caractérise la révolution militaire, pour se demander finalement si le discours religieux pouvait expliquer une plus grande létalité des combats. Si les propagandistes des conflits tendent à les présenter et à les justifier comme des guerres justes et saintes, est-ce que l'on tue vraiment au nom de Dieu dans les combats ? Si Georges Bischoff voit dans la répression des Rustauds lorrains et des paysans alsaciens, l'expression d'une performativité des appels à la croisade, l'analyse des batailles des guerres de Religion montre que l'adversaire reste souvent *hostis sed non inimicus* pour reprendre une distinction célèbre établie par Carl Schmitt[31].

Au terme de ce survol de 25 années d'histoire religieuse en France, force est de constater, n'en déplaise aux grincheux, sa vitalité, son foisonnement, sa diversité et l'importance des entreprises collectives. L'essor du théologico-politique ne résume pas l'activité du champ même si ce

---

29 On verra sur ce sujet l'article d'Allan Tulchin, « Massacres during the French Wars of religion », dans *Ritual and violence : Natalie Zemon Davis and Early Modern France, Past & Present*, supplément n°7, 20012, p. 100-126.

30 On consultera avec profit Claudio Donati et Bernhard R. Kroener (dir.), *Militari e società civile nell'Europa dell'età moderna (secoli XVI-XVIII)*, Bologne, il Mulino, 2007.

31 On se permettra de renvoyer au dernier chapitre de Jean-Marie Le Gall, *Les guerres d'Italie. Une lecture religieuse*, Genève, Droz, 2017.

renouveau colore cette fin ou début de siècle. Je voudrais ajouter trois remarques, peut-être plus personnelles.

Tout d'abord, qu'on ne nous fasse pas le reproche d'avoir principalement fait le bilan de l'histoire des christianismes en France. À la différence d'autres pays d'Europe, la religion musulmane y est quasi insignifiante, comme le judaïsme, même si celui-ci est plus présent[32]. Mais les synthèses les plus récentes sur les juifs ne consacrent pas de chapitre spécifique à la France avant leur émancipation lors de la Révolution[33].

Ensuite, l'histoire religieuse doit rester en dialogue avec ceux qui n'en font pas, mais lui apportent beaucoup, tout comme ceux qui font de l'histoire, par exemple des sciences, ne doivent pas oublier l'appartenance et la finalité religieuses de nombre de leurs objets et sujets d'études. Il y a beaucoup à apprendre dans les réflexions socio-politiques d'Arlette Jouanna ou de Robert Descimon. L'ouvrage de Jean Nicolas sur la rébellion française consacre de larges développements au facteur religieux. C'est dans les travaux de Katia Béguin sur la rente ou de Daniel Dessert sur les Deliès de Montauban que l'on trouvera le plus d'informations sur le rôle du clergé et des réseaux religieux dans le système fisco-financier. Les chantiers de Corine Maitte et Didier Terrier sur le temps de travail, les travaux de Steven Kaplan sur les corporations fourniront des informations sur l'empreinte du christianisme dans la vie laborieuse. *La mélancolie du pouvoir* de Joël Cornette livre des informations capitales sur l'exploitation du système judiciaire par les dévots pour juguler le protestantisme, de même que les travaux de Florent Quellier, spécialiste des légumes, des fruits et des cultures alimentaires, nous en apprennent beaucoup sur les jardins de curés, sur la culture du gras et du maigre. Toutes les recherches sur la noblesse sont aussi à consulter avec profit pour cerner le poids des lignages dans les itinéraires de conversion.

Enfin, cette approche braconnière d'un religieux assez disséminé doit perdurer afin d'éviter de scléroser et de nécroser le champ en le rabattant sur un noyau dur purement théologique, dialoguant tout au plus avec les concepts sociologiques, mais jugeant subalternes ou démodées

---

32 Jocelyne Dakhlia, Bernard Vincent et Wolfgang Kaiser (dir.), *Les musulmans dans l'histoire de l'Europe*, Paris, A. Michel, 2011, 2 vol.

33 Antoine Germa, Benjamin Lellouch et Evelyn Patlagean (dir.), *Les juifs dans l'histoire. De la naissance du judaïsme au monde contemporain*, Seyssel, Champ Vallon, 2011.

les approches de terrain, sociales et anthropologiques, qui seraient marginalisées. La re-théologisation ou la re-dogmatisation des objets de recherche du champ, fussent par des universitaires laïcs, et non plus par des ecclésiastiques, risque de reconduire l'histoire religieuse dans les vieilles ornières de l'histoire ecclésiale qui voyait la société avec les bésicles des clercs. Il faut continuer de faire de l'interdisciplinaire et de l'interchamp... jusqu'au sein de l'histoire religieuse.

Jean-Marie LE GALL

LES THÈMES TRAITÉS
PAR LE GROUPE DE LA BUSSIÈRE

Le Groupe de la Bussière se réunit chaque année pour des échanges autour d'une problématique transversale et diffuse en son sein une brochure polycopiée.

1959   L'instruction religieuse des laïcs
1960   L'instruction religieuse des laïcs
1961   Les confréries (Courcelles-Frémoy, Côte d'Or)
1962   Comment les laïcs voient le prêtre
1963   L'Église et la pauvreté – I
1964   L'Église et la pauvreté – II
1965   La sainteté – I
1966   La sainteté – II (publié : *Revue d'histoire de l'Église de France*, n° 149, t. 52, 1966).
1967   Élites et masses dans l'Église
1968   Bilan historiographique
1969   Messianisme et hérésies
1970   Histoire et théologie
1971   Les miracles
1972   Religion populaire et folklore
1973   Les femmes dans l'Église
1974   L'autorité de l'Écriture
1975   Le langage spatial de l'expression religieuse
1976   Le christianisme devant le fait juif
1977   L'historiographie religieuse (« 20ᵉ anniversaire »)
1978   Le retour/recours aux origines
1979   Le croyable
1980   Liturgie et rituel
1981   Images de Jésus-Christ
1982   La confession (publié : *Pratiques de la Confession*, Éd. du Cerf, 1983).
1983   Visions et apparitions
1984   Le corps

1985   La conversion
1986   Le diable en ses lieux
1987   La fonction théologique
1988   La prière
1989   La souffrance
1990   Le monde
1991   Relectures et réinterprétations
1992   L'autorité
1993   La superstition
1994   Le temps
1995   La morale
1996   Les anges
1997   La lumière
1998   Guérir
1999   La guerre sainte
2000   Langues et religion
2001   Le religieux dans la littérature
2002   L'objet
2003   Les vivants et les morts
2004   L'acculturation
2005   Dynamiques économiques et dynamiques religieuses
2006   Lieux de mémoire, lieux d'amnésie et religions
2007   Mystique et mystiques
2008   Les idées fausses en histoire religieuse
2009   Boire et manger
2010   L'imitation
2011   Justice de Dieu, justice des hommes
2012   Mourir
2013   Le scandale
2014   Paroles et silences des femmes
2015   Les réseaux
2016   L'écriture de soi
2017   Violence et religion
2018   Enfance et religion
2019   Coiffes, coiffures, chevelures

L'HISTOIRE DE LA RÉVOLUTION FRANÇAISE
DANS LA DÉCENNIE 2010

Morcellement, renouveau
et crise interprétative

Dans un volume consacré à la fabrique de l'histoire moderne dans ses multiples déclinaisons thématiques, la présentation des travaux récents consacrés à une période et à un pays en particulier peut paraître incongrue. Une telle approche suppose une spécificité de ladite période au sein de la tranche chronologie dévolue aux « temps modernes ». Si la Révolution française est un objet clairement identifié dans les programmes scolaires, elle l'est beaucoup moins dans le monde de la recherche. Elle reste une période un peu à part, extrémité chronologique de l'histoire moderne telle qu'elle est canoniquement définie en France. L'année 1789 est d'ailleurs souvent considérée comme une date butoir pour les historiens modernistes, qui s'inscrivent de façon privilégiée dans le cadre institutionnel de la monarchie absolue. Le recours généralisé à l'appellation d'Ancien Régime, héritée de la Révolution, pour désigner l'avant-1789 a contribué à figer cette césure chronologique. La Révolution et l'Empire constituent finalement une sorte de *no man's land* entre l'histoire moderne et l'histoire contemporaine. Un *no man's land* dans lequel on craint de s'aventurer, tant pour des raisons archivistiques – le cadre de conservation n'est plus le même en France pour les documents postérieurs à 1790 – que pour des raisons historiographiques, beaucoup de chercheurs hésitant à mettre les pieds dans un terrain miné par des décennies de controverses devenues de plus en plus complexes au fil du temps. Cette complexité interprétative est par ailleurs aggravée par l'absence de synthèse historiographique ou de guide de recherche récent, susceptible d'orienter le néophyte dans un maquis d'interprétations particulièrement touffu[1].

---

1   La plupart des travaux récents ont été consacrés aux historiographies « progressistes », issues du socialisme et du marxisme : Claude Mazauric, *L'histoire de la Révolution française*

Aujourd'hui, la ligne de partage entre histoire moderne et histoire contemporaine est fixée autour de 1800, ce qui explique que les spécialistes de la Révolution sont plutôt considérés comme modernistes, alors que les spécialistes de l'Empire sont rangés parmi les contemporanéistes, même s'il existe des exceptions. Bien que d'autres pays européens comme l'Allemagne, l'Italie ou l'Espagne accordent encore traditionnellement une grande importance à la césure de 1789, il s'agit largement d'une spécificité française. Celle-ci est fondée sur le poids historiographique et mémoriel de la Révolution, érigée en moment fondateur de la modernité politique au cours du XIXᵉ siècle. L'inconscient collectif est nourri d'un système de représentations des « grands événements » du passé qui tend souvent à isoler ce moment au sein de la chronologie historique[2].

et la pensée marxiste, Paris, PUF, 2009 ; Jean-Numa Ducange, _La Révolution française et la social-démocratie. Transmissions et usages politiques de l'histoire en Allemagne et Autriche (1889-1934)_, Rennes, PUR, 2012 ; Sophie Wahnich (dir.), _Histoire d'un trésor perdu. Transmettre la Révolution française (1789-2012)_, Paris, Les Prairies ordinaires, 2013 ; Michel Biard et Jean-Numa Ducange (dir.), _Passeur de révolution_, Paris, Société des études robespierristes, 2013 ; Jean-Numa Ducange, _La Révolution française et l'histoire du monde. Deux siècles de débats historiques et politiques (1815-1991)_, Paris, A. Colin, 2014 ; Serge Aberdam et Alexandre Tchoudinov (dir.), _Écrire l'histoire par temps de guerre froide. Soviétiques et Français autour de la crise de l'Ancien Régime_, Paris, Société des études robespierristes, 2014 ; Jean-Numa Ducange et Alexandre Tchoudinov (dir.), dossier « La Révolution française comme modèle et miroir (URSS, Chine, Japon) », _Annales historiques de la Révolution française_, n° 387, 2017. Sur François Furet et les querelles historiographiques des années 1970-1980, signalons deux ouvrages importants : Pierre Statius et Christophe Maillard (dir.), _François Furet. Révolution française, Grande Guerre, communisme_, Paris, Éd. du Cerf, 2011 ; Christophe Prochasson, _François Furet. Les chemins de la mélancolie_, Paris, Stock, 2013. L'attention des historiens a également été attirée ces dernières années par l'historiographie « immédiate » de la Révolution, contemporaine des événements ou immédiatement postérieure : Philippe Bourdin (dir.), _La Révolution (1789-1871). Écriture d'une histoire immédiate_, Clermont-Ferrand, Presses de l'Université Blaise-Pascal, 2008 ; Loris Chavanette et Francesco Dendana (dir.), dossier « L'historien vivant (1789-1830) », _La Révolution française_, n° 10, 2016. Antonino de Francesco a récemment proposé une synthèse relativement équilibrée couvrant la période 1789-1989, même si l'historiographie royaliste et conservatrice y reste largement sous-évaluée : Antonino de Francesco, _La guerre de deux cents ans. Une histoire des histoires de la Révolution française_, Paris, Perrin, 2018. Pour une première approche de l'historiographie royaliste : Paul Chopelin et Bruno Dumons (dir.), _Transmettre une fidélité. La Contre-Révolution et les usages du passé (France, Espagne, Italie, XIXᵉ-XXᵉ siècles)_, Bruxelles, P. Lang, 2019.

2   Les historiens de la Révolution française continuent d'ailleurs de travailler sur la question des héritages mémoriels de la période : Annie Duprat (dir.), _Révolutions et mythe identitaires. Mots, violences, mémoire_, Paris, Nouveau Monde éd., 2009 ; Martial Poirson (dir.), _La Révolution française et le monde d'aujourd'hui. Mythologies contemporaines_, Paris, Classiques Garnier, 2014 ; Gilles Bertrand et _al._ (dir.), _Collectionner la Révolution française_, Paris, Société des études robespierristes, 2016 ; Michel Vovelle, _La bataille du Bicentenaire_

Il n'entre pas dans mon propos d'interroger la notion d'histoire moderne et la définition que l'on peut en donner en fonction des bornes chronologiques choisies. Il ne s'agit pas non plus de rouvrir le débat, interminable, sur le début et le terme de la Révolution française. Si les opinions divergent sur son commencement, quelque part entre les années 1750 et la fin des années 1780, avec l'émergence d'une opinion publique structurée et d'un nouveau rapport politique à la nation, il est encore plus délicat d'établir une date finale que l'on peut fixer, selon différents points de vue, en 1794, en 1799, en 1800, en 1804, en 1871, voire dans les années 1880, quand le régime républicain est consolidé, selon une conception quelque peu téléologique de l'histoire de France. Pour ne pas disperser mon propos, je m'en tiendrai à une définition classique de la Révolution française, comprise comme l'ensemble des changements institutionnels et politiques ayant affecté la société française, ainsi que leurs conséquences internationales, entre 1789 et 1799.

Faire aujourd'hui l'histoire de la Révolution française ne va plus de soi. Rares sont les historiens à faire de l'histoire de la décennie révolution-naire *stricto-sensu* : les uns sont davantage centrés sur le XVIIIe siècle, les autres sur le XIXe siècle. Une troisième catégorie s'attache à transcender les clivages chronologiques en étudiant la période 1750-1850, ce siècle de « l'entre-deux », qualifié de *Sattelzeit* par Reinhard Koselleck, que l'on assimile parfois à la « seconde modernité » en le faisant remonter aux années 1680-1700[3]. S'ils peinent encore à trouver leur place dans l'université française, ces historiens des XVIIIe-XIXe siècles sont parfaitement intégrés au sein du système académique de la plupart des pays étrangers, comme en Allemagne, où de plus en plus de chercheurs étendent l'histoire de la seconde modernité jusqu'en 1914[4]. Quel que soit le centre de gravité de leur champ chronologique, les historiens

---

de la Révolution française, Paris, La Découverte, 2017 ; Anne de Mathan (dir.), *Mémoires de la Révolution française. Enjeux épistémologiques, jalons historiographiques et exemples inédits*, Rennes, PUR, 2019.

3   Notons qu'en philosophie, la « seconde modernité » renvoie à un cycle intellectuel qui court du milieu du XVIIIe siècle au milieu du XXe siècle. Pour une chronologie de la modernité du point de vue de la philosophie, voir Vincent Citot, « Le processus histo-rique de la Modernité et la possibilité de la liberté (universalisme et individualisme) », *Le philosophoire*, n° 25, 2002, p. 35-76.

4   Le cloisonnement entre XVIIIe et XIXe siècles commence à être timidement gommé en France avec le développement récent de l'histoire globale et de l'histoire connectée qui tend à effacer les césures occidentales traditionnelles.

inscrivent la décennie révolutionnaire dans une périodisation plus longue, pour évaluer pragmatiquement la part de rupture et de continuité dans cette séquence chronologique courte. Ce qui n'empêche pas certains historiens d'isoler cette séquence, en étudiant un moment précis de la Révolution, sur quelques années, comme la période de la « Terreur » ou le Directoire, pour observer plus finement les mutations d'une société au quotidien. L'espace géographique considéré est également très variable, ne se limitant pas forcément au seul cadre français, puisque de plus en plus de chercheurs se livrent à une histoire comparée ou à une histoire transnationale de la Révolution française.

L'essai de bilan historiographique que je souhaite dresser ici s'appuie sur les travaux réalisés et publiés, en France et à l'étranger, au cours de la décennie 2010, depuis les deux grands « colloques bilan » d'Aix et de Paris au début des années 2000, ainsi que les deux recueils publiés en 2010 et 2011 par un collectif d'historiens membres de la Société des études robespierristes[5]. Il ne prétend pas à l'exhaustivité, mais s'efforce de refléter les grandes orientations actuelles de la recherche universitaire sur cette période.

UNE HISTOIRE DÉCENTRÉE ET GLOBALISÉE

Force est d'abord de constater que l'histoire de la Révolution française s'est de nouveau « régionalisée ». Sans jamais avoir, bien sûr, totalement disparues, les thèses d'histoire locale ont connu un retour en grâce dans les années 2000-2010. Appuyées sur des archives largement inédites et des questionnements méthodologiques originaux, ces études de cas permettent de renouveler les problématiques, d'infléchir des chronologies et de proposer de nouvelles typologies sociales ou politiques. Elles marquent la fin d'une

---

5   Martine Lapied et Christine Peyrard (dir.), *La Révolution française au carrefour des recherches*, Aix-en-Provence, Publications de l'Université de Provence, 2003 ; Jean-Clément Martin (dir.), *La Révolution à l'œuvre. Perspectives actuelles dans l'histoire de la Révolution française*, Rennes, PUR, 2005 ; J. B. Shank (dir.), dossier « The French Revolution Twenty Years after the Bicentennial », *French Historical Studies*, vol. 32, n° 4, 2009 ; Michel Biard (dir.), *La Révolution française, une histoire toujours vivante*, Paris, Tallandier, 2010 ; Cyril Triolaire (dir.), *La Révolution française au miroir des recherches actuelles*, Paris, Société des études robespierristes, 2011.

histoire « parisianocentrée » de la Révolution, à la suite des stimulantes perspectives ouvertes par Michel Vovelle dans un essai de géopolitique de la Révolution française paru au lendemain du Bicentenaire[6]. Les « journées » révolutionnaires ne se déroulent pas uniquement dans la capitale : coups de force et émeutes rythment la vie politique provinciale, avec parfois une incidence nationale. La signification des événements varie d'une région à l'autre. La Révolution est ainsi l'occasion de rejouer de vieux antagonismes locaux, comme dans les marges méridionales du Massif Central, étudiées par Valérie Sottocasa, où protestants et catholiques réactivent la mémoire des affrontements passés[7]. Les récents travaux consacrés aux espaces frontaliers, tels ceux de Renaud Morieux ou de Maxime Kaci, permettent de souligner la continuité des échanges transnationaux, tout en attirant l'attention sur les formes particulières de politisation engendrées par les impératifs militaires du moment[8]. Dans le domaine de l'histoire religieuse, l'approche locale permet de se détacher d'un certain nombre de présupposés hérités de l'histoire catholique militante et de l'histoire laïque de la IIIe République, pour se pencher sur les pratiques des fidèles, la gestion quotidienne des conflits cultuels, l'intégration civique des minorités religieuses et les conditions concrètes de la sécularisation de l'espace

6   Michel Vovelle, *La découverte de la politique. Géopolitique de la Révolution française*, Paris, La Découverte, 1993. Quelques exemples d'approches locales récentes : Samuel Guicheteau, *La Révolution des ouvriers nantais. Mutation économique, identité sociale et dynamique révolutionnaire (1740-1815)*, Rennes, PUR, 2008 ; Hervé Leuwers, Annie Crépin et Dominique Rosselle (dir.), *Histoire des provinces du Nord. La Révolution et l'Empire. Le Nord-Pas-de-Calais entre Révolution et contre-révolution*, Arras, Artois Presses Université, 2008 ; Michel Biard (dir.), dossier « La Révolution en Normandie. Nouvelles approches », *Annales de Normandie*, t. 59, 2010 ; Cyril Belmonte, *Les patriotes et les autres. L'arrière-pays marseillais en Révolution*, Aix-en-Provence, Publications de l'Université de Provence, 2011 ; André Goudeau, *Le département de l'Eure sous le Directoire*, Rouen, Presses universitaires de Rouen et du Havre, 2012 ; Laurent Brassart, *Gouverner le local en Révolution. État, pouvoirs et mouvements collectifs dans l'Aisne (1790-1795)*, Paris, Société des études robespierristes, 2013 ; Antoine Franzini, *Un siècle de révolutions corses. Naissance d'un sujet politique (1729-1802)*, Paris, Vendémiaire, 2017 ; Nicolas Soulas, *Révolutionner les cultures politiques. L'exemple de la vallée du Rhône (1750-1820)*, Avignon, Éd. universitaires d'Avignon, 2020.

7   Valérie Sottocasa, *Mémoires affrontées. Protestants et catholiques face à la Révolution dans les montagnes du Languedoc*, Rennes, PUR, 2005.

8   Renaud Morieux, *Une mer pour deux royaumes. La Manche, frontière franco-anglaise* (XVIIe-XVIIIe *siècles*), Rennes, PUR, 2008 ; Maxime Kaci, *Dans le tourbillon de la Révolution. Mots d'ordre et engagements collectifs aux frontières septentrionales (1791-1793)*, Rennes, PUR, 2016. Voir également Hervé Pichevin et David Plouviez, *Les corsaires nantais pendant la Révolution française*, Rennes, PUR, 2016.

publique. La pertinence de notions interprétatives héritées de l'histoire militante de la IIIe République, comme celles de « déchristianisation » et de « cultes révolutionnaires », a été ainsi profondément remise en cause[9]. Cette complexité des situations locales et les décalages chronologiques qu'elle engendre ont d'ailleurs été intégrés dans la *Nouvelle histoire de la Révolution française* récemment proposée par Jean-Clément Martin, qui met constamment en regard événements parisiens et événements provinciaux[10].

Il n'est pas non plus imaginable de faire aujourd'hui l'histoire de la Révolution française sans évoquer la situation dans les colonies. Dans le cadre des *Colonial* et *Postcolonial Studies*, ainsi que des *Subaltern Studies*, le contexte, ou plutôt les contextes, de la première abolition de l'esclavage (1794) et de son rétablissement (1802) ont fait l'objet d'une réévaluation récente de la part d'historiens français et américains. En s'appuyant sur une nouvelle documentation, notamment les archives diplomatiques, religieuses et familiales, ceux-ci proposent une vision beaucoup plus nuancée des rapports sociaux et des antagonismes politiques qui ont agité les Caraïbes au cours des années 1790-1800[11].

---

9   Paul Chopelin, *Ville patriote et ville martyre. Lyon, l'Église et la Révolution (1788-1805)*, Paris, Letouzey & Ané, 2010 ; Maxime Hermant, *La religion dans la ville. Histoire religieuse de Provins pendant la Révolution et l'Empire*, thèse de doctorat, dir. M. Cottret, Université Paris 10, 2016 ; François Hou, *Chapitres et société en Révolution. Les chanoines en France de l'Ancien Régime à la Révolution*, thèse de doctorat, dir. P. Boutry, Université Paris I, 2019.

10 Jean-Clément Martin, *Nouvelle histoire de la Révolution française*, Paris, Perrin, 2012.

11 Signalons, depuis 2010 : Jeremy D. Popkin, *You are all Free ! The Haitian Revolution and the Abolition of Slavery*, Cambridge, Cambridge University Press, 2010 ; Richard Bessel *et al.* (dir.), *War, Empire and Slavery (1770-1830)*, Basingstoke, Palgrave Macmillan, 2010 ; Olivier Gliech, *Saint-Domingue und die Französische Revolution. Das Ende der weißen Herrschaft in einer karabischen Plantagenwirtschaft*, Cologne, Bölhau, 2011 ; Abel Louis, *Les Libres de couleur en Martinique*, Paris, L'Harmattan, 2012, 3 vol. ; Philippe R. Girard, *Ces esclaves qui ont vaincu Napoléon. Toussaint Louverture et la guerre d'indépendance haïtienne (1801-1804)*, Bécherel, Les Perséides, 2013 [2011] ; Frédéric Régent, Jean-François Niort et Pierre Serna (dir.), *Les colonies françaises, la Révolution française, la loi*, Rennes, PUR, 2014 ; Cécilia Élimort, *L'expérience missionnaire et le fait colonial en Martinique (1760-1790)*, Matoury, Ibis Rouge, 2014 ; Manuel Covo, *Commerce, empire et révolutions dans le monde atlantique. La colonie de Saint-Domingue, entre métropole et États-Unis (c. 1778 – c. 1804)*, thèse de doctorat, dir. F. Weil, EHESS, 2013 ; Bernard Gainot, *La Révolution des esclaves. Haïti (1763-1803)*, Paris, Vendémiaire, 2017 ; Frédéric Régent, *Les maîtres de la Guadeloupe. Étude des propriétaires de terres et d'esclaves en Guadeloupe des débuts de la colonisation à la seconde abolition de l'esclavage (1635-1848)*, mémoire d'habilitation à diriger des recherches, Université Paris I, 2017 ; Erica R. Johnson, *Philanthropy and Race in the Haitian Revolution*, Cham, Palgrave Macmillan, 2018 ; Marcel Dorigny et Bernard Gainot (dir.), *La colonisation nouvelle (fin XVIIIe – début XIXe siècles)*, Paris, SPM, 2018 ; Frantz Voltaire (dir.), dossier « La Révolution haïtienne et ses influences dans le monde atlantique », *Revue d'histoire haïtienne*, n° 1, 2019 ; Bernard Gainot et Éric Saunier (dir.), dossier « Des Antilles

Cette nouvelle attention portée aux colonies reflète l'entrée progressive de la Révolution française dans l'histoire globale, qui s'est imposée dans l'historiographie anglo-saxonne au cours des années 1990. Consacrée en France par la question d'histoire moderne du Capes et de l'Agrégation (2004-2006), l'étude de la « Révolution atlantique » a été remise à l'honneur depuis une quinzaine d'années. Ce concept, né dans les années 1950, a peu à peu donné lieu à une nouvelle histoire, non plus comparée mais « connectée », des révoltes et des révolutions en Europe et en Amérique entre les années 1770 et les années 1800[12]. La perception des événements français dans les pays étrangers permet notamment d'en relativiser la portée. Chacun fait sa révolution – ou non – selon son propre rythme et selon ses propres enjeux sociaux. Les différentes expériences républicaines qui ont lieu en Europe entre les années 1770 et les années 1800 ont ainsi fait l'objet de nouvelles études, qui permettent de mieux connaître leur personnel politique, l'organisation de la vie civique et les relations que ces « républiques sœurs » entretiennent entre elles[13]. L'étude

---

aux Indes orientales, la Révolution française et la question coloniale », *Annales historiques de la Révolution française*, n° 395, 2019. La plupart de ces travaux ont nourri la synthèse proposée par Bernard Gainot : *L'empire colonial français, de Richelieu à Napoléon*, Paris, A. Colin, 2015.

12   Federica Morelli, Clément Thibaud et Geneviève Verdo (dir.), *Les Empires atlantiques des Lumières au libéralisme (1763-1865)*, Rennes, PUR, 2009 ; David Armitage et Sanjay Subrahmanyam (dir.), *The Age of Revolutions in Global Context (c. 1760-1840)*, Basingstoke, Palgrave Macmillan, 2010 ; Pierre Serna, Antonino de Francesco et Judith A. Miller (dir.), *Republics at War (1776-1840). Revolutions, Conflicts and Geopolitics in Europe and the Atlantic World*, Basingstoke, Palgrave Macmillan, 2013 ; Bernard Gainot et Massimiliano Vaghi (dir.), dossier « Les Indes orientales au carrefour des empires », *Annales historiques de la Révolution française*, n° 375, 2014 ; Bernard Gainot et Massimiliano Vaghi, « Entre la Révolution et l'Empire : une nouvelle politique dans l'Océan Indien », *La Révolution française*, n° 8, 2015 ; Alan Forrest et Mathias Middell (dir.), *The Routledge Companion to the French Revolution in World History*, Abingdon-New York, Routledge, 2015 ; Bryan A. Banks et Erica R. Johnson (éd.), *The French Revolution and Religion in Global Perspective. Freedom and Faith*, Basingstoke, Palgrave Macmillan, 2017 ; Clément Thibaud, *Libérer le nouveau monde. La fondation des premières républiques hispaniques. Colombie et Vénézuela (1780-1820)*, Bécherel, Les Perséides, 2017 ; Maxime Kaci, Anna Karla et Aurélien Lignereux (dir.), dossier « L'âge des révolutions : rebonds transnationaux », *Annales historiques de la Révolution française*, n° 397, 2019 ; Edmond Dziembowski, *Le siècle des révolutions (1660-1789)*, Paris, Perrin, 2019.

13   Annie Jourdan, *La Révolution batave, entre la France et l'Amérique (1795-1806)*, Rennes, PUR, 2008 ; Pierre Serna (dir.), *Républiques sœurs. Le Directoire et la Révolution atlantique*, Rennes, PUR, 2009 ; Raymond Kubben, *Regeneration and Hegemony. Franco-Batavian Relations in the Revolutionary Era (1795-1803)*, Leyde, Martinus Nijhoff, 2011 ; Mart Rutjes, *Door gelijkheid gegrepen. Democratie, burgerschap en staat in Nederland (1795-1801)*, Nimègue, Vantilt, 2012 ; Joris Oddens, *Pioniers in schaduwbeeld. Het eerste parlement van Nederland (1796-1798)*, Nimègue, Vantilt, 2012 ; Brecht Deseure, *Onhoudbaar Verleden.*

de la circulation des hommes – diplomates, scientifiques, marchands, exilés – et des idées permet d'avoir une approche beaucoup plus concrète des transferts de cultures politiques, au-delà des habituelles comparaisons institutionnelles, faisant émerger la notion de « république atlantique[14] ». De même, l'ancienne téléologie républicaine française héritée de la fin du XIXᵉ siècle est progressivement abandonnée au profit d'une approche plus nuancée des conséquences politiques des mouvements indépendantistes et révolutionnaires[15]. Les monarchies européennes de cette époque ne sont plus considérées comme des régimes féodaux moribonds, survivant contre « le sens de l'histoire », mais comme des entités politiques pleines de vitalité, qui poursuivent leurs réformes institutionnelles pour mieux répondre aux nouveaux enjeux économiques et sociaux de l'âge pré-industriel[16]. Les guerres de la Révolution et de l'Empire ont donné

Geschiednis als politiek instrument tijdens de France periode in België, Louvain, UPL, 2014 ; Francesco Buscemi, *Serments politiques dans les Républiques sœurs et dans la Restauration. Expérience, interprétation, performativité (1776-1848)*, thèse de doctorat, Université Paris I-Scuola Normale Superiore di Pisa, 2017 ; Graeme Callister, *War, Public Opinion and Policy in Britain, France and the Netherlands (1785-1815)*, Basingstoke, Palgrave Macmillan, 2017 ; Michel Biard, Jean-Numa Ducange et Jean-Yves Frétigné (dir.), *Centralisation et fédéralisme. Les modèles et leur circulation dans l'espace européen francophone, germanophone et italophone*, Rouen, PURH, 2018.

14 Stéphane Bégaud, Marc Belissa et Joseph Visser, *Aux origines d'une alliance improbable. Le réseau consulaire français aux États-Unis (1776-1815)*, Berne, Peter Lang, 2005 ; Carla Hesse et Timothy Tackett (dir.), dossier « L'Amérique du Nord à l'époque de la Révolution française », *Annales historiques de la Révolution française*, nᵒ 363, 2011 ; Patrice Bret et Annie Duprat (dir.), dossier « Lumières et révolutions en Amérique latine », *Annales historiques de la Révolution française*, nᵒ 365, 2011 ; Gilles Bertrand et Pierre Serna (dir.), *La République en voyage (1770-1830)*, Rennes, PUR, 2013 ; François Quastana et Pierre Serna (dir.), dossier « Le républicanisme anglais dans la France des Lumières », *La Révolution française*, nᵒ 5, 2013 ; Manuela Albertone, *National Identity and the Agragrian Republic. The Transatlantic Commerce of Ideas between America and France (1750-1830)*, Farnham, Ashgate, 2014 ; Marc Belissa (dir.), dossier « Thomas Paine. A Transatlantic Republican between two Revolutions », *Journal of Early American History*, vol. 6, nᵒ 2-3, 2016 ; Mathieu Ferradou (dir.), dossier « L'Irlande et la France à l'époque de la République atlantique », *La Révolution française*, nᵒ 11, 2016 ; Mathieu Ferradou, *« Aux États-Unis de France et d'Irlande ». Circulations révolutionnaires entre France et Irlande à l'âge de la république atlantique*, thèse de doctorat, dir. P. Serna, Université Paris I, 2019 ; Ian Coller, *Muslims and Citizens. Islam, Politics and the French Revolution*, New Haven, Yale University Press, 2020.

15 Voir par exemple les débats qui ont accompagné la publication du livre d'Eric Nelson, *The Royalist Revolution. Monarchy and the American Revolution*, Cambridge (Mass.), Belknap Press, 2017.

16 Alan Forrest et Peter Wilson (éd.), *The Bee and the Eagle. Napoleonic France and the End of the Holy Roman Empire*, Basingstoke, Palgrave Macmillan, 2009 ; Derek Beales, *Joseph II. 2. Against the World (1780-1790)*, Cambridge, Cambridge University Press, 2013 ; John Deak, *Forging a Multinational State. State making in Imperial Austria from the Enlightenment to*

lieu à des recompositions politiques et territoriales, dont le Congrès de Vienne consacre finalement le succès. L'étude d'autres modèles politiques permet également de reconsidérer d'un œil neuf le cas français. C'est la perspective suivie par Annie Jourdan, spécialiste de la révolution batave, qui a proposé une synthèse novatrice sur l'histoire de la Révolution française, en intégrant pleinement son contexte européen et atlantique[17].

Le décentrement n'est pas que spatial, il est aussi social, avec un plus grand intérêt porté aux « oubliés » de la grande histoire. Hormis la thèse marquante de Dominique Godineau, l'histoire des femmes n'avait finalement que peu retenu l'attention des chercheurs au moment du Bicentenaire[18]. Il s'agit désormais d'une thématique de premier plan, centrée sur la question complexe de l'inclusion et de l'exclusion des femmes du champ civique, abordée sous différentes échelles et à travers différents groupes sociaux[19]. Les études de genre ont tout particulièrement permis de reconsidérer la place dévolue aux femmes et aux hommes dans la société révolutionnaire, laquelle se patriarcalise fortement dans un contexte militaire accentuant la répartition des rôles entre sexes[20].

the First World War, Stanford, Stanford University Press, 2015 ; Gabor Vermes, Hungarian Culture and Politics in the Habsburg Monarchy (1711-1848), Budapest, Central European University Press, 2015 ; Markus Hien, Altes Reich und Neue Dichtung. Literarisch-politisches Reichsdenken zwischen 1740 und 1830, Berlin, De Gruyter, 2015 ; Stefan Berger et Alexei Miller (éd.), Nationalizing Empires, Budapest, Central European University Press, 2015.

17   Annie Jourdan, La Révolution, une exception française ?, Paris, Flammarion, 2004 ; Ead., Nouvelle histoire de la Révolution, Paris, Flammarion, 2018 (version remaniée du précédent ouvrage).

18   Dominique Godineau, Citoyennes tricoteuses. Les femmes du peuple à Paris pendant la Révolution française, Aix-en-Provence, Alinéa, 1988 ; rééd. Paris, Perrin, 2004.

19   Jean-Clément Martin, La révolte brisée. Femmes dans la Révolution française et l'Empire, Paris, A. Colin, 2008 ; Katie Jarvis, Politics in the Marketplace. The Popular Activism and Cultural Representation of the Dames des Halles during the French Revolution, thèse de doctorat, dir. S. Desan, University of Wisconsin-Madison, 2013 ; Pauline Moszkowski-Ouargli, Citoyennes des champs. Les femmes de Beaumont-du-Périgord pendant la Révolution française, Rennes, PUR, 2015 ; Clyde Plumauzille, Prostitution et Révolution. Les femmes publiques dans la cité républicaine (1789-1804), Seyssel, Champ Vallon, 2016 ; Christine Le Bozec, Les femmes et la Révolution (1770-1830), Paris, Passés Composés, 2019 ; Martine Lapied, L'engagement politique des femmes dans le Sud-Est de la France de l'Ancien Régime à la Révolution. Pratiques et représentations, Aix-en-Provence, Presses universitaires de Provence, 2019.

20   Karen Hagemann et al. (dir.), Gender, War and Politics. Transatlantic Perspectives (1775-1830), Basingstoke, Palgrave Macmillan, 2010 ; Claire E. Cage, Unnatural Frenchmen : The Politics of Priestly Celibacy and Marriage (1720-1815), Charlottesville-Londres, University of Virginia Press, 2015 ; Caroline Fayolle, La Femme nouvelle. Genre, éducation, Révolution (1789-1830), Paris, CTHS, 2017. Signalons par ailleurs les travaux d'Anne Verjus, au croisement de l'histoire du droit et de l'histoire politique : Le bon mari. Une histoire politique des hommes et des femmes à l'époque révolutionnaire, Paris, Fayard, 2010 ; La citoyenneté politique au prisme du

Cette histoire reste néanmoins encore très partiale, dans la mesure où hommes et femmes contre-révolutionnaires ne sont encore que peu pris en compte dans les études de genre consacrées à cette période[21].

Depuis quelques années, Pierre Serna, à la suite d'Alan Forrest, a attiré l'attention des chercheurs sur l'étude des pauvres et de la pauvreté, question centrale du débat démocratique entre 1791 et 1795. En délaissant l'approche économique classique au profit de l'étude de l'administration civile de la pauvreté, il est possible de réévaluer l'action réelle des pouvoirs publics, partagés entre une volonté intégratrice et une méfiance à l'égard de populations potentiellement fautrices de troubles[22]. Le développement des *Animal studies* a également touché le champ des « études révolution-naires », en poussant des historiens, à l'initiative également de Pierre Serna, à s'intéresser au statut des animaux, afin de montrer comment les recompositions sociales et politiques des années 1790 ont pu avoir des effets sur les classements et les modes de hiérarchisation de tous les êtres vivants[23]. Ces travaux participent à l'approfondissement ou à la nuance des schémas d'interprétation proposés par Michel Foucault, mais n'ont pas encore donné lieu à une synthèse d'ensemble sur la question de la discipline sociale pendant la période révolutionnaire[24].

---

genre. Droits et représentation des individus entre famille et classe de sexe (XVIIIᵉ-XXIᵉ siècles), mémoire d'habilitation à diriger des recherches, École Normale Supérieure de Paris, Paris, 2014.

21 Dans une optique plus littéraire, l'engagement des femmes dans les Anti-Lumières est étudié dans Huguette Krief et Valérie André (dir.), *Dictionnaire des femmes des Lumières*, Paris, H. Champion, 2015, 2 vol., et dans Fabrice Preyat (dir.), *Femmes des anti-Lumières, femmes apologistes*, Bruxelles, Éd. de l'Université de Bruxelles, 2016. L'engagement contre-révolutionnaire des femmes a surtout été étudié sous l'angle religieux : l'action politique des femmes royalistes constitue actuellement un angle mort de la recherche. De nouveaux éléments ont été apportés par Solenn Mabo, *Les citoyennes, les contre-révolutionnaires et les autres. Participations, engagements et rapports de genre dans la Révolution française en Bretagne*, thèse de doctorat, dir. D. Godineau, Université Rennes 2, 2019. Voir également Maria Goupil-Travert, *Les femmes militaires dans les armées révolutionnaires, royalistes et impériales (1791-1851). De l'expérience transgressive au récit autobiographique*, mémoire de master, dir. S. Steinberg, EHESS. Ce travail a été récompensé en 2020 par l'obtention du prix Mnémosyne et devrait faire l'objet d'une publication aux PUR en 2021.

22 Michèle Grenot, *Le souci des plus pauvres. Dufourny, la Révolution française et la démocratie*, Rennes, PUR, 2014.

23 Pierre Serna (dir.), dossier « L'animal en Révolution », *Annales historiques de la Révolution française*, nᵒ 377, 2014 ; *Id.*, *L'animal en République (1789-1802). Genèse du droit des bêtes*, Paris, Anacharsis, 2016 ; *Id.*, *Comme des bêtes. Histoire politique de l'animal en Révolution (1750-1840)*, Paris, Fayard, 2017.

24 Des pistes stimulantes dans Jean-Luc Chappey, Carole Christen et Igor Moullier (dir.), *Joseph-Marie de Gérando (1772-1842). Connaître et réformer la société*, Rennes, PUR, 2014.

UNE HISTOIRE INTÉGRÉE
DANS LE TEMPS LONG

L'inéluctabilité de la Révolution française a été profondément remise en cause par les derniers travaux consacrés à la monarchie absolue, notamment à son histoire financière. La France de 1789 est un pays riche, en pleine croissance, victime d'une crise économique conjoncturelle, fruit d'aléas climatiques et des conséquences du traité de libre-échange franco-anglais de 1786. L'économie repart dès la seconde moitié des années 1790 et la Révolution n'a jamais été la catastrophe économique que d'aucuns se sont plu à dénoncer[25]. La France d'Ancien Régime n'est pas non plus un pays irréformable : les échecs de Turgot, de Necker et de Calonne s'expliquent avant tout par des raisons politiques, à savoir l'impuissance de l'État à agir sur une opinion publique manipulée par des clans et des groupes d'intérêt particulier, mais ils ne sont en aucun

---

À travers l'étude des savoirs scientifiques sous la Révolution et l'Empire, Jean-Luc Chappey a largement contribué à éclairer les origines des pratiques d'ingénierie sociale mises en œuvre par les savants du XIXᵉ siècle : *Des naturalistes en Révolution. Les procès-verbaux de la Société d'histoire naturelle de Paris (1790-1798)*, Paris, CTHS, 2010 ; *Sauvagerie et civilisation. Une histoire politique de Victor de l'Aveyron*, Paris, Fayard, 2017.

25   L'histoire économique de la Révolution française a été profondément renouvelée au cours des années 1980-1990, mais a suscité beaucoup moins de travaux après les années 2000 : Dominique Margairaz et Philippe Minard, dossier « Les temps composés de l'économie », *Annales historiques de la Révolution française*, n° 352, 2008. Quelques thèses et ouvrages récents sont cependant à signaler, dans une approche mêlant histoire économique, histoire politique et histoire sociale : Fulgence Delleaux, *Les censiers et les mutations des campagnes du Hainaut français. La formation originale d'une structure socio-économique (fin XVIIᵉ-début XIXᵉ siècle)*, Namur, Presses universitaires de Namur, 2012 ; Emmanuel Brouard, *La société rurale en basse vallée de l'Authion (1750-1870). Risques environnementaux, risques économiques, crises et mutations dans une vallée peuplée et vulnérable*, thèse de doctorat, dir. F. Chauvaud et Y. Jean, Université de Poitiers, 2013 ; Anne de Mathan, Pierrick Pourchasse et Philippe Jarnoux (dir.), *La mer, la guerre et les affaires. Enjeux et réalités maritimes de la Révolution française*, Rennes, PUR, 2018 ; Momcilo Markovic, *Paris brûle ! L'incendie des barrières de l'octroi en juillet 1789*, Paris, L'Harmattan, 2019 ; Rafe Blaufarb, *L'invention de la propriété privée. Une autre histoire de la Révolution*, Ceyzérieu, Champ Vallon, 2019 ; Paul Maneuvrier-Hervieu, *Les grains de la colère. Commerce, changement agricole et tensions sociales dans les campagnes. La Normandie et le Nord-Ouest du Bassin Parisien de 1709 à 1817*, thèse de doctorat, dir. J.-M. Moriceau et M. Biard, Université de Rouen, 2020. Bilan et perspectives de la recherche ont été dressés lors du colloque « Les dynamiques économiques de la Révolution française » (Paris, juin 2018), dont les actes devraient bientôt paraître.

cas le symptôme d'une fatalité révolutionnaire[26]. Les recherches menées ces dernières années sur les parlements, ces cours de justice qui s'érigent en gardiennes des libertés provinciales et nationales, ont démontré le caractère profondément conservateur de leur démarche, au nom d'un passé idéalisé. Le recours aux États généraux doit permettre l'établissement d'un système juridico-institutionnel conforme aux représentations historiques de la magistrature. La notion de « pré-révolution » est ainsi largement battue en brèche et abandonnée par la plupart des chercheurs. Les événements de juin 1788 dans le Dauphiné « n'annoncent » pas la Révolution. Ils sont autant porteurs de potentialités oligarchiques que démocratiques, ce qui explique les malentendus et les conflits des années suivantes. Les révolutionnaires de 1789 étaient loin d'être animés des mêmes intentions politiques, ce qui a aussi amené à reconsidérer les positionnements des uns et des autres au regard des débats antérieurs à la Révolution. Quant à la monarchie constitutionnelle (1789-1792), elle est de moins en moins considérée comme un état transitoire vers le régime républicain, mais comme une entreprise raisonnée d'accorder la forme monarchique du gouvernement aux principes démocratiques mis en exergue par la Déclaration des droits de l'homme et du citoyen[27].

Ce refus de la téléologie explique aussi que le terme politique immédiat de la Révolution, le coup d'État du 18 Brumaire, n'est plus considéré comme une fatalité historique, conséquence inéluctable de l'échec politique de la Ire République. Longtemps mal aimé, le Directoire a fait l'objet d'une profonde réévaluation historiographique au cours des années 1990, qui en fait aujourd'hui un champ d'étude particulièrement fécond. Ce n'est plus le régime corrompu et condamné à l'échec que l'on s'est longtemps plu à évoquer, mais au contraire une période fondatrice, à laquelle l'État napoléonien doit beaucoup. Jusqu'ici négligées, de grandes figures de serviteurs de l'État attirent l'attention des chercheurs, à l'instar de François de Neufchâteau, objet d'une magistrale biographie intellectuelle publiée en 2005 par Dominique Margairaz.

---

26 Sur les réformes entreprises par la monarchie avant 1789 : Alain Becchia, *Modernités de l'Ancien Régime (1750-1789)*, Rennes, PUR, 2012. Sur la crise parlementaire des années 1780 : Frédéric Bidouze (dir.), *Haro sur les parlements (1787-1790)*, Saint-Étienne, Publications de l'Université de Saint-Étienne, 2012.

27 Les apports des historiens du droit ont été ici décisifs : Guillaume Glénard, *L'exécutif et la Constitution de 1791*, Paris, PUF, 2010 ; Jean-Christophe Gaven, *Le crime de lèse-nation. Histoire d'une invention juridique et politique (1789-1791)*, Paris, Presses de Sciences-Po, 2016.

C'est tout un personnel politique oublié qui refait ainsi surface et dont on mesure mieux aujourd'hui l'influence dans la construction de l'État napoléonien, qui consacre l'achèvement de l'édifice administratif commencé en 1795[28]. De la même façon, alors qu'elle fut pendant longtemps vouée aux gémonies et tenue pour quantité négligeable, on réévalue l'importance politique de l'Église constitutionnelle (1791-1801), qui joue un rôle déterminant dans l'acculturation démocratique des populations urbaines et rurales, avant d'inspirer directement le modèle concordataire napoléonien[29].

La rupture révolutionnaire avec l'Ancien Régime est nuancée par l'étude des pratiques politiques, entre la nécessité de s'adapter à un nouveau cadre et la perpétuation de pratiques héritées de l'Ancien Régime. La thèse de Virginie Martin sur la diplomatie révolutionnaire, soutenue en 2011, est, à cet égard, exemplaire, en démontrant comment les diplomates de la monarchie constitutionnelle et de la Ire République ont su concilier les exigences du nouveau pouvoir avec les formes traditionnelles de la négociation, agissant en cela avec le plus grand pragmatisme[30]. Cette étude démontre une nouvelle fois qu'il ne suffit pas de s'intéresser aux

---

28 Dominique Margairaz, *François de Neufchâteau. Biographie intellectuelle*, Paris, Publications de la Sorbonne, 2005 ; Soulef Ayad-Bergougnioux, *Bourgeoisie de robe et esprit d'État : genèse sociale et historique de la domination symbolique institutionnalisée (1775-1815)*, thèse de doctorat, dir. P. Serna, Université Paris I, 2012 ; Gaïd Andro et Laurent Brassart (dir.), dossier « Administrer sous la Révolution et l'Empire », *Annales historiques de la Révolution française*, n° 389, 2017.

29 Caroline Chopelin-Blanc, *De l'apologétique à l'Église constitutionnelle. Adrien Lamourette (1742-1794)*, Paris, H. Champion, 2009 ; Joseph Byrnes, *Priests of the French Revolution. Saints and renegades in a new political era*, University Park, The Pennsylvania State University Press, 2014 ; Francesco Dei, *La Chiesa senza leggi. Religione e potere secondo un vescovo della Rivoluzione francese*, Brescia, Morcelliana, 2014 ; Paul Chopelin (dir.), *Gouverner une Église en Révolution. Histoire et mémoires de l'épiscopat constitutionnel*, Lyon, LARHRA-Chrétiens et Sociétés, 2017 ; Jean Dubray (éd.), *Correspondance de l'abbé Grégoire avec son clergé du Loir-et-Cher*, Paris, Classiques Garnier, 2017-2019, 3 vol. ; Annette Chapman-Adisho, *Jean-Baptiste Volfius and the Constitutional Church in the Côte-d'Or*, Montreal-Kingston, McGill-Queen's University Press, 2019. Sur le rôle de la prédication protestante dans ce processus d'acculturation politique : Céline Borello, *La République en chaire protestante (XVIII*[e]*-XIX*[e] *siècles)*, Rennes, PUR, 2017 ; *Ead., Dieu, César et les protestants. Anthologie de discours pastoraux sur la Res publica (1744-1848)*, Paris, H. Champion, 2019.

30 Virginie Martin, *La diplomatie en Révolution. Structures, agents, pratiques et renseignements diplomatiques : l'exemple des agents français en Italie (1789-1796)*, thèse de doctorat, dir. J.-C. Martin, Université Paris I, 2011. Un semblable constat peut être dressé pour les pratiques policières : Vincent Denis, *Policiers de Paris. Les commissaires de police en Révolution (1789-1799)*, mémoire d'habilitation à diriger des recherches, Université Paris I, 2017.

principes, mais qu'il faut absolument examiner la réalité des pratiques. Le même constat peut être dressé au sujet de l'histoire institutionnelle : la nouvelle organisation administrative mise en place entre 1790 et 1795 reprend un certain nombre de règles de dialogue entre l'État central et les provinces héritées de l'Ancien Régime. Dans une stimulante synthèse, intitulée les *Lilliputiens de la centralisation* (2007), Michel Biard revisite la notion de « centralisation » à partir de ses travaux sur les représentants en mission, critiquant à nouveaux frais le schéma tocquevillien de la longue marche centralisatrice de l'État français[31]. Il insiste en particulier sur l'importance des accommodements locaux, tout aussi importants sous la Révolution que sous l'Ancien Régime. Cet ouvrage propose en outre de nouvelles pistes sur l'étude de l'État révolutionnaire, destinées dissiper un certain nombre de légendes, autour notamment de la notion de « jacobinisme[32] ». Inscrite dans la droite ligne de cette réflexion, l'importante thèse de Gaïd Andro revient sur le rôle des procureurs généraux syndics des départements, nouvelle interface entre le pouvoir central et les autorités locales au sein de la monarchie constitutionnelle. Ces élus locaux sont les principaux acteurs d'une nouvelle éthique administrative, fondée sur la recherche d'un consensus entre l'intérêt général, exprimée par la loi, et les réalités locales[33].

Cette attention portée au temps long de l'administration a permis également de réviser bien des idées reçues, au cours des dernières années, sur la politique culturelle des autorités révolutionnaires. Au moment du Bicentenaire, des historiens d'art comme Philippe Bordes ou Régis Michel ont souligné l'importance de la création artistique, notamment pendant la période de la Ire République, longtemps étudiée sous le seul angle de vandalisme. Les assemblées révolutionnaires encouragent les arts, par l'intégration des institutions académiques royales au nouveau cadre démocratique. Tout en conservant un certain nombre de pratiques traditionnelles d'émulation et de récompense, les députés

---

31   Michel Biard, *Les Lilliputiens de la centralisation. Des intendants aux préfets : les hésitations d'un « modèle français »*, Seyssel, Champ Vallon, 2007.

32   Le « girondinisme » a fait l'objet d'une importante mise au point par Anne de Mathan, *Le fédéralisme girondin. Histoire d'un mythe national*, mémoire d'habilitation à diriger des recherches, Université Paris I, 2017.

33   Gaïd Andro, *Une génération au service de l'État. Les procureurs généraux syndics de la Révolution française (1780-1830)*, Paris, Société des études robespierristes, 2015. Voir également la « somme » de Melvin Edelstein, *La Révolution française et la naissance de la démocratie électorale*, Rennes, PUR, 2013.

se substituent au roi comme ordonnateurs d'une politique de création et de conservation mise au service de la nation et de son histoire[34]. La Convention est particulièrement active dans ce domaine et sert de trait d'union entre les institutions artistiques d'Ancien Régime et les institutions contemporaines, notamment par la création du musée[35]. Un semblable constat peut d'ailleurs être dressé pour les institutions scientifiques, tandis que l'œuvre éducative de la Convention ne cesse d'être réévaluée[36]. Principal aliment de la légende noire de la Révolution, le vandalisme a lui-même fait l'objet d'une profonde réévaluation, pour mieux cerner les enjeux politiques des destructions opérées, qui restent encore à quantifier précisément, tant que faire se peut, et pour souligner que le phénomène est étroitement lié à la conservation des « antiquités nationales » : Henri Grégoire créé le « vandalisme » pour mieux institutionnaliser la sauvegarde du patrimoine[37]. Le mythe d'une Révolution inculte et refusant toute forme de loisirs profanes a été particulièrement battu en brèche par les nombreux travaux consacrés ces dernières années à la création théâtrale, sous la houlette notamment de Philippe Bourdin. Auteurs et comédiens s'adaptent au changement de régime, inventent un théâtre patriotique qui contribue à donner sens

---

34   Philippe Bordes, *Représenter la Révolution. Les Dix-Août de Jacques Bertaux et de François Gérard*, Lyon, Fage, 2010.

35   Outre les ouvrages fondamentaux de Dominique Poulot, signalons plus récemment Geneviève Bresc-Bautier et Béatrice de Chancel-Bardelot (dir.), *Un musée révolutionnaire. Le Musée des Monuments français d'Alexandre Lenoir*, Paris, Hazan, 2016.

36   Sur les sciences et les techniques : Isabelle Laboulais, *La Maison des mines. La genèse révolutionnaire d'un corps d'ingénieurs civils (1794-1814)*, Rennes, PUR, 2012 ; Patrice Bret (dir.), « Louis-Bernard Guyton, "l'illustre chimiste de la République" », *Annales historiques de la Révolution française*, n° 383, 2016 ; Jean-Luc Chappey et Maria-Pia Donato (dir.), dossier « Voyages, voyageurs et mutations des savoirs entre Révolution et Empire », *Annales historiques de la Révolution française*, n° 385, 2016 ; Valérie Nègre, *L'Art et la matière. Les artisans, les architectes et la technique (1770-1830)*, Paris, Classiques Garnier, 2016. Jean-Luc Chappey a récemment proposé une synthèse à jour des derniers travaux sur la question : *La Révolution des sciences. 1789 ou le sacre des savants*, Paris, Vuibert, 2020. Sur l'œuvre éducative de la Convention et du Directoire : Janice Buck, *L'École centrale du Bas-Rhin (1796-1803). Contribution à l'histoire de l'instruction publique*, Strasbourg, Société académique du Bas-Rhin, 2012 ; Jean-Charles Buttier et Caroline Fayolle (dir.), dossier « Pédagogies, utopies et révolutions (1789-1848) », *La Révolution française*, n° 4, 2013 ; Dominique Julia (dir.), *L'École normale de l'an III. Une institution révolutionnaire et ses élèves*, Paris, Éd. Rue d'Ulm, 2016 ; Côme Simien, *Des maîtres d'école aux instituteurs. Une histoire de communautés rurales, de république et d'éducation, entre Lumières et Révolution (années 1760-1802)*, thèse de doctorat, dir. P. Bourdin, Université de Clermont-Ferrand, 2017.

37   Emmanuel Fureix (dir.), *Iconoclasme et révolutions de 1789 à nos jours*, Seyssel, Champ Vallon, 2014.

aux événements, tout en perpétuant un répertoire traditionnel auquel le public est habitué[38].

La compréhension des ruptures et des continuités entre Ancien Régime et Révolution passe aussi par la biographie, genre revenu en grâce dans les études révolutionnaires dans les années 1990, sous l'impulsion, notamment, de Michel Vovelle. Celui-ci dirige alors les thèses d'Olivier Coquard, Pierre Serna et Michel Biard, portant respectivement sur les figures de Marat, Antonelle et Collot d'Herbois. Leur point commun est d'accorder une attention particulière au parcours de ces personnages avant 1789, afin de les replacer dans leur environnement social et culturel d'origine. L'étude d'itinéraires individuels permet en effet de mesurer toutes les nuances de l'engagement révolutionnaire ou contre-révolutionnaire, les inflexions, les hésitations ou les reniements, obligeant à sortir des catégories politiques préconçues.

À travers le genre biographique, les historiens ont aussi pris l'habitude d'établir la genèse des mythes, légendes dorées et légendes noires, construits autour de certaines grandes figures, à l'instar de Maximilien Robespierre, qui continue de concentrer les projections fantasmatiques des thuriféraires comme des détracteurs de la Révolution. Ce dernier a fait l'objet de pas moins de cinq biographies universitaires ces huit dernières années ! Cette abondance éditoriale témoigne de l'importance du personnage dans la mémoire collective. Celle-ci a été particulièrement réactivée en 2011, avec la vente publique de manuscrits de l'Incorruptible, elle-même accompagnée d'une intense mobilisation militante[39]. Celle-ci consacra le grand retour médiatique de Robespierre et, significativement, de sa légende noire. Rarement consultés par les journalistes, les historiens de formation universitaire décidèrent alors de s'emparer du sujet afin de proposer une analyse

---

38 Martial Poirson (dir.), *Le théâtre sous la Révolution. Politique du répertoire (1789-1799)*, Paris, Desjonquères, 2008 ; Philippe Bourdin (dir.), dossier « Théâtre et révolution », *Annales historiques de la Révolution française*, n° 367, 2012 ; Mélanie Traversier (dir.), dossier « Nouvelles perspectives pour l'histoire de la musique (1770-1830) », *Annales historiques de la Révolution française*, n° 379, 2015 ; Philippe Bourdin, *Aux origines du théâtre patriotique*, Paris, CNRS éd., 2017 ; Pierre-Yves Beaurepaire, Philippe Bourdin et Charlotta Wolff (éd.), *Moving scenes. The circulation of music and theatre in Europe (1700-1815)*, Oxford, Oxford University Press, 2018 ; Thibault Julian et Vincenzo De Santis (dir.), *Fièvre et vie du théâtre sous la Révolution française et l'Empire*, Paris, Classiques Garnier, 2019.

39 Serge Aberdam et Cyril Triolaire, « La souscription nationale pour sauver les manuscrits de Robespierre : introspection historique d'une initiative citoyenne et militante », *Annales historiques de la Révolution française*, n° 371, 2013, p. 9-38.

plus nuancée, fondée sur des sources fiables et une historiographie récente de la Révolution. Après une première synthèse rédigée par Cécile Obligi, Marc Belissa et Yannick Bosc ont reconstitué minutieusement la trajectoire mémorielle du personnage, tandis qu'un collectif d'historiens proposait un portrait croisé, à jour des découvertes les plus récentes, sous la direction de Michel Biard et de Philippe Bourdin[40]. Fin connaisseur du barreau français entre Ancien Régime et Restauration, Hervé Leuwers a livré en 2014 une biographie de référence, qui permet de mieux connaître l'avocat artésien avant 1789 et surtout de mesurer l'influence de Montesquieu sur sa pensée politique[41]. Jean-Clément Martin, enfin, propose quant à lui de replacer Robespierre dans les luttes de pouvoir subtiles auxquelles se livrent les dirigeants révolutionnaires, offrant une interprétation très convaincante du mécanisme politique de surenchère violente des années 1793-1794[42].

Comme l'Incorruptible, d'autres figures célèbres ont fait l'objet de biographies novatrices ces dernières années. Que ce soit Napoléon Bonaparte, Danton, Fouché, Charlotte Corday ou les époux Desmoulins, tous sont soigneusement replacés dans leur milieu social d'origine pour mieux comprendre les modulations de leur engagement politique sous la Révolution[43]. En prenant en compte les différentes potentialités de ces parcours, ces biographies se caractérisent par le refus de tout déterminisme.

À côté des grandes figures, les historiens ont également pris l'habitude de suivre l'itinéraire de personnalités moins connues, dont on réévalue l'action et dont la longévité politique, entre Ancien Régime et Restauration, voire jusqu'à la monarchie de Juillet, permet de saisir les mutations profondes d'une société à travers le vécu d'un individu[44]. La

---

40 Cécile Obligi, *Robespierre. La probité révoltante*, Paris, Belin, 2012 ; Yannick Bosc et Marc Belissa, *Robespierre. La fabrication d'un mythe*, Paris, Ellipses, 2013 ; Michel Biard et Philippe Bourdin (dir.), *Robespierre. Portraits croisés*, Paris, A. Colin, 2013 ; Michel Biard (dir.), dossier « Robespierre », *Annales historiques de la Révolution française*, n° 371, 2013.

41 Hervé Leuwers, *Robespierre*, Paris, Fayard, 2014 ; *Id.*, *Maximilien Robespierre*, Paris, PUF, 2019.

42 Jean-Clément Martin, *Robespierre. La fabrique d'un monstre*, Paris, Perrin, 2016.

43 Guillaume Mazeau, *Le bain de l'histoire. Charlotte Corday et l'attentat contre Marat (1793-2009)*, Seyssel, Champ Vallon, 2009 ; Patrice Gueniffey, *Bonaparte*, Paris, Gallimard, 2013 ; Emmanuel de Waresquiel, *Fouché. Les silences de la pieuvre*, Paris, Fayard, 2014 ; Michel Biard et Hervé Leuwers (dir.), *Danton. Le mythe et l'histoire*, Paris, A. Colin, 2016 ; Serge Bianchi, *Marat. L'Ami du Peuple*, Paris, Belin, 2017 ; Hervé Leuwers, *Camille et Lucile Desmoulins*, Paris, Fayard, 2018.

44 Patrice Higonnet, *La gloire et l'échafaud. Vie et destin de l'architecte de Marie-Antoinette*, Paris, Vendémiaire, 2011 ; Caroline Chopelin et Paul Chopelin, *L'obscurantisme et les Lumières*.

biographie permet enfin d'interroger la construction de la célébrité et l'accès au statut de « grand homme », de « père de la nation », de héros ou d'héroïne[45]. Cet intérêt accru pour le genre biographique s'explique aussi par l'épuisement – au moins temporaire – de l'approche sociale globale de la Révolution héritée du marxisme. Depuis l'important colloque de Lille (janvier 2006) consacré à la bourgeoisie en Révolution, le sujet n'a guère suscité de travaux de grande ampleur[46]. À ce titre, la thèse de Richard Flamein, consacrée aux Le Coulteux, offre de très riches perspectives pour renouveler l'histoire des adaptations et des mobilités sociales au temps de la Révolution[47].

La prise en compte de la grande variété des parcours individuels a notamment permis de renouveler l'histoire des idées politiques, en remettant en cause la pertinence des approches purement littéraires et largement décontextualisées. Les ouvrages de Zeev Sternhell et de Jonathan Israel, fondés sur le principe des généalogies intellectuelles, montre clairement les limites méthodologiques de ce modèle[48]. L'approche biographique souligne la nécessité d'une histoire sociale du politique, qui invite à ne plus se contenter de rassembler des corpus de textes disparates, avec bien souvent comme seul critère de choix la réputation historiographique de tel ou tel acteur.

Itinéraire de l'abbé Grégoire, évêque révolutionnaire, Paris, Vendémiaire, 2013 ; Christine Le Bozec, *Barras*, Paris, Perrin, 2016 ; Pierre Casselle, *L'anti-Robespierre. Jérôme Pétion ou la Révolution pacifique*, Paris, Vendémiaire, 2016 ; Philippe Tessier, *François Denis Tronchet*, Paris, Fayard, 2016 ; Marie-Hélène et Michel Froeschlé-Chopard, *La République à visage humain, Jean-François Ricord, maire de Grasse, conventionnel, représentant en mission*, Nice, Serre Éditeur, 2019 ; Gilles Montègre (dir.), *Le cardinal de Bernis. Le pouvoir de l'amitié*, Paris, Tallandier, 2019.

45 Eveline G. Bouwers, *Public Pantheons in Revolutionary Europe : Comparing Cultures of Remembrance (c. 1790-1840)*, Basingstoke, Palgrave Macmillan, 2012 ; Antoine Lilti, *Figures publiques. L'invention de la célébrité (1750-1850)*, Paris, Fayard, 2014 ; Jacques Berlioz et Antoine de Baecque, *Jean Jacob, l'homme de 120 ans, doyen du genre humain (1669-1790)*, Paris, Tallandier, 2019.

46 Jean-Pierre Jessenne (dir.), *Vers un ordre bourgeois ? Révolution française et changement social*, Rennes, PUR, 2007. Signalons, sur un temps plus long, les travaux de Déborah Cohen, sur l'imaginaire social au XVIIIe siècle, dans une perspective historiographique d'inspiration marxiste et décoloniale : *La nature du peuple. Les formes de l'imaginaire social (XVIIIe-XXIe siècles)*, Seyssel, Champ Vallon, 2010.

47 Richard Flamein, *La société fluide. Une histoire des mobilités sociales (XVIIe-XIXe siècles)*, Rennes, PUR, 2018.

48 Zeev Sternhell, *Les anti-Lumières. Une tradition du XVIIIe siècle à la guerre froide*, Paris, Gallimard, 2010 [2006] ; Jonathan Israel, *Idées révolutionnaires. Une histoire intellectuelle de la Révolution française*, Paris, Alma-Buchet-Chastel, 2019 [2014].

L'évolution rapide de la recherche ces dernières années nécessite de réévaluer un certain nombre de parcours individuels et de sortir des catégories politiques préconçues. L'importance attribuée traditionnellement à telle « grande figure » doit être relativisée et soigneusement réexaminée au regard de l'audience réelle de ses écrits et des contextes d'énonciation, notamment institutionnels. De 2010 à 2014, le projet ANR Actapol (« Acteurs et action politique en Révolution : les Conventionnels ») a permis à une équipe d'historiens de rassembler un important corpus de données sur les députés à la Convention (1792-1795), afin de saisir la réalité institutionnelle du débat parlementaire révolutionnaire, qui ne se limite pas, loin de là, aux prises de parole d'un Danton, d'un Saint-Just ou d'un Robespierre. L'approche prosopographique qui préside à cette vaste entreprise collective doit se matérialiser par la parution prochaine d'un dictionnaire, afin de mieux saisir le fonctionnement de la démocratie révolutionnaire, notamment entre Paris et les provinces où un certain nombre de députés ont été envoyés en mission[49]. De ce point de vue, Actapol complète les résultats d'un autre projet collectif très important, l'ANR Revloi (« La Loi en Révolution, 1789-1795 »), qui a donné lieu à une importante réflexion sur la fabrique et la diffusion de la loi sous la monarchie constitutionnelle et au début de la Ire République[50]. Les

---

49   L'ANR Actapol a déjà donné lieu à plusieurs publications : Michel Biard *et al.* (dir.), *1792. Entrer en République*, Paris, A. Colin, 2013 ; Michel Biard *et al.* (dir.), *Vertu et politique. Les pratiques des législateurs (1789-2014)*, Rennes, PUR, 2015 ; Michel Biard, Philippe Bourdin et Hervé Leuwers (dir.), dossier « Les Conventionnels », *Annales historiques de la Révolution française*, n° 381, 2015 ; Michel Biard *et al.* (dir.), *L'écriture d'une expérience. Révolution, histoire et mémoires de Conventionnels*, Paris, Société des études robespierristes, 2016 ; François Antoine *et al.* (dir.), *Déportation et exils des Conventionnels*, Paris, Société des études robespierristes, 2018. La Convention et son mode de fonctionnement ont par ailleurs fait l'objet de deux livres récents : Alain Cohen, *Le Comité des Inspecteurs de la salle. Une institution originale au service de la Convention nationale (1792-1795)*, Paris, L'Harmattan, 2011 ; Raphaël Matta-Duvignau, *Gouverner, administrer révolutionnairement : le comité de Salut public (6 avril 1793 – 4 brumaire an IV)*, Paris, L'Harmattan, 2013. Signalons enfin la réédition, actualisée, de l'important livre de Michel Biard, *Missionnaires de la République. Les représentants du peuple en mission (1793-1795)*, Paris, Vendémiaire, 2015.

50   L'un des principaux résultats de ce programme de recherche est la mise en ligne du bulletin des lois de la collection Baudouin : http://collection-baudouin.univ-paris1.fr/. Notons que l'IHRF poursuit également la publication des *Archives parlementaires*. Sur cette question importante de l'élaboration et de la diffusion de la loi, signalons : Maria Betlem Castellà i Pujols et Guillaume Mazeau (dir.), dossier « Les comités des assemblées révolutionnaires : des laboratoires de la loi », *La Révolution française*, n° 3, 2012 ; Martine Sin Blima-Barru, *Le comité des décrets. Procès-verbaux et archives : mise en perspective d'un savoir administratif*, thèse de doctorat, dir. J.-C. Martin, Université Paris I, 2013 ; Alexandre

conditions de circulation de l'information politiques sont également mieux connues avec les développements récents de l'histoire de la presse, qui fut l'un des gros chantiers du Bicentenaire[51].

DIRE LE NOM D'UNE GUERRE CIVILE

La violence révolutionnaire, longtemps occultée ou surévaluée selon les écoles historiques, commence à devenir un objet d'étude à part entière. Cette question avait d'abord été soulevée par les historiens américains, avant d'être reprise par Jean-Clément Martin en 2006 dans un stimulant essai intitulé *Violence et Révolution*[52]. Débarrassée de tout présupposé militant, la violence devient un objet d'étude dépassionné, qui se nourrit des travaux portant sur d'autres espaces et d'autres époques. À ce titre le récent ouvrage d'Anne Rolland sur l'action des colonnes infernales dans les territoires insurgés de l'Ouest en 1794 pose un jalon important, ouvrant la voie à une analyse dépassionnée des massacres de masse commis pendant la Révolution, en tenant compte tant de la violence révolutionnaire que de la violence contre-révolutionnaire[53]. Là encore ces pratiques répressives sont mises en perspective, car elles sont loin de constituer une exception française, comme le montrent les études

Guermazi, *Les arrêtés des assemblées générales des sections parisiennes. De la parole du peuple à l'élaboration de la loi en l'an I*, thèse de doctorat, dir. H. Leuwers, Université Lille III, 2017 ; Alexandre Guermazi, Jeanne-Laure Le Quang et Virginie Martin (dir.), *Exécuter la loi (1789-1804)*, Paris, Éd. de la Sorbonne, 2018.

51 Gilles Feyel (dir.), *Dictionnaire de la presse française pendant la Révolution (1789-1799)*, Ferney-Voltaire, Centre international d'étude du XVIIIᵉ siècle, 2005-2016, 5 vol. ; Patrice Bret et Jean-Luc Chappey (dir.), dossier « La presse », *La Révolution française*, nº 2, 2012 ; Philippe Bourdin et Jean-Claude Caron (dir.), *L'homme politique et la presse, de la monarchie constitutionnelle à la monarchie de Juillet*, Clermont-Ferrand, Presses universitaires Blaise-Pascal, 2018. Sur la circulation des gravures : Claire Trévien, *Satire, Prints and Theatricality in the French Revolution*, Oxford, Voltaire Foundation, 2016.

52 Jean-Clément Martin, *Violence et Révolution. Essai sur la naissance d'un mythe national*, Paris, Éd. du Seuil, 2006. Voir également Donald Sutherland, *Murder in Aubagne : Lynching, Law and Justice during the French Revolution*, Cambridge, Cambridge University Press, 2009.

53 Anne Rolland, *Les Colonnes infernales. Violence et guerre civile en Vendée militaire (1794-1795)*, Paris, Fayard, 2015. Voir également Jean-Clément Martin, *Un détail inutile ? Le dossier des peaux tannées. Vendée, 1794*, Paris, Vendémiaire, 2013.

récentes sur les violences de guerre et les violences judiciaires qui ont lieu à la même époque dans d'autres parties du monde[54]. Le poids des héritages d'Ancien Régime a été souligné, à travers la continuité du spectacle de l'exécution judiciaire, l'usage de tribunaux d'exception pour mater les révoltes, les pratiques de guerre contre les populations civiles, sans oublier, de façon plus circonstancielle, le goût du macabre dans les arts et la littérature à partir des années 1770[55]. La France révolutionnée sombre rapidement dans une guerre civile larvée, puis ouverte à partir de 1793, car la société est travaillée depuis des décennies par des peurs conspirationnistes, qui conduisent à la radicalisation des affrontements politiques[56]. Ce phénomène est alimenté par la militarisation croissante de la société et le culte civique des « martyrs de la liberté », qui contribuent à transformer l'adversaire politique en ennemi de la nation, qu'il convient d'éradiquer[57]. La Révolution est avant tout une guerre civile et ce que l'on qualifie de Terreur est un ensemble de mesures d'exception adoptées dans un pays en état de siège, que l'autorité centrale peine à contrôler.

Le régime d'exception, qui se met progressivement en place en 1792-1793 avant d'être aboli par l'adoption de la Constitution de l'an III (1795), a beaucoup attiré l'attention des chercheurs ces dix dernières années, dans le sillage du colloque de Rouen de 2007[58]. Les enquêtes nationales en cours, comme celles sur les comités de surveillance, qui a

54   Bruno Hervé et Pierre Serna (dir.), dossier « Les massacres aux temps des Révolution », *La Révolution française*, Les journées de l'IHRF, n° 3, 2011 ; Richard Whatmore, *Terrorists, Anarchists and Republicans : The Genevans and the Irish in Time of Revolution*, Princeton, Princeton University Press, 2019.
55   Voir les pistes stimulantes soulevées dans Michel Biard, *La liberté ou la mort. Mourir en député (1792-1795)*, Paris, Tallandier, 2015, et *Id.*, *La Révolution hantée*, Paris, Vendémiaire, 2017.
56   Philippe Bourdin (dir.), *Les nuits de la Révolution française*, Clermont-Ferrand, Presses universitaires Blaise-Pascal, 2013 ; Charles Walton, *La liberté d'expression en Révolution. Les mœurs, l'honneur, la calomnie*, Rennes, PUR, 2014 ; Lindsay Porter, *Popular Rumor in Revolutionary Paris (1792-1794)*, Basingstoke, Palgrave Macmillan, 2017 ; Timothy Tackett, *Anatomie de la Terreur. Le processus révolutionnaire (1787-1793)*, Paris, Éd. du Seuil, 2018 [2015].
57   Valerie Mainz, *Days of Glory ? Imaging Military Recruitment and the French Revolution*, Basingstoke, Palgrave Macmillan, 2016 ; Michel Biard et Claire Maingon, *La souffrance et la gloire. Le culte du martyre de la Révolution à Verdun*, Paris, Vendémiaire, 2018. Thibaut Poirot et Clément Weiss (dir.), dossier « La Révolution par les armes », *Annales historiques de la Révolution française*, n° 393, 2018 ; Annie Crépin, Bernard Gainot et Maxime Kaci (dir.), *Villes assiégées dans l'Europe révolutionnaire et impériale*, Paris, Société des études robespierristes, 2020.
58   Michel Biard (dir.), *Les politiques de la Terreur*, Rennes, PUR, 2008.

déjà donné lieu à deux rencontres, montrent le poids des jeux politiques locaux, empêchant désormais toute analyse univoque de la répression « terroriste » de 1793-1794[59]. Il n'y a pas eu une « Terreur », mais des Terreurs, à l'intensité variable et aux chronologies décalées selon les régions, avec une grande attention portée récemment aux transitions politiques et aux processus d'apaisement mis en œuvre par les autorités révolutionnaires[60]. De plus en plus, les historiens s'écartent des approches institutionnelles traditionnelles, pour privilégier le vécu des populations et aborder l'engagement révolutionnaire dans une perspective résolument anthropologique[61]. Ces nouvelles études ont donné lieu à la publication de plusieurs synthèses, qui soulignent à la fois les profondes différences idéologiques entre la Révolution française et les régimes totalitaires du XXe siècle, tout en mettant en avant la similitude de certains processus d'épuration menés au nom de l'unité du peuple combattant[62].

---

59 Antoine Renglet, *Une police d'occupation ? Les comités de surveillance du Brabant sous la seconde occupation française (1794-1795)*, Bruxelles, Archives générales du Royaume, 2011 ; Danièle Pingué et Jean-Paul Rothiot (dir.), *Les comités de surveillance. D'une création citoyenne à une institution révolutionnaire*, Paris, Société des études robespierristes, 2012 ; Danièle Pingué *et al.* (dir.), *La surveillance révolutionnaire dans l'Ouest en guerre*, Paris, Société des études robespierristes, 2017 ; Sébastien Évrard, *Chouans contre Bleus (1793-1795). La justice militaire sous la Révolution française*, Paris, Mare & Martin, 2019. Signalons également la précieuse entreprise de publication de registres de sociétés populaires menée sous l'égide du CTHS. Les communes suivantes ont déjà fait l'objet d'une publication : Crépy-en-Valois (Jacques Bernet éd., 2007), Honfleur (Michel Biard éd., 2011), Compiègne (Jacques Bernet éd., 2012), Montivilliers (Éric Saunier et Éric Wauters éd., 2014), Bernay (Bernard Bodinier et André Goudeau éd., 2015), Grasse (Marie-Hélène et Michel Froeschlé-Chopard éd., 2018).

60 Marisa Linton, *Choosing Terror : Virtue, Friendship and Authenticity in the French Revolution*, Oxford, Oxford University Press, 2013 ; Éric de Mari, *La mise hors de la loi sous la Révolution française (19 mars 1793-an III). Une étude juridictionnelle et institutionnelle*, Paris, LGDJ, 2015. Sur la sortie de la Terreur : Yannick Bosc, *La terreur des droits de l'homme. Le républicanisme de Thomas Paine et le moment thermidorien*, Paris, Kimé, 2016 ; Loris Chavanette, *Quatre-vingt-quinze. La Terreur en procès*, Paris, CNRS éd., 2017 ; Ronen Steinberg, *The Afterlives of the Terror. Facing the Legacies of Mass Violence in Postrevolutionary France*, Ithaca, Cornell University Press, 2019 ; Anne Rolland, *Guerre et paix en Vendée (1794-1796)*, Paris, Fayard, 2019.

61 Haim Burstin, *Révolutionnaires. Pour une anthropologie politique de la Révolution française*, Paris, Vendémiaire, 2013 ; Annie Duprat et Érica Saunier (dir.), « Vivre la Révolution », *Annales historiques de la Révolution française*, nº 373, 2013 ; David Andress (dir.), *Experiencing the French Revolution*, Oxford, Voltaire Foundation, 2013 ; Anne de Mathan (éd.), *Histoires de Terreur. Les Mémoires de François Armand Cholet et Honoré Riouffe*, Paris, H. Champion, 2014.

62 Michel Biard et Hervé Leuwers (dir.), *Visages de la Terreur. L'exception politique de l'an II*, Paris, A. Colin, 2014 ; Michel Biard, *Terreur et Révolution française*, Toulouse, UPPR, 2016 ;

L'importance et la variété des formes de résistance à la Révolution font également l'objet de travaux novateurs, remettant en cause une vision encore largement hémiplégique de la période, aussi bien dans les synthèses universitaires que dans les programmes scolaires. L'étude des cultures politiques et religieuses contre-révolutionnaires, de leurs supports et de leurs réseaux, dans une perspective largement transnationale, commence ainsi à être menée afin de mieux comprendre l'importance de ces courants de pensée, ainsi que leur résurgence actuelle dans l'espace public. À la suite de Jacques Godechot, Jean-Clément Martin a rouvert le dossier de la Contre-Révolution, pour donner un contour plus net à une notion souvent mal comprise. Il faut ainsi établir une distinction entre les contre-révolutionnaires réels, assumés, et les contre-révolutionnaires désignés, qui sont bien souvent des révolutionnaires stigmatisés par des adversaires au sein de leur propre camp. La Contre-Révolution « réelle » rassemble tous les opposants au changement de paradigme politique introduit en 1789, qu'ils soient motivés par la défense de la souveraineté royale – la Contre-Révolution politique – ou par celle de la prééminence du religieux sur le politique – la Contre-Révolution catholique. Loin d'être monolithique, la Contre-Révolution a pu revêtir de multiples visages au fil du temps, comme en témoignent les notices du récent *Dictionnaire de la Contre-Révolution*, conçu dans une approche résolument globale du phénomène, reflet de la vitalité de la recherche dans ce domaine[63].

Longtemps laissé pour compte de l'histoire universitaire, le royalisme commence à faire l'objet d'une approche critique, débarrassée de présupposés idéologiques hostiles ou favorables. Dans le sillage des travaux de Philip Mansel, Hélène Becquet a ainsi proposé une nouvelle lecture des mutations de l'image royale entre les XVIIIe et XIXe siècles[64].

Jean-Clément Martin, *La Terreur. Vérités et légendes*, Paris, Perrin, 2017 ; *Id.*, *Les échos de la Terreur. Vérités d'un mensonge d'État (1794-2001)*, Paris, Belin, 2018 ; Michel Biard et Marisa Linton, *Terreur ! La Révolution française face à ses démons*, Paris, A. Colin, 2020.

63 Jean-Clément Martin (dir.), *Dictionnaire de la Contre-Révolution*, Paris, Perrin, 2011. Voir également : Jacques de Saint-Victor, *La première Contre-Révolution (1789-1791)*, Paris, PUF, 2010 ; Didier Michel, *Du héros de Rennes en 1788 à la contre-révolution, Blondel de Nouainville, l'itinéraire d'un noble normand*, Cervourg, Isoète, 2012 ; Yves-Marie Bercé (dir.), *Les autres Vendées. Les contre-révolutions paysannes au XIXe siècle*, La Roche-sur-Yon, CRVH, 2013.

64 Hélène Becquet, *Marie-Thérèse de France. L'orpheline du Temple*, Paris, Perrin, 2012 et, de la même autrice, *Louis XVII. L'enfant roi*, Paris, Perrin, 2017.

Du roi citoyen au roi providentiel, la Révolution française redéfinit la place du monarque au sein du nouvel espace public démocratique, tout en revitalisant d'anciennes formes de dévotions dynastiques, dont témoignent, par exemple, le culte du « roi martyr » à partir de 1793 ou les nombreux cas de croyance à la survivance de Louis XVII après 1795[65]. La thèse de la désacralisation du pouvoir monarchique au cours du XVIIIe siècle s'en trouve ainsi passablement écornée : il faut davantage parler de recompositions de la sacralité royale dans une société pluriconfessionnelle et largement sécularisée[66]. De même, comme l'attestent les travaux d'Ambrogio Caiani, l'histoire de la cour ne doit pas forcément s'arrêter en 1789, mais intégrer la période révolutionnaire, pour comprendre les ruptures et les continuités dans l'organisation du système curial au cours du XIXe siècle[67].

Si la société d'ordres, dite d'Ancien Régime, disparaît institutionnellement en 1789, des modes de rapport sociaux fondés sur le clientélisme nobiliaire et la fidélité au roi, père du peuple, se maintiennent dans certaines couches de la société et s'adaptent au nouveau contexte politique. La pensée politique royaliste se renouvelle à l'épreuve de la Révolution, en tenant compte des changements sociaux, et propose une alternative réelle à la démocratie républicaine. Encore mal connue, elle constitue pourtant une clé d'interprétation essentielle du XIXe siècle en France, qu'on ne peut plus étudier dans la perspective téléologique d'un avènement inéluctable du gouvernement républicain[68]. Les notions de « politisation » et de

---

65   Bruno Dumons et Hilaire Multon (dir.), « *Blancs* » *et contre-révolutionnaires. Espaces, réseaux, cultures et mémoires (fin* XVIIIe*-début* XXe *siècles). France, Italie, Espagne, Portugal*, Rome, École française de Rome, 2011 ; Paul Chopelin et Sylvène Édouard (dir.), *Le sang des princes. Cultes et mémoires des souverains suppliciés (*XVIe*-*XXIe *siècle)*, Rennes, PUR, 2014.

66   Hélène Becquet et Bettina Frederking (dir.), *La dignité de roi. Regards sur la royauté au premier* XIXe *siècle*, Rennes, PUR, 2009 ; Carolyn Harris, *Queenship and Revolution in Early Modern Europe. Henrietta Maria and Marie Antoinette*, Basingstoke, Palgrave Macmillan, 2016 ; Hélène Becquet *et al.*, *Heurs et malheurs de Louis XVII. Arrêt sur images*, Gand, Snoeck, 2018.

67   Ambrogio Caiani, *Louis XVI and the French Revolution (1789-1792)*, Cambridge, Cambridge University Press, 2012 ; Thibaut Trétout, *Les cours de Louis XVIII, Charles X et Louis-Philippe en France et en Europe*, thèse de doctorat, dir. C. Charle, Université Paris I, 2016.

68   Carolina Armenteros, *The French Idea of History. Joseph de Maistre and his heirs (1794-1854)*, Ithaca-Londres, Cornell University Press, 2011 ; Corinne Doria, *Pierre Paul Royer-Collard (1763-1845). Un philosophe entre deux révolutions*, Rennes, PUR, 2018 ; Adrian Häusler, *Droit romain et romanité dans la pensée traditionnelle : le comte Joseph de Maistre*, Zurich, Schulthess Verlag, 2019 ; Marc Belissa (éd.), *Le moment thermidorien de Charles-François Dumouriez. Œuvres politiques (1795)*, Paris, Kimé, 2019. Outre la *Revue des études maistriennes*

« culture politique », longtemps exclusivement appliquées aux engagements démocrates et républicains, dans le sillage des travaux de Maurice Agulhon, commencent à être utilisées pour une meilleure compréhension de l'engagement royaliste dans les années 1790-1800. L'idée reçue d'un royalisme purement nobiliaire a été fortement mise à mal ces dernières années par les travaux d'historiens anglo-saxons qui se sont penchés sur l'engagement contre-révolutionnaire de populations dominées, esclaves et métis, dans l'espace colonial américain. Fidèles au roi de France, au roi d'Angleterre ou au roi d'Espagne, considéré comme leur protecteur, ces esclaves se battent contre les grands propriétaires acquis aux idées libérales et s'opposent à l'indépendance des colonies. Si certains de ces combattants sont motivés par la promesse d'une libération générale, d'autres agissent au nom d'intérêts plus complexes, pour défendre un ordre social et politique au sein duquel ils espèrent trouver une meilleure place une fois la guerre terminée[69]. Dans le cadre européen, le chantier de la contre-révolution populaire commence tout juste à être ouvert et a donné lieu à quelques publications prometteuses, remettant en cause la pertinence du concept d'« anti-révolution » et obligeant à sortir des idées préconçues sur le tropisme politique de telle ou telle classe sociale[70].

Longtemps associée à la Contre-Révolution, l'Émigration constitue l'une des thématiques ayant connu le plus grand renouvellement ces dix dernières années. D'un point de vue politique, ses rapports avec la Contre-Révolution ont été nuancés, car si, pour les autorités républicaines, à partir de 1792, tout émigré est un contre-révolutionnaire, les intéressés obéissent à des motivations très diverses, qui n'expriment pas forcément un refus absolu de la Révolution. Ainsi, les prêtres catholiques émigrés ne

---

(qui existe depuis 1975) et les *Cahiers staëliens* (depuis 1962), l'année 2019 a vu paraître le premier numéro de la *Revue des études bonaldiennes* (livraison annuelle).

69   Marcella Echeverri, *Indian and Slave Royalists in the Age of Revolution. Reform, Revolution and Royalism in the Northern Andes (1780-1825)*, Cambridge, Cambridge University Press, 2016 ; Marcella Echeverri (dir.), dossier « Monarchy, Empire and Popular Politics in the Atlantic Age of Revolutions », *Varia Historia*, vol. 35, n° 67, 2019.

70   Valérie Sottocasa (dir.), *Les Brigands. Criminalité et protestation politique (1750-1850)*, Rennes, PUR, 2013 ; Valérie Sottocasa, *Les brigands et la Révolution. Violence politique et criminalité dans le Midi (1789-1802)*, Seyssel, Champ Vallon, 2016. Signalons également la parution prochaine des actes du colloque de Paris (juin 2018), *Réactions et royalisme populaire à l'ère des Révolutions*, la thèse en cours de Clément Weiss, *Le Paris muscadin. Subversion, violences et criminalités pendant la Révolution française*, dir. P. Serna, Université Paris I, ainsi que les nombreux et riches articles de Stephen Clay sur les « égorgeurs » royalistes du Midi, devant faire prochainement l'objet d'un ouvrage de synthèse très attendu.

sont pas tous d'ardents contre-révolutionnaires, loin de là, et certains ont fait l'objet de véritables mises en quarantaine dans leurs pays d'accueil en raison de leurs opinions démocratiques. C'est bien une Émigration « plurielle » que les historiens s'attachent aujourd'hui à décrire. Beaucoup de travaux récents relisent également cette expérience de l'exil au prisme de l'histoire du voyage, dans le sillage des travaux de Daniel Roche et de Gilles Bertrand. Une nouvelle histoire culturelle et économique de l'Émigration a vu ainsi le jour, permettant de comprendre comment ces circulations imposées par le contexte politique ont pu perpétuer ou renouveler les formes d'échanges dans l'espace européen et même au-delà[71]. Néanmoins, cette histoire des exilés de la Révolution a encore du mal à trouver sa place dans des récits globaux, encore très marqués par une vision unilatérale des événements. Très significativement, la question de l'Émigration, dont la présence pouvait sembler *a priori* évidente, est totalement absente de la partie « Révolution » de l'*Histoire mondiale de la France*, dirigée par Patrick Boucheron (2017).

L'élargissement chronologique et spatial de la recherche a indubitablement conduit à une perte de spécificité de l'objet Révolution française dans le champ universitaire au cours des années 2010. En France, le

---

71   Depuis 2008 : Philippe Bourdin (dir.), *Les noblesses françaises dans l'Europe de la Révolution*, Rennes, PUR, 2008 ; Maike Manske, *Möglichkeiten und Grenzen des Kulturtransfers. Emigranten des Französischen Revolution in Hamburg, Bremen und Lübeck*, Sarrebruck, VDM, 2008 ; Astrid Küntzel, *Fremde in Köln. Integration und Ausgrenzung zwischen 1750 und 1814*, Cologne-Vienne, Böhlau Verlag, 2008 ; Gilles Bertrand, *Le Grand Tour revisité. Pour une archéologie du tourisme. Le voyage des Français en Italie, milieu* XVIII*ᵉ-début* XIX*ᵉ siècle*, Rome, École française de Rome, 2008 ; Friedemann Pestel, *Weimar als Exil. Erfahrungsräume französischer Revolutionsemigranten (1792-1803)*, Leipzig, Leipzig Universitätsverlag, 2009 ; Matthias Winkler, *Die Emigranten der Französischen Revolution in Hochstift und Diözese Bamberg*, Bamberg, Bamberg University Press, 2010 ; Fabio d'Angelo, *Entre le royaume de Naples et la France. Voyages scientifiques, parcours de formation et exil entre la fin du* XVIII*ᵉ et la première moitié du* XIX*ᵉ siècle*, thèse de doctorat, dir. G. Bertrand et P. D. Napolitani, Université de Grenoble-Università degli Studi di Pisa, 2015 ; Friedemann Pestel, *Kosmopoliten wider Willen. Die "Monarchiens" als Revolutionsemigranten*, Berlin, De Gruyter, 2015 ; Mehdi Korchane, *Figures de l'exil sous la Révolution, de Bélisaire à Marcus Sextus*, Grenoble-Vizille, Patrimoine en Isère-Musée de la Révolution française, 2016 ; Juliette Reboul, *French Emigration to Great Britain in Response to the French Revolution*, Basingstoke, Palgrave Macmillan, 2018 ; Laure Philip et Juliette Reboul (dir.), *French Emigrants in Revolutionised Europe. Connected Histories and Memories*, Cham, Palgrave Macmillan, 2019. Signalons également la thèse en cours de Sabine Adrien, *L'émigration du clergé français pendant la Révolution. Fabriques du récit et mémoires militantes* (XVIII*ᵉ*-XXI*ᵉ siècles*), Université de Lyon, dir. P. Chopelin et C. Sorrel.

rattachement en 2016 de l'Institut d'Histoire de la Révolution française à un plus vaste laboratoire d'histoire moderne, l'Institut d'histoire moderne et contemporaine, marque symboliquement, au-delà des impératifs budgétaires, un changement de perception d'une période qui a perdu une bonne partie de son aura universitaire après les années florissantes du Bicentenaire. La grande majorité des historiens travaillant aujourd'hui en France sur la Révolution ne sont rattachés ni à l'Université Paris I ni à l'EHESS, mais sont dispersés dans différents laboratoires de recherche locaux[72]. De ce point de vue, dans le cadre d'une discipline – l'histoire – de plus en plus globalisée et thématiquement morcelée, faire l'histoire de la Révolution française n'a aujourd'hui plus rien d'une évidence. Pourtant, la période continue d'être considérée comme un moment fondateur de l'histoire de France et suscite toujours la curiosité du public.

Contrairement aux prévisions jadis formulées par François Furet, la Révolution reste un sujet « chaud », dont l'actualité politique ne cesse d'être revendiquée avec force dans l'espace public depuis une dizaine d'années, en particulier lors de la « crise des Gilets jaunes » de 2019. Dans une période de crise profonde de la démocratie, face à de nouveaux enjeux sociaux, économiques, mais également environnementaux, l'expérience révolutionnaire française continue d'être scrutée comme un modèle ou, au contraire, comme un repoussoir. La Révolution est ainsi toujours défendue, y compris sur le plan universitaire, comme un objet d'histoire militante, dont la dimension civique nécessite un engagement partisan de l'historien. Certains enseignants-chercheurs ont ainsi voulu apporter leur expertise du sujet pour éclairer le présent, à l'occasion des différents soulèvements survenus dans les pays arabes en 2011[73]. Dans le contexte de la redéfinition de l'identité politique des gauches, les années 2010 ont également vu éclore les publications visant à illustrer et à légitimer les engagements révolutionnaires d'aujourd'hui à l'aune des révolutions du passé et, en premier lieu, de la Révolution française[74].

---

72 Contrairement à ce que pouvait laisser croire le hors-série « Révolution française » du magazine *L'Histoire*, paru en 2013 et réédité en volume en 2014, qui, en guise de bilan historiographique, rejouait en réalité les débats du Bicentenaire entre l'IHRF et l'EHESS : Michel Winock (dir.), *La Révolution française*, Paris, L'Histoire, 2014.

73 Jean-Luc Chappey et *al.*, *Pourquoi faire la Révolution*, Marseille, Agone, 2012.

74 Jean-Marc Schiappa (dir.), *Pour la défense de la Révolution française (1789-2009)*, Paris, L'Harmattan, 2012 ; Mathilde Larrère (dir.), *Révolutions*, Paris, Belin, 2013 ; Mathilde Larrère, *Il était une fois les révolutions*, Paris, Éd. du détour, 2019. Signalons également les

À l'inverse, d'autres historiens entendent dénoncer l'héritage néfaste de 1789, en renouant avec l'historiographie contre-révolutionnaire du XIXᵉ siècle. Conséquence de l'activisme de Reynald Secher, la notion de « génocide vendéen », à laquelle a été accolée récemment celle de « mémoricide », est redevenue un cheval de bataille idéologique pour la droite conservatrice, dont rend compte le succès éditorial récent de la *Grande histoire des guerres de Vendée* de Patrick Buisson[75]. On peut certes déplorer le retour en force de cette approche partisane de l'histoire de la Révolution, qui rend moins audibles les points de vue nuancés sur la période, tend à gommer les interprétations contradictoires et peut favoriser l'anachronisme, mais elle est aussi l'occasion, pour l'historien, de réfléchir à son rôle social ainsi qu'à son éthique professionnelle.

Ouverte sur des thématiques très larges, la Société des études robespierristes – qui a fêté son centenaire en 2007 – se situe aujourd'hui à mi-chemin entre l'histoire militante et l'histoire critique[76]. Elle organise ou co-organise des commémorations républicaines, comme pour le 220ᵉ anniversaire de la Iʳᵉ République en 2012, tout en animant la recherche académique – universités et société savantes – par des colloques, des journées d'études et la publication d'une revue de référence, les *Annales historiques de la Révolution française*, qui publie, sans exclusive, des historiens de toutes tendances selon des critères strictement scientifiques. Bien qu'ayant perdu son autonomie, l'Institut d'histoire de la Révolution française (Paris I), dirigé par Pierre Serna, continue d'animer activement la recherche, par l'organisation de séminaires spécifiques, de colloques, d'enquêtes collectives, sans oublier la cofondation d'une université populaire autour de la mémoire de l'esclavage. Il assure toujours

réflexions philosophiques et anthropologiques engagées par Sophie Wahnich, fondées sur une appréhension contemporaine et militante de la Révolution française : *Révolution et émotion. Pour une histoire de la sensibilité*, Paris, CNRS éd., 2009 ; *La Révolution française n'est pas un mythe*, Paris, Klincksieck, 2017 ; *La Révolution française expliquée en images*, Paris, Éd. du Seuil, 2019. Pour une présentation de cette démarche historiographique au service de « l'émancipation populaire » : Laurence de Cock, Mathilde Larrère, Guillaume Mazeau, *L'histoire comme émancipation*, Marseille, Agone, 2019 ; Jean-Charles Buttier et Caroline Fayolle (dir.), dossier « Écrire l'histoire des révolutions : un engagement », *Cahiers d'histoire. Revue d'histoire critique*, nº 144, 2019.

75 Reynald Secher, *Vendée. Du génocide au mémoricide. Mécanique d'un crime légal*, Paris, Éd. du Cerf, 2011 ; Philippe Pichot-Bravard, *La Révolution française*, Paris, Via Romana, 2015 ; Patrick Buisson, *La grande histoire des Guerres de Vendée*, Paris, Perrin, 2017.
76 Philippe Bourdin (dir.), dossier « Un siècle d'études révolutionnaires (1907-2007) », *Annales historiques de la Révolution française*, nº 353, 2008.

la publication des *Archives parlementaires*, une source primordiale pour la compréhension de la période, ainsi que celle d'une revue en ligne, *La Révolution française*. Son centre de documentation, qui a récemment reçu le versement de la bibliothèque de Michel Vovelle, demeure un lieu incontournable pour les chercheurs. De son côté, la Commission internationale d'histoire de la Révolution française, partie prenante du Comité international des sciences historiques (CISH), organise, depuis 1980, des rencontres régulières entre universitaires du monde entier, mais sans que cela ne se traduise encore par la définition de projets communs, à l'échelle internationale[77]. Les historiens anglo-saxons se sont de leur côté regroupés au sein d'un *Consortium on the Revolutionary Era (1750-1850)*, qui organise un colloque annuel, permettant de rendre compte de l'actualité scientifique dans une perspective d'histoire globale. Avec, pour son édition 2020, plus de 120 communications sur les sujets les plus divers, il reflète le dynamisme de la recherche mais également son extrême éclatement, tant thématique que géographique, qui fait de la Révolution française un objet de plus en plus difficile à saisir dans sa spécificité.

Ce morcellement interprétatif est aussi le résultat direct de la course à la publication, encouragée par les politiques publiques d'aide à la recherche et par des éditeurs confrontés à un marché de plus en concurrentiel : la bibliographie s'accroît de façon exponentielle, de nouvelles perspectives ne cessent de s'ouvrir, sans que les chercheurs, spécialistes de la période, n'aient de réels moyens de maîtriser cet afflux ininterrompu de travaux en dehors de leur thématique propre. De plus en plus d'ouvrages ou d'articles reprennent des sujets ou des sources déjà travaillés, négligent les apports des travaux antérieurs, surtout s'ils ont été écrits dans une langue étrangère, reprenant sans discussion des interprétations qui font débat. Les instances d'évaluation académiques – jurys et comités de lecture – sont souvent dépassées.

Proposer un cadre interprétatif général de la Révolution française, tenant compte de toutes les thématiques aujourd'hui explorées, devient de plus en plus difficile. De façon significative, les quatre grandes synthèses récemment parues en langue anglaise reprennent des problématiques

---

77 Dernière publication en date : Anna-Maria Rao (dir.), *Tra insegnamento e ricerca. La storia della Rivoluzione francese*, Naples, Università degli Studi Federico II-Pubblicazioni del Dipartimento di Studi umanistici, 2015.

qui, pour la plupart, reflètent davantage l'état de la recherche à l'issue du Bicentenaire que les différents champs d'investigation actuels[78]. Paru en 2009, le volume de l'histoire de France des éditions Belin, consacré à la Révolution et à l'Empire, constitue un stimulant essai de restructuration historiographique, en proposant un récit d'ensemble précis, cohérent et nuancé tenant compte des acquis récents de la recherche, mais le cadre chronologique strict imposé par la collection – 1789-1815 – ne permet pas d'en mesurer toutes les implications[79]. Il reste également à inscrire ce renouvellement dans des programmes et des manuels scolaires encore organisés autour de séquences chronologiques et thématiques largement héritées du roman national de la IIIe République, que l'on se contente pour le moment d'actualiser avec quelques éclairages sur l'histoire des femmes[80]. Le torrent bibliographique et le surinvestissement mémoriel de la période rendent actuellement totalement illusoire l'élaboration d'un nouveau cadre interprétatif consensuel. L'histoire de la Révolution française est redevenue un champ de bataille politique et médiatique, sur lequel il est difficile d'avancer sur la voie d'une relecture sereine et dépassionnée, tenant compte de toutes les expériences personnelles et de toutes les mémoires de l'événement.

Paul CHOPELIN

---

78   Peter McPhee (dir.), *A Companion to the French Revolution*, Malden-Oxford, Wiley-Blackwell, 2013 ; David Andress (dir.), *The Oxford Handbook of the French Revolution*, Oxford, Oxford University Press, 2015 ; Peter McPhee, *Liberty or Death. The French Revolution*, New Haven, Yale University Press, 2016 ; Jeremy Popkin, *A New World begins. The History of the French Revolution*, New York, Basic Books, 2019.

79   Michel Biard, Philippe Bourdin et Silivia Marzagalli, *Révolution, Consulat, Empire (1789-1815)*, Paris, Belin, 2009. Beaucoup de perspectives neuves également dans le manuel d'Hervé Leuwers, *La Révolution française et l'Empire. Une France révolutionnée (1787-1815)*, Paris, PUF, 2011. Rappelons à nouveau ici toute l'importance méthodologique de la synthèse récemment proposée par J.-C. Martin, *Nouvelle histoire de la Révolution française*, *op. cit.*

80   Quelques propositions d'actualisation dans Philippe Bourdin et Cyril Triolaire (dir.), *Comprendre et enseigner la Révolution française. Actualité et héritages*, Paris, Belin, 2015.

INDEX DES NOMS DE PERSONNES

LORRAINE, François-Étienne de : *voir*
  François Ier (empereur)
LOTTIN, Alain : 324
LOTY, Laurent : 196
LOUIS XIII (roi de France et de Navarre) :
  240, 328
LOUIS XIV (roi de France et de Navarre) :
  65, 72, 76, 78, 81, 87, 130, 165-167,
  189, 198-201, 214, 222, 229, 240,
  246, 263, 285
LOUIS XV (roi de France et de Navarre) :
  199, 222, 264
LOUIS XVI (roi de France et de Navarre,
  roi des Français) : 229
LOUIS XVII : 358
LOUPÈS, Philippe : 310
LOURS, Mathieu : 321
LUHMANN, Niklas : 226
LURIA, Keith P. : 296, 325
LUTHER, Martin : 307-308
LYON-CAEN, Nicolas : 302, 315
LYOTARD, Jean-François : 42

MABILLON, Jean : 307
MADON, Philibert : 199
MAES, Bruno : 319-320
MAGNIEN, Michel : 299
MAIELLO, Francesco : 323
MAINTENON, Madame de : 305
MAIRA, Daniele : 318
MAIRE, Catherine : 294, 302, 310, 315, 329
MAITTE, Corine : 331
MALDAVSKY, Aliocha : 295, 297, 315
MANDROU, Robert : 11
MANSEL, Philip : 357
MANTEGNA, Andrea : 218
MARAT, Jean-Paul : 350
MARCADÉ, Jacques : 313
MARGAIRAZ, Dominique : 346
MARGOLIN, Jean-Claude : 307
MARGUERITE DE NAVARRE : 136, 299
MARGUERITE-THÉRÈSE (infante
  d'Espagne) : 197
MARIE-THÉRÈSE D'AUTRICHE : 219

MARIN, Louis : 183, 193, 196
MARRAUD, Mathieu : 17
MARTELLI, Marco : 147
MARTIN, Catherine : 315
MARTIN, Henri-Jean : 118-119, 125
MARTIN, Jean-Clément : 115, 340, 351,
  354, 358
MARTIN, Philippe : 313-314, 317, 320-321
MARTIN, Virginie : 347
MARTINAZZO, Estelle : 312
MARTINEZ DE BUJANDA, Jésus : 306
MASI, Bartolomeo : 149
MASSAUT, Jean-Pierre : 296, 301
MASSEAU, Didier : 299
MATHIEU, Georges : 189
MATTHEWS-GRIECO, Sara F. : 53
MAUNOIR, Julien : 305
MAUPEOU, René-Nicolas de : 261
MAZUREK, Antoine : 297
McKENNA, Antony : 304
McKENZIE, Donald F. : 120
MEAD, Margaret : 49
MÉDICIS (famille) : 138, 179
MÉDICIS, Ferdinand de (grand-duc de
  Toscane) : 144
MÉDICIS, Julien de : 146
MÉDICIS, Laurent de : 147, 149
MÉNAGER, Daniel : 299
MÉNARD, Michèle : 312
MÉNÉTRA, Jacques-Louis : 175
MENTZER, Raymond : 296, 305
MERSENNE, Marin : 312
MEYER, Frédéric : 305, 309-310
MEYER, Véronique : 199
MEYLAN, Henri : 304
MICHAUD, Claude : 318
MICHAUX, Gérard : 310
MICHEL, Régis : 348
MICHON, Cédric : 328
MICHON, Pierre : 183
MILLET, Olivier : 299, 304
MILLIOT, Vincent : 205
MOLANUS, Joannes : 306
MONGE, Guillaume de : 306

RÉSUMÉS

Nicolas Le Roux, « Introduction »

L'histoire moderne constitue un champ historiographique particulièrement dynamique, spécialement en France. Elle se dilate chronologiquement
(en intégrant la Révolution, voire le début du XIXe siècle) et se concentre sur
plusieurs domaines sans cesse réinventés : société, démographie, genre, pouvoirs, représentations, cultures et religion.

Jérôme Luther Viret, « L'histoire de la famille et la démographie historique
en France à l'époque moderne. Nouvelles approches »

L'histoire de la famille et la démographie historique se sont ramifiées en
champs et en problématiques relativement étanches. Il sera d'abord question
des solidarités nées des différentes conceptions de la famille et de la parenté,
puis des contraintes naturelles et économiques pesant sur les familles. On
envisagera enfin le problème de la reproduction familiale et de la régulation
sociale sous l'angle de l'exercice du pouvoir et de la fabrication des normes.

Sylvie Steinberg, « Histoire du genre »

Depuis les années 2000, la notion de genre a pris place parmi les notions
communément utilisées par les historiens. La mise à l'épreuve des élaborations théoriques et de la documentation historique a fait émerger trois types
de recherches particulièrement fécondes : celles qui étudient le genre comme
une construction, celles qui s'attachent aux représentations symboliques, et
celles qui s'intéressent aux rapports de domination.

Élie Haddad, « L'histoire de la noblesse. Quelques perspectives récentes »

Les années 2000-2015 ont vu la publication de nombreux travaux concernant l'histoire de la noblesse. Cette synthèse historiographique propose de ressaisir cet ensemble à partir de trois grands axes qui ont polarisé les recherches : la question de la définition de la ou des noblesse(s), celle des engagements nobiliaires et des relations du second ordre avec le pouvoir royal, celle enfin des transformations sociales ayant affecté la condition noble.

Diane Roussel, « Apprivoiser la violence »

Ce bilan historiographique, centré sur les années 1990-2015, retrace le débat sur le recul de la violence à l'époque moderne. Questions méthodologiques sur les mesures de la violence et querelles interprétatives autour de la théorie du processus de « civilisation des mœurs » structurent le champ. Les renouvellements récents tiennent aux changements d'échelles, d'objets et de sources, qui permettent de se rapprocher plus encore des comportements ordinaires des sociétés d'Ancien Régime.

Emmanuelle Chapron, « Histoire du livre et des bibliothèques »

L'histoire du livre est-elle un champ de recherches en soi ou un instrument dont doivent s'emparer les historiens ? Histoire d'objets techniques (le papier, le livre, la bibliothèque), c'est aussi une histoire des identités sociales produites par l'action d'écrire et de publier, de lire et de ranger des livres.

Florence Alazard, « Fêtes et spectacles. L'histoire moderne sur la scène »

Les fêtes et spectacles ont longtemps occupé les historiens modernistes, qu'ils s'intéressent à la Renaissance ou à la fin de la période moderne, et spécialement à la Révolution. Ce chapitre interroge les aléas de l'intérêt des modernistes pour un objet par ailleurs fort mal défini : à quoi ont servi les fêtes et les spectacles ? Sans doute à saisir des sociétés qui, entre le XVIe et le XVIIIe siècle, ont mis en scène leurs règles de vie comme aussi les tensions qui les traversaient.

Nicolas SCHAPIRA, « Culture écrite et histoire sociale du pouvoir à l'âge moderne »

Plusieurs travaux récents tournent l'observation de la production et de la circulation des écrits vers une histoire des fonctionnements institutionnels sous l'Ancien Régime. D'autres portent sur des types d'écrits précis, regardés à partir de leurs enjeux sociopolitiques. Une fois rassemblées, ces recherches permettent d'envisager l'histoire des usages de l'écrit comme une histoire totale du pouvoir à l'âge moderne.

Yann LIGNEREUX, « L'image du roi »

Que révèlent les images quand elles ont pour objet la figure du pouvoir à l'époque moderne ? Entre la fin du Moyen Âge et le début de l'époque contemporaine, le cheminement conduit d'une délégation de l'autorité à sa représentation, en passant par le moment de son incarnation. Il s'agit d'étudier l'affirmation d'une discipline, l'iconographie historique, dont le champ de pertinence est à interroger au regard des tournants performatif et iconique, et des *Visual Studies*.

Éric HASSLER et Pauline LEMAIGRE-GAFFIER, « Les sociétés de cour en Europe »

La dynamique historiographique des sociétés de cour, nourrie de l'ouverture de nouveaux champs d'étude (cultures de l'écrit, matérialité, histoire du genre…) et des apports méthodologiques des sciences humaines et sociales, a fait apparaître la complexité de cet espace topographique, social et symbolique, qui doit être considéré à différentes échelles, de l'écrin du corps du prince à l'interface entre aires culturelles, en passant par le rôle de la cour dans la construction des États princiers.

Vincent MEYZIE, « Histoire(s) de l'État royal (XVIIᵉ-XVIIIᵉ siècles). Institutions, pratiques, officiers »

Cette contribution présente la production historienne récente, à partir de l'an 2000, sur des thématiques majeures de l'État royal. Elle les appréhende aux différentes échelles du pouvoir monarchique (gouvernement central, institutions provinciales, autorités locales et urbaines), en les articulant aux logiques socio-politiques des groupes liés aux dynamiques étatiques. Enfin, elle met en exergue les apports fondamentaux des historiographies de langues française et anglaise.

Éric SCHNAKENBOURG, « Au-delà et en deçà de la politique étrangère ? Écrire l'histoire des relations internationales et de la diplomatie à l'époque moderne »

Depuis les années 1990, les historiens des relations internationales et de la diplomatie ont ouvert de nouveaux champs d'investigation en jouant sur les échelles spatiales, du global à l'individu, et en décloisonnant leurs horizons. L'approche anthropologique a conduit à porter une grande attention aux acteurs, à leur culture et à leurs pratiques, ainsi qu'aux interactions entre tous les individus impliqués dans les négociations et les transactions entre souverainetés.

Jean-Marie LE GALL, « L'histoire religieuse de la France saisie par le théologico-politique ? Un bilan historiographique (1990-2015) »

Depuis 1990, l'histoire religieuse de la France moderne a montré sa vitalité en s'ouvrant sur des problématiques qui ne sont pas qu'hexagonales et gallicanes, sans se donner de maîtres à penser ni renier ses traditions d'édition de sources et d'enquêtes quantitatives et régionales. Délaissant l'économie ecclésiale et la religion populaire, elle s'est tournée vers les partages spatiotemporels du sacré, la construction des identités confessionnelles et les questions théologico-politiques.

Paul CHOPELIN, « L'histoire de la Révolution française dans la décennie 2010. Morcellement, renouveau et crise interprétative »

La Révolution française conserve son statut de période à part au sein de l'histoire moderne. 1789 reste un terminus chronologique commode, mais cette coupure est aujourd'hui de plus en plus transgressée. Objet de profonds renouvellements au cours des dix dernières années, l'histoire de la Révolution française traverse aujourd'hui une crise interprétative, due à un très grand morcellement thématique, à des cloisonnements historiographiques et au retour en force d'une approche politique militante.

TABLE DES MATIÈRES